New Worlds, New Lives

Globalization and People of Japanese Descent in the Americas and from Latin America in Japan

日系人とグローバリゼーション

北米、南米、日本

レイン・リョウ・ヒラバヤシ｜アケミ・キクムラ＝ヤノ｜ジェイムズ・A・ヒラバヤシ＝編

移民研究会＝訳

人文書院

日系人とグローバリゼーション＊目次

謝辞　東栄一郎
はじめに
第Ⅰ部　グローバル化と日系人アイデンティティの形成
序論　ハルミ・ベフ　25
第1章　グローバルに拡散する日本人・日系人の歴史とその多様性　レイン・リョウ・ヒラバヤシ　アケミ・キクムラ＝ヤノ　28
第2章　日系人アイデンティティに及ぼすグローバル化の影響　ジェイムズ・A・ヒラバヤシ　57
第Ⅱ部　日系人アイデンティティの形成
序論　ロイド・イヌイ　71
第3章　ハイフンを探して——ブラジル国民としてのアイデンティティをめぐる苦闘と日系人　ジェフリー・レッサー　81
第4章　「ララ」——救援物資と北米の日系人　飯野正子　112

第5章　ペルーの日系人アイデンティティの形成に関する一考察
——一世と二世の場合　ラウル・アラキ　136
第6章　日系人コミュニティ形成の苦悩
——ボリビア・サンタクルス地方の研究　雨宮和子　154
第7章　「東は東、西は西」?
——日米関係のなかの第二世日本語教育問題　一九〇〇—一九四〇年　粂井輝子　177
第8章　パラグアイにおける日系人の日本語教育
——日本の教育システムと移住地への影響　エミ・カサマツ　197
第9章　社会政治学的観点からみたペルーの日系人像　アメリア・モリモト　217
第10章　権力への道
——エスニシティから見た日系人に特有な政治的伝統の出現　レイン・リョウ・ヒラバヤシ　244

第III部　日系人アイデンティティの形成阻害

序　論　リチャード・コサキ　277

第11章　私は女性、私は男性、私は日系人
——ペルーの日系人コミュニティにおけるジェンダーの象徴的構築　ドリス・モロミサト・ミアサト　288

第12章　ジェンダー克服としての海外移住
——カナダにおける近年の日本人移民女性の動向　オードリー・コバヤシ　312

第13章　チズカ・ヤマザキの描く映像世界
——人種、ジェンダー、エスニシティ、アイデンティティ　ナオミ・ホキ・モニース　337

第14章　日系ブラジル人のデカセギ現象
——経済学的視点から　エジソン・モリ　359

第15章　日本におけるブラジル人就労者問題とその子女の教育について　二宮正人　373

第16章　日本人を祖先とするアルゼンチン人の日本への移住　マルセーロ・G・ヒガ　394

第17章　マイノリティとマジョリティのせめぎあい
——ペルーとアメリカ合衆国における日系人の例　スティーヴン・マサミ・ロップ　417

第18章　WUBと「オキナワ・ディアスポラ」
——「オキナワ」・「日系人」という視点から　新垣　誠　440

第19章 「外国人」としての日系人
——「多文化共生」をめざす震災後の神戸のなかで 竹沢泰子 467

第Ⅳ部 回顧と展望

第20章 回顧と展望 レイン・リョウ・ヒラバヤシ アケミ・キクムラ＝ヤノ ジェイムズ・A・ヒラバヤシ 497

日本語版あとがき

索 引

日系人とグローバリゼーション——北米、南米、日本

New Worlds, New Lives:
Globalization and People of Japanese Descent
in the Americas and from Latin America in Japan
edited by Lane Ryo Hirabayashi, Akemi Kikumura-Yano,
and James A. Hirabayashi

Translated and published by arrangement with Stanford University Press,
Stanford, California through The English Agency (Japan) Ltd., Tokyo.

謝辞

はじめに、日本財団に感謝したい。日本財団からは、全米日系人博物館の企画による国際日系研究プロジェクト（INRP）、そして、そのプロジェクトから生まれた最初の二冊の本、本書と『アメリカ大陸日系人百科事典――写真と絵で見る日系人の歴史』の刊行に際し多大なご支援をいただいた。

フランシス・Y・ソギ氏からは、見識あるご指導とご助言をいただいた。また、われわれINRP参加者一同はアイリーン・ヒラノ氏に深く感謝している。彼女は、共同研究の重要性、そして、南北アメリカと日本にとどまらない日系人コミュニティや組織の絆を結ぶ重要性に確信を抱いていた。

INRPの運営を日々支えてくれたスタッフが二人いる。コーディネーターの武田智美氏は、INRPの研究をまとめるうえで調整役を果たしてくれた。そして、リサーチ・スペシャリストの小原雅代氏は、このプロジェクトに必要な通信と通訳、そして原稿の翻訳にも尽力してくれた。これは、容易な作業ではなかっただろう。

レイン・リョウ・ヒラバヤシは、本書の製作にご助力いただいたすべての方々に感謝している。ここでは、そのうちの数名しか記すことができないが、コロラド大学のアントニア・グリーン氏とキャサリン・マルティネス氏とカレン・モレイラ氏は、第一六章、第五章、第八章の初稿のスペイン語から英語への翻訳を即座に完成させてくれた。ジョーン・ヨーク氏とジョアン・ヒラバヤシ氏には、編集にあたり計り知れないほどのご協力とアドバイスをいただいた。当時、ヒラバヤシの教え子であった大学院生、サワ・クロタニ＝ベッカー氏とケンイチロウ・シマダ氏、ならびに同僚のマリリン・C・アルキゾラ氏とエヴェリン・フ＝デハート氏には、本書に関連するテーマへの有益なアドバイスを頂戴したことを感謝している。

スタンフォード大学のゴードン・チャン教授、また、ミュリエル・ベル氏とスタンフォード大学出版局のスタッフの方々にお世話になった。原稿の整理編集を行ったシャロン・ウッド氏、そして、スタンフォード大学出版局制作編集のジョン・フェネロン氏にもお世話になった。このプロジェクトを形にするために受けた彼らからのアドバイスと支援と熱意は、われわれに力を与えてくれた。

最後に、われわれの家族——近親、遠い親戚、世界中の家族——の愛情と支えに深く感謝している。

レイン・リョウ・ヒラバヤシ
アケミ・キクムラ＝ヤノ
ジェイムズ・A・ヒラバヤシ

はじめに

本書の主題は、グローバル化が「日系人」すなわち日本人を祖先とし日本の国外に住む人びとのアイデンティティに及ぼした影響である。(1) 一九九〇年までには日系人人口の九割以上がラテンアメリカもしくは北アメリカ(カナダやアメリカ合衆国)に住んでいたという理由により、国際日系研究プロジェクト(International Nikkei Research Project : INRP)の第一期は、分析研究の対象地域をこれらの地域に絞ることにした。(2) けれどもその方針には重大な転換が必要になった。一九八〇年代から一九九〇年代にかけて、日本人を祖先とする南アメリカの人びとが多数——一九九一年の時点でおそらく約三〇万人——仕事を求めてデカセギ(出稼ぎ)として来日していたのである。(3) その他の理由については後に述べるが、おもにこうした理由により、われわれは、ラテンアメリカと北アメリカだけでなく日本にも焦点を当てることにしたのである。

プロジェクトの最初から、一連の興味深い疑問が生じた。第一に、南北アメリカにおいて、日本人の子孫であるとはどういうことなのか。第二に、そうした人びとの間で時間や空間を超えて広く共通する特質や特徴はあるのか。第三に、南北アメリカに住む日本人を祖先とする人びとの間にはどのような違いが認められ、また、そうした違いが生まれる背景はどのように説明されるのか。最後に、編者であるわれわれ三人には、アメリカ合衆国に生まれた非白人で、かつ旅行経験の豊富な文化人類学者であるという共通の立場から生まれた疑問があった。

具体的に言えば、もし日系アメリカ人の体験を、別の時期に、南北アメリカの別の場所に到着した日本人移民の無数の集団の見地から再検討すれば、その体験はどのように見えるのだろうか、という疑問である。

しかし本書への取り組みに関してこうした疑問以上に重要な影響を及ぼしたのは、ロサンジェルスの全米日系人博物館とわれわれとの絆と、データの収集・概念化・公開に関しての博物館独自の方法である。日系アメリカ人の体験の共有を謳うアメリカ唯一の博物館である全米日系人博物館の使命は、日系アメリカ人の体験を、アメリカのエスニシティや文化の多様性をより深く理解し認識するために欠くことのできないアメリカの文化遺産の一つとして公表することである。同博物館は日系アメリカ人のコミュニティとその歴史や現状に焦点をおいて設立されたのであり、その目指すところは、将来の世代がこの経験から学ぶこと、そして、とりわけ日系アメリカ人がアメリカ人としての自分の体験を理解する観点から過去を再解釈し、将来へのよりよい展望を描くことである。

コミュニティを基盤とするコミュニティのための博物館という考え方は、全米日系人博物館の理念の中でも重要なものである。コミュニティは、参加することによって自らの体験を定義し解釈する力を得る。地元のコミュニティ、公共団体、個人（学者、芸術家、企画者など）は展示、出版、教材、公開講座を通じて、自分の体験談の保存、記録、解釈、提示を行う。こうした企画のあらゆる段階において、お互いの連携が重要な特色となっている。(4)

INRPは、全米日系博物館の理念とプログラムをアメリカの国外にも広げて、世界中の日系人が持つ豊富で多様な文化を調査しようという企画である。このプロジェクトのおもな使命は、南北アメリカや日本のほか、世界中の国々において人とコミュニティと国家のよりよい相互理解を育むために、日系人についての知識を地球規模で増やし、共有することである。プロジェクトの目標は、国家、超国家、地球規模という三つの枠組みの中で、日系人の体験を日系人自身が理解した形で記録し、そのデータを日系人博物館のヒラサキ・ナショナル・リソースセンターを通して関心のある人すべてに提供することである。ＩＮＲＰも、同博物館全体の活動の特徴とされてきた協力と連携という、まさにその精神で活動を行っているのであり、グローバル化が日系人のアイデンティティに及ぼした影響を研究するにあたって、当然日系人コミュニティの内部の視点を優先した。したがって、プロジェクトの協力者が日本人の子孫であろうとなかろうと、あるいは大学教授であろうとなかろうと、彼らは一様に日系人コミュニティや、コミュニティを構成する日系人と長年にわたって親密なつながりを持ち続けてきた人びとということになる。また、多数の執筆者が、自分の関わる日系人コミュニティの活動家やリーダーとしての役割も果たしてきた。こうした理念に沿って参加者を選出したために、本書は、とりわけ学術面、応用面、活動面を考え合わせたうえでの洞察という点において、豊かな内容となっている。

事例研究としての南北アメリカ

先述したとおり、本書は「南北アメリカ」に焦点を当てる。この地域に重点を置いた理由としては、一九九〇年までに日本国外に住む日系人の九割以上が南北アメリカに住んでいたということのほかに、四つあげられる。

第一に、ＩＮＲＰが意図した規模の比較研究の構想を練るにあたって、実行上の大問題が持ち上がり、それは現在もなくなっていないという点である。まず南北アメリカを対象として研究を始めることがふさわしいと考えたのは、対象となり得る他の地域と異なり、言語数という点から実現可能だと思われたからだった。ポルトガル語、スペイン語、日本語、英語の四言語を使えば、すべての文献の検討と各章の完成は可能であると思えたのである。それでも、このプロジェクトの第一段階の言語的問題は手に余ることが多かったし、今なお課題でありつづけている。

第二に、南北アメリカは、デカセギ労働者の存在ゆえに興味深い場所であった。デカセギ労働者とは、一九八〇年代および一九九〇年代に臨時労働者として日本に入国し始めたラテンアメリカ出身の日本人の子孫を指す。(5)デカセギ現象は、変化するアイデンティティの問題と、――ラテンアメリカ諸国と日本との間を往復する、国家の枠を超えた移民同士の絆の新しい形態が生まれたという観点から――グローバル化は日系人と日本人に著しい影響を与えているかどうかという問題の研究には格好の機会を提供すると思われた。

第三に、ラテンアメリカはウチナーンチュ、すなわちオキナワン（沖縄出身者）の子孫の多くが住む地域である。オキナワンは、日本の半植民地的地域の住民として本州の日本人（ナイチ）よりも軽視されるという、歴史的に疎外された地位にあったために、日本人のアイデンティティの興味深い形態を示している。(6)さらに、早くも一九八〇年代に世界的な規模でオキナワン同士の連携を作ろうという試みが行われていたこともすでに知られていた。したがって次のような点を考えるには、オキナワンの事例が、南北アメリカにおける日系人のアイデンティティを探求するＩＮＲＰの企画に欠くことのできないものだった。すなわち、(1)オキナワンの移民体験のディアスポラ的側面、(2)オキナワンのサブカルチャーとしての近似性――歴史的、言語的、地域的なつながりのみならず抑圧の問題、(3)地球規模での相互連絡や出身県との連絡を確立し、維持するためのオキナワンの努力の三点である。

理由の第四だが、本書は南北アメリカの中でもとくにラテンアメリカの事例研究に重点を置いている点に読者は気づくだろう。アメリカ本土およびハワイにおける日系アメリカ人の体験の多くの側面に関してはすでに豊富な文献があるし、日系カナダ人に関する文献も一九八〇年代、一九九〇年代に急速に増加した。三つの章で北アメリカの日系人に関する情報を取り扱っているが、それは南北アメリカ全体の日系人を比較する視点を提供するからである。さらに、ラテンアメリカの日系人に関しても多数の研究が行われているが、かなりの研究がスペイン語、ポルトガル語、あるいは日本語で出版されており、そのために英語圏の読者には広く行き渡っていないのが現状である。この論集をまとめたおもな目的のひとつは、その点を改善して、つねに変化する日系人のアイデンティティについての視野を広げることである。

INRPプロジェクトの参加者と研究テーマの選択

先に述べたような基準をもとに、七カ国一八人の研究者に、南北アメリカの日本人移民とその子孫に関連したテーマについて独自の研究を行ってもらうよう依頼した。国の選択には、一九九〇年代半ばまでに日本人を祖先とする人びとの人口集中がもっとも大きく顕著であった国々を含めるようにした。すなわち、ブラジル（六二万三七〇人）、アメリカ合衆国（七六万三七〇人）、ペルー（五万五四七二人）、カナダ（五万五一一一人）、アルゼンチン（二万九二六二人）、メキシコ（一万四七三五人）、パラグアイ（六〇五四人）、そして日本である。日本には、日本人を祖先とするブラジル人が二三万三二五四人、ペルー出身者が四万三九四人、アルゼンチン出身者が三三〇〇人、パラグアイ出身者が一四六六人住んでいる。(7)

前にも述べたように、執筆候補者は、全米日系人博物館の関係者から選出した。選ばれたのは、かつても今も全米日系人博物館と協力関係にある他の博物館、協会、プログラムと関わる人びとである。(8)なかでも、日系人コミュニティに属する日系人や日系人組織と緊密な関係を持ちながら活動をしている研究者や、日系人の体験に関して当事者の視点に重きをおいている人びとを優先的に選んだ。その他に、コミュニティの人びとを弁護する立場に立った研究でわれわれが注目し、参加を依頼した例もある。

参加した執筆者は各自が精通している国や事例の特性に応じて、三つの大きな研究テーマのうちの一つに取り組むよう要請された。(9)第一のテーマは、南北アメリカにおける移住と日系人の文化や社会の成立に関する歴史的考察であった。(10)第二のテーマは南北アメリカの日系人コミュニティの形成および相互のつながりに関連するもので、副次的なテーマとして社会的慣行、家族、宗教、教育、政治、経済なども含まれた。第三のテーマは新しい移住のさまざまな形で、第二次世界大戦後の移民、外国人労働者、海外勤務中のビジネスマンなどもこの範疇に入った。さらに、日系人コミュニティの将来の展望について執筆できる人も探した。

ＩＮＲＰのプロジェクトが進行するにつれて、当初からの参加者の何人かは諸々の理由でプロジェクトを離れた。二年目には、主要な国々とテーマとを確実に取り扱うために、新しい参加者が多数、増員された。いずれにせよ、特定のテーマに取り組む執筆者たちがＩＮＲＰ会議期間中に、あるいは学会等において頻繁に対話ができるように、多数の研究プロジェクトが連繋した形で発展したということは理解されたい。

さらに、この論集にはメキシコの日本人を祖先とする人びとについての独立した章がないことに読者は気づくだろう。非常に残念なことだが、ＩＮＲＰの研究者でメキシコの日系人に関する専門家として国際的に認められていたマリア・エレナ・オータ・ミシマ博士は、執筆予定であった章の完成を見ることなく二〇〇〇年に他界した。ＩＮＲＰプロジェクトの共同体制――そこへ達するまでに二回の会議を開き、研究プロジェクトについての全体および二人一組の討論を行っていた――を考えると、代理の執筆者によるメキシコの章を加えないのが最善だろうと思われた。というのも、その執筆者には、プロジェクトの他の執筆者が出席した会議の経験もなく、時間も限られることになると考えたからである。

要するに、本書の編纂にあたってわれわれが努力した点は、南北アメリカにおける日系人を学際的、多面的に描写することであった。一例をあげると、ペルーの日系人の体験を、文化人類学者、人口統計学者でもある歴史家、ジャーナリスト――三者ともペルー人であるが――の目を通して読者が比較できるように配慮したのである。さらに、日系人女性の体験といった具体的なテーマに興味のある読者は、カナダ、ペルー、アメリカ合衆国、ブラジルといったさまざまな国々に焦点を当てた章を読んで比較することも可能である。この点にこそ、本書の最大の成果がある。読者をわくわくさせるのは、まさに、同じ国の日系人のアイデンティティについて異なる見方や分析を並べたり、主題別に多数の国々の日系人を並べたりして検討できることである。しかも、それらの見方や分析はすべて、当事者の視点からのものなのである。

プロジェクトの開始時に、望ましいテーマのリストを提示し、定義について話し合い、合意してはいたが、参加者はどのテーマを選択しても自分の研究を自由に展開させてよいとされた。われわれは、これでは論集をまとめるときに困ったことになりかねないとわかってはいたのだが、むしろこうした方法はＩＮＲＰの最優先事項の一つと矛盾しないと確信していたのである。その最優先事項とは、当事者の視点を重視した日系人のアイデンティティについての数章を一組、作り上げるということだ。しかし、この方法をとった直接の結果として、ＩＮＲＰにおける最大の争点の一つが生まれた。各執筆者はコミュニティの形成に関する情報は提供したものの、成果である研究論文の半数は南北アメリカの日本人を祖先とする人びとに「日系人」という概念を広く適用することにかなりの異議を表明したのである。執筆者の中には、一九八〇年代、一九九〇年代における変化は著しいので、海外に住む日本人を祖先とする人びとすべてを日系人と称することは不可能だとまで主張する人もいた。したがって、われわれ編者が取り組んだ最大の課題の一つは、こうした議論をはっきりと認識することだけではなく、その議論を公平に扱い、南北アメリカの日本人を祖先とする人びとに「日系人」という用語を適用することの可能性に関して、執筆者の間で異なる立場を説明できるような理論的枠組みを提案することだったのである。(11)

本書の構成

本書は四部に分かれている。最初の三部は、ＩＮＲＰの主任学術アドバイザーである東栄一郎、ロイド・イヌイ、リチャード・コサキの三氏がそれぞれ執筆した短い序論から始まる。その序論では、「はじめに」と第2章で示されるテーマを詳述し、個々の章についてさらに詳しく紹介する。

第I部は、東による序論に続いて、ハルミ・ベフによる章から始まる。この章では、日本人の移住についてのグローバルな概略を紹介するので、南北アメリカの日系人の歴史の流れを理解するうえでの一助となるだろう。続いて編者が、本書の焦点である日系人のアイデンティティの発展性について論じる。そこでは、近年の展開を評価するために、日系人のアイデンティティとコミュニティがグローバル化によってどのように変容してきたかに関しての、五つの命題を紹介する。これらの命題は、二一世紀に日系人のアイデンティティは実際に変わるのかどうか、もし変わるのであればグローバル化はそれに関して影響力を持つのか、といったことについて読者の判断を助ける枠組みを提示するものである。

第II部と第III部では、二一世紀における日系人のアイデンティティの評価が、結合か形成阻害かをめぐる議論から始まると論じる。(12) 結合は継続性と関わる。つまり、地球規模での大きな経済変化が起きていても、日系人とそのコミュニティは基本的にかなり効果的に再生産できるという事実と関連している。他方、形成阻害は、エスニシティの再生産は起こっていないという状況を指し、かつての統一体の分断（結合が断たれる、あるいは構成要素がばらばらになるという意味で）が顕著な傾向だという見方である。ＩＮＲＰの研究者のおよそ半数が結合を主張し、残りの半数が明らかな形成阻害、あるいは形成阻害を示唆する状況を強調している点から考えても、このように異なった二つの見方が存在することはたしかである。

本書で取り上げた一八件の事例研究を紹介した後に、第IV部において、グローバル化が現代の日系人のアイデンティティに及ぼした影響についての五つの命題に戻る。これに基づいて、われわれは再び、ＩＮＲＰが南北アメリカやその他の地域における今後の研究にもたらす意味についても議論する。

レイン・リョウ・ヒラバヤシ
アケミ・キクムラ＝ヤノ
ジェイムズ・Ａ・ヒラバヤシ

原注

（1）日系人、日系人のアイデンティティ、コミュニティ、グローバル化などの主要な用語に関する、本書としての定義は第2章の文中に明記している。また第2章では、なぜグローバル化が本書の中心的な理論的枠組みとなったかについて、さらに詳しく説明する。

（2）当件に関する詳細に関しては次を参照。Iyo Kunimoto, "Japanese Migration to Latin America," in Barbara Stallings and Gabriel Szekely, eds., *Japan, the United States, and Latin America: Toward a Trilateral Relationship in the Western Hemisphere*（Baltimore, Md.: Johns Hopkins University Press, 1993), 99-121. 最近の概観については次も参考になる。Mike Douglass and Glenda S. Roberts, eds., *Japan and Global Migration: Foreign Workers and the Advent of a Multicultural Society*（New York: Routledge, 2000）. アジア人に関する一般的な歴史研究についてはエヴェリン・フ＝デハートの研究を参照。たとえば、一九九二年四月二三―二五日にコロラド大学ボルダー校で開催された会議、"Colors of the Diaspora" で報告された論文、"The Study of the Asian Diaspora in the Americas: Latin America and the Caribbean" など。

（3）彼らを日系人（海外出身の日本人を祖先とする人びと）と呼ぶことに関しては、ヨーコ・セレックが次の論文でデカセギについて議論している。Yoko Sellek, "Nikkeijin: The Phenomenon of Return Migration," in Michael Weiner, ed., *Japan's Minorities: The Illusion of Homogeneity*（New York: Routledge, 1997), 178-210.

（4）同博物館の独自の方法論についてさらに知りたい場合には、*Japanese American National Museum Quarterly* 11（Spring 1996）の特別合併号、"Partnership — Communities and Collaborations" を参照。

（5）参考のため記しておくと、この言葉は日本語では「出稼ぎ」、スペイン語では *dekasegui*、ポルトガル語では *dekassegui* である（アケミ・キクムラ＝ヤノの二〇〇〇年の私信による）。本書では、この言葉を著者が原稿で使ったつづりをそのまま残し、テキスト全体としてのつづりの統一を強要しなかった。第III部のデカセギ経験についての論文を比べれば気づくことだが、経験が基本的に同じものかどうか、そしてこうした主張が本質に関わるものなのかどうかも必ずしも確かではない。マルセーロ・G・ヒガによる第16章がこの点をおそらくもっとも強く主張している。

（6）オキナワンの歴史とアイデンティティについての簡潔でわかりやすい入門書は次のとおり。Koji Taira, "Troubled National Identity: The Rhukyuans/Okinawans," in Michael Weiner, ed., *Japan's Minorities: The Illusion of Homogeneity* (New York: Routeledge, 1997), 140-77.

（7）統計は次を参照。INRPの出版による *International Nikkei Research Project: First Year Report* (Los Angeles: Japanese American National Museum, 1999), 14-16. これらのデータの出典は大半が日本語出版物による。前掲書一四ページの注一を参照。ブラジルは南北アメリカの日本人を祖先とする人びとの最大の人口を擁するが、この数字は日本に一時滞在中の日系ブラジル人がいるために部分的に不明瞭である点に注意されたい。

（8）本書に関連して、次の書がINRPより出版されている。Akemi Kikumura-Yano, ed., *Encyclopedia of Japanese Descendants in the Americas: An Illustrated History of the Nikkei* (Walnut Creek, Calif.: AltaMira Press, 2002).〔邦訳、アケミ・キクムラ＝ヤノ編、小原雅代他訳『アメリカ大陸日系人百科事典——写真と絵で見る日系人の歴史』明石書店〕同書はおもにラテンアメリカの日系人コミュニティの歴史と発展に力点をおいている。この百科事典は、論集である本書とは相補的な関係にあり、さらに詳しく知りたい読者に役立つ背景と文献を多数紹介している。これら二つのINRPプロジェクトへの執筆候補者の募集にあたって、日系人コミュニティを基盤とする同じ博物館、文化プログラム、協会を対象としたために、本書と百科事典の執筆者は明らかに重複している。さらに、小学六年生から高校三年生向けの学習指導案の中で主要な事例研究として紹介されている、INRP参加者ゲイリー・ムカイによる以下の出版物も参考になるだろう。Gary Mukai and Rachel Brunette, *Japanese Migration and the Americas: An Introduction to the Study of Migration* (Stanford, Calif.: Institute for International Studies, 1999).

（9）用語とプロジェクトのガイドラインについてのINRPの定義はかなり広範だが、明らかに暫定的で変化しやすいものである。版を重ねたうちの最新版は、最後の全体的な「評価および企画会議」においてINRP参加研究者に配布された。*International Nikkei Research Project* という簡単な表題のついた一九九九年六月二四—二六日付の冊子（Los Angeles: Japanese American National Museum）。冊子は八章に分かれており、第五章が「研究の枠組み」である。各章は日本語、スペイン語、ポルトガル語に翻訳されている。すべての会議とワークショップ・セッションは、INRP参加者が日本語、スペイン語、英語のいずれかの言語に精通していたため、その三言語による同時通訳付きで行われた。

（10） 本書は多数の最新の情報を扱っているが、日系人のアイデンティティの変化を通時的な視点で考察したいと考えたので、歴史的な情報も多く盛り込むよう要請した。ＩＮＲＰと本書は、阪田安雄教授の先駆者的歴史研究と歴史家杉山寧の画期的研究から具体的な情報を得た。

（11） この枠組みについては第2章で詳しく紹介し、議論する。

（12） 文化人類学者のアルジュン・アパデュライは、広く引用される次の論文において「形成阻害」の重要性を強調している。Arjun Appadurai, "Disjuncture and Difference in the Global Cultural Economy," *Public Culture* 2 (Spring 1990): 1-24. われわれは第2章においてこの用語を同じ意味で使用するものの、アパデュライの五つの「風景」は参考にしない。

第Ⅰ部　グローバル化と日系人アイデンティティの形成

序論

東栄一郎

二一世紀に入り、日本から海外へ向けた大規模な移民は今や過去のものとなったが、世界各地で多くの日系人が現地社会の一員として生活をしている。一九九三年の推計によれば、およそ一六五万人の日系人が海外にいるとみられ、その大部分は南北アメリカ（北米約八一万六〇〇〇人、ラテンアメリカ諸国七三万七六〇〇人）に集中している。もともとこのような海外における日系社会発展の基礎となった日本人の海外渡航は、一八六八年の近代日本の誕生とともに始まった。この点からいって、移民史と日系人史は、近代世界における労働力、資本、海上交通の国際的ネットワークの構築、そして明治日本のグローバル経済への参入という、大きな歴史的文脈の中でまず理解されるべきである。このような状況は、国内の農村部にまで資本主義的経済関係を拡大する結果となり、その渦中で土地を失い、生活のために国内各地および海外で賃金労働を求める「余剰人口」を生み出した。近代日本の移民史はこのような農村人口の旅立ちとともに始まり、日系人史、つまり海外の日系人社会の形成は、彼らの新天地での日々の生活とともに進んだのである。

よく知られているように、日本人の本格的な海外移住は一八八五年のハワイ官約移民から始まった。日本とハワイ王国との間で結ばれた条約により、日本人砂糖耕地労働者の渡航が可能となり、一八九四年までの九年間、およそ二万九〇〇〇人が灼熱のハワイの太陽のもと激しい労働に従事したのである。また同じ頃、数千の日本人労働者が南太平洋の島々へ渡り、南洋の日系人社会の基礎を築いた。

一方で、中南米へ向けての日本人渡航も一九世紀末に始まった。その契機となったのは、一八九三年の「殖民協会」設立であり、この組織を通じて、ときの政府関係者、ジャーナリスト、政治家、知識人が、海外での日本人植民地(いわゆる新日本)の拡大促進に腐心したのである。欧米の先進諸国に追い付き追い越せという最終目標を共有する彼らは、日本も近代国家として海外へ国力を膨張し、市場を広げ輸出を拡大し、さらに余剰人口を国外へ送出する努力をすべきとの信念を持っていた。やがて榎本武揚を中心とする「殖民協会」は、一八九七年にメキシコ南部に有名な「榎本植民地」をつくり、日本人のラテンアメリカ移住と、同地での日系人コミュニティ形成の先鞭をつけた。そしてその二年後、一八九九年に七九〇人の労働移民がペルーへ向け離日し、日系ペルー人史が始まったのである。

この本の第I部の二つの論文は、以上のようにして始まった日本人の南北アメリカ渡航の状況と背景を詳しく検証するものである。そこで明らかにされる複雑な移住パターンは、そのまま渡航地に形成される日系人社会とその歴史の多様性という形で引き継がれていく。その詳細は、この本全体の諸研究において、さまざまな視点、角度からさらに深く分析されるものである。

文化人類学者であるハルミ・ベフの筆によって始まる第I部は、まずグローバルな視点から見た日本人の海外分散の概略を説明している。ベフは、一五世紀まで遡る日本人の海外渡航史を追いながら、南北アメリカへの日本人の流入が主に一九世紀末から二〇世紀初めに起こったことを指摘し、さらにその結果として生まれた「日系人」という存在を八つのタイプに分け、それぞれの居住地域、移住時期、そして移住理由などの特徴を分析、整理している。これらのグループは、それぞれが地域の社会関係の中で「日系人」として自己を規定し、また国際的な文化関係を打ち立てる過程で、お互いを単に「日本人」としてではなく「日系人」として認識し合い交流を深めている。ベフは、このような日系人間のつながりを説明する手段として、「グローバリズム」という概念を用いることを提唱している。彼によれば、「グローバリズム」とは一九世紀後半に西洋植民地主義が日本に政治的・文化的に「侵入」してくる複雑なプロセスであり、それに対する明治日本の抵抗の一環としての技術的・軍事的発展とも深い関わりを持っている。そして「グローバリズム」が必然的に「中心」と「辺境」間の資本、知識、人的資源などの動きを伴うものであるなら、グローバル経済の一部として取り込まれていくということは、つまり日本が「搾取される国」と「搾取する国」（たとえば併合された韓国との関係を見た場合）という両面を備えるようになった歴史的過程を意味していたといえる。

L・ヒラバヤシ、キクムラ＝ヤノ、J・ヒラバヤシの共著による論文は、序論とベフ論文に示されたテーマをさらに深く追求し考察したものである。ここで著者たちは、一九七〇年代以降、グローバル化という複合的なプロセスが、経済、テクノロジー、文化、政治などの多方面にわたって進行し、それがさらに高度化された「相互的連関」へと発展しながら、われわれの生活に大きな影響を与えていることを指摘する。この章で著者たちはさまざまな理論を用い、グローバル化がどのように文化的アイデンティティの形成に影響を与えるかという問題を集中的に分析している。とくにイギリスの「カルチュラル・スタディーズ」の理論的支柱であるスチュアート・ホールの思想を用い、南北アメリカにおけるグローバル化と日系人アイデンティティ形成の連関の五つのパターンを提起している。この理論的考察と提起は、第II部と第III部の個別事例研究を理解するうえでの理論的枠組みを与えることになるだろう。最終章では、その枠組みのなかでL・ヒラバヤシ、キクムラ＝ヤノ、J・ヒラバヤシが、それぞれの個別研究の連関と意義を考察し結論づけている。

第1章　グローバルに拡散する日本人・日系人の歴史とその多様性

ハルミ・ベフ

グローバル化を論じる者の中には、ウォラーステイン(1)など少数を除くと、残念ながら歴史的観点に欠けているものが多い。大多数の論者は通時的考察を無視し、せいぜいがここ二、三〇年の現代の問題のみに焦点を当てるだけである。ウォラーステインは、西欧のグローバル化は一五世紀に始まったと早くから論じている。これはスペイン、ポルトガルをはじめとする西欧諸国が探検家を世界中に送り出した、いわゆる「大航海時代」、「大発見時代」にグローバル化が始まったということである。本章では日本のグローバル化も西欧とほぼ同時期に始まったことを、人的拡散の立場から通時的に考えていきたい。

グローバル化の議論ではグローバル化を賞賛する傾向が一部あり、日本史をグローバル化の立場から再分析するに際しては日本のグローバル化を称えるだけに受けとられる恐れがあるが、ここではそのような意図は毛頭ないことを明記しておきたい。一六世紀以来の日本のグローバル化を冷静に眺め、それがどのような形で、またどのようなプロセスで続いてきたのかを分析することによって、日本史の新しい視点を把握することが本章の意図である。グローバル化の功罪の判断は別の次元の問題である。

第一期

西欧のグローバル化は一五世紀に始まったとウォラーステイン等は論じているが、日本のグローバル化もほぼ同時に始まっているとみてよい。倭寇と呼ばれる日本の海賊はすでに一五世紀には中国沿岸に出没していたのだ。(2) 倭寇の構成員はは必ずしも日本人ばかりではなかったが、日本人が主であり、初期には日本人が指導権をにぎっていた。彼らの海賊的行為を日本のグローバル化のさきがけとして肯定的に見ているわけではないが、西欧大航海時代の立て役者にしてもその行動は海賊と五十歩百歩であった。要は日本人が当時すでに海外で活躍し、西欧とひけをとっていなかったということである。

一六世紀に入ってから倭寇は徐々に鎮圧され正当な交易が可能になり、東南アジアとの貿易・交流が盛んになっていく。日本からは銀、刀剣等が輸出され、鉄砲、火薬、生糸、砂糖等が輸入されるようになり、いわゆる御朱印船、後には奉書船が東南アジアで活躍した。一六〇四年から一六三五年までの間に三四一の御朱印状が一〇六人の商人に発行されていることから、ほぼそれだけの貿易船が東南アジアへ出航していたとみてよいだろう。博多や堺の商人の資本蓄積は、スペイン、ポルトガル、ベネチアの商人に負けないものがあった。西欧のグローバル化が国家ないし国王主導の下に行われたのとは対照的に、日本のグローバル化が商人の自主的な行為だったことは特記すべきだろう。

交易の隆盛にともない、日本人は海外に移住し、東南アジア各地に日本人町を形成していった。著名なものとしては、山田長政で名高いシャムのアユタヤ、高山右近が晩年身を寄せたフィリピンのマニラ、越南のホイアン、インドネシアのジャカルタなどがあり、それらの町にはそれぞれ数百人の日本人が居留し、日本の習慣や法律に基づいた自治権が認められていた。しかし鎖国令発布の後、海外居住者は帰国を許されず、異国に骨を埋める運命となった。

一六世紀末には豊臣秀吉が一五九二年と一五九七年に朝鮮に出兵して、軍事的海外進出による領土占拠を図った。これは同世紀にスペインやポルトガルが南北アメリカを軍事力で征服していったのと平行して見るべきで、軍事力によるグローバル化がこの時点で日本でも始まっていたと解釈できる。秀吉はすでに朝鮮半島を日本の領土と見なしていたという見解さえある。(3) しかし、二度にわたる朝鮮出兵は失敗に終わり、領土拡張を意図する日本のグローバル化は一九世紀まで待たなければならなかった。

これら一連の日本のグローバル化は徳川幕府の鎖国令によって中断することになった。その一大要因にキリスト教伝道による信者の急速な増加があり、ハンチントンの言う文明の衝突はすでに一七世紀に始まっていたと見てよいだろう。幕府は、フィリピンがスペインによるキリスト教の伝道を基盤としてついに植民地化された事実を知り、日本も第二のフィリピンになるのではと恐れた。その結果キリシタン宣教師を追放し、貿易を長崎の出島に限り、また日本人の渡航を禁じ、何千という在外日本人の帰国も禁じた。こうして、一五世紀以来加速度的に進んでいた日本のグローバル化は中断することになったのである。

第二期

明治に入り、日本は近代国家建設を急ぐなかで、グローバル化を再開した。早くも明治二(一八六九)年には明治政府は朝鮮出兵をもくろみ、西郷隆盛、板垣退助らの強い主張で一八七三年には征韓方針は固まっていた。当時欧米視察中の岩倉具視は帰国と同時に征韓計画を中止させることに成功したが、これも一時的な平和にすぎず、日本の大陸進出は、近代国家成立以降一九四五年まで、ほとんど間断なく続くことになる。また朝鮮出兵が議論されていた明治初期には、「元年者」と後に称される移民がすでにハワイ王国の要請で同国へ渡って行った。

明治二七―二八（一八九四―九五）年の日清戦争で台湾を、明治三七―三八（一九〇四―〇五）年の日露戦争で樺太を、また一九〇五年には朝鮮半島を、植民地として獲得した日本は、同時に日本人を植民地各地へ送り込んだ。戦前にはシベリア沿海州にさえ数千人の日本人が居住していた。日本人の拡散は、植民地のみならず、中国北部および東海岸地区、傀儡国家・満州国、東南アジアに至る地域に、明治以降一九四五年の敗戦まで続いたのだ。

この人的拡散には、個人の意志に加えて、当然、国家政策が大きく関わっていたことを銘記すべきである。南アメリカへの移民は、政府が関わり移民会社が介入したが、日本の人口問題解決に利用される結果となった。国家の意図は、人口問題を解決することと植民地・占領地に日本人を定住・駐在させて日本国家の恒久的占拠の基盤を作ることであり、多くの場合、個人は国家の操る将棋の一駒にすぎなかったことを忘れてはならない。この移民政策はアジアでの領土拡張や軍事的占拠にともない、東北・東南アジアでも続いた。満州へは政府の甘言にだまされて何十万という開拓農民が入植し、言語に絶する苦難を強いられることになった。

人的拡散はハワイを嚆矢とし、北アメリカへ向かい、少し遅れて、南アメリカ、そして東南アジア、アジア大陸、台湾、樺太、大洋州へと広がっていった。今野敏彦・藤崎康夫著『増補移民史――I南米編』によると、ラテンアメリカ諸国へ日本人がはじめて移民をしたのは、メキシコが一八九二年、ペルーが一八九九年、チリが一九〇三年、キューバとアルゼンチンが一九〇七年、ブラジルが一九〇八年、パナマが一九一五年、ボリビアが一九一六年、コロンビアが一九二一年、ウルグアイとパラグアイが一九三〇年、ベネズエラが一九三一年となっている。戦前に日本はラテンアメリカだけで二四万四三四四人を送り出していて、現在の日系人人口はラテンアメリカが北米を上回っている。南北アメリカへの移民については本書各章に概要が紹介されているので、ここで触れることはしない。

第二期の人的拡散は、南北アメリカ合わせてもアジア・大洋州全体の人的拡散の数に達しなかったが、第二期アジア・大洋州在住日本人がそれほど多かったという事実も残念ながらほとんど忘れ去られているのが現状だ。

南北アメリカの日系人については、その歴史と現状について継続的に研究が進められているが、戦前のアジア・大洋州における日系人の活躍については、遺憾ながら研究が非常に乏しい。残虐を極めた太平洋戦争と重なるアジア・大洋州移民史は、日本人にとっては忌まわしく、記憶から抹殺したいという感情の表れだろうか。

アジア・大洋州での人的拡散の中には「からゆきさん」とよばれた慰安婦が多数存在し、彼女たちは、主に九州北部から東南アジアに送り出された。シンガポールは戦前、東南アジアにおける貿易の一大拠点だったが、一九世紀末にはシンガポール在住日本人約九〇〇〇人のうちほぼ一〇〇〇人が「からゆきさん」だったと言われている。[4] シンガポールのみならず、スマトラ、ボルネオ、マレー半島などにも、日本人「からゆきさん」が多く居住していたのだ。これについては、映画にもなった山崎朋子の『サンダカン八番娼館』を思い出す人も多いだろう。彼女たちの悲惨な生活が日本の第二期グローバル化促進の糧になっていたことを忘れてはならない。

フィリピンへの移民は、実はラテンアメリカへの移民が始まる前にすでに大々的に始まっていた。そのほとんどは北のルソン島と南のミンダナオ島への移民であった。彼らはルソン島では山岳地帯での道路工事に、ミンダナオ島では農業に従事した。ミンダナオ島のダバオには日本人約二万人が移民社会を形成していた。そこには日本語新聞、神社、仏閣があり、学校も多数あった。その他、ホテル、クラブ、小売店なども多く見られ、ダバオは「リトル・ニッポン」と呼ばれたほどであった。フィリピンへの移民も、最初は南北アメリカへの移民と同様、短期間で引き上げて日本へ帰国する出稼ぎであった。しかし、種々の事情で滞在が長引き、現地人の女性と結婚する者も多く、最終的には第二次世界大戦勃発まで彼らは居残ることになる。彼らの悲劇はそれから始まった。

日本軍のフィリピン上陸とともに、日本人移民や二世の男性は軍隊に召集され、現地人に対して暴行、略奪、放火など蛮行の限りをつくした大日本帝国陸軍の手先となったのだ。その結果、現地人の憎しみと恨みを買い、米軍が上陸し、追い詰められた日本軍がジャングルの中の退却を余儀なくされたときに、その憎しみと恨みが噴出した。軍属の日系人はフィリピン人の復讐により、不幸にも命を落とす者さえあった。

日本のグローバル化は領土拡大と人的拡散にともない、究極的には植民地・占領地の搾取による資本集積をその大きな目的としていた。資源の少ない日本は、資本主義の成功を図るため、資源の豊富な地域の搾取を図ったのだ。明治以来、脱亜入欧をモットーとした日本政府のこうした政策は欧米帝国の手段を踏襲したものであり、当然欧米の帝国拡張との対決は不可避となった。両者の資本集積競争はハンチントンの言う「文明の衝突」となり、日本にとっては、鎖国に至る一七―一八世紀の西欧との衝突に続く第二の「文明の衝突」であった。そして第二次世界大戦における日本の完全な敗北という形で、この衝突に決着がつくことになる。

この敗北で、日本のグローバル化の第二段階は終わり、アジア・大洋州でのグローバル化は領土的にも人的拡散においても、明治初期の段階まで逆戻りすることとなった。東北・東南アジアおよび大洋州では六〇〇万にのぼる民間人、軍人の日本人が復員を強いられた。ただし南北アメリカ在住の日系人は大きな例外であり、現地にとどまることになった。

残留日系人

忘れてはならないのは、アジア・大洋州の占領地、植民地に在住した日本人・日系人の全員が帰国したわけではないということである。帰国しなかった事情は地域により、また個人によって大きく異なり、一概には言えない。その数は数千あるいは数万になるだろうが、正確な数字どころか、概数さえ分かっていない。中国、韓国、タイ、フィリピン、インドネシア、ミクロネシアなどでは、ある程度その過去と現状が判明しつつあるが、ビルマ（ミャンマー）、メラネシアなどではいまだにまったくといっていいほど不明である。しかし、彼ら、そして彼らの子孫も残留日系人であることには違いなく、「日系人」は南北アメリカに限ったわけではないことを、ここで再び認識しなければならない。

中国「残留孤児」の事情についてはメディアの報道によって比較的よく知られているが、その総数については不明のままである。厚生省によると、二〇〇一年現在、日本人であることを自主的に申し出た残留孤児は二七四七人である。(5)この数字には、調査の結果、法的に日本人であることが判明しない者も含まれている。しかし反日感情の強い中国の世間の反発を恐れ、いまだに身元を隠し、申し出ない者も多いことを勘案すれば、中国残留孤児の総数は予想以上に大きいだろう。

東南アジア各地での戦時中の逃亡兵・離隊兵が戦後、復員部隊への合流をはばかり、現地に残ったが、その数は計り知れない。インドネシアでは一〇〇〇人、ベトナムでは七〇〇人の日本兵が残ったとされている。なかにはインドネシアないしベトナムの独立戦争に参加し戦功を上げ、国籍を与えられて名誉市民になった者もいる。ベトナムでは、彼らは「新ベトナム人」と呼ばれ、認められている。(6)現地「福祉友の会」の調査では、インドネシアにはおもにジャワ・バリ地区およびスマトラ地区に一九八〇年現在で七八〇人が残留していたことが知られている。それ以前に死亡した者も多いだろうし、高齢にさしかかった彼らの中には調査後の死亡者も多くあり、現存者は七八〇人をはるかに下回るだろう。また、スラウェシ島やニューギニア島は調査されていないので、残留日本人の全貌はまだまだ分かっていないのが現状である。インドネシアの残留邦人については、長洋弘の『帰らなかった日本兵』に詳しい。(7)

フィリピンでは、軍属として召集された民間日本人が軍人に荷担して現地人を過酷に扱ったという例は多いといわれる。民間人のなかには、種々の事情で日本へ送還を許されなかった、あるいは希望しなかった者もいる。敗戦により軍人は「復員」と称して日本へ引き揚げ、現地人の報復から逃れたが、残された日本人移民や二世たちは現地フィリピン人の恨みから逃れられなかった。名前を変え住所を移し、現地人を装って生き延びてきた悲惨な物語は聞くに堪えないほどである。そして戦後長く彼らは、日本政府の支援も受けられず経済的にも恵まれない生活を強いられてきたのだ。これらの事情については、大野俊の『ハポン』に詳しい。また、鈴木賢士の

『母と子でみるフィリピン残留日系人』には多くの写真が彼らの苦難を映像で訴えている。

タイの残留日本人については、赤木攻の『タイの永住日本人』に詳しい。非常に困難な調査条件のもと、赤木は一九八〇年代の調査で二二〇人の残留（ないし永住）日本人のリストを作った。インドネシアと同様に、調査以前・以後に亡くなった人もあり、タイ社会に埋没して調査の網にかからなかった日本人などを考慮すると、敗戦当時の残留者数は二二〇人よりはるかに多かったことが予想される。以上のように敗戦後日本に引き揚げず現地に永住している戦前からの日系人はタイにもいるのだ。

韓国には、敗戦前に地元の男性と結婚した日本人女性が多数、残留している。すでに夫を失った者も多く、現在ではかなりの高齢で経済的に苦しい生活を強いられている。韓国残留日本人を支援する「芙蓉会」は、約五〇〇名の会員を擁し、全国で一一の支部が活動している。一九九八年の第三九回海外日系人大会代表者会議で報告された、きびしい生活条件のもとで苦しむ韓国残留邦人についての話には心を打たれるものがあった。樺太に残留する日本人についてはメディアの報道はまったくといっていいほどないが、二〇〇一年現在で四六四名の日本人が残留していることが厚生省の報告で明らかになっている。(8)

第一次世界大戦後ミクロネシアが日本の委任統治になるや、日本からの出稼ぎ人が多くの島々に渡り、日本人の多い島では現地人の人口を上回るほどだった。ミクロネシアでもフィリピンと同じく、移住者の多くは現地人の女性と結婚し、日本姓の子孫を残して、敗戦後、日本へ引き揚げた。幸い日本軍の現地人に対する虐待行為はなく、現地人との関係は比較的親密だった。また、ミクロネシアの島々では一部を除いて戦場にならなかったため、フィリピンの日本人移民が経験したような悲劇には遭遇しなかった。日本の委任統治であったミクロネシアには、現在日本名をもつ日系人二世、三世が非常に多く、その中にはペルーのフジモリよりも前に大統領になった者がいる。しかしこのことは日本ではほとんど知られていない。彼らは、アメリカで日系混血児を指していう「ハパ」であるが、日系人であることに変わりはない。

第三期

一六三〇年代の鎖国令によって一五―一七世紀の第一期グローバル化が終結し、当時海外に在住していた日本人は帰国を許されず異国の土となった。彼らは残留国に同化し、その子孫は日本人、あるいは日系人としては残らず、近代日本のグローバル化はまったく一からやりなおしをすることになった。他方、第二期と第三期との間には時間的断絶がほとんどなく、第二期末期の海外日本人の引き揚げが終わるか終わらないときに、第三期のグローバル化が、移民、「戦争花嫁」、留学生などの形で開始することになる。

敗戦後、外国に居残った日本人や日系人は、場合によっては戦後進出してきた日本人と日系企業の水先案内の役割を担っていた。東南アジアや南北アメリカに進出した企業の初期の駐在員は、住宅や子弟の学校の選択などについて、現地事情に明るく、日本語を母語とする一世、あるいは少なくともある程度、日本語と日本文化を理解する「同胞」の二世に頼ることが多かった。また、日本製品が戦後輸出され始めた当初、日本製品は「安かろう、悪かろう」の悪評があったが、南北アメリカでそれをまず率先して買ったのは日系人だったのであり、このことも戦後の日本経済の発展に寄与してきた。同時に、海外進出企業は同胞であるよしみで好んで日系人を現地採用し、日本語と日本文化を多少とも理解する日系人は重宝がられ、しばしば非日系現地採用者との間に立って文化的仲介者の役割を果たした。しかし、文化的には「現地人」である日系人を日本人であるとみた、駐在員の思い違いにより日系人との間に誤解が生じる例もいまだに多い。

一九九四年には、日本国籍所有者六九万九八九五人が、海外に長期滞在者あるいは永住者として住んでいた(9)。これは一九六九年と較べると二〇一パーセントの増加を示す数字である。この数字には滞在国への帰化などで日本国籍を失ったり破棄した者は含まれていないし、日系三世、四世などのように、日本国籍所有者の子孫で日本人の血統をもっていながら日本の国籍は所有しない者も含まれていない。ここでは海外永住の日本人および日系人を国籍の如何を問わず、一括して「日系人」と呼ぶことにするが、その数は数百万にのぼるに違いない。永住者は日系人であることはもちろん、長期滞在者も場合によっては永住者に身分を変えたり、帰化したりすることがあり、日本人と日系人の区別はその性質からしてあいまいである。つまるところ、長期滞在者は少なくとも「日系人」予備軍である。日本の第三期グローバル化は種々の「日系人」を作り出した。以下、戦後の日系人をいくつかのタイプにわけて論じてみたい。

移民

戦後、日本政府は人口問題対策として移民政策を打ち出すこととなり、次々と移民計画を執行した。日本から五〇〇〇家族を受け入れる計画が一九五一年にブラジル政府ですでに認められ、一九五三年から実行に移された。また一九五二年には、すで戦後第一回移民として一七家族五四名がブラジルへ向かった。外務省は一九五三年に移民五カ年計画を、一九五四年には移民一〇カ年計画を打ち出し、また一九五八年には五年間に一〇万一〇〇〇人の移民を送り出す案を作った。一九五六年にはすでにドミニカ共和国への移民が始まり、三年間で一三一九人が送り出された。このように続いた国策としての日本人の移住は、一九七三年「にっぽんまる」が最後の移民を乗せて南米へ渡ったことをもって終了した(10)。

戦前にしろ、戦後にしろ、日本政府の移民政策の杜撰さには驚くべきものがあった。「移民は棄民」を地でいく政策がしばしばとられ、甘い話に乗せられた移民志願者たちは荒廃地に放り出されることがあった。移民政策とはまず日本国内の口減しの政策であり、当時一〇〇〇万人にも上った失業者の対策でもあった。それさえ達成すれば、移民たちの期待がはずれようと、彼らが壮絶な苦労をしようと、日本政府にとっては大きな問題ではなかった。日本政府が入植地の状況をつぶさに調査して入植適性を確認することは少なく、その結果、入植者は、言語に絶する苦難を味わった。戦後、一九五六年からの三年間にドミニカ共和国へ渡った二四九家族のうち、その五三パーセント、一三三家族が一九六一—六二年に日本へ集団帰国した背景には、杜撰な移民政策の結果「人間以下」の生活を強いられる入植状態があった。(11) 自国民を他国に放り出してしまった日本国政府の無責任さは問われなければならない。

第二次大戦や戦前の諸外国における日本人移民反対政策や反日運動の結果、戦前の移民による日系社会と、戦後移民つまり「新一世」の作った日系社会との間には、世代的のみならず、文化的、社会的距離が生じ、二者は並列して存在することになった。ただし、北米への戦前の移民は早くに中断し、その後、南米への移民が始まったので、南米での二つの日系社会間のギャップは大きくなく、旧一世と新一世との間の違和感は北米ほどではない。

二者間に生まれた違和感の原因は何だろうか。一つには体験の違いがある。戦前の一世の多くは開拓者として想像しがたい苦難を経験した。それに反し、戦後の一世は、いわば、すでにでき上った日系社会へ依存しつつ自立の道を図ってきた者が多い。その両者の体験の格差は大きい。第二に、戦前の一世は戦争期を「敵国」で過ごし、ことに北米ではその間、収容所で過ごすという、戦後の新一世には、ただ想像するしかない凄惨な過去をを持っている。こうした世界観の違いは大きな社会的距離をもたらすだろう。

第三に、言葉の問題がある。同じ日本語を話すとはいえ、旧一世は明治、大正期の各地の方言を土台とし、それに現地の言葉（ポルトガル語、スペイン語、英語）が混成した独特の共通「方言」を作り上げた。それは戦後の教育を受け、英語氾濫時代を日本で過ごした新一世の日本語とはかけ離れた表現法であった。第四に、旧一世の平均年齢は新一世に較べて二〇—三〇歳高く、親子のような世代的隔りがあり、話がかみ合わないところがある。旧一世は新世界生まれの二世の子供たちとの家庭生活に没頭しており、加えて現地語が家庭で使われる旧一世家族の生活は新一世とは相容れないところがある。要するに開拓期、戦時期の体験、独特の自己表現法、世代的隔りが旧一世たちのアイデンティティを構成し、新一世との間に一線を画する重要な要因となった。

国際結婚

「戦争花嫁」

戦後の人的拡散に寄与しているものとして国際結婚がある。その一つのサブカテゴリーがいわゆる「戦争花嫁」である。占領軍あるいは駐留軍兵士と現地の女性との結婚は、日本のみならず、第二次大戦後のヨーロッパでもあり、また朝鮮動乱期後の韓国、ベトナム戦争期の南ベトナム、はたまた米国基地を置く世界各地の米兵士にも見られる。日本は例外ではない。

いわゆる「戦争花嫁」は、もともと占領軍兵士と日本人女性との結婚を意味したが、占領期後の駐留軍兵士との結婚も含まれる。その意味では米軍基地がいまだに存在する日本では「戦争花嫁」が現在も生まれており、今後も続くことが予想される。戦後の劣悪な経済状態が「戦争花嫁」を生み出した大きな要因だったことは否めない。占領軍関係の仕事は比較的収入もよく、男性でも就職の至難な時代に女性に就職口を広く提供したことによって多くの女性が占領軍軍人と接触する機会を得、その結果、結婚して夫の国へ行くことになる。占領軍に直接関係のある仕事ではなくても、バー、クラブ、そして基地周辺の占領軍関連企業に従事する女性にとっても同様のことがいえる。占領軍は連合国各国軍が形成しており、「戦争花嫁」はさまざま国の軍人と結婚し、世界中に散らばっていったが、占領軍の大多数は米軍であったため、「戦争花嫁」もそのほとんどはアメリカへ行った。ただし、カナダ、オーストラリア、その他の国へ行った者も少なくない。

「戦争花嫁」の配偶者は社会の各層に属しており、アメリカの場合は多様な人種にまたがり、出身地も全米各地にわたる。そのため夫の母国、故郷、勤務地へ同伴して行く「戦争花嫁」は、カリフォルニア西海岸のように日系人の集中している地域に定住することは少なかった。むしろ全米各地に広く点在する結果となり、既存日系社会には依存できない孤立した生活を送ることになる。田村恵子の調査したオーストラリア在住の戦争花嫁は、日本人としての性格の核を保ちつつ、しかし確実に現地文化に適応している。[12] 田村の実証はオーストラリア以外の国へ嫁いだ日本人女性にも当てはまるだろう。戦争花嫁の大半は現在では高齢化し、その数も次第に少なくなっているが、最近、国際組織を作り「日系国際結婚交流世界大会」を開催し、戦争に翻弄された共通の人生を語り合い、親睦を図るとともに共通の体験から生まれたアイデンティティを確認し合っている。[13]

もう一つの国際結婚

国際結婚の第二のサブカテゴリーは、軍人以外の外国人と日本人の結婚であり、一九六〇年代以降、徐々に増えつつある。日本人女性と外国人男性との結婚が圧倒的に多いが、日本人男性と外国人女性の結婚も近年増加しつつある。いわゆる「戦争花嫁」は経済的に比較的貧しい層からの女性が多かったが、のちの国際結婚では必ずしもそうではない。白人との結婚では明治以来の日本人の「白人コンプレックス」が働き、優越する白人との結婚を望む無意識の動機があったのではないだろうか。ただし最近増加しつつある白人以外との国際結婚ではそのような動機があるとは必ずしも言えない。一九六〇年代、七〇年代には、在日韓国人・朝鮮人との国際結婚を除けば、欧米系白人との国際結婚が大多数だったが、その後はアジア人との国際結婚が増加している。また白人との結婚の場合は先述のように配偶者が男性である場合がほとんどだが、アジア人との結婚では配偶者が男性の場合も女性の場合も多く見られる。これは「白人コンプレックス」を排除した、ほぼ同等の関係から生まれてくるのではないだろうか。

外国人を配偶者に選ぶ女性は結果として日本人男性を排除したことになることを指摘しておきたい。統計的に見れば、日本国内で日本人女性が日本人男性と結婚する確率は、外国人男性との結婚確率より数十倍も大きい。にもかかわらず、非常に少ない外国人を「探し出して」結婚するのは、日本人男性を意識的にしろ無意識にしろ排除したことになる。つまり彼女らは男尊女卑の日本社会の構造の中に温存する男性を拒否したと解釈してよいだろう。

多国籍企業駐在員とその家族

一九六〇年以降、日本の工業製品は大々的に輸出されるようになった。現在では日本企業の海外への直接投資は一〇〇以上の国々に及び、その総額はアメリカに次ぐ。一九九五年には、一万七〇一五の日本企業の海外法人が見られた。その内訳は、七六四三法人はアジアに、四〇八六法人は北米に、そして三四〇七法人はヨーロッパにあった。世界に分布する日本企業は、同じく一九九五年に二八六万七九五九人の現地採用従業員を雇用し、五万六五七人の派遣駐在員を抱えていた(14)。この巨大な経済活動を支えるのが、駐在員とその家族である。彼らを核とする数千人から数万人の日本人社会は世界各地に散らばっている。このような日本人社会は、次項で述べるように、彼らに種々のサービスを提供する日本人・日系人社会と共存している。たとえば日本食料品店、日本食レストラン、カラオケ、クラブ、旅行代理店、日本語書籍店、美容院、はては不動産斡旋業者、医院、新古自動車売買業者など、駐在員やその家族の日々の生活に必要なサービスをほとんど網羅している。就学生のための全日制小・中学校、あるいは補習校が設立され、学習塾も珍しくない。このようなサービス企業ないし施設を多かれ少なかれ取り入れた日本人社会は、北京、ソウル、台北、バンコク、シンガポール、シドニー、ロサンジェルス、サンフランシスコ、シカゴ、ニューヨーク、ワシントン、ロンドン、パリ、デュッセルドルフ等に見られる。

現在ではこのように成熟した日本人社会が存在するが、日本企業が海外に進出し始めた当初は派遣駐在員も少なく、すでに述べたように戦前からの日系人のいるところでは彼らに依存することが多かった。駐在員を中心とした日本人人口が増加するとともに、日系人への依存度は徐々に少なくなる。彼らは高収入の特殊層を形成し、彼らは後述の定住日本人社会とは別個の社会を作り出している。彼らの抱く「移民は貧乏人」、「移民は棄民」といった侮蔑、偏見が、戦前からの日系社会と彼らを分離させる要因になったのではなかろうか。

駐在員社会の組織は当然ながら日本経済を軸としている。現地日系企業をメンバーとした商工会議所では、有力企業を頂点としてピラミッド型の組織を作り、妻たちの集まりなどのような、純然とした企業関係以外の場でも、企業のヒエラルキーが人間関係に影響を及ぼす。駐在員社会ではゴルフ、野球、テニス等の親睦があり、バザーも開催され、これらの行事への参加は半ば義務づけられており、また、それは駐在員社会のメンバーであることをお互いに確認する重要な手段でもある。

子弟の教育の面でも駐在員社会は独特の特徴を持っている。駐在員家族は日本への帰国を前提とし、極端に言えば、海外生活は「一時凌ぎ」にすぎない。現在では海外で現地校ないし国際学校で教育を受け、海外の大学に入る例も増えているが、最近までは日本の大学に入ることを自明としていた。そのため、現地では理想的には文部省認可の全日制学校を、それが不可能であれば週末補習校を設立し、日本の小・中学校と同等の教育を子弟に与え、高等学校は大学入試の準備として帰国させ日本で通わせるパターンができ上がっている。

日本人学校は駐在員によって作られている日本人会が母体になっている場合もあり、日本人会々員の子弟のみ履修権利を持つ制度のあるところでは、現地人、あるいは次項で述べる定住日本人の子弟は排除される結果になる。当然この排除の原理は駐在員社会のアイデンティティを強化し、定住日本人社会とは一線を画する情景となる。

駐在員数が増加するにつれて、彼らが構成する日本人社会は充実し、現地社会との関係が稀薄になる。日常生活では現地語ないし英語でのコミュニケーションはほとんど不要になり、通常の用は日本語で足せるようになる。こうして、日本経済がグローバル化すればするほど、そのグローバル化を促進する尖兵の海外日本人社会は皮肉にも非グローバル化の方向へ進んでいくことになる。(15)

シルバー作戦

一九七〇年代、日本の経済発展が軌道に乗り出した頃、日本政府は退職後の生活を発展途上国で送ることを奨励した。外貨に対する円の価値も上昇し、途上国での年金生活を楽観視した政府の見通しだった。しかし、この政策には、経済的に生産力を失い、福祉・医療施設を過重に利用する年齢層を国外に送り出し国の負担を軽減したいとする国家の意図が見えすいていた。老齢者には新たに外国語を習得し異文化に適応する能力も少ないにもかかわらず外国生活を奨励する政府の無神経さを反映した「姥捨て山」政策が失敗に終わったのは当然である。

このような国家政策とは無関係に、近年になって定年退職者が自主的にフィリピン、メキシコ、オーストラリア、カナダ、アメリカなどに移住している例が見られる。この傾向は目立った増加はないにしても、継続することは予想される。

戦後定住者

駐在員がほぼ三―五年で転勤になり、ローテーションで駐在員社会に転入、転出していくのに対して、戦後、外国に移住し、比較的長期に在住、あるいは定住している日本人の社会がある。駐在員が集中している地域には往々にして長期滞在者、定住者も多い。南北アメリカでは戦前の一世に対して彼らは一般に「新一世」と呼ばれているが、旧一世の存在しない欧州や旧一世が太平洋戦争で帰国したオーストラリアでは「新一世」という用語は意味をなさないので、一括して「戦後定住者」と呼ぶことにする。

先に駐在員社会にサービスを提供する日本人・日系人とその企業（旅行社、不動産業者、弁護士等）について言及したが、これらの日本人・日系人はほとんどが戦後定住者である（ただし、まれには、日本交通公社のように、サービスを提供する企業も日本の多国籍企業だったりするが、その場合には、その企業のトップ管理者は当然短期の駐在員である）。これらのサービス企業・施設は前述の食料品店、レストラン、カラオケクラブ、旅行代理店などに始まり、駐在員や長期滞在者、定住者の人口が増加するにつれて、住宅斡旋の不動産業、書籍店、美容院、産婦人科、歯科、内科等医療施設各種、弁護士業、職業紹介業、中古車業、自動車修理工場、空港への送迎業、運搬業、車の登録代理業や電話、水道等の申込や解約、などあらゆるサービス業が開設されることになる。また、日本から衛星版の新聞各種が現地で印刷、配達され、テレビもチャンネルは限られるにせよ日本からの放送が見られたり、日本語の放送が現地テレビ局から放映されるようになる。

これらのサービスや施設は駐在員やその家族にとって不可欠である。駐在員やその家族の中には現地語を自由に駆使できない者が多いので、このような日本人経営の事業が必要となるのだ。英語圏においても、駐在員自身は英語ができてもその家族の大多数は英語能力が不十分である。ましてや非英語圏、ことにタイ、中国のような非欧州語圏では、駐在員といえども現地語をまったく解さず、現地の人たちとは英語で用を足している例がほとんどである。そのような状況において、現地語を理解する定住日本人の業者は欠かせない。また、駐在員家族が現地の言葉を解しないため、現地人に対する不信感と定住日本人への（場合によっては過度の）信頼がある。彼らが日本人経営の事業を利用するのはこのためである。日本人の髪やニーズを知っている、日本で働いた経験のある美容師を抱える美容院を利用したがるのも理解できることである。

日本人社会の人口が一定数以上に達しなければ、これら日本人を大半の顧客とした企業は成り立たない。その人口が多ければ多いほど種々の定住日本人経営サービス業が増え、同種業者も複数になってくる。定住日本人のサービス業を利用するのは駐在員社会だけではない。定住日本人自身もお互いのサービスを利用し、いわゆる「エスニック・ビジネス」として繁栄していく。ロサンジェルスのミニコミ誌『ライトハウス』の一九九八年二月一六日号の求人欄には一二五種、一七五職があり、そのほとんどが日本語を必要としている。駐在員社会が定住日本人企業への依存度を高めるのに比例して、戦前からの日系人社会への依存度を少なくしていっていることは注目に値する。

駐在員たちがほぼ三—五年で転勤になるローテーション社会を形成しているのに対し、サービス業者はほとんどが独立、自由業者であり、現地にどれほど留まるかは駐在員のように上部組織に左右されることはない。ほとんどは日本への帰国の明確なプランはなく、といって現地に永住する決心をしたわけでもなく、なんとなく定住しているというのが実状だろう。駐在員が完全に日本志向の生活をしているのに対して、定住社会では日本志向と現地志向とが半々になっている。この意味においても、「定住者」たちは駐在員社会とは別個の社会を形成していると言える。

子弟の教育においても、定住者は駐在員の構成する日本人会の会員でないため、その子弟は日本人学校へ通う資格がない。また資格の問題はなくとも、日本への帰国が決定的でないので、欧米圏ではとにかく、現地校に子弟を通わせる者が多い（逆にタイなどでは現地校に通う子弟はほとんど見られない）。ということは、欧米では、子弟の教育においても、駐在員社会と定住者社会とは共通した話題も問題意識もなく別個の世界であることを示している。

赤木攻は『タイの永住日本人』の中で、タイでも駐在員は彼らだけの社会を作り、定住の日本人とは隔離した世界に住んでいることを報告している。ただしタイの場合、ごく少数ながら戦前からの日本人と戦後日本から移住してきた新定住者とは区別なく一つの社会に住んでいるなど、北米とは事情が違う点がある。

戦後の「定住日系人（新一世）社会」は「日本語を第一言語とした、海外に長期滞在ないし定住する日本人・日系人の社会」とでも定義できるだろう。戦後の定住日本人（新一世）にはいくつかのタイプがある。先述の「戦争花嫁」を含む国際結婚の女性や戦後の移民もこの範疇に入る。定住日本人・日系人の中には日本料理店、旅行代理店などを営業する者、駐在員の身分で着任後、赴任地の文化、社会に共感し、転勤を拒み、辞職して現地に残る者、また定年退職後、以前出張等で体験した外国に憧れ日本を引き払って移住する者も含まれる。

それとは別に日本を意識的に見捨てて海外へ移っていく日本人も増えている。女性にこの傾向がとくに強いのは、男尊女卑の日本社会や男性優位の日本の企業制度を勘案すればうなずける。ことに有能でキャリアを目指す女性にとって、日本の雇用制度は、改善はあまりにも遅く、チャンスを求めて海外へ翔くのはもっとものことである。(16) 日本を捨てて海外に将来を求めるのは女性だけではない。男性でも、日本のいまだに旧弊な講座制の国立大学では主任教授の支配下にあって、自由な研究はできないとして、海外に流出する若手の優秀な学者もいれば、また、研究設備の貧弱な大学や研究所から、設備もよく研究費も潤沢な欧米の大学や研究所へ移動する者もある。設備や給料以外に延々と続く会議のために研究の時間を犠牲にしなければならない悪慣習や、文科省の弊害のある厳しい制約なども学者の頭脳流出を促進しているのではないだろうか。大企業優先の行政や、起業精神を圧迫するおびただしい役所の規制に愛想をつかして海外で事業を始める中小企業者もいる。

その他種々の理由で多くの日本人は日本を脱出し、海外で身を立て、生活している。日本社会で差別を余儀なくされている在日韓国人・朝鮮人もその中に入る。石戸谷はいみじくも彼らを「日本を棄てた日本人」と呼んでいる。(17) 石戸谷の挙げる例はアメリカに移住した日本人に限られているが、同様の例はヨーロッパ、東南アジア、(18)

オーストラリア[19]、その他、世界各地[20]から多く報告されている。オーストラリアのラトローブ大学の杉本良夫教授は、「政治難民」、「経済難民」に対して、彼らを「社会難民」と称している。

これらの日本人は、日本人社会の在住しないところへ行く場合も少なくない。欧米の大学院へ留学し、学位取得後現地の大学に就職する例は非常に多いが、就職先の大学所在地には必ずしも日本人社会はない。同時に日本語の使える就職口を探して定住日本人社会に飛び込んでくる日本人も多い。前述したロサンジェルスのミニコミ誌『ライトハウス』にはこのような日本人の例が多数掲載されている。

「社会難民」が海外に出始めたのは過去三〇年ほど、つまり、日本経済が高度成長の軌道に乗り、日本の国民総生産が世界三―四位になってからである。彼らは経済的な理由で、つまり旧来の「出稼ぎ」精神をもって、外国で生活の道を拓こうとして日本を去ったのではなく、自由を求め、また能力の限界を試すことを究極の目的として、新天地を求めて海外に「出奔」したと見るのが正しいだろう。

風来坊

不特定の時限で外国に住んでいる最後のタイプとして、ここ一〇年程の期間に増えつつある「風来坊」とでもいえる日本人を挙げてみよう。彼らは二〇歳前後で、多くは親の仕送りに頼って外国で生活している。欧米、オーストラリアなどでは語学研修やワーキング・ホリデーの名目でビザを取得して海外で生活しているが、実際真剣に語学の勉強に励んでいる者はむしろ少数で、大半は大した意味もなく生活している。現地の言葉はできないので定住日本人（新一世）社会に転がり込み、語学学校で知り合った日本人と付き合い、仲間を作っている。一〇年ほど前『イエローキャブ』[21]で悪名を高くしたニューヨーク在住の日本人女性たちもこの範疇に入れて間違いない。彼女たちは親の仕送りで生活し、黒人や白人との付き合いに身をやつしている、と家田は言う。もっとも家田のルポには誇張が甚だしく、客観性に欠けていることを豊田[22]は主張している。

ワーキング・ホリデーのビザを所有していない限り違法であり、発覚した場合には逮捕され日本へ強制送還されるのにもかかわらず、場合によっては日本人社会でアルバイトをして小使い稼ぎをしている者もいる。彼らは基本的な礼儀作法もわきまえず、無責任であり、人に迷惑をかけることも気にしない、ということで定住日本人の顰蹙をかっている[23]。

外務省の外郭団体である海外日系人協会は、毎年、東京で大会を開き、海外へ移住している日本人の代表団が出席し移住先での日本人としての問題を明らかにし、外務省に問題解決を陳情する慣わしになっている。一九九八年の大会に著者も出席したが、その会場でアメリカおよびカナダからの代表団が初めて取り上げた問題の一つは近来北米に滞在している「風来坊」である。代表団は「風来坊が種々の問題をコミュニティにもたらし、過去数十年かかって築き上げた日本人、日系人の信頼ある評価を台なしにしている、外務省で何とか手を打ってほしい」と陳情したのだった。しかし、効果的な解決法は見つかりそうになく、当分は彼ら「風来坊」は日系人社会を悩ますに違いない。

結語

人的拡散に焦点を合わせた日本のグローバル化は三期に分けられる。第一期は一五―一六世紀の和冦の中国(明)沿岸での出没、また日明交易に始まり、一六―一七世紀の東南アジアへの進出、移住へと続いた。それによって作られた日本人の「エスノスケープ」[24]は、一六三〇年代に発布された鎖国令により消滅することになる。キリスト教に代表されるヨーロッパ文明と日本文明の衝突[25]を避けるため、日本はキリスト教を禁じ、西欧との交流・貿易を長崎に限り、最小限度にとどめた。東南アジアの日本民族は鎖国の犠牲となり、そのエスノスケープは壊滅した。

第二期は一九世紀の中葉、徳川末期に鎖国が解禁となった時点から始まるのだが、本格的に移住が見られるようになるのは明治元年からである。この時期の日本のグローバル化は、自主的に行われた第一期と違い、西欧のグローバル化を模倣し、それに追いつく意図で始まった。それは資本主義と領土の獲得・搾取と相互依存の二本立ての政策だった。人的拡散は一方では資本主義をより効果的にするための失業対策・人口問題解決に結びつき、他方では植民地・占領地に民族的基盤を作ることだったのである。第二次大戦終末期には明治以前の日本領土の外に約六〇〇万の日本人が数えられ、敗戦により本土への引き揚げを余儀なくされたのだ。

それでも現地に居残った日本人は数知れない。一部は現地の社会に溶け込み、その所在は分からないが、戦後その存在を明らかにし、「日系人」としてその子孫とともに存続している残留日本人もいるのである。

頭脳流出

一九六〇年代、七〇年代に「頭脳流出」が社会問題となった。原因はノーベル賞級の学者が、日本の劣悪な研究施設、低給料に見切りをつけ、海外の大学や研究所へ転出していったことにある。しかし、頭脳流出はもっと広い視野で見る必要がある。大学教育を受けた社会人が「社会難民」としてその技術、能力を日本社会に還元せず、海外に流出するのも頭脳流出に違いない。その後徐々に研究設備や給料は改善されてきたものの、とくに設備面ではいまだに欧米のレベルには達しているとは言い難く、大学教員の「頭脳流出」はマスコミに取り沙汰されないままに続いているのだ。

また、有能な女性が、男女不平等を是正しない日本に失望して海外へ移住して就職するのも、頭脳流出の一つのタイプと見なすべきだろう。このような現象をも考慮に入れた場合、日本の頭脳流出現象は一九六〇年代に較べ、その数はかなり増加し、いまだに歯止めがかかっていない。事実、ノーベル賞級の学者が数人流出するのと較べると、現在のように毎年恐らく数百人、あるいは数千人の有能な青年が流出する方が、国家の人材喪失の点から見れば由々しい問題だといえる。これらの人材を日本社会のなかで活用できれば経済にとっても大きなプラスになっているに違いない。その意味では、頭脳流出に歯止めをかけないのは国家政策の失敗とみなしても間違いはないだろう。

文化的資本

どのような理由であれ、日本を去っていった日本人は、大多数が生活の糧として、日本の「文化的資本」を活用している。先述のように、日本でのキャリアを諦めた女性では海外の大学院に入学し、修士号や博士号を取得する例が多いが、人文系・社会科学系の場合、日本をテーマとして論文を書く者が非常に多い。英米文学や独・仏文学を日本で専攻していても、たとえばアメリカの大学院でアメリカ文学研究でアメリカ生まれのアメリカ人学生と肩を並べて同等の成績を収めるのは至難である。そのような場合、日本文学に専攻を変え比較的容易な学位への道を選ぶ者が多い。専攻部門が政治学であっても、社会学であっても、学位論文テーマは日本とするのが常套手段である。そして、就職先はほとんど学位取得国の大学であり、日本をテーマとした講義を担当し、日本研究に従事することになる。

企業に就職した場合でも、多くは会社の日本担当となり、日本からの顧客との折衝、日本への出張などが職務の重要な一部となる。なかには通訳をしたり、「日本企業との交渉法」のワークショップを開講したり、コンサルタントになったりする者もいる。

とくに技術や学位がなくても、文化的資本としての日本語の能力が海外での生活の糧を生み出す。日本語教員の職は一九七〇—八〇年代のアメリカにはふんだんにあり、言語学や語学教育の学位がなくても非常勤講師程度なら就職に困らなかった。国際結婚で海外へ渡った日本人や過去二〇年程の間の日本脱出組には、日本語ができるゆえに日本企業の現地採用者となった者も多い。そのような場合、日本での職場の男女ヒエラルキーのような性差別が再生産され、女性は日本の職場を逃れてきた甲斐がなかったことになる。しかし、このような職種は、単に日本語をネイティブとして話すだけではなく、日本文化を身につけている、ということが前提になっている。日本語教育の場合それなしには言葉は教えられない。同様のことは日本人・日系人社会で日本人相手の職に就く日本人にも当然あてはまる。日本人顧客相手の日本食料品店、日本語書籍の書店、あるいは日本料理店や旅行代理店でも、「日本人である」――日本語、日本の習慣、作法、価値観等を身につけている――という理由で採用される場合が多い。

つまるところ、日本文化という資本を持って彼らは海外へ移住し、その資本を投資して生活の糧を得ることになる。皮肉にも、これは日本という国に見切りをつけた、「日本を棄てた日本人」にも間違いなく言えることである。

日本経済への貢献

日本人が「日本を棄て」て海外に拡散することは日本経済にとっては人的資源の大きな損失であるということはすでに論じた。ところが、皮肉にも彼らの大半が「日本」という文化的資本を生活の糧とし、種々の形で日本経済へも貢献している。日本の多国籍企業に現地採用として就職している場合は明らかにそうである。ロンドンの日系銀行に勤める日本人女性(26)や香港、シンガポールの日系企業に勤めるOL(27)もその好例である。

旅行代理店に勤めても駐在員やその家族の出張や旅行の便宜を図り、日本語書籍の書店では彼らの読書欲を満たすのを助ける役割を果たすことになる。日本料理店やクラブやカラオケでは、駐在員や日本からのビジネスマンの憩いの場、商談の場などを提供することになる。大学教員になったとしても日本についての講義を持つということは、学生に日本を理解させ評価させることを究極の目的とし、結果としては学生がどちらかと言えば日本贔屓になる。卒業生の中には日本研究者になり、日本理解のプロセスを再生産する者、現地企業の日本関係の部門に就く者、日本企業に就職する者などがいる。最小限の効果として、学生は日本への理解度を深めることになる。こうして「日本を棄てた」「社会難民」である「在外日本人」は、究極には日本経済を直接、間接に潤わせる結果になる。

人的拡散の日本社会への「罪（負）」

海外への人的拡散は人的資源の流出であり、国内での人材の喪失であることを認識しなければならない。日本でできなければ外国に出ていってでもキャリアを求め、チャンスをつかもうとする、その進取の気性、努力、負けじ魂は評価しなければならない。このような人材が海外に流出せず、日本国内で活躍していれば、日本の経済、また社会にとっても大きなプラスになるに違いない。日本が女性や周辺化された少数集団を差別する保守的な社会構造のゆえに、幾多の人材を失ってしまっているのは残念である。結果的には海外に出ていった同胞が、日本経済の役に立っているとはいえ、結果論で社会の悪を正当化するのは当を得ていない。

第二に、何らかの意味で日本を不満として海外へ流出した日本人（国際結婚も含めて）が国内に留まり、日本社会の欠点、恥部を改善するべくエネルギーを注ぎ込んだとすれば、日本はもっと早く改善され、多くの日本人にとって働きやすい、生活のしやすい社会になっていただろう。日本が比較的に保守的な社会構造や文化的価値を現在まで保ち続けているのは、日本社会にそぐわない異分子を海外へ棄民として投げ出すことをしてきたからではないだろうか。

注

（1）Emanuel Wallerstein, *The Modern World System: Capitalist Agriculture and the Origins of the European World-Economy in the Sixteenth Century*（New York: Academic Press, 1974）および *The Capitalist World Economy*.（Cambridge: Cambridge University Press, 1979）を参照。

（2）石原道博『倭寇』（日本歴史学界編集・日本歴史叢書、一九六四年、東京、吉川弘文館）。

（3）James Lewis, "Conference on Hideyoshi's Invasion of Korea." *International Institute of Asian Studies Newsletter*, #27（March 2002）, 31.

（4）今野敏彦・藤崎康夫『増補移民史――IIアジア・オセアニア編』（一九九六年、東京、新泉社）二六頁。

（5）www.kikokusha-center.or.jp/kikokusha/kiko_jijo/chugok/kojitokei.html01/05/07

（6）古田元夫「第3章　植民地と第二次世界大戦」、油井大三郎・古田元夫『世界の歴史第28巻――第二次世界大戦から米ソ対立へ』（一九九八年、東京、中央公論社）、一二四―一九〇頁。

（7）長洋弘『帰らなかった日本兵』（一九九四年、東京、朝日新聞社）。

（8）www.kikokusha-center.or.jp/kikokusha/kiko_jijo/chugok/mhwdata/k_ichiran.html01/05/07

（9）日本総務庁行政監察局編『在外法人の安全・福祉の現状と課題』（一九九五年、東京、大蔵省印局）、五頁。

（10）山田廸生『船にみる日本移民史――笠戸丸からクルーズ客船へ』（一九九八年、東京、中央公論社）、二二七頁。

（11）今野敏彦・藤崎康夫『増補移民史――I南米編』（一九九四年、東京、新泉社）、二八四―三三一頁。

（12）Keiko Tamura, *Border Crossing: Japanese War Brides and their Selfhood*（Doctoral dissertation, Australian National University, 1999）.

（13）青木公「第二回国際結婚交流世界大会開く」『季刊海外日系人』（一九九七年、第四一号）、六二―六三頁。

（14）浅野純次編『週間東洋経済・海外進出企業総覧'96』（一九九六年、東京、東洋経済新報社）。

（15）Harumi Befu and Nancy Stalker, "Globalization of Japan: Cosmopolitanization or spread of the Japanese village?" in Befu ed., *Japan engaging the world: A century of international encounter*（Teikyo Loretto Heights: University Japan Studies, vol. 1, no. 1, 1996）, 101-120.

（16）Junko Sakai, *Japanese Bankers in the City of London: Language, Culture and Identity in the Japanese Diaspora* (London: Routledge, 2000) および Ayako Sone, *"Being Japanese" in a Foreign Place: Cultural Identity of Japanese in Hong Kong*. (M. Phil. thesis. Chinese University of Hong Kong, 2002) を参照。

（17）石戸谷滋『日本を棄てた日本人――「カリフォルニアの新一世」』（一九九一年、東京、草思社）。

（18）赤木攻『タイの永住日本人』（一九九二年、東京、めこん）。

（19）佐藤真知子『新・海外定住時代――オーストラリアの日本人』（一九九三年、東京、新潮社）および Machiko Sato, *Farewell to Nippon* (Melbourne: Trans Pacific Press, 2001) を参照。

（20）柳原和子『「在外」日本人』（一九九四年、東京、晶文社）。

（21）家田荘子『イエローキャブ――成田を飛び立った女たち』（一九九一年、東京、恒友出版）。

（22）豊田正義『告発「イエローキャブ」』（一九九四年、東京、彩流社）。

（23）佐藤　前掲書　一九九三：一五一―一五三。

（24）Arjun Appadurai, *Modernity at Large* (Minneapolis, MN: University of Minnesota Press, 1996).

（25）Samuel Huntington, *Clash of Civilizations: Remaking of World Order* (New York: Simon & Shuster, 1996).

（26）Sakai, 2000.

（27）Heung Wah Wong, *Japanese Bosses, Chinese Workers: Power and Control in a Hong Kong Megastore* (Richmond, Surrey, Curzon, 1999).

引用文献

青木公「第二回国際結婚交流世界大会開く」『季刊海外日系人』一九九七年、第四一号、六二―六三頁。

赤木攻『タイの永住日本人』一九九二年、東京、めこん。

浅野純次編『週間東洋経済・海外進出企業総覧'96』一九九六年、東京、東洋経済新報社。

家田荘子『イエローキャブ――成田を飛び立った女たち』一九九一年、東京、恒友出版。

石戸谷滋『日本を棄てた日本人――「カリフォルニアの新一世」』一九九一年、東京、草思社。

石原道博『倭寇』（日本歴史学界編集・日本歴史叢書）一九六四年、東京、吉川弘文館。

大野俊『ハポン』一九九一年、第三書館。

今野敏彦・藤崎康夫『増補移民史――I南米編』一九九四年、東京、新泉社。

今野敏彦・藤崎康夫『増補移民史――IIアジア・オセアニア編』一九九六年、東京、新泉社。

佐藤真知子『新・海外定住時代――オーストラリアの日本人』一九九三年、東京、新潮社。

鈴木賢士『母と子でみるフィリピン残留日系人』一九九七年、東京、草の根社。

長洋弘『帰らなかった日本兵』一九九四年、東京、朝日新聞社。

豊田正義『告発「イエローキャブ」』一九九四年、東京、彩流社。

日本総務庁行政監察局編『在外法人の安全・福祉の現状と課題』一九九五年、東京、大蔵省印刷局。

古田元夫「第3章　植民地と第二次世界大戦」、油井大三郎・古田元夫『世界の歴史第28巻――第二次世界大戦から米ソ対立へ』一九九八年、東京、中央公論社　一二四―一九〇頁。

柳原和子『「在外」日本人』一九九四年、東京、晶文社。

山田廸生『船にみる日本移民史――笠戸丸からクルーズ客船へ』一九九八年、東京、中央公論社。

Appadurai, Arjun. *Modernity at Large*. Minneapolis, MN: University of Minnesota Press, 1996.

Befu, Harumi and Nancy Stalker. "Globalization of Japan: Cosmopolitanization or spread of the Japanese village?" In Befu ed., *Japan engaging the world: A century of international encounter*. Teikyo Loretto Heights University Japan Studies, vol. 1, no. 1 (1996), 101-120.

Ben-Ari, Eyal and Yong Yin Fong Vanessa. "Twice Marginalized: Single Japanese Female Expatriates." In Eyal Ben-Ari and John Clammer eds., *Japan in Singapore: Cultural Occurrences and Cultural Flows*. Richmond, Surrey, Curzon, 2000
Huntington, Samuel. *Clash of Civilizations: Remaking of World Order*. New York: Simon & Shuster, 1996.

Lewis, James. "Conference on Hideyoshi's Invasion of Korea." *International Institute of Asian Studies Newsletter*, ＃27 (March 2002): 31.

Sakai, Junko. *Japanese Bankers in the City of London: Language, Culture and Identity in the Japanese Diaspora*. London: Routledge, 2000.

Sato, Machiko. *Farewell to Nippon*. Melbourne: Trans Pacific Press, 2001.

Sone, Ayako. *"Being Japanese" in a Foreign Place: Cultural Identity of Japanese in Hong Kong*. M. Phil. thesis. Chinese University of Hong Kong, 2002.

Tamura, Keiko. *Border Crossing: Japanese War Brides and their Selfhood*. Doctoral dissertation. Australian National University, 1999.

Wallerstein, Emanuel. *The Modern World System: Capitalist Agriculture and the Origins of the European World-Economy in the Sixteenth Century*. New York: Academic Press, 1974.

Wallerstein, Emanuel. *The Capitalist World Economy*. Cambridge: Cambridge University Press, 1979.

Wong, Heung Wah. *Japanese Bosses, Chinese Workers: Power and Control in a Hong Kong Megastore*. Richmond, Surrey, Curzon, 1999.

謝　辞

本論文の研究は（ロサンジェルス在）全米日系人博物館主催「ＩＮＲＰ国際日系研究プロジェクト」の一環として行われた。なお、本論文作成のために下記共同研究班からの助成を受け、一九九六・九七・九八年アメリカ・カリフォルニア州で調査を行うことができた――京都文教大学人間学研究所主催共同研究「グローバル・ジャパン」、文部省助成共同研究「民族誌を基盤とするグローバル・ジャパンのモデル化とグローバル化理論の構築」（科学研究助成一〇〇四一〇九四号）、文部省助成共同研究「アメリカ大都市圏におけるアジア・太平洋系移民集団の民族間関係に関する比較研究」（科学研究助成〇八〇四一〇〇三号）、伊藤謝恩育英財団およびイトーファウンデーションＵＳＡ助成共同研究「グローバル化の中の日系アメリカ」。ここで各助成機関に深く感謝の意を表したい。

第2章　日系人アイデンティティに及ぼすグローバル化の影響

レイン・リョウ・ヒラバヤシ
アケミ・キクムラ＝ヤノ
ジェイムズ・A・ヒラバヤシ
（小澤智子訳）

本章では、「日系人」と「日系人としてのアイデンティティ」を定義し、コミュニティという概念について簡単に考察する。これらの語は、本書の重要な焦点だからである。また、日系人のアイデンティティへのグローバル化の影響を研究する際に用いる方法についてさらに詳しく論じ、これに関して五つの命題を紹介しよう。

日系人と日系人コミュニティ――本書における定義

ＩＮＲＰ（国際日系研究プロジェクト）の発足当初から、われわれの特定の研究プロジェクトを立ち上げて論じるための共通の枠組みを作るために、多数の基本的な事項を定義した[1]。

われわれの定義では、「日系人」とは、日本から移民して現在も定住している社会に独自のコミュニティと生活様式を形成した日本人を祖先とする人びと、およびその子孫を指す。この概念には、一時的に日本に帰国して日本で生活・労働し、往々にして主流の日本人社会とは別のアイデンティティを持つデカセギ（出稼ぎ）も含まれる。また、日本人を祖先とする者としてのアイデンティティを保持しているならば、部分的に日本人を祖先に持つ人びとも「日系人」に含まれる。言葉を換えると、日系人であることは、それだけではないが、まずエスニシティ集団としてのアイデンティティに関わっている。(2)

また、「日系人のコミュニティ」とは、エスニック集団としてのさまざまな必要性を満たすために日本人を祖先に持つ人びとが自国に作り上げた社会的なネットワークと機関であると、われわれは最初に取り決めた。(3)日系人コミュニティの機関は、はっきりした地理的な基盤を持つことが多いが、必ずしもそうとばかりは限らない。

二〇〇〇年初頭に提出されたINRP研究論文を審査した際、われわれは二つの結論に達した。第一に、日系人アイデンティティは複数形で語るのが適切だということである。これは、海外に暮らす日本人は、日本人を祖先に持つ人びととして、また海外で新しい生活様式を形成した人びととして、核心となるアイデンティティを共有していても、出身県、移住地の種類（都市あるいは農村地帯）、コミュニティ形成力（弱いものから強いものまで）、あるいはジェンダーなどにより明確に差異があったからである。(4)第二に、これらの研究論文は、日系人アイデンティティに関して対立し合う二つの主題のどちらかが中心になっていた。INRPの研究者のおよそ半数は、二〇世紀末におけるアイデンティティの基本的な保持と再生産に焦点を当てた。しかし残りは、南北アメリカにおける日本人を祖先とする人びとの一連の新しい発展に焦点を当て、程度の差こそあれ、「日系人」という言葉がこれら新しい経験すべてを包含できるかどうか明らかではないと論じた。

この分裂を浮き彫りにしてそれに対応するために、われわれは全章を大きく二つに分けて編成した。日系人アイデンティティの連続性（これを「結合」と呼ぶ）を論じる部分と、それに対立する形で日系人アイデンティティの断片化に関わる分離を論じる部分である。さらに、実際になにが起こっているのか、それがなぜ、そしてどのように起こっているのかを把握する興味深い手段は、INRPが提起している議論を取り上げて、現代のグローバル化理論と対置させることであろうと、われわれは考えた。

グローバル化とその影響

前述のように本書の第一の目的は、日系人アイデンティティの発展にグローバル化が影響したかどうか、それはどのように、そしてなぜか、を問うことである。だが、このような質問をする前に、グローバル化とは何かを確定し、グローバル化が文化によって形成されたアイデンティティ一般、とくに日系人のアイデンティティに、どのような影響を及ぼすのかを推察する必要がある。

研究者の中には、グローバルな現象は新しいものではないと主張する者もいるが、現代のグローバル化——つまり「全人類が一つの社会に取り込まれるすべての過程」——が、いまだかつてないほど広がっていることは、一般に認められている。(5) このテーマを包括的に評価した政治学者のデイヴィッド・エルドと彼の同僚は次のように断定している。「グローバル化」は「社会的関係や交流の空間的構成における変容を具現化する過程（あるいは一連の過程）——その範囲、頻度、速度と影響力の点で評価される——であり、その過程が、大陸を越える、もしくは異なる地域間の、活動の流れとネットワーク、相互作用、権力の行使を生み出している」。(6) その意味では、エルドやアンソニー・ギデンズのような現代のグローバル化理論家が考えるように、グローバル化は、財政、資本の流れ、通信と輸送の技術、政治的関係、そして文化的表現という点で複数の側面を持ち合わせているといえる。(7)

コーヘンとケネディが特定したグローバル化の六つの特性は有用なので、以下に挙げる。現代のグローバル化に伴うのは、(1)時間と空間の著しい圧縮、(2)文化的な相互関係の緊密化、(3)環境汚染といった共通問題、(4)広範囲にわたる相互関係と相互依存、(5)国家の枠を越えた組織、(6)グローバルな社会運動（コーヘンとケネディの見方では、ディアスポラの他に国際的な先住民組織もこれに含まれる）。加えて、コーヘンとケネディが指摘するように、

「グローバル化のあらゆる側面――経済的・技術的・政治的・社会的・文化的側面――は、それぞれが互いの影響力を補強拡大しながら同時に発生するようである[8]」。

本書の目的上、われわれは次のように提案する。先に挙げたグローバル化の側面の多くは、資本主義と資本が質的に新しい水準にまで拡大したことの直接的あるいは間接的な結果である[9]。ゲイリー・ティープルが強調するように、グローバリズムとは「資本主義の発展において、企業が、それまで政治的な形象であった国家に取って代わり、国家的な枠組みを越えたグローバルなレベルであくまでも法人形態として確立する、その段階である[10]」。この意味では、現代のグローバル化――その前提条件は一九七〇年代までさかのぼる――によって、「絶え間なく拡大する資本対国家の政治的・社会的構成の間にある矛盾の解決策」が見えてくるかもしれない[11]。

さらに、グローバル化が及ぼす文化的な影響に注目する社会分析者の観点からすれば、グローバル化は、グローバリズムを生む。グローバリズムは、世界を一全体として優先して考える、異なる質の意識である[12]。このことに関連して、マクグリューは、つぎのことを強調している。グローバル化の影響とは、「国境を越えたグローバルな規模で機能し、新たな時間/空間の組み合わせによってコミュニティや組織を統合し、結合し、現実においても経験においても世界を、より一貫したものにする一連の過程である……これら新たな時間/空間の特徴は……文化的アイデンティティに影響を及ぼすグローバル化の側面の中でもっとも重要である[13]」。同様にギデンズは、つぎのように指摘する。グローバル化の過程は一貫しておらず、また一様ではないが、グローバル化は、政治経済における国家の境界線を破る社会文化的な動きを一つのものにするといわれていると[14]。

もっと具体的にいうとクルックらの論では、グローバル化がアイデンティティに影響するのは新たな、普及力のある形式のグローバルな資本主義が二つの結果をもたらすからである[15]。あるレベルでは、規制、中央集権化そして商品化の度合いの高まりのためグローバルな資本主義が、過度の合理化をもたらす。同時に、グローバルな生産の条件には、より高度な専門化と複雑化、つまりは差異化が求められる。これらの過程は、国境とは無関係に世界中で起こっているため、単一中央化と過度の差異化の間に生じる矛盾は、狭い地域、地方そして国家を基盤とする組織を分解する役割を果たしていると、クルックらは指摘する。狭い地域における生産形態、家族、宗教、政党、そして国家に及ぼす影響は、これらの制度が、これまでの伝統的でしばしばはっきりと領域を線引きされた機能からますます切り離されつつあるということである。(16)

グローバル化と文化的アイデンティティに関するスチュアート・ホールの見解

社会理論家であり批評家であるスチュアート・ホールは、この一般的な枠組みを取り入れ、高度な洞察力をもってそれを拡大した。そして、その枠組みが、「文化的アイデンティティ」と彼が呼ぶ領域に及ぼす影響について論評している。(17) 本書で問題とするものに関連しているので、われわれは、ホールの見解を参考にしたい。ホールの見解は、つぎのように運用され評価される命題を発展させるためにも使える。

ホールによれば、グローバル化は、国民としてのアイデンティティやエスニック・アイデンティティを強化するか、あるいは徐々に破壊する。破壊の場合は、前述の差異化あるいは断片化に関するわれわれの論議のとおり進む。基本的に、国籍と文化的アイデンティティという「古い革袋」は、新たに生み出されつつあるあらゆるアイデンティティという、いわば「新しいぶどう酒」を、もはや収められないのである。強化される場合は、差異化と断片化という同じ形成力が強い憤りと抵抗を生むことがあり、それらが結果的に国民としての伝統的なアイデンティティまたはエスニック・アイデンティティを強化すると、ホールは論じている。

もしグローバル化が近代におけるアイデンティティを強化するもしくは徐々に破壊することができるのであれば、それらが新しいアイデンティティの起源ともなることを、ホールは強調している。さらに、ホールは、経済的なグローバル化がもたらす文化的影響の概念化を試みる際に起こり得る次の三つの結果を考慮する必要性があると論じている。すなわち、グローバルな意識の発達、グローバルな市場文化の発展、そして「ハイブリッド」アイデンティティの創造である。

本章において引用した著者の多くは、真にグローバルな意識の発展の可能性を論じている。その意味では、グローバリズムは、単一世界あるいは一全体としての世界をより強く意識することを喚起する限り、ポピュリスト的、民主主義的な性質を備えている。ということは、もしも何百万の人びとがこのように考え行動する（部分的であるが、環境問題へのグローバルな意識にみられたように）ならば、このような見方が、改革をもたらす政治的影響力を持ち得るということである。[18]

マイナス面として、そしてグローバルな商品化の延長としては、理論化のなかには、新しいグローバルな文化または複数の文化の発展を提案はするが、主として消費者が制する市場の視点から捉えている者もいる。この見方では、よく似た関心と価値観によって決定された、よく似た意識を持つ消費者のための市場分野が世界中で発達する。頻繁に用いられるこの種の事例の一つはＭＴＶで、これは音楽アルバム、ビデオ、コンサート・チケット、衣服、そしてその他の商品の売り上げに多大な影響を与える。これによってマドンナのようなアーティストは、グローバルに若者文化に影響を及ぼすことが可能になったのである。[19]

最後に、ホールは、グローバル化に伴うもう一つの結果を挙げている。彼の指摘によれば、グローバル化は、本質的に一つの文化を越えたまったく新しい「ハイブリッド」なアイデンティティを作り出す可能性があり、それは既存の古いアイデンティティの要素を単に合成した以上のものである。[20] われわれが理解するところでは、ホールはここで「グローバル」なレベルについて述べているのではない。むしろ、彼が示唆しているのは、新しいアイデンティティは、より地域を限定して現われるかもしれないが、国籍あるいはエスニシティそのものに関わる伝統的な文化的アイデンティティをはるかに越えるであろうということである。

グローバル化に関する五つの命題と南北アメリカにおける日系人のアイデンティティ

本書の目的に合うようホールのアプローチを応用し、以下の命題を提案したい[21]。もしグローバル化が文化的アイデンティティに影響を及ぼしているのであれば、われわれは、南北アメリカにおける日系人のような特定の少数民族集団を考察できるはずである。そうすれば、グローバル化が日系人のアイデンティティとコミュニティの形成に与える影響の有無について、われわれは次のうちいずれかの命題を裏付けられるはずである。

第一に、グローバル化は日系人という個人あるいは日系人としてのアイデンティティに実質的な影響を与えないということがわかるかもしれない。もしも実際にそうであれば、エスニック・アイデンティティとエスニック・コミュニティの再生産は持続しており、変わりなく持続する証拠を発見できると予測される。

第二に、グローバル化は、日系人のアイデンティティとコミュニティの形成を強めるということがわかるかもしれない。ここでは、基本的にはアイデンティティとコミュニティの標準的形態が再生産されるが、それは決まった形であり、不変である。変化がないからこそ、日系人のアイデンティティとコミュニティは支配的権力への反逆や抵抗の行為となるのである。

第三に、グローバル化は、日系人のアイデンティティを徐々に破壊するかもしれない。この場合、日系人コミュニティの解体や断片化が進むと予測される。

第四に、経済的なグローバル化は、世界を一全体として意識し、自分がそこに属するとみなす気持ちを強めるかもしれない。そうすると、日本人を祖先とする人びとは、あらゆる人に等しく影響する課題や問題という意味で、あらゆる人びととの間の結合を優先するようになるかもしれない。このような事態が一般的になれば、日系人アイデンティティは、コミュニティ構成やエスニシティを中心に展開する機関と同様に、次第に消失してしまうことが予側できる。

第五に、ホールが述べているように、グローバル化が顕著になるにつれ、一連の新しい「ハイブリッド」アイデンティティが作り出されることが予側される。ここでも、これが起これば日系人アイデンティティは徐々に破壊されるであろう。これらの新しいアイデンティティを特徴づけるのは新しい独創的な形態であり、それは、より伝統的な、あるいはより完全にグローバルであるアイデンティティを直接的に反映しない。このように、日系人アイデンティティに基づくエスニック・コミュニティの構成とその機関は、消滅せずとも断片化することが予側される。

おわりに

前章においてハルミ・ベフは、日本人の海外移民の形態を理解するために、世界体制の変遷の型を歴史的に考察しなければならないと強調した。われわれはこの点に完全に同意するが、同時に、現代のグローバル化理論――とくにグローバル化が文化的アイデンティティに与える影響に関する理論――が、二一世紀に日系人のアイデンティティがどう変化するかを把握するための重要な足がかりになるとも考える。

本章では、ＩＮＲＰ研究者の日系人アイデンティティに関するさまざまな主張を尊重し、それに対応するために、われわれは、現状を把握するために有効な道具としてグローバル化理論を用いた。そして南北アメリカにおける日系人アイデンティティにグローバル化がいかに影響を与えるかに関連して予側される五つの命題の概要を提示した。明らかにグローバル化理論は、一九七〇年代以降の経済・科学技術・政治・社会文化上の大規模な変化が、さまざまな形で文化的アイデンティティに影響を与えるであろうということを示唆している。

本書の第II部と第III部は、一七編の事例研究から構成されている。ＩＮＲＰのチームを組織したわれわれは、参加した研究者に日系人アイデンティティを考察する際の広範な基準を提示したので、彼らの研究テーマと研究成果が本章で紹介した枠組みに不当に影響されていないことを断言できる。したがって、第II部と第III部で紹介されている実質的な事例研究は、データベースとして適切なものであり、グローバル化が文化的アイデンティティに与える影響に関する理論によって過度に決定付けられていず、偏ってもいないと、われわれは考えている。

これに基づき、第IV部では、事例研究を利用して五つの命題を評価して、さらに、南北アメリカとその地域を超えた日系人のアイデンティティの将来の可能性を考察する。

原　注

（1）これらの定義は、一九九八年と一九九九年の夏に行われたＩＮＲＰ会議において二組の資料として参加者に配布された。一九九九年の資料は、*INRP Assessment and Planning Meeting, June 24-25, 1999, Los Angeles, California* という簡単な表題のついた大きなファイルとして手渡された。

（2）リチャード・ジェンキンズの最近の著書の中で「アイデンティティ」に関する有益な議論が紹介されている。Richard Jenkins, *Rethinking Ethnicity: Arguments and Explorations*（Thousand Oaks, Calif.: Sage, 1997）. ジェンキンズは第一章において、われわれの取り組みに役立つエスニシティの四つの特徴を特定している。彼によればエスニシティは、(1)差異化に関することであり、(2)共有された意味と社会的相互関係の両方に関わり、(3)固定されていず、むしろ「一要素であるその文化において、またそれが生産される状況において」発展し続ける構成要素であり、(4)同時に個人的かつ集団的なものでもある（pp. 1-15; 165-170）。

これらの観点から、日系人のアイデンティティは、個人とコミュニティによって取り決められる象徴的な社会的構築物であるといえよう。それは、共有される一連の歴史的経験と関心事に加えて共通の生活様式がもたらす親近感を反映する。あるレベルにおいては、日系人のアイデンティティが、個人のアイデンティティとエスニック・コミュニティへの帰属意識を意味する。しかし、異なるレベルにおいて日系人アイデンティティは、受け入れ国の定住者としてのもっと大きいアイデンティティに組み込まれる。

（3） INRP研究の枠組みとして日系人コミュニティは、共通の世界観に基づき、文化の確立を伴い、常にそして定義上も受け入れ国と双方向の関係を維持していることを規定した。これは、明らかに新しい定義であったし、今でもそうである。「コミュニティ」という概念は、非常に理解しにくいものである。アジア系アメリカ研究におけるこの概念の議論については、つぎを参照。Lane Ryo Hirabayashi, "Back to the Future: Re-framing Community-Based Research," *Amerasia Journal* 21 (1995): 103-118. 一九八〇年代初頭までの日系アメリカ人コミュニティに関する主要な研究のリストは、Lane Ryo Hirabayashi, *Asian American Community Studies: Selected References*（Chicago, Ill.: Council of Planning Librarians, 1982）, Bibliography No. 94を参照。

（4） 第一章のハルミ・ベフの議論は、これらの多様性を時代的にそしてグローバルな規模で詳細に論じている。

（5） M. Albrow, "Globalization, Knowledge and Society: An Introduction," in M. Albrow and E. King, eds., *Globalization, Knowledge and Society*（London: Sage, 1990）, 9; Robin Cohen and Paul Kennedy, *Global Sociology*（New York: New York University Press, 2000）, 24に記載されているとおり。

（6） David Held, Anthony McGrew, David Globlatt, and Jonathan Perraton, *Global Transformations: Politics, Economics, and Culture*（Stanford, Calif.: Stanford University Press, 1999）, 16. 多くの重要な論文からの抜粋を含んでおり、参考となる姉妹編は、つぎのとおり。David Held and Anthony McGrew, eds., *The Global Transformations Reader: An Introduction to the Globalization Debate*（Cambridge: Polity Press, 2000）.

（7） *A Runaway World*（New York: Routledge, 2000）〔アンソニー・ギデンズ著（佐和隆光訳）『暴走する世界――グローバリゼーションは何をどう変えるのか』（ダイヤモンド社、二〇〇一年）〕の中でアンソニー・ギデンズは、グローバル化理論の概念と影響に関する概要を簡潔に提示している。いうまでもなく、国家の枠組みを超えた移住と連帯のようなグローバル化の現象は、ベフがウォラーステインの引用を用いて指摘するように、何世紀もさかのぼってみられる現象である。われわれは、このことを認めるが、ギデンズが述べているように、一九七〇年代以降、グローバル化の範囲と規模が数量的にも質的にも変化したという意見に同意する。

（8）Cohen and Kennedy, *Global Sociology*, 24-34.

（9）これは、この点に関してスチュアート・ホールがつぎの二つのエッセーの中で述べている見解へのわれわれの解釈に沿っている。"The Local and the Global: Globalization and Ethnicity" と "Old and New Identities, Old and New Ethnicities" のどちらも出典は、Anthony D. Kind, ed., *Culture, Globalization and the World System: Contemporary Conditions for the Representation of Identity*（London: Macmillan, 1991), 19-39; 41-68 である。念のため記しておくが、ギデンズらがグローバル化をその経済面の単なる累積以上のものとして考えていると、われわれは理解している。つぎを参照。"In Conversation"（Anthony Giddens and Will Hutton), in Will Hutton and Anthony Giddens, *Global Capitalism*（New York: New Press, 2000), 1-51. これは一理あるが、ホールは、資本主義をグローバリズムの物質的な基盤として特定しており、これは的確であると同時に有益であると思われる。つぎの文献は、グローバルな資本主義がグローバル化にもたらす影響を、広範囲な情報に基づいて記録している。Frank J. Lechner and John Boli, eds., *The Globalization Reader*（Malden, Mass.: Blackwell, 2000).

（10）Gary Teeple, "What is Globalization," in Stephen McBride and John Wiseman, *Globalization and Its Discontents*（New York: St. Martin's Press, 2000), 9-10; 21-22. この文献も、経済的なダイナミックスを現代のグローバリズムの基盤としている。

（11）同右、9。

（12）Roland Robertson, *Globalization: Social Theory and Global Culture*（London: Sage, 1992).

（13）スチュアート・ホールの言及のとおり。Stuart Hall, "The Question of Cultural Identity," in Stuart Hall et al., *Modernity: An Introduction to Modern Societies*（Malden, Mass.: Blackwell, 1996), 619.

（14）Anthony Giddens, *A Runaway World*. 似たような議論については、つぎを参照。Evelyn Hu-DeHart, ed., *Across the Pacific: Asian Americans and Globalization*（Philadelphia, Penn.: Temple University Press, 1999), 16; *passim*.

（15）Stephen Crook, Jan Pakulski, and Malcolm Waters, *Postmodernization*（London: Sage, 1992).

（16）Malcom Waters, *Modern Sociological Theory*（Thousand Oaks, Calif.: Sage, 1994), 310-320. これは、いわゆる「ポストモダニズム」をグローバル化の副産物であるとしたウォーターズのコメントに深く負っており、彼の功績をここに書き記す。グローバル化がジェンダーと家族の役割に与えた影響に関する興味深い分析については、つぎの章を参照。"Family," in Anthony Giddens, *Runaway World*.

（17）Hall, "The Question of Cultural Identity," 618-629. 別掲のとおり、われわれのアプローチとそれに続く五つの命題はホールが提供する枠組みに多くを負う。

（18）環境問題へのグローバル化とグローバリズムの影響の事例については、つぎを参照。"Toward a Sustainable Future: The Green Movement," in Cohen and Kennedy, *Global Sociology*, 321-339.

（19）この流れに沿って、マス・メディアが若者文化と大量消費主義に与える影響については、つぎを参照。Jack Banks, *Monopoly Television: MTV's Quest to Control the Music* (Boulder, Colo.: Westview Press, 1996). とくに第五章。"MTV and the Globalization of Popular Culture," 89-116. 一般的な概要と適切な事例は、つぎの著書の第一四章に含まれる。"Media and Communications," in Cohen and Kennedy, *Global Sociology*, 248-264.

（20）一つの文化を越えるトランスカルチャーという概念については、人類学者によるつぎの古典を参照。Fernando Ortiz, *Cuban Counterpoint: Tabacco and Sugar* (Durham, N. C.: Duke University Press, 1995. 原書は一九四七年にスペイン語で出版された). オルティスは、相互影響関係における同化や混合主義の域をはるかに超越する新しい文化的な形状を追求するために、この概念を発展させた。

（21）われわれは、これらの命題の中で、コミュニティが、日系人アイデンティティの再生産と保持に不可欠な要因であることに注目している。この点に関してわれわれとホールのアプローチは異なり、それは、日系人アイデンティティにおけるコミュニティ構成の重要性を論じている第II部の諸章の実質的な研究成果によるところが大きい。

第II部　日系人アイデンティティの形成

序論

ロイド・イヌイ
（北脇実千代訳）

本書の第II部はコミュニティの形成とエスニシティの再生産の政治学というテーマに重きを置いている。とくにこれらが日系人アイデンティティの維持に影響を及ぼしてきたためだ。この第II部の八つの章が示しているように、これは、INRP（国際日系研究プロジェクト）に参加した研究者のほぼ半数の関心を集めた主要テーマであった。八章のうち四人の著者は、日系人コミュニティと日系人アイデンティティの発展と維持に焦点を当てている。また、残る四人の著者のうち、二人がアメリカ（北米と南米）の日系人コミュニティの日本語教育と道徳教育に関するトピック、他の二人は、地域レベルや国家レベルの政治的領域における日系人に関するトピックを中心に扱っている。

ここで強調されているのは、われわれが日系人アイデンティティの形成と称するものである。この意味で、これら八つの章は、日系人アイデンティティと日系人コミュニティが新世紀に向かって再生産されつつあることや、コミュニティの形成そのものがその再生産の重要条件であることを明らかにしている。加えて、INRPの研究者が選んだトピックは、教育（日本語教育や道徳教育からみた場合）とエスニック集団の政治力が、コミュニティを基盤として生まれ、同様に、コミュニティの基盤を強化していることも示している。このように、強固なコミュニティの形成という状況があれば、日系人アイデンティティは従来と似た形で（ときとしてまさに同じ形で）再生産されていくという確固とした証拠があるのだ。

第II部の冒頭は、歴史家ジェフリー・レッサーによる「ハイフンを探して」という章である。レッサーは、日系人が日系人特有の文化的遺産を保持するために早くも一九三〇年代に――彼らが主流社会への参入を試みていたときですら――用いたさまざまな戦略に関心を抱いている。通時的視点を取り入れながら、レッサーは、次に挙げる三種類のアイデンティティの構築とそこに含まれる意味を入念に論じている。まず第一が、初期の「ハイフン付き」日系ブラジル人アイデンティティ、第二が、国粋主義的な日本人アイデンティティ、そして第三が、彼の言うブラジリダーデ、つまり日本人移民とその子供たちが真のブラジル人になったことを認められたことを表すアイデンティティである。レッサーによると、これらの推移は順調なものではなかった。むしろ、各世代が日本と受け入れ社会であるブラジルとの両方に順応しようと悪戦苦闘し、日本人移民とその子孫のアイデンティティはぶつかり合っていたのではないかとレッサーは述べている。

レッサーが指摘しているように、日本人を祖先に持つブラジル人は、第二次世界大戦直後に政治の主流に参入した。もともとそれが可能となったのは、サンパウロのような特定の州もしくは地方の町や地区に彼らが集中して住んでいたという点に拠るところが大きい。だが、近年では、このような「体制を変え得る大きさの集団」を利用することはもはや効果的でなくなり、日系ブラジル人の候補者は、勝つために、より多くの有権者に訴えかけなければならなくなった。レッサーは、政治的野心を抱く者は、有権者に信頼させるために、他のエスニック集団出身のブラジル人候補者よりも勤勉で、倹約家で、正直であるという日本の文化的遺産を強調しているとみごとに論じている。同様に面白いのは、レッサーが、オキナワン（沖縄出身者）による特別な力関係をそこにみていることである。オキナワンを祖先に持つ日系ブラジル人が、自分たちは、オキナワンでない（内地の）日系人に比べて、育ってきた環境や気質という点からみて「真の」ブラジル人に近いと主張し得るのを考慮してのことだ。ここで、ラテンアメリカにおいて「日系人であること」は、その言葉からは予測できないようなねじれを抱えていることが分かる。

歴史家飯野正子は、「ララ」救援物資と日系人に関する章で、南北アメリカとハワイにおける日本人を祖先に持つ人びとが行った、いまではあまり知られていない救援活動について立証している。これら日系人は、海外にいる多くの日本人のルーツでもある東京、広島、沖縄などで連合国の勝利が引き起こした破壊に対して深く心を痛めていた。

飯野が明らかにしているように、このような同情と援助したいという思いは、必ずしも日本の天皇が行った政策もしくはアジア全体における日本軍の策略や軍事行動に賛成するがために生じたものではなかった。南北アメリカやハワイの日系人による犠牲的な救援活動は、同じ戦争で、場合によっては無条件での財産没収や投獄といった損失を被った人びとによって行われたからこそ、実に興味深い。その状況下で、日本人を祖先に持つ人びとが「敵を援助した」ことは、その敵が一九四五年までには完全に敗北してしまっていたといえども、かなりの危険を冒すものであったことにわれわれは留意せねばならないだろう。

民間の援助物資が、日本にいる親類を援助するために海を越えて家族から送られた例は数え切れない。飯野は、終戦直後に日本に救いの手を差し伸べようとした南北アメリカの組織団体の救援活動についても年代順に詳しく記録している。それに関わっていたさまざまな団体の数や、そのような困難な時期にもかかわらず集められた寄付の多さには読者も驚くことだろう。

ペルーの一世と二世のアイデンティティ形成に関する研究で、ラウル・アラキは、まず初めに、大農園における初期の契約労働の取り決めとその後の都市部への移動という観点から、ペルーとハワイへの日本人の入植が似ていたことに言及している。アラキによると、すでにリマが日本人を祖先に持つ人びととの集住する重要な場とはなっていたものの、一九二四年までにペルーの一三州にわたって日系人は定着していた。さらに一九三〇年代までには、日本人移民とその子供たちから成る集団の構成はますます多様になっていた。それは、農村部か都市部かという選択、さまざまな経済活動、メスティサーへ（人種混交）、そして政治への関心などによってもたらされた多様性であった。また、真珠湾攻撃の前も後も、アメリカ合衆国の影響を受けて、ペルーは、日系ペルー人の制限を強化する政策を追求した。たとえば、「反外国人」土地法や一九四二年に二〇〇〇人以上もの日本国籍保持者と日本人を祖先に持つ二世ペルー人を国外追放したことなどがそれにあたる。

アラキが述べているように、日系ペルー人は、ペルー社会に参入していくことに熱心であった。「一九六四年世代」の結成はその一例として挙げられる。これは、自分たちの世代が故国において向上し統合されていくことを主張する進歩的な日系ペルー人二世の学生から成る集団であった。

前ペルー大統領アルベルト・フジモリをめぐる状況は、そのような熱意の成果であると、部外者は考えるかもしれないが、実際にはそうではなかったことをアラキは指摘している。要するに、日系ペルー人コミュニティは大統領候補者数人を擁立することにどうにか成功していたが、フジモリはコミュニティではあまり知られた存在ではなかったのだ。だが同時に、おそらく皮肉にも、フジモリが選挙活動に長けていたために、日系ペルー人は、状況に動かされた形で集団として国民の注目を浴びることとなった。日系人自身がフジモリに一体感を感じていたかどうか、また彼らが国民の注目の的になることを快く思っていたかどうかにかかわらずである。さらに、フジモリ自身、外国とのつながりだけでなく、自分の個性だと思われているものを強調するために、一般受けするイメージに加えて、日本や日本人に関するステレオタイプまでをも積極的に活用した。

雨宮和子は、「日系社会形成の苦悩――ボリビア国サンタクルス地方の研究」と題した章において、ボリビアにおける日本人を祖先に持つ人びとの、ほとんど知られていない歴史に注目している。実際この点に関しては、異なる三つの定住先があったということを考慮に入れなければならない。雨宮は、最初の二つの移民集団について述べた後、もっとも新しい集団、すなわちサンタクルス東部の低地に住んでいる戦後の移民とその子孫たちに焦点を当てている。一九五〇年代半ばから一九六〇年代半ばにかけて、沖縄や日本の他の地域からボリビアに到着したこれらの移民は、二つの別々の農業移住地、サンファン日本人移住地とオキナワ移住地を建設した。雨宮の民族誌学的調査は、過渡期にあるこれら二つのコミュニティの様子を捉えている。雨宮は古くからの移民と新しい移民との違いを対比させ、その地域にいる古くからの一世が日本人としてのアイデンティティをしっかりと保持していることを認めている。この違いは、日本が、日本国際協力事業団（ＪＩＣＡ）後援のもとで、農業従事者に対してかなりの援助や技術的支援を行っているという事実が一因となっているようだ。加えて、雨宮の調査は、日本人移民がボリビアの一般大衆のことを好意的にみながら、彼らより自分たちの方が優れているとみなしていることも暗に示している。このように、ある国における人種形態のヒエラルキーをみるには、世界システムの中での受け入れ社会の地位と比べつつ、移民の出身国の地位も必然的に考慮に入れなければならなくなるのだ。

一方で、雨宮が指摘するように、近年生じた問題が、日系人の間で不和と分裂を引き起こしている。たとえば、雨宮は、日本人のボリビア移住一〇〇周年記念祭典をめぐるさまざまな論争に注目している。また、新しい一世と二世がどのようにボリビア社会で政治に対する発言権を強めようとしているのかも論じている。この現象は現在もなお続いているが、雨宮も述べているとおり、「二世が今後どう働くかが、サンタクルス地方の、いや、実はボリビア全体の日系人コミュニティの将来の方向の鍵を握っているのである」。

歴史家粂井輝子は、アメリカ合衆国の日本語学校の発展に関する素晴らしい研究を提示している。まず初めに粂井が明らかにしているのは、アメリカ合衆国と日本との間の緊張が日本語学校のカリキュラムの進展にかなりの影響を及ぼしていたという点である。この緊張は、アメリカ西海岸における移民の権利の縮小や一世が受けた処遇に対してすでに高まっていたものであった。続いて粂井は、一世の指導者や保護者によって米化に対する賛否を問う論争がいかに行われたかを立証していく。その論争は、そもそも日本語学校を設立することに利点はあったのかという点さえも含むものであった。この事実において重要なのは、日本人移民が自分たちの置かれた微妙な立場を明確に把握していたということだ。彼らによる活発な議論から、彼らが権限を手に入れ、日本語や日本の文化的遺産を子供たちに継承していくことを試みながらも、主流社会に文化的に同化する最善の方法を積極的に模索していたということが分かる(1)。読者は、アメリカ合衆国の日系人がとった方法が、たとえば第八章でエミ・カサマツが述べているような現代パラグアイの第二次世界大戦後の一世と二世がとった方針といかに違うかに気づくはずだ。

カサマツは、自身もコミュニティと深く関わっており、故国パラグアイの学校とカリキュラムの発展における指導者である。日系パラグアイ人は、他のラテンアメリカ諸国の日系人と比較すると、いちだんと小規模でいちだんと新しい集団である。したがって、第二世代の子供たちへの教育が重要な問題として表面化してきたのはほんの一九八〇年代のことであった。

カサマツの章で印象的なのは、日系パラグアイ人の経験が日本の影響と日本への関心をかなり反映していると示唆する点である。実際、移民たちは一般に日本国籍を保持しており、その子供たちも二重国籍保持者である。また、パラグアイの二世のほぼ全員が日本語を習い、日本の文化的伝統もしっかりと受け継がれているようである。カサマツは他のいくつかの研究で、日系パラグアイ人が、自分たちは文化的に優れているのだという感情をいだいていることを示し、他のパラグアイ人に対して自民族中心主義的な態度をこれまでとってきたことを指摘している。一方で、カサマツは、指導者の養成を発展させることが、二一世紀に向けた重要な課題になるとしている。その養成によって、日系パラグアイ人の若者たちに、差し迫った国家問題の解決に貢献するうえで、自分たちの文化的遺産を最大に活用するよう奨励し指導することができるからである。

アメリア・モリモトが扱ったテーマは、日系ペルー人の最近の政治的経験についてである。「社会政治学的観点からみたペルーの日系人像」と題したその章において、モリモトは、一九八九年と、アルベルト・フジモリが大統領を辞職するほんの二年前の一九九八年とに行った二つの独自の調査をもとにした分析を提示している。

モリモトの調査結果は、日系ペルー人の根底にある多様性を確認するものとなっている。日系ペルー人のうち、およそ六〇パーセントが日系人以外と結婚しており、日系人社会との関わりを持っていないか、もしくは自発的にその関わりを断とうとしている。日系ペルー人に関するモリモトの研究は、多かれ少なかれ、そのように自ら意識して自己を定義する人びとの意見を汲み取ったものとなっている。一九八九年の調査は、日本人を祖先に持つ約五〇〇〇人の人びとが抱く、ペルーや日本に対する、そして日系ペルー人という自己像に対する考えを明らかにしている。また、一九九八年の調査は、八九年の調査に六〇件のデータを加えて同様の論を進めているが、その直接の焦点はアルベルト・フジモリの大統領職と日系人に対するペルー人の認識にフジモリの再選が与えた影響にある。

ここでも、一九九八年の調査結果で印象的なのは日系ペルー人の回答の多様さである。その回答は、肯定的なものから否定的なものまで、情熱的なものから無関心なものまでさまざまだ。だが、モリモトは、総括においてこのような多様性を指摘しつつも、「かなりの日系人が、ある特定の国内問題に関しては、他の国民とは異なる意見や思考様式をもつ」としている。さらに、調査結果には世代間の違いはみられるものの、「ジェンダーに関しては、あまり重大な違いはみられない」とした。このことは、後の章にある、ドリス・モロミサト・ミアサトの日系ペルー人女性に関する考察を考慮に入れると、興味深い研究結果である。

第II部の最後の章では、レイン・リョウ・ヒラバヤシが、ピーター・アイジンガーによるエスニック集団に特有の政治的伝統の発展に関する分析を援用している。その分析が南北アメリカにおける日本人を祖先に持つ人びとにも適用されるものであるかどうかを検証するためである。ヒラバヤシの手法は、広い意味で比較に基づいたものとなっている。権限を持つことに「成功した」事例三件――都市（カリフォルニア州ガーデナ）、州（ハワイ）そして国（ブラジル）で見られたもの――を論じ、それらを、都市、州、国レベルで「失敗した」事例、すなわち権限を持つようになるかと期待されていたにもかかわらず現時点でそのようにはなっていない事例と対比させている。

ヒラバヤシの分析は二点に分かれている。まず一点目として、ヒラバヤシは、日本人を祖先に持つ政治家がたどってきた「権力への道」を三種類示している。ヒラバヤシによると、政治家は次に挙げる集団に分けることができる。第一が、(ガーデナやハワイで見られるように)自分のコミュニティの日系人を活動の主要拠点として頼りにしている政治家の集団。第二が、(一九七〇年代以降ブラジルとハワイで徐々に見られるようになった、)自らの主義を掲げて日系人の有権者に訴えかける一方で、一般大衆に向けても訴えている政治家の集団。そして第三の集団を構成しているのが、コミュニティとのつながりをほとんど持たず、必ずしもそのコミュニティの主義に同調しているわけではない日本人を祖先に持つ政治家で、日系人以外から幅広い支持を得ている政治家である。

二点目として、ヒラバヤシは、エスニック集団に特有の政治的伝統の発展と関連があるとしてアイジンガーが仮定した大まかな条件が、ハワイという明らかな例外も含め、南北アメリカにいる日本人を祖先に持つ人びとにはあまりあてはまらないのではないかと指摘している。ヒラバヤシは、それに準じた問いが今後の研究者にとって興味深い研究課題になるかもしれないとも考えている。たとえば、ハワイの日系アメリカ人特有の政治的伝統は実際、何によってつくり上げられているのだろうか。また、なぜハワイだけが、パッツィ・タケモト・ミンク、ジーン・サダコ・キング、パトリシア・サイキのような日本人を祖先に持つ女性たちに重要な政治活動の場を与えることができたのだろうか、というような問いである。

結論として、これら八つの章に関して特筆すべきことは、それぞれが、異なった歴史的時期、母国である日本の異なった状況、そして異なった移住先に焦点を当てているにもかかわらず、そのすべてがコミュニティの形成という問題を中心テーマとして扱っていることである。しかしながら、確かにコミュニティを形成できなかった日本人移民もおり、二次文献によって、そのような家族とその成員は、一世代か二世代を経ないうちに日系人特有のアイデンティティを喪失する傾向にあるという点がかなり明らかにされている(2)。

それにもかかわらず、第二次世界大戦の前も後も、一世たちは、集住の数や程度が十分な地域では、コミュニティに関連した組織をひと通り設立しようとしてきた。(3) これらの組織は、移民やその子供たちに快適で楽しめる環境を提供しつつ、協力と相互援助を通して共通の目的を育んでいく重要な場となっていったのである。このように、ジェフリー・レッサー、飯野正子、ラウル・アラキ、そして雨宮和子によって提示された事例研究のすべてが、南北アメリカにおける日系人アイデンティティが時空を超えて維持され再生産されるためにはコミュニティが重要であることを証明している。また、第II部のほぼすべての章が示しているように、南北アメリカのどの国であろうと、コミュニティの形成は、日本人を祖先に持つ人びとが、自分の力で、自分が願う権利の拡大を求めるための、重要な足場となっている。教育、言語、救援活動、政治を扱ったここにあるどの章に目を向けようとも、この点はまさにはっきりしている。

原注

(1) ここでハワイの例に言及しておいてもよいだろう。ハワイ諸島の日系アメリカ人は、日本語学校を規制しようとした州の意向に抵抗した。その法的闘争は最高裁にまで進み、一九二七年に下されたファリントン対トクシゲ訴訟に対する判決は、州政府の措置を違憲であるとした（リチャード・コサキ、私信）。

(2) 第9章にある一九八九年の日系ペルー人コミュニティの状況に関する詳細な研究の中で、アメリア・モリモトは、ペルーにいる日本人を祖先に持つ人びとの約四〇パーセントが、事実上日系人コミュニティと関わりを持っていないことを示した。また、ブラジル、ボリビア、そしてキューバなどの国々にいる日本人を祖先に持つラテンアメリカの人びとに関する出版物もこの結論を裏付けている。Christopher A. Reichl, "Stages in the Historical Process of Ethnicity: The Japanese in Brazil, 1908-1988," *Ethnohistory* 42 (Winter 1995): 52-56 を参照のこと。概して、同胞との（そして日本との）接触が断たれているかもしくは希薄になっている環境において、または日本人を祖先に持つ人びとが比較的好意的に受け止められている環境においては、同化がみられるようだ。

（3）関心ある読者は、本書の姉妹書というべき次の文献を参考にされたい。Akemi Kikumura-Yano, ed., *Encyclopedia of Japanese Descendants in the Americas: An Illustrated History of the Nikkei* (Walnut Creek, Calif.: Alta Mira Press, 2002).〔アケミ・キクムラ＝ヤノ編『アメリカ大陸日系人百科事典』（明石書店、二〇〇二年）〕ラテンアメリカにおけるおもだった日系人の集団それぞれの歴史、そしてコミュニティの形成と維持に詳しい。また、同種の古典的研究に、これに関する一世の努力を詳述した以下の文献がある。S. Frank Miyamoto, *Social Solidarity Among the Japanese in Seattle* (Seattle: University of Washington, 1939). これは、アメリカ合衆国本土の日系アメリカ人コミュニティに関する実に最初の本格的研究といえる。

第3章　ハイフンを探して
――ブラジル国民としてのアイデンティティをめぐる苦闘と日系人

ジェフリー・レッサー
（小澤智子訳）

日本人を祖先とするわれわれブラジル人は、身体の中には日本人の血が流れているが、ブラジルへの祖国愛に心臓が高鳴ることを将来証明するだろう。
（カシオ・ケンロウ・シモモトの社説、『ガクセイ』創刊号、一九三五年(1)）

日本人の入植者は、……ポルトガル人〔入植者〕よりもっと白人だ。
（連邦下院議会におけるアスィリーノ・デ・レアォン議員の演説(2)）

われわれは何者だ。日本人か、ブラジル人か。
（社説、『ジャパォン・アキー』創刊号、一九九七年(3)）

本章は、日系人がブラジルにおいて政治的・社会的影響力を獲得する目的で用いた各々競合する歴史的戦略に焦点をあてて、エスニシティと偏見と社会統合の関係を分析する。「日本人」、「ブラジル人」、「日系人」といった用語の定義をめぐる内在的な競合は、主流社会にも反映され、日系人は、想像される一様のブラジル国民性と移民後に新しく形成された一連のエスニシティとの両方を合わせ持つようになったと、私は考える。これらのアイデンティティは複合的であり、矛盾も多い。また、よりどころとなり、作り直しも可能なシンボルは、つねに

	ポルトガル人	イタリア人	スペイン人	ドイツ人	日本人	その他
1872-1879	55,027	45,467	3,392	14,325	——	58,126
1880-1889	104,690	277,124	30,066	18,901	——	17,841
1890-1899	219,353	690,365	164,293	17,084	——	107,232
1900-1909	195,586	221,394	113,232	13,848	861	77,486
1910-1919	318,481	138,168	181,651	25,902	27,432	123,819
1920-1929	301,915	106,835	81,931	75,801	58,284	221,881
1930-1939	102,743	22,170	12,746	27,497	99,222	68,390
1940-1949	45,604	15,819	4,702	6,807	2,828	38,325
1950-1959	241,579	91,931	94,693	16,643	33,593	104,629
1960-1969	74,129	12,414	28,397	5,659	25,092	51,896
合計	1,659,107	1,621,687	715,103	222,467	247,312	869,625

表１　ブラジルに入国した移民1872年から1969年まで（10年毎）

出典：Maria Stella Ferreira Levy, “O papel da migração internacional na evolução da população brasileira (1872 a 1972),” Revista de saúde pública, supplement 8 (1974), 71-73.

変化してきた。つまり、二〇世紀を通じて移民やその子孫は、エスニシティの特質をブラジル国民としてのアイデンティティにふさわしいように再構成してきたのである。

日本人移民とその子孫は、ブラジル人としてのエスニシティを形成するために苦闘しながら、柔軟性と競合性と絡み合いのある三種類の公的な戦略を作り出した。一つ目は〔日本とブラジルのアイデンティティを〕ハイフンでつなぐこと、二つ目は熱狂的国粋主義、そして三つ目はブラジリダーデ（ブラジル性）である。ある者は、すべての「ジャポネース」（日本人）は、エスニック上「白人」であると主張している。伝統的に好ましいとされてきた移民グループに仲間入りする際、移民する前のアイデンティティは障害にならないという主張である。また別のグループは、「白人性」はブラジル性に不可欠な要素ではないと主張した。このように主張する者たちは、ブラジルがもっと「日本」のようになれば進歩するという考え方を推し進めた。そこでは「日本」とは、経済的生産性や国粋主義者を意味するものとして使われていた。彼らは、階級をブラジル人としてのアイデンティティの目印として解釈しようとし、エスニシティは重要ではなくなるとしても、保持されるだろうと考えた。加えて、移住前の天皇へ向けられた盲目的な忠誠心は、国家への絶対的な忠誠心を含む近代的なブラジル国家主義に変化するとも主張した。もう一つのグループの移民やその子孫は、少なくとも表向きは政治的・文化的に日本に忠誠を誓う熱狂的国粋主義の団体を作ることにより、ブラジルに取り込まれることを完全に拒否したと考えられる。この種の団体の中でもっとも名が知られている臣道連盟は、一九四六年に結成され、一九五〇年代半ばまで活動を続け、一〇万人以上の会員がいると公言し、第二次世界大戦において日本が勝利を収めたと主張した。

筆者が分析を行った戦略の多くは、ブラジル特有のものである。だが、「日系人性」のいくつかの面が既存の国境を越えていないと断言したら間違いになる。たとえば、カナダの日系人がアジア救済公認団体（Licensed Agencies for Relief in Asia: LARA）を通じて行ったように、ブラジルの日系人も、第二次世界大戦後の日本のための救援活動への貢献を、その地域のエスニシティ保持の手段として利用した。さらに、ブラジルにおけるオキナワン（沖縄出身者）にみられるディアスポラ的な共同体意識は、他の地域、とくにハワイでもみられる。[4] 違う視点からいえば、ブラジルにおいて日系人が積極的にエスニシティを利用した政治活動に参加した例は、合衆国でもみられる。[5]

競合する戦略

のちに世界最大の日本人のディアスポラ・コミュニティになる七八一人の第一陣は、一九世紀に始まった移民の大きな流れの一部として、一九〇八年の半ばにブラジルに到着した（表1を参照）。[6] 新参者に関するブラジル国民の論調は、矛盾に満ちていた。すなわち、ブラジル社会が「蒙古人化」することへの恐怖心が、日本の経済的・社会的発展を真似たいという願いと混じり合っていたのである。この二重性のために、ブラジルの複雑な人種関係の図式——階級と肌の色の組み合わせが「人種」を定義する——の中で日本人移民の位置づけは特殊なものになった。したがって、一九一〇年にブラジル国会議員がアジア系の移民への連邦支援を打ち切ったときでさえ、日本人は「アジア系の部類から」除外され、非常に望ましいとされる部類に正式に仲間入りしたのである。[7]このブラジルの観念は、日本国民は「白人」であるという考えを熱心に広めた日本の外交官によりさらに強まった。[8]間もなく「モデル・マイノリティ」説（現代の考え方を当てはめるならば）が浮上した。これは、日本人移民が日本の表面上は均等な社会を再生して、ブラジルを経済・軍事上の大国へと導くという考え方である。ネスタ・アスコリ議員がリオデジャネイロ議会における演説の中でこう語った。「小さくて醜い日本人は、最近、あざ笑いながらやらねばならぬことをしました。大きくて手ごわいロシア人を打ちのめしたのです。今や、日本人はロシア人やその他のヨーロッパ人よりもすぐれた進歩の要素なのです」。アスコリは、「日本人の知性は、恐るべきほど優秀」であるという概念を繰り返し強調し、ブラジルの産業生産レベルを日本のレベルに匹敵するほど引き上げる一助になるのは日本からの移民だと示唆した。[9]

一九〇八年から一九二三年の間、およそ三万人の日本人移民がブラジルに入国した。しかし、その数が爆発的に伸びたのは、一九二四年からの一〇年間で、その間に一四万人以上が新しく移民した。彼らは、一九三〇年代半ばころには優に五〇万人を超える日系人コミュニティの形成に一役買った。日本人移民の存在が一般的に目立つにようになるにつれ、「排日運動」が公の場で過熱した。ミナス・ジェライス大学教授のフィデリス・ライス議員は、一時は黒人移民の入国阻止運動を先導した人物であるが、「同化できない血、言語、習慣や宗教として黄色い嚢胞は国家という有機体に残り続ける」ことを理由に挙げて、一九二一年と一九二三年にアジア人の新たな入国を制限する提案を連邦議会の農業委員会に出した。[10]この強烈な排日感情にブラジル医学士院長のミゲル・コウトが便乗することになる。彼は、日本人移民がブラジル国家の崩壊を狙う拡張主義計画の一員であると主張し、たちまち排日運動のもっとも声高な主唱者となった。[11]

日本人移民に関する議論では生産性と同じくらい同化が問題となったため、移民「賛成派」は日本人が素早くブラジル人に変容するという立場を守るために「科学的」根拠を列挙しなければならなかった。日系人新聞のポルトガル語欄には、日本人移民の婚姻一〇〇件中二五件はブラジル人（たいていは女性）との結婚であることを示唆する統計がしばしば掲載された。[12] だが、このような話は、まやかしにすぎなかった。一九五〇年代後半に実施されたブラジルの日系人コミュニティの四〇万人近くを対象としたかなり大規模な歴史的統計によれば、日本人移民のエスニック集団外結婚（外婚）はまれであった。一九〇八年から一九四二年にかけて、日本人移民の外婚率は二パーセント以下であり、日系人の外婚率は六パーセントにも満たなかった。一九五〇年代初めに実施されたもっと小規模な調査によれば、日本人とカボクロ（祖先に複数のエスニシティを持つ農村地帯のブラジル人）の結婚は、たいてい「あわれなほどの失敗」に終わるのであった。[13]

異なるエスニック集団の人との結婚、そして移民とブラジル人アイデンティティの現実がどうであれ、日本人の大量入国を持続させようとする人びとは、このような〔同化の〕概念の普及はきわめて重要だと理解していた。彼らが用いたある戦略は、ブラジルの先住民と日本人移民が生物学的に同じ血筋であるという主張に基づいていた。もしもこの主張が受け入れられるならば、アジア人はアマゾン在住者の祖先であることが認められ、たいていの国民よりもっとたしかなブラジル人であるというのだ。[14] 有名な人類学者のエジガール・ホケッチ・ピントによれば、現代の日本人は白人（アイヌ人）と黄色人（蒙古人）と黒人（インドネシア人）の混血から誕生しているため、ブラジルの「人種的」発展を反映している。[15] 日本人移民を公然と支持する姿勢が認められて日本帝国から「勲三等旭日章」が贈られたブルーノ・ロボは、「蒙古人の血が、……先住民とその混血の子孫を通してブラジルにも確実に存在」しているために、日本人とブラジル人はお互い偏見がないという意味で「独特」（風変わり）であると力説した。[16] 加えて、「先住民は日本人に似て」おり、また先住民とポルトガル人の混血が「恐るべきバンデイランテという人種」を誕生させたため、日本人移民は「ヨーロッパ系の要因が混入していない」ところでもっと原初的な人種を生み出してブラジル社会を強化するであろうとまで述べた。[17]『ガゼタ・デ・ノティシアス』

に掲載された記事は、さらに踏み込み、「ブラジルの人びとの多数は、すでに蒙古人の血を高い割合で持っている」と主張した。これは、「明らかに蒙古系であるこの国のアボリジニーは、……ポルトガル人と交わった結果、バンデイランテスを作った」と信じるオリヴェイラ・ボテーリョ議員が繰り返した見解である。(18)

日本人はブラジル人であり、ブラジル人は日本人であると述べることにより、日本人移民に賛成だった者は、優生学に特有の人種差別論を封じ込めることができた。このような考え方は、少なくとも見かけ上は日本人とブラジル人、あるいは日本人とヨーロッパ人の間に生まれた「ブラジル人」の容姿の子供たちの写真集の定期的な出版によってさらに広まった。(19) これらの写真は、日本の文化を推進する団体からほぼつねに資金的な援助(公表される場合も内密の場合もあったが)を受けて本やパンフレットに掲載された。また、これらの写真は、だいたい同じような傾向のものでもあった。それは、日本人男性が白人のブラジル人女性(あるいは、白人のヨーロッパ系移民の女性)と結婚してもうけた白人の子供たちの写真である。その子供たちの写真が象徴するものは、明白でもあり不明瞭でもあった。一見すると、日本人移民はエリート集団であり、人種的に高い地位のブラジル人にしか関心を持ってつき合えないということを発信している。皮肉にも、写真ははるかに異なった意味も合わせ持っている。というのは、日本人の父親を持つ子供は、容姿が白人であるにもかかわらず、父方の家系をたどる日本の観点からすると遺伝学的に日本人とみなされるからだ。

日本人移民を好意的に受け入れたブラジル人は、日本人とブラジル人の間の特別な関係を主張する際、自分たちに有利な科学的根拠の存在を本当に信じていたかもしれない。しかし、日本当局の関係者や移民の指導者たちは、このような言説を感情的というよりむしろ戦略的な方法で用いた。一九二〇年代初期、ブラジルの日本大使がパラ州を訪問した際、あるブラジル人小作農を日本人移民と勘違いして日本語で会話を始めて戸惑わせたという。(20) 後にパラ州に農業植民地を開拓した日本人ビジネスマン、福原八郎はアマゾンの調査から戻ると、ブラジルは「アジア系の人びとが築いた」と主張した。彼はその理由をつぎのように述べた。「アマゾン川沿いに暮らす先住民は、日本人にそっくりなのです。そして、彼らの風俗習慣ともよく似た点がある……〔また〕リオのドイツ大使館に勤務する中国人書記官は、〔言語〕に関する綿密な調査を実施した後、この先住民は蒙古人の子孫であるという結論に達しました[21]」。

日本とブラジルの文化には独特な類似点があるという主張は、移民の信仰心の解釈からも生まれた。この場合もまた、日系人エリートは、ブラジル国民としてのアイデンティティを公的に示す際に欠かせない要素は宗教上の慣習であると気づいたのである[22]。そこで、日本外交団の多くは、移民と日系人の両者を表立ってカトリック教徒にする努力をしたのである[23]。一九一八年、日本の公使館員の一人である野田良治は、ブラジルでの神社仏閣の建設に強く反対した。一九三〇年代、当時の日本で盛んに弾圧を受けていた天理教の信者は、改宗運動を一切行わないことを公約して初めて移住が許可された。一九二五年に日本で出版されたブラジルに関する著書が幅広く読まれていた学者の高岡熊雄は、すべての移民のカトリック教への改宗を勧めた。また、一九〇八年から一九三六年の間に移民した日本人の一・七パーセントを占めていたカトリック教徒（日本におけるカトリック教徒の割合より著しく高い）に関する記事や書物の特集も目立っていた[24]。さらに、日本人がブラジル人になる特別な能力を持っている根拠と考えられる文化規範を作り出そうとする試みは、娯楽にもみられる。たとえば、数字を示す動物に賭ける、正式には禁じられていた人気のある賭ばく、ジョーゴ・ド・ビッショは、日本人移民が熱狂的なブラジル国民に急変する様子を物語るために用いられた一つの証拠である。日本人移民がだれよりもジョーゴ・ド・ビッショのゲームに勝ったかどうかは疑わしいが、彼らの熟達ぶりは伝説になるほど有名になった。ブラジルのことわざの「動物のゲームはヴィシオ（中毒）になる」は、日本人にとって特別な意味を持っていたという意見がある。なぜなら、ことわざの「ヴィシオ」を、日本人の話し手は「ビッショ」（動物）と発音していたからだ。つぎの話も似たような論理を用いている。

ある日、どの動物に賭けるべきか迷っていた日本人移民は、米粒がついているバナナを食べていた。その移民は、米という漢字を分解すると八、十、八という数字になることに気づく。ジョーゴ・ド・ビッショのゲームで八十八という数字は虎を示し、彼は賭けに大成功する。(25)

もちろんこの話は、一山当てた移民の話として終わるわけではない。この話の中では、米という漢字が勝利の選択に役立つため、実際、バナナを登場させる必要はない。ブラジルお決まりの果物であるバナナを日本の典型的な食べ物である米と並べることで、単に賭け事の話から日系ブラジル人のアイデンティティ形成に関する話に一変させているのだ。

要するに、このように国民としてのアイデンティティのさまざまな表明（あるいは主張）は、第二次世界大戦前、ブラジルの移民と日系人、そして主流社会の人びとが抱いていたきわめて複雑な問いに答えようとするものである。「ブラジル人」はどのくらい「日本人」になれるか、なるべきか、「日本人」はどのくらい「ブラジル人」か、という問いである。一九三二年の半ば、延期された大統領選を応援するかたちでサンパウロの「護憲革命」が開始されたとき、日本人移民とその子孫は、これらの問いに対する一つの答えを出す機会をみつけた。(26)二人の若い日系ブラジル人が、不成功に終わる反対勢力に加わり、同じ日系人世代の間では庶民の英雄となり、日系ブラジル人のエスニック空間を定義する闘いで重要人物となる。

赤ん坊のときにブラジルに連れて来られたカシオ・ケンロウ・シモモトがブラジル生まれのジョゼー・ヤマシロとともに闘いに加わったとき、シモモトはエリート校のサンパウロ大学法科大学院の学生であった。シモモトが『ジアリオ・デ・サンパウロ』紙の記者に、自分は「何よりもまず……ブラジル人」だと主張した後、二人の決意はもてはやされた。(27)ヤマシロが大いに名声を博したのは、邦字新聞の『日伯新聞』紙に掲載された父親からの手紙が翻訳されて『オ・エスタード・デ・サンパウロ』紙に載ったときである。ヤマシロの父親は、日本人はとりわけ国家主義的な文化を保持しているという考えを利用して、日系人は比類なくブラジル人であると提言した。従って、当然ながら彼の息子は「ブラジル人そしてパウリスタとして、国家防衛のために武器を手に取る自然な衝動に従う」と導いた。[28]彼の伝えたいことは明確だった。だれにも引けを取らないブラジル人は、生まれつき忠誠心を持つ者であり、この性質を保証するのは「日本人の血」であるというわけである。

しかし、日系人が一九三二年の反乱に加わったことを肯定的に捉えた評判は、翌年には忘れられてしまった。二つの関連のない問題が比較的率直に政治の場で議論されたのである。第一の論争は、その後一九三四年に憲法を成立させることになる新憲法審議会の設置についてであり、第二の論争は、満州に駐留している日本軍の増兵についてである。こうして、日本人移民に関する議論は、帝国主義や同化や国家主義にまつわる論争が一本化されながら、もっと世間に広まることになった。

新しい憲法が日本人移民の入国に制限を課すことが明らかになったとき、日本政府は反撃に出た。主要な新聞に掲載された大々的な広告は、日本人入植地の高い生産性を宣伝した。[29]レシーフェ地域に移住したある家族は、ブラジル北部における最初のアイスクリーム店を開業してブラジルに近代化をもたらしたと絶賛された。[30]また日本政府は、日本人労働者の「ブラジル人性」を断言するポルトガル語の書物を出版した。その書物『日本人移民の順応』の序文において、ブラジルの半官半民であった海外興業株式会社の所長グイスケ・シラトリは、つぎのように述べている。「ブラジルという友好的で暖かく迎えてくれるこの国、その土地を耕作するとともに……自らのため、子供たちのために、あなたたちの中に溶け込んでいく……日本から移民した者の適応と帰化を指導することを光栄に思います」。[31]

四月下旬に成立した一九三四年の憲法には、アメリカ合衆国の一九二四年移民法にならった入国移民に関する修正条項が盛り込まれていた。この修正条項は、日本人移民の入国制限を目的としたが、合衆国の外交官は日本が多くのブラジル産農産物の買い手であることから「日本をできるだけ侮辱しないように」語法には気を使わなければならないことを理解していた。[32] 新しく設けられた国籍割り当てにより、入国できる日本人は正式に年間三五〇〇人に減少した。一九三三年の入国数は、二万三〇〇〇人であったことを考えると著しい減少であった。

一九三四年憲法に対してもっとも賢明な反応を示したのは、進歩的で反ヴァルガスの伝統を持つエリート校のサンパウロ大学法科大学院の学生である。一九三五年、法科の学生で元兵士であったカシオ・ケンロウ・シモモトと彼の仲間は、文化、教育そしてスポーツの行事を通じて「ブラジル人種」関係の中で日系人の立場を推進すべく日伯学生連盟（Orgão da Liga Estudantina Nippo-Brasileira）を設立した。日と伯の間にハイフンがはっきりと入っているこの組織は、エスニシティと国籍を区別したが、その関連性は強調していた。組織の創設者のひとりであるジョゼー・ヤマシロはこのことについて、「ここに来てからブラジル人として振舞わなければならなかった」と述べて明確な態度をとっていた。[33] 人生のほとんどをブラジルで過ごした者は、ブラジル人である、あるいはブラジル人になったということについて、二つの機関誌が定期的かつ慎重に説明した。二つの機関誌は、購読部数が約五〇〇のポルトガル語の月刊誌『ガクセイ』と、時折しか発行されなかったがもっと幅広く読まれていて購読部数が約二〇〇〇を超えるともいわれた邦字誌『学友』である。約三年間存続した『ガクセイ』は、ブラジル人国籍（市民権、言語と文化も含む）を持ちながら、同時に日本人としてのエスニシティを持つ（多くの場合たとえ実際の日本の記憶ではないにせよ、集団としての日本の記憶を持つ）ハイフン付きの文化を初めて表明した。機関誌は音訳された日本語の誌名を持ち、例外なくポルトガル語だけで書かれており、内外からアイデンティティについて協議する試みを示唆していた。マサキ・ウジハラ（氏原正明）の社説は、「われわれは不思議な世代であり」、抱えている問題は、「両親からは……東洋的なものをいつも少し受け取り、学校では西洋的なものを少し受け取ったこと」であると述べた。『ガクセイ』の編集者は、日本とブラジルの文化を混合すると「二つが一つに凝縮されて特異な（ブラジル人）メンタリティが生まれる」というブラジル人エリートの論を繰り返した。この新しい文化は、第二世と名付けられ、「日本人である以上にブラジル人」である人びとや、「国民性がまだ……形成過程にある」国に「迅速な同化」が役立つと信じる人びとを含んでいた。[34]

『ガクセイ』の編集者は、日本人を祖先に持つ人びとがどのようなブラジル人になったかはハイフン付きのエスニシティで明らかになると強調した。創刊号の主要な社説は「われわれが望むこと」と題され、つぎのような立場が明白に述べられている。「日本人の子供たちであるわれわれブラジル人は、……カモインスと同じ美しい言語で執筆することを……切望する」。しかし、ルーゾ・ブラジレイロ文化を受け入れることは、そこに生じた移民排斥主義を受け入れることにはならなかった。「日本人は嚢胞をつくり、同化せず、またブラジルの慣習を習得しないという非難」を受け入れることにもならなかった。[35] 他号の『ガクセイ』にもすべて同じような傾向の記事が掲載されており、不寛容を批判しつつ「われわれは、あらゆる点でブラジル人である」と論じた。しかしながら、この月刊誌もまた現状を表していた。日系人が反日的な論調に対してみせる「あきらめと無関心」を振り払おうと日系人を励ます社説の隣には、フロイトやヨーロッパ音楽に関する記事が無理なく並んでいたのである。他の記事は、日本語やポルトガル語をテーマとする戯曲を通じて日系人のエスニシティを表現していた。[36]

日伯学生連盟の意向には、概して文化的同化の傾向が見受けられた。だが、『ガクセイ』を考察すると、「文化的同化」の解釈がさまざまであったことがうかがえる。「ブラジルの習慣を好み、両親の故国に関しては、表面的なこと以外はなにも知らない」日系人を嘆くような記事が一般的であった。[37] 限られたものではあったが、集団に共通していた日本に関する知識は、ブラジルの教育と都市部での社会的な交流のためにポルトガル語を話すことと深く関わっていた。したがって、『ガクセイ』に掲載された広告を見れば、日系人を対象にしようとハイフン付きのエスニシティを売り物にした日系ブラジル人の商売の様子がうかがえる。たとえば、日伯美容学院が着目していたのはヘアスタイルではなく、むしろ「日系人によって、そして日系人のため」に「美」が教えられる状況にあったと思われる。多くの店は日本製品を売っていたが、それらの商品は、日本では考えられないような「日系」的な方法で使われていた。そして時が経つにつれ、本来の文化的意味からかけ離れていた商品を中心に、ブラジル生まれを対象としたエスニシティ集団の消費市場が出現した。一九三〇年代半ばともなると、日系人の世帯は、彼らのシンボル（ちょうちん、日本の写真、仏壇）を他では調和しないようなかたちで使っていたため、日本人や日系ではないブラジル人の世帯との見分けがよくついた。[38]

『ガクセイ』による日系ブラジル人のアイデンティティの探求は、ジェトゥリオ・ヴァルガスのエスタード・ノーヴォ（新体制）の樹立で一九三七年一一月に終わった。統合主義的で権威主義的な性質の新しい政権は、ブラジルにおける移民のエスニシティの扱われ方を著しく変えた。クーデター（もともとヴァルガスはブラジル大統領であったのだから、新国家を成立させるため自らを覆したことになる）から一カ月もたたないうちに、ヴァルガスはすべての政党を廃止した。この決断に伴う国家主義的なレトリックは、移民排斥団体による日本人移民への激しい攻撃を駆り立てた。[39] 一九三八年四月から施行された新しい法令は、ブラジル国内における外国の影響を減らそうとするものであり、日本人や日系人コミュニティの運営方法を一部変えることになった。このころ『ガクセイ』に掲載されたのは、コミュニティのニュース、日本とブラジルの歴史についての事実、また、ブラジルの暖かい歓迎を讃える記事であった。さらに重要なことだが、『ガクセイ』の編集者は、移民もその子供たちも「ブラジル人化」したことを強調したのである。[40] 一九三八年九月、『ガクセイ』の最終号が印刷された。

一九三九年、ヴァルガスは、「ブラジリダーデ」（ブラジル化）運動を開始した。この国家主導による同質化の計画は、移民文化の顕著な要素を削除してブラジル人のアイデンティティをエスニシティの侵略から守ることを主眼としていた。新たに設けられた法令は、入国を規制し、住居地域に外国人が集まるのを防ぐものだった。法令によって、すべての学校では地元生まれのブラジル人が教鞭を執り、教育はすべてポルトガル語で行われ、そして「ブラジル」に関する教材を盛り込むことが要求された。認可された場合を除いて、ポルトガル語ではない教材の使用は禁止された。[41] ブラジリダーデ運動に対する日系人の反応は、日本人移民の反応とは違った。移民の多くは、日本への帰国を考えていた（帰国した者はわずかだが）。しかし、日系人は、自分たちのブラジル市民権がなぜ外国人ではないと認められる保障にならないのか疑問に感じていた。一九三九年四月に日伯学生連盟が選出した理事会は、ほぼ全員が日系人であり、初めて数名の女性も加わっていた。理事会が最初に決断したことの一つは、『トランズィサォン』(過渡期)――『ガクセイ』を作った同じ学生たちが編集を行う広告の多い機関誌――を作ることだった。前身の『ガクセイ』同様、『トランズィサォン』もハイフン付きのエスニシティに注目していた。創刊号の社説には、つぎのように書かれている。

日本人の子供であるわれわれブラジル人は、過渡期を迎えている。これまでの存在とこれからの存在の過渡期である。東洋と西洋の過渡期……これは日本人である両親を、ブラジル人であるわれわれの兄弟が、ブラジルの言葉という共通言語で理解していることである。対立しているようにみえる二つの文明の調和。理想的な相互理解に基づき、本来それぞれに備わっている特質の融合。結局、われわれは、自分たちの土地と両親の土地に意識と誇りを抱くブラジル人である。(42)

『トランズィサォン』は、政府の検閲官と日系人コミュニティを読者として想定し、日本人がブラジル人となったことが優生学的に証明された多元社会としてブラジルを描いた。(43) それでも、『トランズィサォン』は、日伯学生連盟の違憲性が宣言される一九四一年までしか存続しなかった。同年、サンパウロ近辺の農村地帯の地元当局者は、ブラジリダーデ政策の厳密な実施を決定し、結局、その町の日本人住民のほぼ全員を逮捕してしまった。(44) 真珠湾攻撃後、ブラジルが連合軍の陣営に歩み寄るにつれ、移民と日系人のコミュニティへの新たな圧力は強化された。日本でブラジル人外交官が自宅軟禁された結果、日本人の入植地における「第五列活動」にまつわるとてつもない話が作り上げられた。(45) 警察は、日本国民を一斉検挙し、戦略上重要な地域から排除するよう命じられ、天気予報の放送は、破壊活動に用いられると懸念されたため禁止された。(46) リオデジャネイロの『オ・ハジカール』は、「重要な日本人高官は、ブラジルでジャガイモ農夫」をしていると騒ぎたてた。『ア・ノティシア』は、トマト栽培をしている一家は農場に通信設備を隠し持っていると言い放った。[47]

一九四二年三月、ヴァルガス政権は日本と国交を断絶し、機会あるごとに日本と日本人を攻撃し始めた。思想と文化に関する政権の命令を行き渡らせる責任を負う政府の広報宣伝省は、二万五〇〇〇人の部隊でサンパウロを占領するという日本の計画が日系人の密告者によって発覚したと報告した。兵士たちは漁師に変装したスパイと合流するが、そのスパイは日本人入植者にサントス付近の戦略上重要な軍事基地を爆破し、アマゾンに「新しい日本」をつくる用意をさせていたというのである。[48] これでヴァルガスには、日本人居住者を「戦略上重要な」地域と定められたところから強制的に立ち退かせる口実ができた。[49] パラ州ベレム市の日本人コミュニティは一人残らず、数百キロ上流のトメ・アスへ移動させられた。それまでもてはやされていたアイスクリーム店の店主は、自力でレシーフェから逃れた。サンパウロから約三〇〇マイル（約四八〇キロ）ほど離れたソロカバナ線のアルヴァレス・マッシャードでは、一九一八年設立の日本人墓地が閉鎖された。[50]

日本がブラジルを侵略するという架空の計画は、実現することはなかった。だが、排日の姿勢から生まれたエスニシティ間の社会的緊張がきっかけとなり、日本人と日系人のコミュニティはいっそう「日本的」になることで社会秩序に反撃した。二〇世紀初頭の教育を受けた者の間ではつねに根強かった天皇崇拝が、アイデンティティ維持の一つのかたちとして、祖先崇拝にとってかわった。[51] 日本への忠誠心を積極的に示さなかった者は「敵」と決めつけられ、また反体制的な邦字新聞は、「日本人失格」の烙印を押された者たちへの非難で溢れていた。[52] ブラジル人が日本人について広めたでたらめな風説を、移民たち自身が繰り返していた。およそ一万五〇〇〇人の日本人と日系人がいるマリリアという町では、一年以内に日本が戦争に勝つという根も葉もない予言の報告が広く信じられていた。[53]

社会的な緊張状態はつぎつぎと秘密結社を生み、その熱狂的国粋主義は、日系ブラジル人のアイデンティティの場を強調したいという欲求と混じり合っていた。連合軍の勝利が確実となった後にこれらの動きが拡大しなかったなら、それは歴史の脚注として扱われるにすぎなかったはずである。一九四五年五月、ヨーロッパにおける終戦の後、アメリカ軍が東北部の基地を引き続き使用できるようにするため、ブラジルは日本に宣戦布告した[54]。その結果、日本人移民はブラジルの最後の「敵性外国人」となる。そして、激しい反日プロパガンダが続いたこの期間、秘密結社は最大の支持を得たのである。日本の文部省の指導要綱に基づいた日本教育あるいはブラジルの日本語学校での教育を受けた移民や、ブラジル生まれの農村地帯の住民は、日本の敗北という事実をほとんど認めようとしなかった。さらに、邦字新聞が廃止され、農村地帯ではブラジル新聞の発行部数が少なかったことから、事実に基づく戦争情報は不足した。たとえば、映画館に行けなかった日本人農民は、降伏儀式を撮ったニュース映画を観ることはなかったのである[55]。多くの日本人移民にとって秘密結社の存在は、日系ブラジル人のエスニシティのための新たな場を要求することによって国のアイデンティティの定義づけに抗議することを意味していたのだ。

秘密結社の中でもっとも影響力を持っていたのは、臣道連盟である。ブラジルが「敵国となった」ことに激怒していた日本の退役軍人たちが、この組織の指導者的立場にいた。この組織が出現したのは、一九四五年のクーデターで新体制が崩壊し、続いて広範囲にわたる政治的議論があった時期に、過激主義者が反応を示す余地が生まれた後である。一九四五年八月の日本降伏後に明らかになったこの組織の主要目的は、日系人の言語と文化と宗教の維持そして日本語学校の再開を通じてブラジルに永久的に日本化された空間を作ることであった[56]。臣道連盟が推進しなかったことは、日本への帰国である。故郷は、あくまでもブラジルだった。同年一二月ともなると臣道連盟は、日本が戦争で勝利を収めたと信じる会員が五万人いると主張した[57]。

ヴァルガスの退陣後も邦字新聞が禁止され続けたこともあり、情報の独占は臣道連盟の成長に欠かせない重要なことであった。組織のチラシや極秘新聞は、六四カ所の地区事務所から配布されていた。日本が優勢であり無敵であると信じ込むように教育された多くの移民と日系人が、進んで読者となっていた。ススム・ミヤオとジョゼー・ヤマシロが収集した一九四五年八月一五日の記載がある個人の日記のほとんどが、日本敗戦のニュースはアメリカのプロパガンダだという確信に満ちている。これは、臣道連盟のガリ版一枚刷りの週刊紙が再三繰り返していた主張でもある。[58] 臣道連盟の印刷物は、どれも事実と作り話を混ぜこぜにしていた。たとえば、マッカーサー元帥が戦争犯罪人であったという主張や、リオデジャネイロの主要新聞五社が日本の戦争勝利を報道した後にヴァルガス政権によって閉鎖されたという主張は、まさにその典型であった。[59] 裕仁天皇による降伏宣言がラジオ短波によって放送されてからたった一週間のうちに、臣道連盟は、すでに飛びかっていた噂を利用して自らの声明をつぎのように発表した。裕仁天皇は、ポツダム宣言が課した条件を受け入れたため、摂政に賛成して退位を強いられた。帝国合同艦隊は、即座に行動をせよと命じられており、また、日本海軍と空軍は沖縄沿岸での激戦で連合軍の戦艦およそ四〇〇隻を壊滅させ、戦争の成り行きを決定づけた。日本は秘密兵器の「高周波爆弾」を史上初めて採用した。たった一発の爆弾が、沖縄のアメリカ兵一〇万人以上を殺した。そして連合軍は無条件降伏し、日本の遠征軍がシベリアとアメリカ合衆国に上陸するに至ったのである、と。[60]

一九四六年ころには、日系人と移民のコミュニティは、勝ち組と負け組の二つの集団に分かれており、後者はポルトガル語でいうエスクラレシドス（明晰あるいは賢明）であることを自負していた。[61] 臣道連盟が一部でゆすりを働くようになると、この分裂の溝はさらに深まる。だが、勝組の大半はゆすりという悪だくみを、商取引ではなくむしろ大義への寄付というかたちの貢献として受け止めていた証拠もある。一九四六年半ばまでに臣道連盟のプロパガンダに含まれていたのは、裕仁天皇にトルーマン大統領がお辞儀をしているように修正された写真、日本軍がサンフランシスコに上陸してニューヨークに向け行進しているという「新聞」報道、東京でジェトゥリオ・ヴァルガスが降伏文書に署名するという予告である。[62] その後間もなく、移民や日系人によるこの運動への批判は、ブラジルにおける日系人の地位への批判とも受け取られるようになり、彼らを暗殺するために狂気じみた若者集団が雇われた。一九四六年三月早々、特攻隊（臣道連盟の暗殺隊）の五人がバストス産業組合の幹部員を射殺したのに続いて、翌月、『日伯新聞』の元編集長が暗殺された。さらに、一九四六年三月から九月の間には、一六人のエスクラレシドスが暗殺された。この中には、スウェーデン総領事館の日本部部長やコチア産業組合長であった元陸軍大佐も含まれていた。他には、負け組に属していた三〇人が重症を負い、臣道連盟のトレードマークであるどくろ印付きの殺しの脅迫状を受け取った者は数百人にも及んだ。また、絹や綿やミントを作る農家の多くは、自宅や畑をだいなしにされた。(63)

日系人ではないブラジル人には、一連の暗殺は妙な反響を与えた。まず、日本の軍国主義とエスニック集団としての一体感に対する恐怖心が確固たるものとなった。おそらくもっとも不可解だったのは、特攻隊の隊員が当局に降伏した後、「日本は敗戦していない。この地球上に一人でも日本人がいれば、たとえ彼が最後の日本人であろうと日本は絶対に降伏しない」と力説したことである。(64) 一九四六年初頭、臣道連盟の本部に強制捜査が入ったとき、大量のプロパガンダ用の資料と組織の週刊紙作成用の謄写版印刷機と会員一三万人分のリストが発見された。(65)

歳月の経過とともに、多くの要因から勝組は社会の隅へと追いやられた。勝利者や敗北者に関して一切言及せず、日本の戦争被害者への義援金を募る努力から生まれたのは、「同情者」または「強硬論者」（両者は同義語である）であった。彼らは、敗北は認めるが「内輪の問題」は主流社会と論じるべきではない――これは、マイノリティ集団戦略の典型的な言い回しだった――という立場をとった。(66) それから、一九五〇年代初頭、オリンピック水泳の日本人優勝者の遊佐正憲が彼のチーム「飛び魚」とともにブラジルを訪問した。一行は、日本人や日系人のコミュニティでは非常に心のこもった歓迎を受け、サンパウロのコンゴ・ニャス空港では六〇〇〇人が一行を迎えた。パカエンブー競技場（主要なサッカースタジアムも併設）で行われた模範競技のチケットは売り切れ、国家の憲兵音楽隊が演奏を行い、サンパウロ州知事のアデマール・デ・バホスが観戦に訪れた。飛び魚の選手たちはあるインタビューの中で日本が戦争に勝利したという見解を聞いて、ショックを隠さなかった。そこで、臣道連盟は、ポスターによる宣伝活動を開始して水泳選手たちは日本人に変装した韓国人であると主張した。[67]これには、日系人も日本人も同じく怒りを覚えた。そして、同年の半ば頃、ブラジル政府が二〇〇〇人を超える臣道連盟会員を起訴すると、人々は安堵の気持ちをもってそれを歓迎した。これで移民と日系人のコミュニティは、一つにまとまったかのようにみえた。だが、実際はそうではなかった。経済的、社会的な上昇に伴って新しい緊張感が生まれ、今までにはない分裂がじきにみられるようになる。

まとめ――過渡期の日系人性

ブラジル人としての公的なアイデンティティを作り出すために移民や日系人が用いた三種類の戦略は、興味深い影響を及ぼしてきた。一九五〇年代のアメリカの沖縄占領後、日系人が中産階級とそれ以上の階級に定着すると同時に、ブラジルには日本人移民の新しい波が打ち寄せた。一九五二年から一九八八年の間に、五万四〇〇〇人近くの小土地所有者や農業労働者がブラジルに入国した。そのうち四三パーセント近くは、戦前に移民した親戚の後を追う者であった。[68]昔からブラジルに住んでいた日本人は、新しい移民が持ち込む新しい考え方、すなわち天皇から性的関係にいたるあらゆることに対する姿勢にショックを受けた。新しい移民も同じように、愕然とすることがあった。彼らは、古い日本語と日本語化されたポルトガル語が混じる昔の移民の会話を理解するのに苦労し、昔の移民が「ブラジルボケ」しているのではないかと考えた。[69]

一九六〇年代、日本が国際間で権力を回復する中、日系ブラジル人は、「血縁を基盤にした成功」のためにもてはやされもし、拒絶もされた。「サンパウロ大学に在籍したければ、まず日本人を一人殺さなければならない」というサンパウロのエリートたちの間で広まった卑劣な冗談は、この緊張感を反映している。このような見解が、日系人は容姿を変えないとブラジル人にはなれず、多くの場合それは整形手術を必要とするという意識を日系人の間に生み出した。異なるエスニシティの人との婚姻の割合（全体では四六パーセント近く、地域によっては六〇パーセント以上）が高いことも日系人コミュニティの事実である。日系人の観点からすると、「日本人である」ことをやめるべきだという主流の圧力は、きわめて大きい。これは、人類学者の森幸一がエスニック集団外結婚に関する議論の中で触れている点である。[70] 容姿を表す一般的な表現は多く、政治雑誌『モメント・レジズラティーヴォ』の最近の号に掲載された日本―ブラジル関係に関する記事の見出しも「つり目のブラジル」であり、たえず「ブラジルの日本」に言及していた。日系人コミュニティ内においても、このような表現が用いられる。たとえば、創刊時に約八万の購読部数があったグラビア誌『ジャパォン・アキー』（日本はここ）の記事は、日系人コミュニティに関する社会学的研究を取り入れた日本人移民史の記事の題に「ブラジルの日本」を用いている。[71]

エスニック集団外結婚や整形手術といった戦略は、これまで日系人社会を分裂させてきた。日本人を祖先とする人が一二〇万人以上いるブラジル人口の中の三四万人の「メスチッソ」にとっては、複数のアイデンティティの使い分けは一般的なことである。日系「メスチッソ」の多くは、社会的な状況では自らの背景にある日本人性を否定することがある。しかしながら、「日本人」が重要な強みになると考えられる経済的領域では、自らの背景にある日本人性を容認することがある。メスチッソではない日系人の場合、事情は多少異なる。彼らは、「日本人」として見られるのである。これは、現在、約五万五〇〇〇人のメスチッソ日系人と彼らの日系人ではない配偶者と、メスチッソではない日系人一三万五〇〇〇人が、日本で（「デカセギ（出稼ぎ）」と呼ばれて）生活しながら働いている重要な理由の一つになっている。[72] 文化的なアイデンティティが社会的地位と密接に関わっているため、日本で得られる高い賃金は、この移住に重要な役割を果たしている（書類上は、一九九六年に二〇億ドル近くが日本在住ブラジル人からブラジルに送金されたが、実際の額はその倍の可能性もある）。それでも、デカセギの半数は大学教育を受けていながらも大半は工場で働いており、彼らが語る歴史が示しているのは、アイデンティティの問題がブラジルを離れて来日する決意に欠かせないことである。一九九一年に移住した三七歳の大学教授は、その典型である。「私は、ブラジルが好きなのですが、ブラジルではよそ者なのです。ブラジル国籍がないような、ジプシーのような気がします。完璧なブラジル人になりたかったのですが、それは不可能でした。けれどもここ日本でも、私は、外国人のような気がしています」[73]。この点については、すべてのブラジル人の意見がほぼ一致するようであり、「再移動」や「帰国」というような表現は、初めて来日するブラジル人にもしばしば適用される。

戸惑いに満ちた国民文化の中でエスニック・アイデンティティをどのように保持するのかという問題は、一九二〇年代や一九三〇年代と同様に現在もある。ブラジル人になるようにと主流社会がかける圧力と、三世や四世は「ブラジル人になりすぎた」と不満を漏らす移民世代とが共存する。たとえば、『ジャパォン・アキー』は、日本食の作り方を毎号掲載している。一九八〇年代初頭、新聞『日伯毎日』は、隔週刊行のポルトガル語付録を出版した。その付録は、日本人移民が歩んできた歴史と「日系ブラジル人である二重性」の探求を試みていた。ごく最近、『ジャパォン・アキー』は、六〇年前の『ガクセイ』と同じように、「われわれは何者か。日本人か。ブラジル人か」と問いかけている[74]。ポルトガル語紙『メイド・イン・ジャパン』は、「日本とブラジルを理解する」人のために東京で制作されている。また、一〇代の若者をターゲットにしており、主として日本語を使っている『日伯毎日』が作っているサンパウロの週刊紙は、若い日系人の出会いの場を紹介する記事を掲載している。日系人が集まるダンスクラブでインタビューを受けた一九歳の若者は、「ここ〔クラブの中〕は、故郷にいるように落ち着く場所で、私たちみんな同じ国から来ているようです」と語っている[75]。このような心情に共感するのは、アフリカ系のダンスクラブをブラジル中の一大ブームにした大勢の若いアフリカ系ブラジル人であることは間違いないだろう。

「故郷」探しだけが、ハイフン付きのアイデンティティを拒絶する一般のブラジル人に対する日系人の反応ではない。他の反応としては、ブラジル人であることを売り込む手段としての「日本」の再生産がある。日系人は「日本人」である（これは「正直で勤勉」だという意味）ため、日系人ではない「ブラジル人」（これは「堕落した怠け者」の意味）よりも「ブラジル人」として優れているという古い概念がある。この概念は、ニヤリとしながらお辞儀する日系人が「ブラジルの」燃料を田舎者に売り込むという設定の国有石油会社のテレビ広告として、大衆文化にも浸透している。この広告の狙いは明確である。つまり、ブラジルのガスがよいのは「日本製」であるためで、ブラジルの地方に住む人は、国家の近代的成長を妨げないために「日本化」を必要としているというのだ。また、サンパウロの衛生設備の独占企業も同じような取り上げ方をして、「日本人が〔会社〕設立したかと思ってしまうほどサービス抜群」と宣伝した。ブラジルはもっと「日本らしく」ならなければという考え方をおそらくもっとも積極的に表しているのは、「〔私たちは〕この日本人のようなブラジル人がもっと必要です」という一文が入っているバメリンドゥス銀行の二〇年近く続いている印刷広告である。(76)

日本人のエスニシティがブラジル国民のアイデンティティに磨きをかけるという考えを受け入れることは一般的であるが、これを、主流社会と好意を持たれているマイノリティ集団との間の単純なやり取りとみるべきではない。たとえば、ブラジルの日系人コミュニティの特徴は、主流社会がほとんど感知できない「オキナワン」と「日本人」との間のはっきりとした隔たりである。この隔たりでさえも、またそれが認識されないことも、日系人性とブラジル人性を主張するための戦略になってきたようだ。オキナワンはブラジルの日系人口の一〇パーセントしか占めていないにもかかわらず、日系人の政治家がこの割合に不釣合いなほどオキナワンを祖先に持っているのは、その顕著な実例である。

一九九六年、森幸一とマイケル・モラスキーと筆者は、ブラジルのもっとも著名な二人の日系人政治家のルイス・グシケンとジェトゥリオ・ハナシロに聞き取りを実施した。両者とも、沖縄出身の移民の子供である。グシケンは、労働者党出身の三期目の議員（下院）であり、ブラジル軍事独裁制下の労働者運動の指導者であった。

近年、彼は、大統領選で落選したルイス・イナシオ・ルーラ・ダ・シルバの参謀でもあった。社会学者であるハナシロは、軍事独裁制下に追放されたが、サンパウロの交通局長と衛生局長を務めた。現在、彼はブラジル社会民主党に属している。二人の思想はあきらかに異なるが、インタビューで彼らのエスニシティの論じ方の類似点が明らかになった。第一に、ブラジルに浸透している日本人の肯定的なイメージを両者とも理解しながら利用してきた。グシケンとハナシロ（それぞれ個別にインタビューを行った）によれば、主流社会が注目するのは、日本の美徳である勤勉、正直、質素である。そして、教育を重んじる習慣は、二〇世紀初頭にブラジルで日本人移民が成功したことと、最近日本が世界の経済大国となったことから生まれた。驚くほどのことではないが、グシケンとハナシロ（と彼らのマーケティング市場戦略家）は、日本人を祖先に持っているために優れたブラジル人候補者であると売り込むことによって、このようなイメージを巧みに利用してきた。たとえば、グシケンは、日本人のエスニシティが彼を優れたブラジル人にしていると示すために、政治宣伝に日章旗から日本人外交官との写真、さらには日本風の文字まで利用している。ハナシロは、日本在住のブラジル人失業者を、人種主義的で冷淡な外国人（つまり日本人）の毒手から「救助」するための「救助作戦」を最近立ち上げた。

グシケンとハナシロの両者は、政治的な戦略として自分たちの日本人としてのエスニシティを積極的に利用してはいるが、この方策に多少の違和感を持っているようだった。実際、両者とも日本語も沖縄の方言も話せないため、「ブラジル人」ではなく「日本人」どころか「日系人」と呼ばれることへの懸念を強調している。日系ブラジル人ではなく、オキナワ系ブラジル人としてのアイデンティティについて率直な意見を求めた際、本土出身の日本人移民との間には著しい相違があると両者は断言した。したがって、二人がブラジルの政治的領域で「日本人」としての売り込みに躊躇するのは、オキナワンとして感じている違和感のためである。彼らが感じているこの相違は、基本的には主流社会からみえない。実際、グシケンとハナシロは、他のウチナーンチュのコミュニティの人びとと同じように、ブラジルにおけるオキナワンの政治的成功を説明するのにオキナワン性を挙げた。

コミュニティに広く浸透している（異なる人たちによって、異なる場所で何回も語られたという意味で）論調と思われる話によれば、オキナワ系ブラジル人は、「日本人」が持てない特別なブラジル人性を持っていると主張している。この主張の中で、沖縄とブラジルは似た「熱帯」地域として構築され、どちらの人びとも好んで豚肉を食べ、アルコールとパーティを楽しみ、そして人生も楽しむ。このような議論からうかがえるのは、日本が働くことしかしないまじめな人びとの国だという考え方である。したがってこの議論からすれば、オキナワンが日本当局者や他の移民から受けた差別の遺産は、オキナワンとブラジル人に共通する文化を強化してきた。この差別の結果、オキナワンの日系人は、日本人性を受け入れずにブラジルの地域文化を取り入れたため、他の移民集団より、とくに日本人よりもっと「ブラジル人」なのである。[77] ハイフンへの苦闘は、決して終わっていない。

原　注

（1） *Gakusei: Orgão da Liga Estudantina Nippo-Brasileira*（São Paulo）1: 1（Oct. 1935）.
（2） アスィリーノ・デ・レアォンの演説、一九三五年九月一八日、Republica dos Estados Unidos do Brasil, *Annaes da Camara dos Deputados: sessões de 16 a 24 de setembro de 1935*, vol. 17（Rio de Janeiro: Off. Grafica D' "A Noite," 1935）, 432.
（3） *Japão Aqui* 1: 1（Apr. 1997）: 63.
（4） 一九九九年六月二五日、International Nikkei Research Project Assessment and Planning 会議における飯野正子の報告「ララ救助物資と日系人」、同会議にて新垣誠と個人的に交わした会話も参考にした。
（5） レイン・リョウ・ヒラバヤシ、本書の第10章を参照。
（6） Secretaria da Agricultura-Diretoria de Terras, Colonização e imigração, June 30, 1980, file: Wilson, Sons and Co. Ltd., no. 121, pp. 3-7, Setor Manuscritos-Secretaria da Agricultura-Requerimentos Diversos, ano-1908, maço-38,

caixa-39, ordem-7255, Arquivo do Estado de São Paulo.

（7） リオデジャネイロから東京の小村と内田両大臣に宛てた署名のない書簡、一九〇九年一一月一六日、東京、外務省、一八六八―一九四五年。Meiji-Taisho, microfilmed for the Library of Congress, 1949-51（以下 JMFA-MT）38280 284/285/285a; Ryoji Noda, Provisional Minister Substitute in Brazil to Jutaro Komura（Minister of Foreign Affairs, Tokyo）, Jan. 6, 1910, JMFA-MT 38280 326/327/327a, Arquivo do Centro de Estudos Nipo-Brasileiros, São Paulo.

（8） *Correio da Manhã*（Rio de Janeiro）, Nov. 30, 1908.

（9） つぎのとおり再出版された。"Parecer apresentado á Assembléa Legislativa do Estado do Rio de Janeiro pelo Relator da Commissão de Justiça, Legislação e Instrucção Publica, e por esta unanimente assignado, em 30 de outubro de 1909, sobre o contracto de novembro de 1907 firmado entre o Governo desse Estado e os srs. Rio Midzuno e Raphael Monteiro para a Fundação de Nucleos Coloniaes de Japaoneses na Baixada Fluminense," in Nestor Ascoli, *A imigração japonesa para a Baixada do Estado do Rio de Janeiro*（Rio de Janeiro: Typ. Jornal do Commercio de Rodrigues e Co., 1910）, 22.

（10） Fidélis Reis, *Paiz a organizar*（Rio de Janeiro: A. Coelho Branco, 1931）, 233-38. "Parecer apresentado à Commissão de Finanças da Camara dos Deputados em 4 de julho de 1924 por S. exca. o Sr. Dr. Francisco Chaves de Oliveira Botelho, Deputado pelo Estado do Rio de Janeiro," *Diário do Congresso Nacional,* July 8, 1924; Letter of Clovis Bevilaqua to Fidélis Reis, Oct. 17, 1921, in Calvino Filho, ed., *Factos e opiniões sobre a immigração japonesa*（Rio de Janeiro: n. p., 1934）, 44; Thomas E. Skidmore, *Black into White: Race and Nationality in Brazilian Thought*（New York: Oxford University Press, 1974）, 195; R. Texeira Mendes to Fidélis Reis, Aug. 15, 1921, in Bruno Lobo, *Japoneses no Japão-no Brasil*（Rio de Janeiro: Imprensa Nacional, 1926）, 129-139.

（11） *O jornal*（Rio de Janeiro）, May 30, 1924; Oct. 26, 1924; Jan. 4, 1925; Jan. 24, 1925. これらの社説とコウトが日本人移民に対して述べたことは、彼の息子がつぎの文献に収録した。Miguel Couto, *Seleção social: campanha antinipônica*（Rio de Janeiro: Irmãos Pongetti Editores, 1942）.

（12） *Nippak Shinbun*（São Paulo）, Dec. 19, 1934.

(13) Comissão de Recenseamento da Colônia Japonesa, *The Japanese Immigrant in Brazil,* 2 vols.（Tokyo: University of Tokyo Press, 1964), Statistical Tables（vol. 1), 356. この研究によると、日本人の男性と日本人以外の女性の婚姻が、エスニック集団外結婚の大半を占めていた。James L. Tigner, *The Okinawans in Latin America,* Scientific Investigations in the Ryukyu Island（SIRI）Report＃7（Washington, D. C.: Pacific Science Board-National Research Council, Department of Army, 1954), 51. 日本人の結婚とエスニシティに関する最近の研究動向については、つぎを参照。P. Pereira dos Reis, "A Miscigenação e a etnia brasileira," *Revista de história* 12: 48（Oct.-Dec. 1961), 334-36. エスニシティの異なる人との人間関係が及ぼす影響に関する興味深い議論については、Hiroshi Saito, "O suicídio entre os imigrantes japoneses e seus descendentes," *Sociologia* 15: 2（May 1953), 120-121 を参照。

(14) たとえば、*O Brasil*（Rio de Janeiro), Apr. 26, 1924 の社説を参照。

(15) Edgar Roquette-Pinto, *Ensaios de antropologia brasiliana* [1933], 2nd edition（São Paulo: Editora Nacional, 1978), 103.

(16) Lobo, *Japoneses no Japão-no Brasil,* 151-152; 157.

(17) ブルーノ・ロボ博士とのインタビュー、*Correio da Manhã*（*Rio de Janeiro*), *Apr. 26, 1924.* 日本人移民を「バンデイランテス」とする最近の考え方については、つぎを参照。Agostinho Rodrigues Filho, *Bandeirantes do oriente: drama íntimo dos japoneses no Brasil*（São Paulo: Emprêsa Editora Bandeirantes, 1949).

(18) *Gazeta de notícias*（Rio de Janeiro), May 8, 1924. Oliveira Botelho, *A imigração japonesa; o parecer do illustre deputado Oliveira Botelho, apresentado em 8 de julho de 1925, a Comissão de Financas da Camara dos Deputados*（Rio de Janeiro: n. p., 1925), 35.

(19) *Folha da Manhã*（São Paulo), July 5, 1934; Lobo, *Japoneses no Japão-no Brasil,* 159: Calvino Filho, ed., *Factos e opiniões,* 17, 33, 97, 112; *Cruzamento da ethnia japonesa: hypothese de que o japonês não se cruza com outra ethnia*（São Paulo: Centro Nipponico de Cultura, 1934).

(20) *Gazeta de Notícias*（Rio de Janeiro), May 8, 1924. ブルーノ・ロボ博士とのインタビュー、*Correio da Manhã*（Rio de Janeiro), Apr. 26, 1924.

(21) Hachiro Fukuhara, "Brazil Founded by Asiatics?" in *Japan Times and Mail,* June 26, 1927.

(22) Constituição de 25 de março de 1824, I-Art. 5; Geraldo Fernandes, "A religiao nas Constituicões Republicanas do Brasil," *Revista eclesiástica brasileira* 8: 4 (Dec. 1948): 830-857; Jeffrey Lesser, *Welcoming the Undersirables: Brazil and the Jewish Question* (Berkeley: University of California Press, 1994), 56-57.

(23) ブラジルでは、一世が自分のことを「日系人」と呼ぶのはまれである。ブラジルで「日系人」という場合、ブラジルに到着した日本人移民ではなく、日系ブラジル人を意味する（そして、ときにはアメリカ合衆国の日系人を指す）。詳しくは、Jeffrey Lesser, *Negotiating National Identity: Immigrants, Minorities and the Struggle for Ethnicity in Brazil* (Durham: Duke University Press, 1999), 125-127 を参照。

(24) Takashi Maeyama, "O Imigrante e a religião: estudo de uma seita religiosa japonesa em São Paulo" (M. A. thesis, Fundação Escola de Sociologia e Politica de Sao Paulo, 1967), 85-87; *DTCI: Boletim da directoria de terras, colonização e imigração* 1 (Oct. 1937), 38.

(25) Tomoo Handa, *O imigrante japonês: história de sua vida no brasil* (Sao Paulo: T. A. Queiroz, Centro de Estudos Nipo-Brasilieros, 1987), 185.

(26) Hélio Silva, *1932: A Guerra Paulista* (Rio de Janeiro: Editora Civilização Brasileira, 1967); Thomas E. Skidmore, *Politics in Brazil, 1930-1964: An Experiment in Democracy* (New York: Oxford University Press, 1967), 17-19.

(27) *Brasil e Japão: duas civilizações que se completam* (São Paulo: Empreza Graphica da "Revista dos Tribunaes," 1934), 238-240.

(28) *O Estado de S. Paulo,* Sept. 19, 1932; José Yamashiro, *Trajetória de duas vidas: uma história de imigração e integração* (São Paulo: Aliança Cultural Brasil-Japão/Centro de Estudos Nipo-Brasileiros, 1996), 111-117.

(29) *Folha da Manhã,* July 5, 1934; Mar. 28, 1935.

(30) Rodriques Caldas, "O Estado de Minas Gerais e a imigração japonesa," published in the *Jornal do comércio* in December 1920 and reprinted in Nestor Ascoli, *A imigraçao japonesa para a Baixada do Estado do Rio de Janeiro,* 115-127.

(31) Kaigai Kyogyo Kabushiki Kaisha, *Aclimação dos Emigrantes Japoneses: Actividades da Kaigai Kogyo Kabushiki Kaisha do Brasil* (São Paulo: Kaigai Kogyo Kabushiki Kaisha, 1934), 3; 39.

(32) Report of Joseph C. Grew (U. S. Embassy, Tokyo), Aug. 4, 1934, 739. 94/2; John M. Cabot, Third Secretary, U. S. Embassy, Rio de Janeiro, to Secretary of State, May 31, 1934, 832. 55/94, National Archives and Record Center, Washington, D. C.

(33) 一九九五年一二月一二日、サンパウロにてマイケル・モラスキーと森幸一と筆者がジョゼー・ヤマシロに行ったインタビューより。John W. F. Dulles, *The São Paulo Law School and the Anti-Vargas Resistance (1938-1945)* (Austin: University of Texas Press, 1986), 26-30.

(34) 一九九五年一二月一二日、サンパウロでマイケル・モラスキーと森幸一と筆者がジョゼー・ヤマシロに行ったインタビューより。Risseli, "Os Dainiseis e a instrução primaria," *Gakusei* 2: 11 (Oct. 1936) and 2: 12 (Nov. 1936). *Gakusei* 1: 4 (Mar. 1936) も参照。

(35) *Gakusei* 1: 1 (Oct. 1935).

(36) *Gakusei* 1: 3 (Feb. 1936); Rose Fukugawa, "Sob teu olhar," *Gakusei* 1: 3 (Feb. 1936).

(37) *Gakusei* 2: 17 (Sept. 1937).

(38) Koichi Mori, "Por que os brasileiros comecaram a apreciar a culinária japonesa? As condições de aceitação da culinária japonesa na cidade de São Paulo," (一九九七年)、未刊行論文、筆者の許可を得て使用。

(39) R. C. P., "Um perigo para a nacionalidade," *Mensario do "Jornal do Commericio"* 1: 1 (Jan. 1938), 119-124.

(40) *Gakusei* 3: 22 (Apr. 1938)

(41) Decree Law 479 (June 8, 1938), Art. 2, no. 1a; Decree Law 1,377 (June 27, 1938).

(42) *Transição* 1: 1 (June 1939), 5.

(43) João Hirata, "A quem cabe engrandecer o Brasil," and Massaki Udihara, "Assimilação," *Transição* 1: 1 (June 1939): 7-10.

(44) Takashi Maeyama, "Ethnicity, Secret Societies, and Associations: The Japanese in Brazil," *Comparative Studies in*

Society and History 21: 4 (Apr. 1979), 589-610, 598; Y. Kumusaka and H. Saito, "Kachigumi: A Collective Delusion Among the Japanese and their Descendants in Brazil," *Canadian Psychiatric Association Journal* 15: 2 (Apr. 1970), 167-175.

(45) Diário Carioca, Mar. 8, 1942; Mario Botelho de Miranda, *un Brasileiro no Japão em Guerra* (São Paulo: Companhia Editora Nacional, 1944), 265-266.

(46) *O Globo,* Mar. 3, 1942; *New York Times,* Mar. 4, 1942.

(47) *Diretrizes,* May 21, 1942; *O Radical,* Mar. 6, 1942; *A Noticia,* Mar. 11, 1942; *O Carioca,* Feb. 26, 1942; Samuel Wainer, *Minha razão de viver: memórias de um repórter* (Rio de Janeiro: Record, 1988).

(48) *O Globo,* Mar. 21, 1942; *Correio da Manhã,* Mar. 22, 1942; *New York Times,* Mar. 22, 1942.

(49) *Diário da noite,* Sept. 30, 1942.

(50) Maria de Fátima Y. Asfora, "Colonos japoneses no Brejo Pernambuco: análise de uma trajetória (1956-1994)," IV Encontro Regional de Antropólogos do Norte e Nordeste (João Pessoa) において発表した論文、May 28-31, 1995, 9; *Diário Nippak* (São Paulo), July 11, 1980, p. 1.

(51) Christopher A. Reichl, "Stages in the Historical Process of Ethnicity: The Japanese in Brazil, 1908-1988," *Ethnohistory* 42: 1 (Winter 1995), 31-62.

(52) Maeyama, "Ethnicity, Secret Societies, and Associations," 594.

(53) Handa, *O imigrante Japonês,* 640; うわさの社会的な意味に関するもっと一般的な分析については、Patricia A. Turner, *I Heard It Through the Grapevine: Rumor in African-American Culture* (Berkeley: University of California Press, 1993) を参照。

(54) *New York Times,* June 7, 1945. ブラジルとアメリカの軍事協定は、終戦から六カ月後にすべての基地がブラジルに返還されることを定めていた。

(55) Kumusaka and Saito, "Kachigumi: A Collective Delusion," 167-175.

(56) Hekisui Yoshii, "Gokuchu kaikoroku" (Memories from Prison), 一九四八年の原稿の翻訳は、Susumu Miyao and

José Yamashiro, “A comunidade nipônica no período da Guerra,” in Comissão de Elaboração da História dos 80 anos da Imigração Japonesa no Brasil, *Uma epopéia moderna: 80 anos da imigração japonesa no Brasil* (São Paulo: Editora Hucitec, 1992), 262 を参照。臣道連盟の文書の翻訳は、“Perigosa atividade nipônica em São Paulo,” *Arquivos da polícia civil de Sao Paulo* 8: 2 (1944): 561-571 を参照; Emilio Willems and Hiroshi Saito, “Shindo Renmei: um problema de aculturação,” *Sociologia* 9 (1947): 143. 臣道連盟と似たような団体の運動の分析については、つぎを参照。Takashi Maeyama, “Ethnicity, Secret Societies, and Associations,” 589-610; Susumu Miyao and José Yamashiro, “A comunidade enfrenta um caos sem precedentes,” in Comissão de Elaboração da história dos 80 anos da imigração japonesa no Brasil, *Uma Epopéia Moderna,* 265-360; and James L. Tinger, “Shindo Remmei: Japanese Nationalism in Brazil,” *Hispanic American Historical Review* 41: 4 (Nov. 1961): 515-532.

(57) 臣道連盟の方針や規則の翻訳は、つぎを参照。João André Dias Paredes to Major Antonio Pereira Lira (State Police Chief, Paraná), Apr. 30, 1949, Secretaria de Estado de Segurança Pública, Departamento da Polícia Civil, Divisão de Segurança e Informações, No. 1971, Sociedade Terrorista Japonesa. Arquivo Público Paraná, Curitiba. Mário Botelho de Miranda, *Shindo Renmei: terrorismo e extorsão* (São Paulo: Edição Saraiva, 1948), 11; Tigner, “The Okinawans in Latin America,” 42.

(58) 臣道連盟の週刊紙のライバルとなった唯一の邦字紙は、政治問題を扱うことが少なかったコチア産業組合の *Information Bulletin* である。Dráuzio Leme Padilha, *CAC: cooperativismo que deu certo* (São Paulo: Cooperativa Agricola de Cotia, Cooperativa Central, 1989), 90.

(59) 文書は、サントアンドレの臣道連盟本部に強制捜査が入ったときに発見された。その文書の翻訳は、Herculano Neves, *O processo da “Shindo-Renmei” e demais associações secretas japonesas* (São Paulo: n. p., 1960), 288-290 として出版された。

(60) *Paulista Shinbun,* Apr. 29, 1947 に再掲載された。

(61) Handa, *O imigrante japonês,* 651-655.

(62) *O Estado de S. Paulo,* Mar. 26, 1946; *Correio da Manhã,* Apr. 6, 1946; *A Noite* (Rio de Janeiro), Apr. 13, 1946. こ

のような記事を定期的に、場合によっては数週間にわたり連日掲載した新聞は、*Correio paulistano, Diario de São Paulo* と *Folha da noite* である。Neves, *O processo da "Shindo-Renmei,"* 97, 124.

（63） *O Dia*, Apr. 6, 1946 and May 4, 1946; Miranda, *Shindo Renmei,* 160–161; Handa, *O imigrante japonês,* 660; Tigner, "The Okinawans in Latin America," 45.

（64） Handa, *O imigrante japonês,* 673.

（65） *Folha da Manhã,* Apr. 1946.

（66） *Folha de Pinheiros,* "Perigos da imprensa japonesa no Brasil," July 9, 1949; *Burajiru jiho*（Notícias do Brasil）, Apr. 5, 1949, 翻訳は Secretaria da Segurança Pública do Estado de São Paulo-Departamento de Ordem Política e Social（DEOPS）# 108981-Ordem Politica/Shindo Remmey-Vol. 2, Arquivo do Estado de São Paulo; Pasquale Petrone, organizer, *Pinheiros: estudo geográfico de um bairro paulistano*（São Paulo: Editôra da Universidade de São Paulo, 1963）, 67 を参照; Handa, *O imigrante japonês,* 687.

（67） *Folha da Noite,* Mar. 21, 1950; Handa, *O imigrante japonês,* 746–752.

（68） 一九五三年から一九五九年の間に、三万人以上の日本人移民が新たにブラジルに移住した。その後の一〇年間にはさらに一万六〇〇〇人が移住した。一九五二年から一九六五年の間に出国した日本人移民の八一パーセント以上は、ブラジルに移住した。Moacyr Flores, "Japoneses no Rio Grande do Sul," *Vertias* 77（1975）, 65–98: Tetsuo Nakasumi and José Yamashiro, "O fim da era de imigração e a consolidação da nova colônia Nikkei," in Comissão de Elaboração da História dos 80 Anos da Imigração Japonesa no Brasil, *Uma epopéia moderna,* Table 2, 424; Harold D. Sims, "Japanese Postwar Migration to Brazil: An Analysis of the Data Presently Available," *International Migration Review* 6: 3（Fall 1972）: 246–266.

（69） Francisca Isabel Schurig Vieira, *O japonês na frente de expansão paulista: o processo de absorção do Japonês em Marília*（São Paulo: Pioneira, Ed. da Universidade de São Paulo, 1973）, 83–89; Handa, *O imigrante japonês,* 715.

（70） Centro de Estudos Nipo-Brasileiros, *Pesquisa da população de descendentes de japoneses residents no Brasil, 1987–1988*（São Paulo: Centro de Estudos Nipo-Brasileiros, 1990）; Gleice Carvalho, "Sutis Diferenças," *Japão Aqui* 1: 2

(May 1997): 26-29; Koichi Mori, "Mundo dos brasileiros mestiços descendentes de japoneses,"（一九九四年）、未刊行論文、筆者の許可を得て使用。

（71）*Momento legislativo* 3: 27（Aug. 1993); *Japão Aqui* 1: 1（Apr. 1997), 11-15.

（72）Centro de Estudos Nipo-Brasileiros, *Pesquisa da populção*, Tables 2-1, 19, and 3-4, 43.

（73）渡辺雅子『共同研究　出稼ぎ日系ブラジル人下資料編』明石書店、一九九五年、三五〇―三五一。この本の中のインタビューを私のために翻訳してくれた森幸一教授に感謝する。

（74）"Imigrantes japoneses: na união, a sobrevivência," *Diário Nippak página um*（Sept. 19, 1980; "Criação x identidade x formação: os descendentes e a literature," *Diário Nippak página um*（July 12, 1980); *Japão Aqui* 1: 3（July 1997): 38-44; *Japão Aqui* 1: 1（Apr. 1997): 63.

（75）Advertisement for *Made in Japan in Jormal Tudo Bem*, July 19, 1997; "Bailes agitam a noite da moçada Nikkei," *Revista Nippak jovem* 1: 2（Apr. 13, 1997): 28-34.

（76）*Veja* のバメリンドゥス銀行の広告、一九七五年と一九九二年。

（77）一九九五年一二月八日、マイケル・モラスキーと森幸一と筆者が、ルイス・グシケンに行ったインタビューより。一九九五年一二月一二日、マイケル・モラスキーと森幸一と筆者が、ジェトゥリオ・ハナシロに行ったインタビューより。

第4章 「ララ」
――救援物資と北米の日系人

飯野正子

一九四五年八月一五日、日本がアメリカ合衆国（以後アメリカと表記）に無条件降伏をして太平洋戦争は終わり、第二次世界大戦が終結した。アメリカにおいてもカナダにおいても、戦争終結のニュースは「うれしかった」が、日本が負けたという事実は「情けなかった」と語る一世は多い。日本軍による真珠湾攻撃に始まった太平洋戦争は日系人の運命に大きな影響を及ぼしたのであり、当然、彼らにとって、その戦争の成りゆきはきわめて重要であった。アメリカおよびカナダの政府が戦後、自分たちをどう扱うかは戦争の結果次第だと彼らは心配していたのであるから、日本の敗北は彼らにとっては深刻な打撃だったのである。この戦争は多くの日系人にはまさに心情の葛藤そのものであった。自分が住んでいる国も、そして日本も、この戦争に負けてほしくなかったのだから。

強制立ち退きと収容、そして忠誠審査という悲惨な経験の後遺症に苦しんだ日系人は多い。キャンプを出てからの再定住の時期には「立ち退きのとき以上につらい経験を強いられた」と回想する一世もいる。戦後は、移民してきたときと同じ、無からの出発だった。おまけに、日本の敗戦により「日本人としてのプライドを失った」「家庭が崩壊した」「二級市民になった屈辱を味わった」など、日系人はさまざまな精神的苦痛を味わった。ことに子どもの将来への不安は大きかった。

このような苦痛から、日系人、とくに二世は、日系であることを恥ずかしく、あるいは罪であるかのように思い、自分が日系人であることを示すもの、あるいは周囲の人々に自分が日系であることをわからせるものから自分を切り離そうとしたと、論じる学者は多い。(1) 彼らのエスニシティは、戦時中の経験により一種のスティグマとなったのである。今ではマンザナー収容所跡地への巡礼の旅は毎年の行事になっているが、この催しを一九六九年に初めて企画し、一般の人びとにも日系人の収容体験を知ってもらおうとフォーラムなどを開催した故エミー・ウノ・イシイは、収容体験を若い世代——三世——と共有することの難しさを、レイプの経験に譬えている。彼女は次のように書いている。「女性は、もしレイプされたら、「私はレイプの犠牲者だ」などと言って回るようなことはしません……これこそまさに強制立ち退きさせられたわれわれ——つまり環境の犠牲者——が、立ち退き当時抱いていた気持ちです。多くの二世や一世は、自分たちが強制収容所にいたという事実を認めなければならないことを実際、恥だと思っているのです(2)」。

アメリカ政府あるいはカナダ政府による収容を経験した日系人の多くは、きわめて否定的に自己をみるようになり、自分の出自に恥の意識を持つに至ったのである。加えて、日系人の多く、とくに二世は、生まれながらにしてアメリカまたはカナダの市民であるにもかかわらず、日本人を祖先とするために、人種偏見の犠牲者となったのである。この恥の意識と、彼らに向けられた人種偏見のゆえに、多くの日系人は、自分が選んだ国で生き残るために日本との絆を断ち切ろうとした。もちろん、恥や罪の意識だけでなく、自分たちが結局のところアメリカ人でありカナダ人である以上、自国の政府の政策を支持することが当然であるからという理由で、日本との絆を断ち切った日系人もいた。

しかしながら、日系人のなかには、敗戦によって荒廃した日本で困窮の極致にあった人々を「同胞」とみて、彼らを救援する道を探した人々もいたのである。彼らは、アメリカの民間人が作った「ララ」と呼ばれる組織を通して救済が可能であることを知った。敗戦後の日本に「ララ」を通して送られた、いわゆる「ララ救援物資」

の二〇パーセントは、アメリカとカナダだけでなく、ブラジルやアルゼンチンなどに住む日系人が集めたものだといわれる。こうした救援に携わった日系人は、日本との絆を断ち切るどころか、敗戦後の日本のための救援活動に参加することで、その絆をむしろ再確認したのである。

この章では、「ララ救援物資」の考察をとおして、太平洋戦争終結直後の日系アメリカ人・日系カナダ人の体験と意識を分析する。

「ララ」救援物資

救援物資の総量

第二次世界大戦が終結したとき、日本は、戦争に負けた国がつねにそうであるように、まったくの困窮状態にあった。日本人のほとんどが、住む家に困り、食料も衣類も満足に得られない状態で暮らしていた。そのようなときに、日本国民に大量の救援物資を送った組織の一つに「ララ（LARA）」がある。「ララ」とは、「アジア救済公認団体（Licensed Agencies for Relief in Asia）の頭文字をとった呼称であり、その直前まで敵国であったアメリカの民間有志による援助組織である。そしてその組織から送られる救援物資は「ララ救援物資」または「ララ物資」と呼ばれた。この救援は終戦の翌年の一九四六年一一月から一九五二年まで続いたが、ララが日本に送った物資は、一九五二年五月までの受領記録（厚生省「ララの成果」一九五二年六月出版）によれば、食料、衣料、医薬品、靴、石鹸などが一万六七〇四トン、山羊二〇三六頭、乳牛四五頭など（表1を参照）で、「仮に邦価に換算すれば実に四〇〇億円を遙かに越えている」とされた。

同記録によれば、「ララ救援物資を満載した第一船ハワード・スタンベリー号が横浜港に入港」したのは一九四六年一一月である。それより七カ月前の同年四月一日付けで厚生省社会局長から各地方長官宛てに「生活困窮

受領数量	
食糧（ミルク類、穀類、缶詰類、油類、乾菓物類、シロップ類、その他）	1万2603トン
衣料（洋服類、下着類、寝具毛布類、その他）	2928
医薬品（ビタミン剤、ズルフォン剤、救急薬、医療器具類、その他）	75
靴（男女小児用靴、スリッパ、その他）	331
石けん（浴用、洗濯、薬用、その他）	160
原反（純毛、綿製品、その他）	149
綿	222
学用品等（玩具、文房具、革製品、その他）	236
合計	16,704トン
山羊	2036頭
乳牛	45頭

表 1

者緊急生活援護に関する件依命通牒」が出されている。その通牒には、当時、政府が生活困窮者を救済するために効果的な方法を採る必要性を感じながらも、それが果たされていないと認識していることが明らかである。その通牒の前書きには次のように述べられている。

近時援護を要する者は益々増嵩する傾向にあるのに鑑み、これらの者に対する援護の徹底を期して、その生活の安定を図ることは喫緊の時務であり、かつまた連合軍最高司令部においても本件に関しては格別の関心をもっているところであるので、管下関係機関を一段と督励して迅速適正な事業の実施を期されるとともに、とくに左記事項を御留意の上援護に萬遺憾のないやう期されたい。

前書きに続き、一〇ページにわたって、指令が細かく述べられている。そこには、この援護事業の「徹底を見ない憾」があるのは遺憾であるが、それは「資金の送達がはなはだしく遅延している」ことによる、と述べられている。また「現行各種救護関係法規を総合調整してあらたに救済福祉に関する法律を制定公布するよう目下所用の手続きを進めているのであるが」、それも遅れている。こういった状況ではあるが、援護事業を徹底するために「関係機関の積極的指導監督」を期待する、というのが、この指令の趣旨である。この一つの例から見ても、救援事業が焼け石に水のような状態であったことはわかる。(3)そのようなときに、ララ救援物資のニュースが入ったのである。

日本政府の役割

一九四六年八月一日付で連合軍最高司令官総司令部より日本政府に対する覚書が出され、この件に関する日本政府の責任が明確になる。「LARA救援物資受領及配分に関する件」と題されたこの覚書には、以下のように日本政府の役割が述べられている。

一、……係る救援物資の受納を口約したる日本政府は日本の困窮者の用に供する為直ちに合衆国に於ける民間団体の提供せる救援物資の波止場に於ける所有権の移譲、保管、貯蔵及分配の準備を為すものとす。……

二、日本政府は波止場より消費団体に至るまで右救援物資の保証、移動、割当及分配に関し全責任を負うものとす。

右物資の荷卸、運送、貯蔵に当りては十分なる警察の取締を行ひ又日本政府は盗難、破損、予防し得る損失に関しては連合軍最高司令官に対して責任を負ふものとす。……

三、一九四六年九月一日又はそれ以前に日本政府は右救援物資の配分に関する一般実行計画を提出するものとす。右計画には次ぎの報告を含むものとす。

この計画書には、送られてくる物資の経理方法、貯蔵方法、配分方法、警備計画の詳細が記されており、これらは、連合軍司令官総司令部に提出する月報に掲載されることになっていた。また、その月報には、「総入手物資に関する記録、配分済物資、配分先団体、物資現在高、未配分物資の所在」についての詳細な資料が必要であると明記されている。(4)このように、日本政府はララ救援物資受け入れに全責任を負い、手続きや報告などの義務を遂行することになったが、それらの面倒さよりも、物資を受け取ることへの感謝の念が強かったことは想像に難くない。
厚生省の定めた「生活扶助費給与額限度表」によれば、扶助費（一日額）として与えられる額は、扶助を受ける人の住む地域の人口によって異なっていた。たとえば、六大都市では一人当たり三円（五人家族では八円四〇銭）、町村では一円九〇銭（五人家族では五円二〇銭）であった。しかし、それすらも、徹底していない状態だった。厚生省社会局発行の冊子「ララ救援物資について」（一九五一年一月）は、ララ救援物資の配分状況を次のように記している。

乳幼児、児童、結核施療病院、老人ホーム等の社会事業収容施設へ、「ララ」救援物資が初めて届けられたのは一九四六年一二月であります。その配分地域は戦災の被害がもっとも甚だしかった東京、神奈川、愛知、京都、大阪、兵庫、広島、長崎の各都府県でありましたが、当時は諸物資が非常に窮乏しておりましたので、この珍しいミルク、砂糖、キャンデーを始め、衣料等思いがけない温かい贈り物に施設は歓喜と感謝に包まれ全く蘇生の思ひをしたのであります(5)。

一九四七年からは順次、配分地域が拡張され、その後「日本全国の社会事業収容施設へ各収容人員に応じて継続的に配分され」るようになった。一九四七年一二月からは、「一般の生活困窮者その他収容施設以外のものに対する物資の臨時的配分」が始まり、一九四八年五月からは「全国の国立病院及国立療養所、保育所」に対して配分された(6)。
前掲の「ララの成果」によれば、「ララの救援物資はララ中央委員会で慎重に審議された配分方針に従って、厚生省から全国の都道府県を経て団体または個人に対し公平に、正確に、迅速にそして効果的に無償配分されたのであるが、その実人員数は一四〇〇万人（日本総人口の約一五パーセント）の多数に及」ぶとされる。同誌は「ララの恩恵に浴した者」として、物資配分の対象となった人や施設のリストを挙げているが、それによると、対象は「乳児院、児童施設、保育所、盲ろうあ学校、母子寮、老人施設、国立療養所、保健所、各種病院、らい療養所、里親委託児童、戦災者、引揚者、未亡人、開拓者、一般生活困窮者、学童給食、夜間高等学校生徒、大学寄宿舎、非常災害罹災者」であった。(7)

「ララ物資」の受領と配分は、当初は連合軍最高司令部から日本政府宛てに出された指令によって取り扱われていた。しかし、一九五〇年四月一日からは、この作業はすべて、ララ代表と日本政府（日本国内閣総理大臣吉田茂）との間の契約により取り扱われることになった。この契約に述べられた目的は次のようである。「アジア救済公認団体の救援物資はすべて日本の復興に供するため国籍、宗教、人種または政治的信念によって区別することなく必要に応じ真に救済を必要とするものに対し、公平、有効、迅速かつ適切に無償配分するものとする」。ララ代表は、教会世界奉仕団のG・アーネスト・バット、アメリカ・フレンド派奉仕団のエスター・B・ローズ、カトリック戦時救済奉仕団のハロルド・J・フェルセッカーの三名であり、このララ代表三名を中心に、「各方面の権威者と、厚生省の関係官が加わり」、一二名から成るララ中央委員会が設けられた。その任務は「ララ救援物資の配分方針の決定及び配分計画の審議」であった。日本政府の側では、これまで通り、救援物資の受領から団体または個人への引き渡しまでの「物資の保全、移動、割当及び配給に関して全責任を負ひ、かつこれに必要な経費を負担する」ことになっていた。

こうして送られ、受領されたララ救援物資の効果を日本政府が重視していたことは、次のような言葉に表されている。

この隣人愛の表徴としての「ララ」の贈り物に、嘗ては絶望と窮乏に喘いだ人々は再起し、いずれも「ララ」の国境を越えた人類愛に希望と感謝の日を送っている状況であります。東京、神奈川、京都、大阪をはじめ各地に於いては随時「ララ」感謝大会が開催され、国会では前後三回に亘って「ララ」に対する感謝決議が行われたのであります。「ララ」物資は我が国の社会事業の遂行とその経営面にも非常に役立っており、戦後極度に退廃した国民道義の振興に寄与し物質的にも精神的にも多大の貢献をしているところであります。また天皇、皇后両陛下におかれては特にララ救援物資に御関心を寄せられて居られ国を挙げて「ララ」の御厚意に対し敬意と万腔の謝意とを表明している次第であります。(8)

絶望と窮乏とに喘いでいた多くの人々が、「ララ」救援物資によって、「飢えを凌ぎ、寒さに耐え、病を医し、かくて明日への希望と光明とを与えられた」のである。(9)

参加組織

「ララ」にはアメリカの宗教団体、社会事業団体、労働団体など一三の組織が加盟していた。その主なものとそれぞれの活動状況は、日本政府の記録では次のようである。(10)

教会世界奉仕団(The Church World Service)――プロテスタント諸宗派の教会の合同組織体で、その事務所はニューヨーク市にある。主として、衣料、食糧、医薬品を「ララ」を通じて日本へ送付しているが、その割合は「ララ」救援物資総数量の五五―六〇パーセントになる。「衣料は数千に上る教会が集め、きれいに洗濯し、補修する必要のあるものは修理し、荷造りをして送られる」が、「これ等一切の作業は全部教会員の奉仕で遂行されている」。

アメリカ・フレンズ(フレンド派)奉仕団(The American Friends Service Committee)――フィラデルフィア

に本部があり、ニューヨーク、シアトル、シカゴ、サンフランシスコなど、多数の都市にあるアメリカ・フレンズ奉仕団が受け付けた寄付がここに集められ日本へ送られる。食糧、衣料、原反、種子などの物資は、「ララ」救援物資総数量の二五パーセントになる。

キャソリック（カトリック）戦時救済奉仕団（The Catholic War Relief Service）――本部はニューヨーク市にあり、医薬品、チョコレート、ミルク、原反などの物資の寄付を各地の教会を通じて受け、日本へ送る。「ララ」救援物資総数量の一〇パーセントを寄付している。

その他の参加組織は、ルーテル世界救済団（Lutheran World Relief）、メンノナイト（ママ）中央委員会（Mennonite Central Committee, Akron, Pennsylvania）、カナダ教会会議（Canadian Council of Churches）、アメリカ労働総同盟（AFL）、産業別組合会議（CIO）、ブレズレン奉仕委員会（Brethren Service Committee）、ユニテリアン奉仕委員会（Unitarian Service Committee）、クリスチャン・サイエンス奉仕委員会（Christian Science Service Committee）、アメリカ・ガール・スカウト（Girl Scouts of the United States）、救世軍（Salvation Army）、YMCA、YWCAである。

日系人の「ララ」への関わり

南北アメリカの善意ある人々が前述の一三団体に連絡をとり、寄付した品が「ララ」でとりまとめられ、「ララ物資」として敗戦国日本へ送られてきたのであるが、特筆すべき点は、この「ララ物資」の二割が南北アメリカの日系人の手によって集められたものだということである。(11) 戦争終了直後、「善意あるアメリカ人とカナダ人」は敗戦国への救援物資の発送を始めていたが、それはヨーロッパの難民救済を目指すものであった。これらの人々に日本の窮状に目を向けさせたのは日系人だった。日系人こそが、救援物資が日本にも送られるよう、体制作りを推進したのである。

日系人の救済団体

一九五二年に厚生省が外務省に依頼して行われた調査の結果は外務省資料「米州各国の在留同胞によって結成された救済団体調べ[12]」に詳しく述べられているが、それによると、このララ救済計画に貢献した日系人の救済団体は三六団体あるとされる。これらの日系人組織のなかには、もともとは社交や友好を目的とする団体であって、この機に日本救済の活動を始めたものもあり、日本救済を目的として生まれた団体もあった。主な団体は左記のようである。

日本難民救済会（首都ワシントン）
クリーブランド故国難民救済会（クリーブランド）
日本救済ニューヨーク委員会（ニューヨーク）
日本難民救済会（サンフランシスコ）
シカゴ日系団体聯合主催日本難民救済委員会（シカゴ）
米国西北部日本難民救済会（シアトル）
オンタリオ日本救済委員会（トロント）
日系市民協会（トロント）
ララ日本難民救済委員会（ホノルル）
マウイ日本難民救済委員会（ワイルク）

友愛十字会ハワイ支部（ホノルル）
戦災孤児救済クラブ（ホノルル）
ハワイ同志会（ホノルル）
八紘会（ホノルル）
ブラジル赤十字公認日本戦災同胞救済会（リオデジャネイロ）
沖縄救済会（リオデジャネイロ）

日本政府の側でも、日系人組織が日本救援に立ち上がっていることを、早くから認識していた。一九五一年の報告では、「ララ」の説明として、「民間における宗教団体、社会事業団体、その他労働団体等の一三団体が加盟し、参加人員百万人以上といわれ、この中にはハワイを初め、北南米各地の在留邦人もこれに含まれて」いると述べられている。また、日系人による日本救済団体は、「救援物資発送上の許可を得るためにアメリカ・フレンズ奉仕団に荷送を依頼しており、ハワイの日本救済会で日本へ送るため依頼しただけでも既に三〇万ドル以上に達して」いること、さらに、「東ブラジルの在留邦人の団体からは原反、衣料、布団綿、砂糖等が送られ、在アルゼンチン邦人からは食糧詰め合わせ小包、乾燥肉及び肉類の缶詰、ペルー、チリー、メキシコの各地在留邦人からは毛布その他の物資が送られ」たが、それらはいずれも「ララ」を通じてであったこと、が明記されている。(13)この時点で日本政府が日系人の貢献を認識していたことは明らかであるが、日系人による貢献がどのようになされたかは、左記の事例に具体的に示されている。

ニューヨークでは

ニューヨーク日系人会発行の『紐育便覧』（一九四八・四九年度）によると、のちに国際基督教大学学長となる湯浅八郎などニューヨーク在住の日系人九人が日本救援の準備のための「有志懇談会」開催を呼びかける「回状を発し」たのが、救援活動の始まりとされる。日本が戦艦ミズーリ号上で降伏文書に署名し、太平洋戦争が正式に終わった一九四五年九月二日から三日しか経っていない九月五日のことであった。そして九月一四日に、この呼びかけに応じて、「豪雨であったにも拘らず、約四十名の一、二世が美以教会に参集し、救援団体組織について懇談した」と記録されている。しかし、このような日系人の日本救済の願いはすぐには形にならなかった。戦争は終わったが、「二世は依然として敵国外人」であって、集会も禁止されている状態であり、首都ワシントンに設置されていた救済統制委員会の許可を得ていない募金は銀行が受け付けなかったため、「日本に対し金品の発送も出来ぬ」状態だったのである。したがって、すぐに活動を開始するわけにはいかず、このときは準備委員を選考し、「研究調査を進める」と決定するにとどまった。募金運動を即時開始するよう求める声もあったが、湯浅八郎準備委員は、募金運動が時期尚早であると説き、次のような声明書を発表した。

……日本救援の金品を日本へ送り届けることは一般には今日までは絶対に不可能なのであった。否救援金品の勧誘募集すらも対敵取り引き法に照し違法行為となる恐れがある。検事総長の指示に従ひ此の問題の全権を握る外国救援管理局に問ひ合せた結果、早晩可能となるであらうが、目下のところ対日救援勧誘は不賢明であらうとの……回答に接した。……これを要するに在米同胞としては焦燥感切なるものがあるが残念ながら……依然として救援金品は各自が準備保管待機するより外に方法はないのである。……(14)

こうして、ニューヨークの有志が組織した救援準備委員会は正式許可を与えられるまで待機することになったのである。

しかし、その後、アメリカ政府の方針の変更の可能性が伝えられ始め、準備委員会は一九四六年五月にニューヨーク教会で「在留同胞大会」を開催し「日本救済ニューヨーク委員会（New York Japanese American Committee for Japan Relief)」の設立を提案、大会はこれを可決して、事務所が設置されることになった。この委員会は、会長、副会長、書記、会計から、理事、顧問、常議員、宣伝部長、物品部長まで名を連ねた大きなもので、そこには一世や二世のみならず、日系以外の名も見られる。同年八月には、この日本救済ニューヨーク委員会がニューヨーク州法人組織として許可され、他方、ララを通じて日本への救援物資の輸送が可能となったため、九月に、いよいよ活動を開始し、募金運動に着手した。この年の救援基金は、ニューヨーク教会委員会からの一万ドルの寄付も加え、合計四万八五六八ドル七五セントに上ったと記録されている。(15)

同年一二月末には、この委員会はフィラデルフィアのアメリカ・フレンド派奉仕団と協力して衣類などの募集も開始した。またこの募金運動に貢献するため「ニューヨーク祖国救援演芸会」が組織され、翌年三月には市内で大演芸会を催し、純益五二〇〇ドル以上を上げたと記録されている。その翌年、一九四八年にも同様の演芸会を開催し純益二六〇〇ドル以上を上げた。このころには、個人救援小包の発送が許可されており、二年目以降の救援募金は一年目に比べるとやや少なくなっているが、一九四七年九月までのフレンド派奉仕団の日本救援物資総額は、五六万九七三ドルに達した。現金による寄付は三一万二四九九ドルに上り、その約七割は日系人から募集されたものと伝えられた。報告によると「一九四七年度に於ける日本救済ニューヨーク委員会の拠金は右日系人拠金総額の二割強を占めてい」たとされる。(16)また、この委員会の募金運動が実際に始まったのは一九四六年九月九日と遅いが、日本の難民を救援するとの決議を準備委員会が出したことを「中西部の邦字紙が大々的に取り上げ」たため、「これに刺激されて、アメリカ各地の日系人会に続々と日本救援会が組織され」たといわれる。(17)

カリフォルニアでは

転住所を出た日系人の帰還が始まったばかりのカリフォルニアでも、日本救援の声が上がった。ニューヨークより少し遅れたものの、ロサンジェルスでは一九四五年一〇月二四日、数人の日系人の呼びかけで「南加日本難民救済会」が発足した。サンフランシスコでも同年一一月には「故国救済相談会」が開かれ、翌年一月には「日本難民救済会」が発足した。サンフランシスコの日米タイムス社発行の『帰還復興史』には、転住所から帰還した同胞が、こうした窮状にありながらも、母国救済に起ち上がった経緯が、次のように記されている。

……三ヶ年余の転住所隔離生活から解放されて再び帰還した当時は、太平洋戦争前後であり、各都市は住宅払底その極に達していた。帰還日系人は、文字通り住むに家なく、或いは白人家庭に間借りして住み込み、または教会や会館にホステルを新設してベースメントやホールにシングルベッドをずらりと並べて宿泊するというような避難民の観を呈していた。そうした際に、日本進駐の軍人や新聞特派員によって、日本降伏後の社会状態や、戦災難民の困窮状態が、次から次へと報ぜられて来た。

日本のこのような状況を耳にした、ある日系人は、そのときの心情を次のように述べている。

……今まで自分達は収容所生活で自由を失った隔離生活はしていたとしても、衣食に事欠かしたことはなかった。しかるに故国日本の戦災者は、家を失い職を失いしかもパンをさえ得られないと云うに至っては、同じ血を分けた同胞として、見るに忍びない。なんとかして救済の道はないかと、寄りより救済の話題が持ち上がって、次第にその機運が熟しつつあった。(18)

日系新聞『日米タイムス』の発行者、浅野七之助——彼はのちに「日本難民救済会」の書記となった——が草稿を書いたとされる「日本難民救済会趣意書」では、会の目的が以下のように説明されている。この会を創設した日系人は「日本爆撃地帯の罹災者は、厳寒を前に控へ喰うに食なく着るに衣類なく風露を凌ぐ家屋すら充たされて居ない状態にあり、餓死線上に彷徨する者数知れない」と知り、「実に憐憫に堪えない、じっとしていられない衝動にかられ」、この日本難民救済会を組織したのである。[19]

彼らを動かしたのは、衣食が足りている自分たちの幸運な状況を顧みて、「例へ一食を分かち一日の小遣いを割いても」援助しなければならないという「良心的な義務」の意識であった。「本会は戦火の犠牲となり衣食住に欠乏する日本難民救済の為、寄付金を募集又は衣類を蒐集し適当の方法に於いて日本に送付するを以て目的とす」と謳われている。興味深いことに、このような活動には、戦時中、転住所で受け取った日本からの慰問品に対するお礼の意味もあった。趣意書には、「転住所に於いて故国同胞から慰問品として醤油、味噌、薬品、書籍、娯楽品等贈られた時の感激を思ひ起こす」こと、「あの物資不足の日本から衣食住の保障されて居る」日系人に「与えられたる温情を思ひ起こす時に……欣然として自らの持てるものを難民に分かち与へる気持ちにならざるを得ない」ことが、述べられているのである。[20]

シカゴその他の都市の例

戦前は二〇〇人程度の日系人人口であったシカゴには、アメリカ政府の進めるカリフォルニア州以外の場所への再定住政策によって現地事務所が設置された。政府のこの政策に従って、転住所を出た多数の日系人が移り住み、一九四五年末にはシカゴの日系人人口は二万となっていた。そして日本救援の声も上がってはいたが、統一機関がなく、実際の活動には結びつかないままであった。

それでも一九四六年一〇月には「シカゴ日系団体聯合主催日本難民救済委員会」が発足する。これは、当地にすでにあった日系市民協会シカゴ支部に、六つのキリスト教会、四つの仏教会、カトリック青年会、女子青年会など、一六団体が代表を出して結成されたものである。この会の目的は、「救へ故国難民、示せ同胞愛、苦痛を分けて力の限り」というモットーに示されているが、そのもとに集めた寄付は、一九四七年一月までで一万三〇九〇ドルに達したと記録されている。集めた物品は「一旦米国友愛奉仕団〔アメリカ・フレンド派奉仕団〕倉庫に搬入、そこで日系人は連日梱包作業に従事して故国に送付した」とされている。[21]

キャンプを出た日系人がセロリやトマトの栽培に従事していたユタ州では、戦後すぐ「故国難民救済のためのソルトレイクシティ教会連合」が創設された。三つの団体——仏教会（中山派）、日系キリスト教会、日系英国教会——が、「各宗教団体に数人の代表を出し」てほしいと依頼し、この集まりが「ソルトレイクシティ教会連合」となったのである。そして、この連合の最初の企画として、「故国難民救済のためのソルトレイクシティ教会連合」ができ、各宗教団体は会員から寄付を募った。一九四六年には、この連合が、一六六ドル五〇セントの募金を集め、翌一九四七年には古着を「一〇五箱」、日本に送った。「宗教や信条に関係なく、〔この運動は〕真剣に日系人すべてを巻き込もうとした」と記録されており、ユタ州の日系人は宗教上の境界を越えて日本人を救援することに貢献したのである。コロラド州デンヴァやワシントン州シアトルでも、同様に多様な宗教団体を含む救援活動があった。[22]

フィラデルフィアのアメリカ・フレンド派奉仕団発表の「一九四七年四月現在のアメリカ各地日系人社会よりの日本救援寄付額」によると、総額一一万七四〇三ドル七六セントのうち、ニュージャージー州シーブルック農園からの寄付が五七八一ドルに上っていることがわかる。[23]ここは、戦時中の強制立ち退きのあと、多くの日系人の再定住先となった場所であるが、転住所から移り住んだばかりで新しい環境に定着しようと奮闘していたこの時期に、この地でこれだけの寄付が集まったことは驚くべきである。

ハワイの例

日系人人口が大きいハワイでは、いくつかの救済団体ができた。もっとも初期にでき、規模も最大であったのはホノルルの「ララ日本難民救済委員会」であった。これは一九四六年一一月にギルバート・ボールズ博士らによって創設された。この組織は、創設から一カ月しかたたない一二月一三日から一八日までの間に、衣服とミルクを含む九三六三ポンドの物資を日本に送った。この物資は一六万一一四九ドル七二セントに値した。一九四八年には衣類、薬品、しょうゆ、みそ、靴など、六七七八ポンド（価格にして九万四〇五〇ドル四三セント）を送った。日本政府の記録によると、救援物資の多くは東京にあるララ司令室が受け取った。一九四九年には衣類、靴など三二四九ポンド（七万八八八一ドル相当）、一九五〇年には衣類、靴、昆布、しょうゆなど三七七七ポンド（八万九九二三ドル相当）を受け取っている。しょうゆ、みそ、昆布といった日本料理に欠かすことのできない食材がハワイから日本へ送られてきていることは興味深い。

ホノルルのこの委員会の活動に対応して、「ララ日本難民救済委員会」マウイ支部も一九四六年一一月にマウイで活動を始めた。一九四七年には、この会は「強力になり、日系の宗教団体の間の協力活動組織として再組織」され、「マウイ日本難民救済委員会」と名称を変えた。この組織のなかで活発に活動した主な集団は、ワイルク浄土院、ワイルク本願寺、ワイルク真言宗寺であった。この団体は、戦後の六年間に一八一〇箱分（推定一八万一〇〇〇ポンド）の救援物資を日本に送ったと記録されている。

ハワイでは、日本の難民一般を支援する目的をもった組織に加え、さらに特定の目的を掲げた団体が、それぞれ活発に活動した。傷痍軍人を支援しようとした「友愛十字会ハワイ支部」（ホノルル）や戦災孤児を助ける目的で作られた「戦災孤児救済クラブ」（ホノルル）などが、その例である。[24]

オンタリオ州（カナダ）の例

日本救済活動はアメリカ各地にとどまらず、カナダでもみられた。カナダの日系人もアメリカの例と同様に戦時中収容されていた「内陸収容所」（アメリカで転住所と呼ばれたものに匹敵する）を出て、「ロッキーの東へ」のスローガンに従い東部へ向かった。その主な目的地の一つであるオンタリオ州トロントでの例は次のようである。トロントでは「オンタリオ日本救済委員会」が設置された。本部はカナダ合同教会におかれ、代表者はJ・レイレル・スミス牧師であった。実際に救援活動を開始したのは、合同教会牧師のフローレンス・バードと英国国教会牧師のグレース・タッカーの二人の女性であり、この二人が、日本の窮状を知り、とくにカナダの日系人の間で宣教活動をしている仲間の牧師に救済への協力を呼びかけたのである。一九四六年一一月一九日に会合が開かれ、その場で一二人の委員による「オンタリオ日本救済委員会」の設置が決まった。

この委員会の活動は一九四八年まで続くが、その間に日本に向けて二万ドルと六〇〇万ポンドの衣類が隣国アメリカにある「ララ」を通じ「ララ救援物資」として発送された。日本政府の記録によると、現金も衣料も、寄付の半分はトロントの日系人からであった。この衣料は主として古着であったが、集められた古着を洗濯し繕って梱包したのは、日系人女性のボランティアであった。彼女らが梱包した古着は一三〇ポンド入りの箱で五五個あったという。この委員会は一九四八年に解散したが、その後、カナダの五つの宗派の教会がそれぞれに救援活動に従事した。そして、日系市民協会（JCCA）が、そのあとを引き継ぎ、日系人の家庭を一軒一軒訪問して、お金や古着などの寄付を集めた。日系市民協会が活動を始めた翌年、一九四九年の記録では、現金は五三六四ドル集まり、それによって一万三二〇〇ポンドの粉ミルクを購入して日本に送った。トロントの活動は、その地域にとどまらず、一九五〇年に集めた寄付金四〇一三ドルのうち三八一八ドルはアルバータの日系市民協会の働きによるものであった。(25)

ブラジルでは

ブラジルでは、日系人による救援活動は一九四六年半ばに始まった。リオデジャネイロとサンパウロの日系人の間で「〔自分たちの〕祖国の回復のために、何が何でもブラジルから援助を送り」たいという「燃えるような願い」を起こさせた要因は二つあった。一つは、ブラジルと日本の間の通信が復活して「故国の悲惨な状況」がわかったこと、もう一つは、ブラジルのドイツ人がドイツへの救援活動を始めたことである。日系人だけで独立して行動することは難しかったので、彼らはドイツ人の例にならい、赤十字の正式の承認を得ることにした。そして、日本の戦争犠牲者救援のために赤十字が認めた唯一の組織である「ララ」と日系人が繋がった。ブラジルの日系人の活動としては、「現金の寄付を集めること、バザー、音楽会、ダンスパーティ、福引きといった催し物をして寄付を募ること、そして、これは主として女性の集団の仕事であったが、古着を集めること」があった。その結果、粉ミルク、スパゲッティ、砂糖、古着、ふとん用の綿、文房具、タオル、フランネル、綿布などを含む物資三〇万ドル（アメリカ・ドル）分が「ララ」に送られた。(26)

救済団体についての報告とともに日本の外務省に送られた『パウリスタ新聞記録』にみられる記事は、一九五〇年にこの団体が「歴史的な解散」をしたと報じている。日本に救援物資を送ることは日本が実際に敗北したことを認めることでもあった――これはつまり、いくらかの日系ブラジル人にとっては「歴史的」なことだったのである。この団体の活動は、日本に貴重な援助を提供することに加え、日本の敗北を認めない、いわゆる「勝ち組」に、敗北を事実として認めさせる試みとしても重要だったわけである。この敗北を認めさせようとする動きは「勝ち組」の敵意をかき立てていた。「人びとは、後になって、彼らが救援活動を受け入れ、活動に参加したか否かによって区別されたといっても誇張ではなかった」。大半の日系人がいまだに日本の敗北を認めようとしない居住地で、「救援活動に参加することは、日本の敗北を認めた少数派のなかで力と統合の源となった」のである。また、「ブラジル赤十字公認日本戦災同胞救援会」は日本人がブラジルに移住して以来四〇年間にできた日系コロニアの組織の中で最大のものであった。ブラジルにはそれまで日系人をまとめる組織がなかったことを考えると、この団体は、たとえ「祖国を救済するという非常に特殊な目的(27)」をもって作られたとしても、きわめて重要である。

「ララ」を通じての日本への救援物資だけでなく、個人として日本に住む友人や親戚にアメリカやカナダから慰問品を送った日系人も数多い。筆者が数年前にインタビューをした一世の女性の多くは、慰問品を送ったことを想い出して語ってくれた。カリフォルニアに住む一人の女性の例では、日本にいる彼女の親戚は、いまも、「この子は「アメリカの叔母さん」の粉ミルクのおかげで育ったんです」という表現で彼女への感謝の気持ちを表している。(28) また、別の女性の場合は、まだキャンプからの仮出所でユタ州にとどまって農業に従事していた一九四六年、ようやく日本に小包が送れるようになるやいなや、日本の親戚宛てに小包を作り始めた。箱の大きさは制限されていたが、「慰問品を故国へアメリカ内地の送料で送れる許可が出」た。彼女は次のように説明してくれた。「子どもたちに学校の帰りにマーケットの裏に捨ててある空き箱をもらって来るように頼んで、せっせと運んでもらいましたよ。砂糖はリミットなので家にも少ないので、自分たちの朝のコーヒー、ココア、また煮物等に使う砂糖をティー・スプーン一杯ずつ少なく使って、それをビンに貯めておき、マッチの空き箱に入れて送りました」。月に二回受ける失業保険金の一回分、約二一ドルを親類三家族に送ることにしていたので、一家に七ドル程度の贈り物だったと彼女は振り返る。受け取った親類の喜びを知ることも彼女の励みだったようである。親類がそれぞれに、「アメリカの叔母さんへ喜びの手紙」を送ってきたことを彼女は誇らしげに語った。(29)

「ララ」や個人の郵便小包に加えて、日本に駐留していた日系人が日本人を援助した例もあった。たとえば、戦後すぐ、情報員として佐世保に駐留していたハワイ生まれの二世は、近所の子どもたちと親しくなり、彼らが「栄養状態が悪く、年の割に小さい」ことを知った。そのような状況を、彼はこう回想している。彼が持っていたお菓子などを子どもたちに与えると、子どもたちは喜び、彼に「お返し」をしようとした。ある少年は海岸でみつけた真珠を彼のところに持ってきた。別の少年は母親が彼の洗濯をしてあげると言っている、と伝えた。このような子どもとの交流は、彼が佐世保にいた一ヵ月間続いた。彼は、佐世保を離れる前に、この少年に軍隊が供給する冬の毛布を与えたが、後で、その少年は、母親がその毛布で作ったミトンを彼にみせてくれたのである。(30)

同じく情報員として日本に滞在した、もう一人のハワイ生まれの二世は、すでにハワイから戻っていた両親を訪ね、両親が「みすぼらしい家に住み、極貧の生活をしてい」るのを知った。彼は、その家を修理するようにと、母親に自分の貯金を渡そうとした。母親は、そのような特別扱いは受けられないと言い張り、「そのお金は日本の人びと、みんなのために役立てなさい」と言った。後に彼は舞鶴に駐留したが、そこで、彼は友人とともに、舞鶴に桜の木を植える計画を進めた。その理由は、彼の説明によると、彼が初めて日本に到着したときに見た焼け野原の美しい桜がいかに印象的だったか忘れられないから、ということであった。その後五〇年が過ぎたいま、その桜の木は「アロハの木」と呼ばれ、ハワイと日本の友情の証とされている。(31)

アメリカやカナダの日系人、とくに多くの二世は、日系であることが恥あるいは罪であるかのように思い、自分が日系人であることを示すもの、あるいは周囲の人々に自分が日系であることをわからせるものから自分を切り離そうとしたと一般にはいわれるが、自分たちの状況よりも日本にいる日本人の窮状を心配した日系人もいたのである。これらの人びとは、自分たちが同胞とみなす人びとを助けるために日系であることを隠さず行動した。彼らは日本人を援助する方法を探し、それが「ララ」を通じて可能であることを知った。自分たちがアメリカやカナダの市民でありながら敵性外国人とみなされて家を追われ転住所に収容されるという経験をしてからほとんど時を経ずして、このような行動をとったのである。「日本救済ニューヨーク委員会」の準備委員会のメンバー二〇人の中には二世も含まれていた。このことは、二世の多数が日本との絆をスティグマと感じ、それを絶とうとしていたといわれる一方で、自らの出自を強く意識して、自分の親の国である日本のために何かしなければならないと考えていた二世もいたことを示している。日本にいる親戚に個人的に小包を送った人びとの動機は、集団としての日本人のためというよりは、個人的なものであったろう。しかしながら、「ララ」の活動は、個人的な動機と日本人全体に対する同情とを一つにしたものであった。もちろん、このような救援活動に関わった二世にとって、唯一の動機が日本との絆であったと論じることはできない。日本をどのように意識しようとも、日本人の困窮を知って人道的な立場から援助の手を差し伸べようと決断する可能性は大いにあった。しかし、人道的な立場からの援助には賛成しながら、日本との関係を知られることを避けるため、ヨーロッパへの救援には貢献しても、日本に対しての救援活動には関わらないという道を選ぶこともできたのである。「太平洋戦争は、直接の敵国となったアメリカはもちろん、北米、中南米と米州全土の日系人に計り知れない困苦をもたらした。その日系人たちの戦後五十年の出発点は、ララを通じての、太平洋の彼方にある母国日本の困窮への救いの手であった」(32)との表現も誇張ではないかもしれない。

この分野の研究はまだ十分なされていない。外務省の記録には、北米における活動がラテンアメリカの同様の計画のきっかけとなったと述べられているが、ラテンアメリカの日系人の救済団体が協力したことを裏付けるものはない。加えて、日系人のグローバルな活動のより正確な姿を描くには、北米と南米の救援活動の間にどのような関係があったかを調査する必要がある。さらに、以上のような救援活動と並んで、情報員として日本に駐留した日系人の認識や救援活動についても研究する必要があるだろう。

注

（1） たとえば、Stephen S. Fugita & David J. O'Brien, *Japanese American Ethnicity: The Persistence of Community*（Univ. of Washington Press, 1991）を参照。

(2) Arthur A. Hansen & Betty E. Mitson, eds., *Voices Long Silent: An Oral Inquiry into the Japanese American Evacuation* (Japanese American Project, California State University, Fullerton, Oral History Program, 1974), 4.
(3) 外務省資料「GHQに対する社会救済報告雑集」㈠社会救済関係（一九四五―四六年）。
(4) 外務省資料「ララ（アジア救済連盟）関係雑集」（一九四五―五一年）。
(5) 厚生省社会局「ララ救援物資について」（一九五一年一月）、一〇頁。
(6) 同右、一一頁。
(7) 同右、四頁。
(8) 同右、一二頁。
(9) 厚生省「ララの成果」（一九五二年）、七頁。
(10) 外務省資料「ララ（アジア救済連盟）関係雑集」（前掲）。
(11) 外務省資料「戦後南北米の同胞によって結成された救済団体の調査に関する件」（一九五二年）。厚生省「ララ記念誌」。
(12) 外務省資料「米州各国の在留同胞によって結成された救済団体調べ」（一九五二年）。
(13) 厚生省社会局「ララ救援物資について」（一九五一年一月）、三頁。
(14) ニューヨーク日本人会編『紐育便覧』（一九四八・四九年度版）、五一―五二頁。「故国救援」『北米新報』一九四五年一二月八日付。「日本救援について」『北米新報』一九四六年三月一〇日付。
(15) 『紐育便覧』（一九四八・四九年度版）、五三頁。
(16) 同右、五五頁。
(17) 海外日系新聞協会編『季刊　海外日系人』三六（一九九五年五月）、八頁。
(18) 厚生省「ララ記念誌」（前掲）。
(19) 外務省資料「戦後南北米の同胞によって結成された救済団体の調査に関する件」（一九五二年）。
(20) 同右。
(21) 外務省資料「米州各国の在留同胞によって結成された救済団体調べ」（一九五二年）。
(22) 同右。

(23) 同右。
(24) 同右。
(25) 同右。
(26) 同右。
(27) 同右。
(28) 筆者のインタビューより。
(29) 筆者のインタビューより。
(30) Hawaii Nikkei History Editorial Board, comp., *Japanese Eyes American Heart: Personal Reflections of Hawaii's World War II Nisei Soldiers* (Honolulu: Tendai Educational Foundation, 1998), 184-85.
(31) 同右、三一一―一四頁。
(32) 海外日系新聞協会編、前掲書、八頁。

追記

本論文完成後に出版された、多々良紀夫『救援物資は太平洋をこえて――戦後日本とララの活動』(保健福祉広報協会、一九九九年)は、主としてアメリカのフレンド派奉仕団歴史資料室の資料を用いてララの活動を詳述している。

第5章　ペルーの日系人アイデンティティの形成に関する一考察
——一世と二世の場合

ラウル・アラキ
（村川庸子訳）

リマの日系人社会の中核に初めて触れた人なら誰でも、結合力と組織と諸制度に不可欠な基本的施設——学校や競技場、親睦のためのスポーツクラブ、金融組織や新聞社を含む——がこの社会で容易に目につく水準に達していることにきっと驚くだろう。文化会館も、約五〇ものさまざまな社会組織を統括する中心的な組織の一部である。[1] これらの組織の多くが、明確に日本や日本の文化との一体感を示している。しかしながら、これは、ペルーの日系人という、この国の大部分で重要な位置を占める一民族集団が形成する巨大なモザイクのごく一部にすぎない。日系人の一部にとっては、日本の習慣を保持することがあまり意味をもたない場合もある。[2] いくつかの点で、日本人とその子孫たちはかなり同質性の高い集団であると言えるが、出身地域や経済的資源による集団内の差異は移住の当初から明らかであった。[3] このような格差は、置かれた状況ごとに異なる社会経済的発展の過程や、適応、文化的混淆、人種的同化に関する戦略の違いによってますます拡大されるのである。

このような社会・経済的格差の拡大は、一方では日本文化の保持と、他方では新しい社会への同化の間で進行している葛藤に影響を与えている。要するに、これによりペルー日系人社会のセクター間の差はさらに拡大されるのである。同時に日系人はその出自に対するプライドや、彼らの特徴にもなってきた、ヒスパニック文化に触れる前に持っていた文化、すなわち日本文化に対する高い評価で結びついている。それは、ペルーでの地域ごとに異なる文化が彼らの生活に反映されているのとまさに同じである。彼らのプライドやアイデンティティの一部は、日本人としての出自に対するプライドに基づくものである。個々の人生はさまざまな発展の経過を辿ってきたが、それもみなで共有する歴史的経験を含む、ある枠組みの中でのことであった。この歴史的経験には、日系社会の進化と変容、現在もペルーにおいて続いている日系人アイデンティティの形成過程を決定づける鍵となる出来事も含まれている。それは広く知られた英雄の登場しない歴史である。真の英雄は自らを犠牲にして各々の家族やコミュニティを強固なものにしてきた祖父母たちである。われわれの歴史は彼らから始まるのである。

闘いと戦略と日系社会の形成

一八九九年四月三日、日本人移民の第一陣がペルーに到着した。彼らは海岸地帯の砂糖プランテーション（大農園）での労働契約を交わしていた。一九二三年までに八一隻の移民の渡航がこれに続いた。[4] この期間に先立つ、一八九八年九月にはペルー大統領令で日本人移民労働者の入国が正式に認められ、一八九八年一〇月には森岡移民会社がペルーを移住業務担当地域に加える許可を得ていた。[5] 移住した日本人の動機は自国でよりも高い収入が得られることであった。何がしかの金を蓄え、数年後には日本に帰りたいと考えていた者も多かった。夫婦の移住が奨励されたにもかかわらず、これらの集団では日本移民女性の占める比率が少なく、全体の一二パーセントにも及ばなかった理由の一つがこれであった。[6] 大農園に来て初めて、そこでは公然と契約違反が行われているばかりでなく、過酷な管理方法や劣悪な労働条件を特徴とする植民地型の支配関係に縛られていることに気づいた。[7] 彼らは大農園を逃れて、より収入の多い職に就く方法を模索し始めた。酷い仕打ちに抗議を重ねた結果、処罰されたり解雇された他の労働者と共闘してストライキをしかけ、最後には多くの人びとが大農園から逃げ出した。移民たちはよりよい労働条件やよりよい給料が得られる場所に関する情報交換を始め、新しい移民が進路を決定するためにどの道を辿るべきかを示した小さな地図を作成する者さえあった(8)。

まもなく、多くの移民たちが都市部に移り始め、街頭の行商人になったり、当初の資本金があまりかからない食料品販売や理髪業などの商売を始めた(9)。中国人と競って大農園の食料雑貨店を開く者もあったが、海岸地帯から内陸部に移り住み、小さな農地を借りて綿花や野菜の栽培をする移民もあった(10)。大農園を逃れ、地理的に移動し、何らかの事業を起こすという一連の動きは、性急に、ほとんど同時進行的に行われた。一九三〇年代の半ばまでは、大農園には有給の日本人労働者も依然として残っていたが、大多数の移民は短期間で何とか就職先を変えていた(11)。一九〇七年に第四陣の契約移民団が到着した時には、すでにリマに二五軒の日本人の理髪店があり、経営者たちがリマ理髪協会を設立していた(12)。

一八九九年から一九二三年に到着した移民のうち一パーセントは契約によらない移民であった。これらの移民のうち多くは、すでにペルーに住んでいた友人や親戚に「呼び寄せ」られた(13)。一定の経済的な余裕ができると、写真交換を経て日本から花嫁を呼び寄せる移民もあった(写真結婚)(14)。一九二三年一一月、大農園の契約移民は止められたが、すでに移住していた人びとの家族の移住は慣行により認められていたために、移住の流れは続いた。一九二四年から一九三〇年の間に七九三三名の新たな日本人移民がペルーに入国している。一般に、この新たな移民が入国を決意したのは、同じ村や町、同じ県の出身者からの呼び寄せが動機となっていた。到着したばかりの人びとが、未知の言語をなんとか最低限度マスターすることを含め、いろいろと学ばなければならない時期には、多くの人びとが、必ずしも金銭面ではそれほどでもないが、実質的な援助の手を差し伸べている。それによって他の家族は商売を広げることができた。温情主義的で馴染みのある環境で働きつつ、すでに定着していた人びとは、若い労働者のために日本から妻の呼び寄せをたやすくしてやったり、彼らが自立するのに必要な支援をした。後には、新来者が商売を始める手助けをしたし、日本に戻る人びとは、新来者に商売を譲ることもあった(15)。同じ県出身の移民の親近感と団結は、移住の初期の数十年間はとても強かった。たとえば、八一歳の二世であるタカオ氏は、山口県出身者の相互扶助に関する多くの情報をわれわれに与えてくれた。

一九二四年までに日本人はペルーの一三州に定着していた。このように一見、広域に散らばっていたように見えるが、日本人は一定地域、通常は商業活動の活発な主要都市や商業都市近郊の重要な農業地域などに集住する傾向があった。組織化の能力を大いに発揮して、発展の戦略の一部として、また福利を求めて、数え切れないくらい多くの組織を結成していった。日本の出身地の県人意識を基盤とした多くの商業組合（県人会）や、当時すでに強い帰属感を育てることができていたペルー国内の居住地域を基盤とする他のさまざまな組合が作られた。日本人とその子孫たちは定着した土地に深く根を下ろした。今日でさえ、リマ以外の土地で生まれ、暮らしたことのある者は、共通の強い地域意識を持っている。(16) リマ以外の土地に定着した日本人移民は、その土地の人びとより深い紐帯を築き、順調に文化的に同化してきたと言っても差し支えない。このような状況では異人種間結婚もより頻繁に行われる。これらの日系人は、第二次世界大戦中に農村部の人たちがリマの住人ほど日系人に敵対的でなかったのはそのためだと信じている。

やがて、日本人移民たちのペルーでの滞在が長期化し始める。一般のペルー人の側でも、定期的に彼らの理髪店を訪れたり、日本食のレストランの調味料や食材が、わずかずつではあるが着実に変化していくのを受け入れていくのに伴って、都市の景観の中で日系人を見かけることにも慣れ始めていた。大農園では、日系人の食糧雑貨店が、労働者が毎日の労働の後で集まって雑談したり飲んだりする場になっていた。同じことがリマやカリャオの街角の飲み屋でも起きていた。このような地元との最初の紐帯ができ始めたずっと後のことではあるが、デグレゴリが一九九〇年の大統領選挙について次のように書いている。

バサードレなら差し詰め歴史の偶然とでも呼んだであろうが、ペルーの歴史は波瀾に富んでいる。そんな中でフジモリは、街角の「中国人」の意味を彼らしく変えながら、ペルー社会で阻害された先住民族と混血した人びとをも体現する存在となった。今回の大統領選挙の結果で明らかとなったことがあるとすれば、それは、アンデス山脈からであれ、海岸地帯からであれ、この国の階層化されたエスニックな関係の中で二世や先住民族の血を引く人びとがいかにして自らを認識するか、そのぎりぎりのところで、俗物的な点でクレオールよりもポピュリスト的なイメージに近いということを知ったということである(17)。

この期間に日系人は、なんとか次第に新しい地域に定着し、資力を拡大していくが、それにつれて、自分の居場所と周囲から認められたいという気持ちに影響する限りにおいて、国家の出来事や問題に関わっていくようになっていた。一九三〇年代以前に生まれた一世や二世に対する多くの面接調査の中、私は、ペルーの地理や歴史を他にはあまり例を見ないくらい理解できるようになった人びとに出会った。なかには、まだ都市の規模や住民の数がかなり小さかった時代に、この国の歴史的人物と個人的な関係を持っていた人さえいるのである。

日本人移民は通常、集団全体の権利や権利を擁護することを目的とした主要な組織をつくっていた。これらの一つが日本人協会で、一九一二年に設立され、率先してコミュニティのための新聞を発行した。一九一三年、南米初の邦字紙『アンデス時報』がペルーで流布し始めた(18)。ペルーの日系社会や日本での出来事や問題に対する移民たちの関心はつねに高かった。一九一一年、『自立』という活版印刷の新聞が配布され、理髪店で読まれていた。一九二一年、もう一つの新聞『日秘新報』が登場、後に『ペルー日々』が現れ、日系社会の関心がさまざまに別れていることを示した。この三つの新聞が一九二九年に『リマ日報』という名前で統合された。

在外の外交官を通じて、日本政府はつねに日系社会の組織に強い関心を示していた。一九一五年、日本人会の一連の内紛により、一つのグループが会を離脱して自前の組織、「ペルー日本人会」を結成した。分裂の原因の一つは社会経済的な格差であった。この対立が公になったことを心配した領事館の支援を受けて、一九一七年に他の二つの組織が解体され、「中央日本人会」が結成された(19)。

内部の社会経済的な格差は拡大していったが、それでも日系社会の人びとの経済活動は発展を続けた[20]。辿った道は実にさまざまであったが、すべての日系人がよりよい生活を模索していた。移住地に来て以来、ほとんどの移民がつねに周囲に認められることと自分の居場所を得ることを求めて闘い続け、すでに人生の大半をペルーで費やしていた。これらの移民にとっては、子供の教育がもっとも優先すべき課題となった。一九〇八年、日本人女性の第一陣が到着した五年後には、サンタバーバラ大農園に、前年に創られていた仏教会の場所を使って、日本人学校が開設された。

かなりの数の日本人が集まれば必ず、子供たちのための学校が創られた。さらに経済的に余裕のある者は、たいてい子供たちを日本に送り、一般には親戚の家に預けて教育を受けさせた。一九一四年、『アンデス時報』は家族から引き離される子供たちが引き起こす問題に懸念を表明し、勉強のために日本に送られる子供の数を減らすために地元に学校を設立することを勧めた。六年後、リマ日光学校が創立された[21]。よりよい生活を求めてほんの一時期だけペルーに滞在するという日本人移民の当初の目的は、強い次世代を育てる闘いへと変化しつつあった。

アイデンティティを強化するエスニック上の対立

ペルーは社会、文化、人種、階級などの点で複雑な国家である。高度に階層化され、また矛盾に満ちていて、権力や富、社会的地位を入手できる可能性は実に様々である。メスティーソの国であり、今日でも白人、あるいはより皮膚の色の薄い者に、より大きな特権が与えられている。共和国建国の初期から一九三〇年代まで、すべての政権が移民の導入を努力目標としていた。最初は農業部門の、グアノと呼ばれる堆積した海鳥の糞の収穫や、鉄道建設の労働力不足という根源的な問題を解決するために、ヨーロッパ系の移民を導入することが目指された[22]。

しかし、ペルー政府の努力や希望に反して、ヨーロッパ系の移民はほとんど来なかった。実際には、ほとんどの移民がアジアからやって来た。一八四九年から一八七四年の間に約一〇万の中国人が入国している。彼らに向けられた偏見は日本人移民に対するそれへとつながることになる。一九一八年に日刊紙『ラ・クロニカ』に発表された中国人、日本人の経済活動に反対する記事は、当時の人種主義的態度を例示している(23)。

一九三〇年代、世界恐慌と独裁政権崩壊後の大量失業など経済危機という枠組みの中で、ペルーの失業と、新たな政府の指導とある党派の力を反映して、日本人とその子孫に対する差別を助長するような一連の示威行為が起こった(24)。日系人は経済的成功を収めていたために、周囲からの敵意にさらされることとなった。さらに、あるパワーエリートと結びついた一新聞が民衆の目を現実の国家の問題からそらせるために、日系人に関する誤った噂を故意に広げ始めた。

このような動きは比較的成功した。日本人全般に対する排外的、人種主義的な態度を示す意見が活字化されたことばかりでなく、ペルーの日系人のある地域への集中と、日本が誇示していた軍国主義への不評とが相俟って、周囲の拒否や敵対的な行為を助長した。この反日キャンペーンにはいくつかの勢力があったらしい。その中には完全に利害を異にする勢力も含まれていた。政府は労働組合やペルー人実業家の要求に応じる形で練り上げられた、直接日本人に影響を与える法令を発布した（一九三二年八割制法令）。ペルーの伝統的支配層はこの機に乗じて、「白人ヨーロッパ移民」が必要だという考えを再び推進した。より大衆性を重視し、反帝国主義的イデオロギーを持つ野党の支持勢力は、日本人を攻撃することが自分たちの主義に対する賛同者を得る一つの方法であると信じた。事実、多くの攻撃では、日本人移民は日本の軍事的・経済的侵略に対する批難の矢面に立ったのである。

一九三四年、ペルー政府は日本との国際的相互条約を無視した。一九三四年から一九三七年にかけて日刊紙『ラ・プレンサ』は「日本の侵入」と題するキャンペーンを繰り広げた。アキオ・バンノはコミュニティ新聞である『リマ日報』でこれに反対する論陣を張ったが、日本語で読まれるだけなのでほとんど効果を発揮することはなかった。日系人はペルー社会から脅かされたが、それは国の経済情勢に対す鬱憤をはらすものであった。さまざまな制限や反日的な事件が続いたので、日系社会にも不満が広がった。日本の外交官の無策が責められた。中央日本人会の執行部にも反目があり、代表者たちの辞任につながった。沖縄出身の日系ペルー人も二つの団体に分裂した[25]。

一九四〇年五月一三日、反日デモへの参加を呼びかけるビラが撒かれたが、それはまた日系人がこの国を乗っ取ろうとしているというデマを広めた。リマやカリャオに住む一世や二世にとって恐らくもっとも恐ろしい記憶になるが、そのデモは日本人に対する襲撃や日系人の財産の強奪へと変質していった[26]。すべての財産を失った五〇〇名以上の人びとがリマ日光学園に避難した。これらの出来事は、その地域の移民と家族に心理的な傷跡を残した。だが、多くの日系人が近隣の人びとや友人から支援され、守られてもいたという事実は特筆に価する。隣人が、彼らの家屋敷や商店の強奪を防ぐ緊急的な手立てを講じてくれたお陰で、財産を失わずにすんだ日系人家族は多かったのである。

五月二四日、激しい地震がリマを襲った。大衆性を重視する人びとは、それが数日来起きていた暴力事件に対する天罰だと考えた。一人の日本人移民が次のように語っている。「私の家の隣に住んでいて、一晩中日本人の財産を略奪した家族は、地震の後、この近隣を出て行かなければならなかったんです。すべての人が彼らを悪く言い、責めたのです。地震が起きたのは彼らのせいだ、天罰だとまで言われたのです。結局、彼らは引っ越してどこか他の所に住むことになりました[27]」。自然の営みそのものが、民間信仰と結びついて、何とか町の暴力を鎮めることはできた。しかし、日本人を攻撃する記事はずっと発表されていた。

アメリカ合衆国は歴代の多くのペルー政府に大きな影響を及ぼしてきていた。日本が第二次世界大戦に参戦すると、ペルーの日本人とその子孫たちはふたたび酷い脅迫的な仕打ちを受けることになった。一九四一年の真珠湾攻撃後、銀行は国内の日本人の資産を凍結した。後に、政府は日本人経営の商店を没収し、日本人学校を閉鎖した。結局二一一八名の日本人と二世ペルー市民が国外退去となった。アメリカの強制収容所に連行された者もあった[28]。後に連合国側の捕虜との交換要員にされることになっていた者もあった。この時代は「帰らざる日々」とも呼ばれる喪失の時代の始まりを画するものであった。すなわち、この時期、移民たちは日本への錦衣帰国の夢を捨てたのである。

多くの日系ペルー人は、それでなくてさえペルーに永住することを決めていた。われわれはペルーでの滞在が長びく言い訳とも思われる言葉をいくつも聞いた。「ペルーの気候が気に入っているんです。ここには何でもあるしね。海も太陽も田舎も。寒すぎず、暑すぎるということもないですしね」、「子供たちができると、日本に戻るのがだんだん難しくなります」、「もう少しこちらで働いて、ずっと貯金をしたいのです」、「子供たちはペルー人ですから」、といった具合である。実は、多くの人が帰国に必要な経済的な成功はかなり果たしていたが、それにもかかわらず、彼らはペルーに留まった。モリモトが述べているように、「その頃には、移住国に下ろした根は一段と深くなっていたので、日本へ戻ることは日系人に自己アイデンティティを獲得、維持させる単なる理想にすぎなくなっていた[29]」。

戦時中は確かに日系人には厳しい歳月であった。耐乏と恐怖の歳月であった。多くの一世が強制送還を恐れて人目を忍んで暮らしていた。指導者の役割は、徐々に一世から子供たちの二世に移譲された。貯蓄や事業を奪われた一世は、生涯を通じて獲得したものをほとんど失った。この厳しい歳月は二世の性格を形成した。快適で平穏な生活を送る可能性は突然消えた。二世は学業を中断しなければならなかったし、移動の自由や集会の自由も失った。家族の生計を助ける収入を得るためにやむを得ず、創意工夫を働かせながら手当たり次第何でも行動に移さなければならなかった。

一九五〇年代から、二世の大多数は大学校群と呼ばれる公立学校で学んでいて、大学に通い始める者も増えていた。それは彼らにとって単に場所や学歴の変化ばかりでなく、生き方に根源的な変化をもたらした。ペルーの二世の大多数が日本語ができないのも一つにはこれが理由となっている。[30] 一九五〇年代の終わり頃から、新たな世代が自らのアイデンティティを求め、再確認しようとしていることを示す証拠も明らかになってきている。二世は学問的、文化的な問題に関与するようになり、国民生活、なかでも政界に従来以上に関与することが必要だという意識が育ち始めている。

この新しく芽生えた意識の一例は、二世の大学生グループによって結成された「一九六四年世代」と呼ばれる組織の出現である。このグループは時の進歩的知識階級とサン・マルコス大学の前にある伝説的なカフェ・パレルモにたむろしていた。[31] グループの設立者の一人が連邦下院議員サミュエル・マツダであった。この時代、庶民の生活には正常な感覚が戻っていた。日本の出身県やペルーでの居住地域に基づくものを含めて、さまざまな伝統的な組織が再結成された。学問的、文化的、社会的、あるいはスポーツなどの目的を持った新たな組織も現れた。そういう組織のうち二つは、太平洋クラブとペルー大学二世協会だ。この頃から、芸術家、美術家、博学な二世の知識階級は、国内的にも国際的にも認められるようになり、またこのコミュニティの新しく積極的な代表となったのである。一九五〇年に創立された日刊紙『ペルー新報』は、日本語のページを減らしつつ、スペイン語のページ数をたえず増やしていった。編集者の一人が述べているように、「購読者数が減少しているとわかったので、スペイン語で出される情報を増やす必要があった」。戦後世代以降のペルーの日系人は、政治、経済、専門、学問、社会、文化的な分野やスポーツ活動などを含む、実に多くの分野で、輝かしい実績を示してきた。ホリエとヤナギダはこの時期について、次のように書いている。

第二次世界大戦後、二世は、彼ら自身の組織を形成し、重要な役割を占めるようになると同時に、日本人としての出自を持つ人間として自活している。その結果として生まれた二つのアイデンティティの間のバランスは、多様で複雑な形で、ペルー文化という集合体を豊かなものにした。これらの多様性と複雑さは結果的に多くの専門家を作り上げた。その中には政治家もいる。現在のペルーの大統領、アルベルト・フジモリもその一人である。(32)

しかし、二世がペルー共和国の大統領選挙に立つことが、日系社会に矛盾する感情を呼び起こしているのは明らかである。一方では、そのために、一世が新たに見出した平穏さが乱され、恐怖感が甦った。多くの人たちが一九四〇年の暴力行為を思い出して恐れた。「もし彼が失敗したら、われわれはみな困ったことになるだろう。世間から責められるだろう」、と一人の二世が語った。この懸念は、主として一九四〇年の略奪を経験したことのある、リマ出身の一世と多くの二世に共通していた。他方では、多くの人びとにとってフジモリの選挙は日系人の重要性と価値が増しているということを人びとが承認したことの象徴であった。われわれが行った面接によると、日系人には少なくとも三つの基本的な態度があり、その中からわれわれは次の三つの類型を作り上げた。

一九三〇年代から四〇年代の人生の危機を思い出したため、フジモリの選挙活動に反対する者がいた。本当に少数ではあったが、ある小さなグループは民主戦線フレデモの候補者マリオ・バルガス・リョサを公然と支持さえした。(33)多くの人がフジモリの選挙活動にいくばくかの不安を感じていたが、表向きにはその不安を見せることはなく、公然と反対することもしなかった。フジモリが日系の社会組織から公的な支持を求めなかったことも、強調しておくべきであろう。多くの戦後の二世がそうであるように、フジモリの個人的、専門的な成長は日系社会の中核ではないところで成し遂げられていた。日系社会の中では、彼は事実上無名であった。(34)コミュニティの中核である人びとの一部がフジモリを支持せず、彼に投票もしなかったとしても、もしも彼が大統領に選ばれれば支持するという一般の合意はあった。フジモリが日系人だからという理由でそう考えた者もあったし、国事における彼の立場からそう考えた者もあった。(35)実際には、少数しか公然と支持をしたがらなかったが、日系人の大多数がバルガス・リョサの党、フレデモに票を投じたようである。よくもらされた理由は、フジモリが明快な政府案を出さなかったこと、経験のある組織化された支持組織を持っていなかったということであった。

日系社会との紐帯を持たない日系ペルー人は、個人的かつ政治的な嗜好に基づく、より個人主義的な態度を示していた。そのため、エスニックな問題はまったく度外視された。たとえば、公立大学の学生では、四月八日に左翼候補に投票したと答えた者もある。ペルー北部海岸出身者で強い地域意識を育てていた面接相手の日系人の中には、その地域に伝統的地盤を持つ政党、APRAに票を投じたと証言した者もいた。

一九九〇年の選挙は二度行われた。第一回は四月八日、第二回は六月一〇日だった。この間、候補者はたった二人に絞られていたが、バルガス・リョサの支持者の一部がフジモリの信頼性やイメージを傷つけるため激しい攻撃を始めた。その中には彼のエスニシティに関する攻撃もあった。アルベルト・フジモリがペルーの政治の最高峰に突然現れたため、バルガス・リョサが公的に拒絶したにもかかわらず、新たな人種主義が爆発した。この人種主義の発露は主としてクレオールに現れた。彼らの多くが民主戦線フレデモのメンバーかシンパであった。「クレオール」とは、デグレゴリ[36]が定義しているように、上流あるいは中流階級の白人か、肌の色の薄いメスティーソを表す言葉で、おもにスペイン系の出自を持つが、一九世紀の終わりにやってきた他のヨーロッパ系移民を含む。この中には純スペイン人の子孫であるクリオールの民衆層、とくにパワーエリート層と一連の行動様式を共有するリマ出身の民衆層が入る。民主戦線フレデモの公式代表エンリケ・チリノス・ソトは「この共和国には第一世代のペルー人を絶対に大統領にはしないという、憲法を超越する歴史的な憲法が存在するのだ」と宣言した。彼はマリオ・バルガス・リョサ(MVII)が完全なペルー人でありスペイン語を母語としているのに対し、フジモリの母語が日本語で、母親がスペイン語を話せないと断言した[37]。彼のこの発言は、文書や口頭で人種主義が次々に露呈している最中になされた。当時、若干の中国系・日系ペルー市民に対する暴力沙汰さえ起きていた。だが、この種の発言は、社会的に目立つ存在であり、賞賛されるべき最大二集団の内の一集団、ケチュア族とスペイン系ペルー人の混血を含む、民族的に入り混じったペルーの社会構成を無視するものだった。多くの一般のペルー人も母親の世代はスペイン語を使うことができなかった。フジモリはこのエスニシティに対する攻撃を逆手にとって、「小さな白人層対中国人・先住ペルー人」というスローガンを繰り返して多くの票を獲得した。このような発言のために、彼もまた人種主義を助長したとして批判されたのだが。

この共和国の大統領としてフジモリの選出が可能になったことには、多くの要素が働いていた。[38] そういう要素の一つは、バルガス・リョサ率いる民主戦線フレデモの一角をなす右派政党が関わっていた、伝統的な白人寡頭支配体制に対する反対票だった。面接の際、アンデス系のセールスマンは次のように語った。「フジモリに投票するつもりです。急に悪い結果になるかもしれないけれど、僕は希望を叶えるつもりです」。

他の多くの要素の中のもう一つは、日系社会の特質とされる価値観――近代日本と結びつく名誉・勤労・他の徳目など――が社会に受け入れられたことである。フジモリは「技術、正直、勤労」という選挙戦のテーマの中で、これらの価値観を強調した。これが受け入れられたのは、先住民族が日系人というものを曖昧に認識していたためである。一方では、彼らは日系人の持つこれらの価値観と関連づけて、貧しい層の出身であるとか、移民の子供であるとか、強い労働倫理を持っている、差別の対象となっているなど、自分たちとの多くの共通点を認識していた。他方、彼らは日系人を中国人あるいは日本人と認識し続けていた。現に、彼らは、日系人を環太平洋地域のアジアの虎と結びつけたり、より新しいイメージである、偉大な経済力を達成した、高度に技術化された国家である現代日本と結びつけたりしていた。[39] 一般の有権者は、フジモリが尊敬すべき国、日本との紐帯を持っていたこと、[40] ペルーの世論がそれを望んでいたこと、またほとんど例外なく二世が通常国政に関わらなかったことにより、彼を支援したのである。

結論

ペルーにおける一〇〇年の歴史の中で、日系人は闘い続け、多くの社会的、政治的、経済的戦略を発達させ、それによって社会的な地位を向上させ、文化的にこの国家に同化することができた。移住当初の何十年間かは、母国での出身県人意識とペルーでの地域意識が不可欠であった。仕事や日常的な接触の中で日系人をペルー人として確立させた関係で、彼らが一般大衆の想像力の中で占める位置を一部説明することができる。経済的、政治的競争の結果生じたエスニシティ対立や、歴史を通じて、特に一九三〇年から四〇年にかけて直面してきた差別は、結果的には日系人としてのアイデンティティの強化につながったのである。

原注

（1） 日系組織の数は一九九〇年四月一四日のペルー日系人協会のプレス・レリースと一九九〇年五月五日付の日刊紙『オイ（Hoy）』（リマ）に拠る。
（2） Augusto Higa, "El rostro de los descendientes〔子孫たちの顔〕," *Prensa Nikkei* 一九九三年八月特別号参照。
（3） Jorge Nakamoto, "Discriminación y aislamiento: el caso de los japoneses y sus descendientes〔差別と隔離――日本人とその子孫の場合〕," Amelica Morimoto, ed., *Primer seminario sobre poblaciones inmigrantes*〔移民に関する初回講義〕, *Vol. II*（Lima: Consejo Nacional de Ciencia y Tecnología, 1988）, 197.
（4） 契約移民時代（一八九九―一九二三年）に到着した日本人は少なくとも四七道府県の出身であった。一九〇六年から日本人には二級市民であると見なされていた沖縄からの移民がやってきた。一九二三年までに一万八二五八名がペルーに到着していたが、大多数が砂糖プランテーションで働く契約を結んでいた。全体の中で二一四五名が女性、二二六名が児童であった。Luis Ito and Ricardo Goya, *Inmigración japonesa al Peru, 75 aniversario*〔ペルーの日本人移民——七五周年記念誌〕（Lima: Editorial Perú Shimpo, 1974）日本語セクション、およびAmelia Morimoto, *Los inmigrantes japoneses en el Perú*〔ペルーの日本人移民〕（Lima: Seminar on Andean Studies, National Agrarian University, 1979）参照。

（5）Amelia Morimoto, *Los inmigrantes japoneses en el Perú*, 94. この移住の理由や社会的背景、契約条件や労働実態に関しては次の資料を参照されたい。Toraji Irie, "History of the Japanese Migration to Peru〔ペルーへの日本人移民の歴史〕," *Hispanic American Historical Review*, trans. William Hime, 31: 3（Aug. 1951）: 437-452; 31: 4（Nov. 1951）: 648-664、およびAmelia Morimoto, *Los inmigrantes japoneses en el Perú*.

（6）Toraji Irie, "History of the Japanese Migration to Peru," 442-443. メアリー・フクモトの文化人類学専攻学士論文Mary Fukumoto, "Migrantes japoneses y sus descendientes en el Perú〔ペルーの日本人移民とその子孫たち〕"（Major University of San Marcos）, 84-85.

（7）Jorge Nakamoto, "Discriminación y aislamiento," 183.

（8）Amelia Morimoto, *Los inmigrantes japoneses en el Perú*, 47.

（9）入江によれば、一九〇九年末までに四一四名が日本に帰国、二四二名が他国に移住し、四八一名が死亡、五一五五名がペルーに残留している。高死亡率の一因は大農園における風土病であった。

（10）ホセ・ワタナベはその優れた論文の中で（日本人移民の）貯蓄、最初の企業の確立と文化的融合について論じている。José Watanabe, "Laredo, donde los japoneses se hallaban〔ハレド——日本人の根付いた所〕," *Puente* 1: 1（Dec. 1980）: 52-53.

（11）José Matos, *Yanaconaje y reforma agraria en el Perú*〔農奴制と農地改革〕（Lima: Institute of Peruvian Studies, 1976）参照。

（12）Amelia Morimoto, *Los inmigrantes japoneses en el Perú*, 42. 農業規約（一九〇六―〇七年）公文書館の資料の中で、モリモトは、サン・ニコラス耕地の移民監督官が、耕地への到着後六―八カ月間で約六〇パーセントの移住者が逃亡したと記述しているのを発見している。

(13) Toraji Irie, "History of the Japanese Migration to Peru," 663. Lucía Arakaki, Bacholor's thesis, "La educadora familiar y la situación del Nisei〔家庭教師と二世の状況〕," (Pontificia Univerisidad Católica del Perú, Escuela Social).

(14) Luis Ito and Ricardo Goya, *Inmigración japonesa al Perú*, 35.

(15) 赤木妙子は県人意識に注目しつつ、同じ県から新たな移住者の「呼び寄せ」により形成される個人的ネットワークが社会的、商業的活動に与える影響についての論文を書いている。赤木妙子「呼び寄せネットワークと県人意識の形成――リマ在住福島県人の事例を通して」、柳田俊夫編『リマの日系人』（東京、明石書店、一九九七年）、三三一―七四頁。

(16) ホセ・ワタナベやニコラス・マタヨシらの文学作品の中で、われわれはこの強い地域意識の表出を見ることができる。

(17) Carlos Degregori, "El aprendiz de brujo y el curandero chino: etnicidad, modernidad y ciudadania〔魔女の弟子と中国人ヒーラー――エスニシティ・近代性と市民権〕," *Elecciones 1990: demonios redentores en el nuevo Perú: una tragedia en dos vueltas* (Lima: Coleción Minima, IEP, #22, 1991), 116.

(18) Luis Ito and Ricardo Goya, *Inmigración japonesa al Perú*, 30.

(19) 前掲、三〇―三一頁。

(20) 頼母子講が重要な役割を果たした。沖縄県人八木宣貞がこれをペルーに紹介した。

(21) Luis Ito and Ricardo Goya, *Inmigración japonesa al Perú*, 33.

(22) Rogger Ravines, "Migración y colonización en el Perú: preámbulo necessario〔ペルーの人口移動と植民化――必要な前置き〕," *Boletín de Lima* 20, no. 114 (1998): 9-18.

(23) *La Crónica*, Jan. 22, 1918, 2; Feb. 8, 1918, 12.

(24) Amelia Morimoto, *Los japoneses y sus descendientes en el Perú* (Lima: Fondo Editorial del Congreso del Perú, 1999); C. Harvey Gardiner, *The Japanese and Peru, 1873-1973* (Albuquerque: University of New Mexico Press, 1975)、およびJorge Nakamoto, "Discriminación y Aislamiento." 参照。

(25) Luis Ito and Ricardo Goya, *Inmigración japonesa al Perú*, 38.

(26) *El comercio*, May 14. 1940.

（27） ミチコ・ハヤシ（女性、六五歳）との面接。一九九八年一二月一四日、リマにて。

（28） Jorge Nakamoto, "Discriminación y aislamiento," 187.

（29） Amelia Morimoto, *Los japoneses y sus descendientes en el Perú,* 148.

（30） 一九八九年国勢調査によると四八・七八パーセントの日系人家庭で家族の誰も日本語を話さない。Amelia Morimoto, *Población de origen japones en el Perú: perfil actual*〔ペルーの日系人――現状〕（Lima: Comisión Conmemorativa del 90° Aniversario de la Inmigración Japonesa al Perú, 1991）参照。日本語を話す家庭でも、読めるものは少ない。しかし彼らの間で日常生活で使われる日本語の目録がある。これらの言葉を通じてアイデンティティの鍵になる象徴的な価値観が伝えられ、理解される。Rumi Morimoto, "?Ocha o café?: un acercamiento al habla de los Nikkei〔お茶にしますか、コーヒーがいいですか。日系人の話し言葉へのアプローチ〕," *Prensa Nikkei*（1992）: 105-106 参照。

（31） Guillermo Thorndike, *Los imperios del sol: una historia de los japoneses en el Perú*〔太陽の帝国――ペルーの日本人の歴史〕（Lima: Editorial Brasa, S. A., 1996）参照。.

（32） Fukashi Horie and Toshio Yanaguida, "La transformación de la colectividad peruana japonesa después de la Guerra Mundial y el Presidente Fujimori〔第二次大戦後の日系ペルー人社会の変容とフジモリ大統領〕," 柳田利夫編『リマの日系人』（東京、明石書店、一九九七年）。

（33） *El comercio*（Apr. 12, 1990）; *Caretas* 1110（28 de Mayo, 1990）: 10-11; *Oiga* 484（28 de Mayo, 1990）.

（34） ヘラルド・マルイとの面接。Coretos 1104（Apr. 16, 1990）: 28-31 所収。

（35） Amelia Morimoto, *Los japoneses y sus descendientes en el Perú,* 222.

（36） Carlos Degregori, "El aprendiz de brujo y el curandero chino," 89.

（37） *Caretas* 1104（16 de abril, 1990）; *Caretas* 1121（13 de agosto, 1990）; *La república*（19 de abril, 1990）: 4.

（38） Romeo Grompone, "Fujimori: rezones y desconciertos〔フジモリ――理性と当惑〕," *Elecciones 1990: demonios redentores en el nuevo Perú: una tragedia en dos vueltas*（Lima: Coleción Minima, IEP, ＃22, 1991）; José María Salcedo, *Tsunami Fujimori*（Lima: La República, 1990）; *Caretas* 1103（19 de abril, 1990）参照。

（39） 一九九八年九月から一一月にかけてわれわれはペルーの日系人の一般的なイメージを求めて面接調査を行った。同僚であるポンティフィック・カソリック大学ファン・リベラ・アンディアがこの調査に協力してくれた。われわれは一般人が日系人に関して曖昧な認識しか持っていないことを確認した。彼らはわれわれを、一方ではペルー市民として、また同時にアジアからの外国人とも見なしている。多くの人が依然として中国系と日系人を区別することができず、勤勉な労働者であり、閉鎖的な社会を形成しているというステレオタイプが一般的に付与されている。

（40） *Caretas* 1103 (10 de abril, 1990): 24. アルフレト・トレスとマヌエル・トラトの意見。

第6章　日系人コミュニティ形成の苦悩
――ボリビア・サンタクルス地方の研究

雨宮和子

二〇世紀の幕が下りようとしていたボリビアでは、国営産業の民営化と外国資本投資の増大、および国民参加への政治改革という政治経済変革が急速に進行していた。また、ブラジルと国境を接する東部低地のサンタクルス県では、大型農業生産と豊富な天然ガスのおかげで経済発展が続いていた。その首府サンタクルス・デ・ラ・シエラ（以後単にサンタクルスと呼ぶ）は、いまやボリビア経済の中心地であり、もっとも裕福な都市としてボリビア最高の生活水準を誇るようになっていた。そのためこの地方には、将来性のない高山地方から生活苦に喘ぐ国内移住者が絶えなく流れ込んでいる。同時に、サンタクルス地方の経済は世界貿易に組み込まれ、それにつれてグローバルな経済の高波を真正面に受けるようになった。近年の農産物価格の下落によりボリビア農業生産者の純益は減少し、周辺国からの激しい競争がボリビア農産物の生存に脅威をもたらしているのである。

日本人移民とその後継者たちも、サンタクルス地方の繁栄と不安定、自信と危惧、積極性と懐疑性の混じり合ったものに巻き込まれている。これらの相反する要素は、農業危機とボリビア日本人移住一〇〇周年記念祭典を機に表面化したコミュニティ内の緊張関係として露呈した。この緊張関係は、旧世代（一世）と新世代（子どものときに親あるいは親類のおとなについて移住した準一世および二世）との間でもっとも顕著であった。

若い世代が指導層を占め始めると、生活を左右する外的要因によって、働き方、自己認識のあり方、次の世代の教育の仕方、他のボリビア人への接し方の面で、さまざまな変化が起きてきた。これらの変化は日本人移民コミュニティを、日本への依存からボリビア社会の一員へと、少しずつ転換させている。日系人コミュニティはこれまでボリビアといういわば砂漠の中で日本政府からの経済援助という泉で命をつないできたオアシスのように、他のボリビア人社会からは孤立した存在であったのが、いまはボリビアの将来に向かう道程に積極的に参加するメンバーとして、意識的な努力をするようになった。この転換は日本人移民コミュニティが、ボリビア社会に融合したエスニック集団、つまり日系ボリビア人コミュニティとして成熟したことを表している。この転換の過程が私の関心対象である。

この転換の記録として、私は一九九九年に収集したデータを分析し、一九九六年と一九九七年のデータと比較した。(1) そして、世界観はどのように形成されるのかをたどり、その世界観がボリビアの日系人コミュニティが向かう方向をどのように変化させ、どのような影響を与えるのかを探るということがこの研究の目的である。

ボリビア日系人の概要

ボリビアの日系人は、北部アマゾン上流地域、高地の旧都市、そしてサンタクルス県という三つの地域に分布している。北部アマゾン上流地域には日本人姓を名乗る人たちがもっとも多く、リベラルタとその周辺に七〇〇〇人が集中している。そのほか、トリニダ（一三〇〇人）、グアヤナメリン（五〇〇人）、コビハ（一〇〇〇人）にも見られる。(2) 日本姓を持つ人々は、初期の日本人移民とボリビア人配偶者との間に生まれた子孫である。初期の移民は二〇世紀初頭にアマゾン流域でゴム採取に雇われたり、商業活動を営んだ。彼らもその子どもや孫たちも、日本はもちろん、ボリビアの他の日系人とも長い間距離を置き、独自の日系人コミュニティを築き上げてこなかった。日本姓を名乗ってはいても、それだけでは日系人としての自己認識を形成するには至らなかったのである。

トリニダの裕福で教育を受けたごく少数だけが、日系人というアイデンティティを育んでいるにすぎない。大多数の人たちは、一九八〇年代末に日本姓であると日本で合法的に働く機会に恵まれるという特典があることに気付くまでは、自分の祖先に日本人がいるということに関心を示さなかったという。(3)

第一次世界大戦後にゴム・ブームが終焉を迎えると、多くの日本人移民はアマゾン流域地帯を離れ、ラパスやオルロやコチャバンバという古い都市へと移動して主として商業活動に携わり、ボリビアの小さな中産階級に加わっていった。ボリビアの政治と文化の中心である（そしてつい最近までは経済の中心でもあった）ラパスは、ボリビアと日本の文化的橋渡しの役割を果たしてきた。しかし日系人はあまりにも少数で（ラパスに八〇〇人、その他の都市に二〇〇人）商業の分野に限られていたため、これら日系人はボリビア社会では大きな影響力は持ってこなかった。(4)戦後になってからサンタクルス県の戦後移住地からラパスの日系人コミュニティに加わった人たちもいるが、その流れは注目に値するほど大きくはない。(5)

サンタクルス県の日系人は、大多数が日本からの戦後移住者とその子どもおよび孫たちである。一九五〇年代半ばから一九六〇年代にかけて行われたサンタクルス県への戦後移住は、二つの集団からなる。一つはサンタクルス北東にオキナワ移住地を形成した沖縄からの移民集団であり、もう一つはサンタクルス北西のサンファンに移住地を築いた日本全国からの移民集団である。(6)一〇年間に合計三二〇〇名がオキナワ移住地に、サンファン移住地には一六〇〇名が入植したのであるが、両者とも移住地の人口は減少の一途をたどってきた。極限の困難と重なる危機から逃れ、あるいはよりよい経済的機会や子どもたちの教育を求めて、移住地を離れていく移民が続出したのである。多くはサンタクルスへ出たり、南米の隣国に再移住したり、日本へ戻ったりした。一九九九年現在のサンタクルス県の全日系人人口は約二五〇〇人であるが、うち八二〇人がオキナワ移住地に、八〇〇人がサンファン移住地に、そして残りがサンタクルスに在住している。(7)サンタクルスには父親あるいは祖父がアマゾン流域地域の日本人移民であったため、日本姓を名乗る個人がおよそ五〇〇名在住すると推定されている。彼ら戦前移民の末裔は完全にボリビア社会に属しており、日系人というアイデンティティも特徴も残さず、育ててもいない彼らは、サンタクルスの戦後移民コミュニティとの交渉はほとんどないのである(8)。

ボリビアの三つの日系人コミュニティは、このように地理的にも歴史的にもそれぞれ懸け離れている。その中でもっとも目立つのは、サンタクルス地方のグループである。アマゾン流域の日系人の人口は最大ではあるが、通常のボリビア人との差異がほとんどないし、ラパスにある歴史の長い日系人コミュニティはボリビア社会に名を挙げるには規模が小さすぎ、またその活動範囲も限られている。それに比べて、サンタクルス地方の日本人移民とその子どもたちは、ボリビア社会の中でダイナミックなエスニック集団として成長してきた。彼らはすでにボリビア経済と文化に著しく貢献しているばかりでなく、その貢献があらゆるレベルのボリビア人に認められ、ボリビアにおいて傑出したエスニック集団としての地位を確立するにいたった。現在、この日系人のコミュニティでは、移民一世の世代から準一世と二世の世代へという指導層の世代交代が進行している。緊張関係が表面化しているのは、まさにここである。この緊張関係をどう解決するかは、サンタクルスのコミュニティのみならず、ボリビアの日系人コミュニティ全体の進む方向にも、大きな影響をもたらすであろう。

農業の営み方・生き方をめぐる衝突

一九九九年、オキナワ移住地（以後単にオキナワと呼ぶ）のムードは沈んでいた。それより数年前の楽観的見通しから一八〇度の転回である。私がかの地を初めて訪れた一九九六年には、大規模な農法と牧畜業に関して絶大な自信が移住地に満ちあふれ、繁栄の道を辿り続けることに誰も疑いすら持っていなかった。その当時までに、オキナワは大規模な大豆生産で有名になっていたのである。広大な耕作面積と、巨大な機具で、彼らの富は目立っていた。しかし一九九七年以来、さまざまな災難が次々とオキナワに押し寄せたのである。まず、洪水による作物被害が三年間続いた。そして大豆の国際価格が世界全体の生産過剰で急速に落下してしまった。以前は国際価格の上下には比較的左右されずにいた大豆の国内価格は、いまはシカゴの先物相場の動向に直ちに反応するのである。(9) その上、一九九九年はサンタクルス地方全体が深刻な旱魃に痛めつけられ、その年の八月一五日には強風がオキナワの小麦畑を襲い、収穫寸前の作物は全滅してしまった。こうした災害の猛襲で、高利息の貸付金で築いた農業経営者の経済基盤の脆弱さが露呈したのであった。(10) そのためコロニア沖縄農牧総合協同組合は、組合員の半数が貸付金の返済不可という状況で多大な不良債権を抱えることとなり、オキナワは農協を底から揺さぶるような危機に直面したのである。

サンファン日本人移住地（以後単にサンファンと呼ぶ）ではそれほど深刻な状況ではなく、異なる作物と異なる経営方針によって、サンファン農牧総合協同組合はオキナワの農協ほどの危機には直面していなかった。オキナワの農業経営者は大豆、小麦、コウリャン、ヒマワリを大型機械でサンファンよりずっと乾燥して肥沃な土地に栽培している。それに対してサンファンの農業経営者は、粘土質の土壌と多量の降雨量のため、養鶏や果実栽培のように労働集約的で比較的小規模な農法に成功を収めている。近年では大型米生産も広がり、マカデミアや一級品のパパイヤのような高価格品目の生産も定着してきた。若い世代の農業経営者の中にはオキナワの同世代の農業経営者と同じように、借入金で耕作面積を広げる者が出てきた。しかし農産物価格は全体的に下落しており、国内や南米諸国の生産者との競争も激しく、土壌の肥沃度の減少で生産性が低下して、借金のない農業経営者ものんびりしてはいられないのである。

こうした状況の中で、一世の間からは若い世代の農営方式についての批判が上がった。多くの一世には、準一世や二世の借入金に基づいた耕作地拡大や大規模農法は危なっかしく、無謀と見えるのである。「若い世代が返済計画を考えずにどんどん借金してしまったので、（せっかく築いた）信用が崩れてしまった」と、サンファンのある一世はぼやいた。「若い人はローンでどんどん借りてものを買う。それで高級車を乗り回して、大型トラクターを運転している。それが現在の問題の根源ですよ」と、オキナワの旧指導者も同様な意見だった。

一世にとっては、借金は経済的安定を脅かす恐ろしいものの象徴なのである。若い世代のやり方を批判した旧指導者は、「ワシはジャイカ（国際協力事業団）からしか借金したことがない」と誇らし気に語った[11]。しかし若い世代の観点からいうと、貸付金に対するこういう態度はあまりにも古くさい考え方であり、またあまりにも日本的でボリビアには適さないのである。サンファンのある準一世は、一世からは借金は「こわい」もので、大規模農法に対しては「馬鹿じゃないか」という批判しか聞かれないと言う。「八年前に土地をたくさん買ったときには馬鹿にされた」のだとも彼は言う。その土地のほとんどは牧畜に使うつもりであるという彼は、多くの一世が五〇ヘクタールの分譲地で牧畜を営んでいることに言及し、「そんな限られた土地で牛を飼っても儲からん。牛には土地がたくさん必要ですよ」と指摘した。

世代間の緊張関係の根底にあるのは、人生経験と世界観とのズレである。一世は少ないリスクで借金をせず勤勉に働くという昔ながらの倫理観を日本から持ち込み、ボリビア人労働者とともにひたすら懸命に働いてきた[12]。移住地で農業に成功した人たちは、自分たちのそういう勤労が実ったものと考え、日本人の美徳の一つである勤勉さをますます重要視する。ところが、ボリビア人労働者といっしょになって汗を流して畑で働いてきた親を見ながら育った準一世は、そういう働き方はボリビアに育った自分たちには向かないと確信するようになった。ボリビアでは農業経営者はボリビア人経営主のようでなければいけないと考えるのである。オキナワのある準一世は、父親から農場を引き継いだときに、まず労働者との関係を変えたと言う。彼はそのことを、「自分が上だ、パトロンだ、と命令して見せなければだめだ。そうしないと彼らは自分も彼らと同じだと思って示しがつかない」と説明する。サンファンの準一世の一人は、「農業の基本はボリビア人の使い方だ」と言い切る。二世になるともっと意識が変わり、労働者とまったく同じ労働をするなどということは考えられもしないという。彼らは「生まれながらにパトロン」なのだからと、ある一世は理解している。

一世の批判は農営方式にとどまらず、生き方一般にも向けられている。退職した一世の多くはゲートボールを楽しんでいるが、働き盛りの頃は遊ぶことなど念頭にもなかった。が、若い世代は違う。彼らは仕事だけが人生などとは考えない。人生を楽しむことも大切だと思っている。そこでオキナワの若い世代はゴルフを楽しみ、サンファンでは釣りが盛んである。このことは、「人生を楽しむ」などという言葉すらなかった一世からまた非難の目で見られるのである。

世代間の対立といっても、見解や態度がそれぞれの世代でまとまっているわけではない。各世代の中でも多様であり、若い世代と一口に言っても、準一世と二世とは明らかに異なることに注目すべきである。サンファンのある準一世は、「自分は二世とは違うと自覚しています。日本に未練もないけれど、やっぱり日本人だなぁと思うときがありますよ。とくに、ボリビア人と付き合うときは」と言う。オキナワの準一世の一人はオキナワ農協の危機に関して、準一世は「一世から日本人の心を引き継いでいるから、なんとかみんなを助けようとするけど、二世はまったく違う。だめなものはだめなのだからと、スッパリ切り捨てようとする。そこが自分たちとは随分違います」と、二世との違いを説明した。

とはいえ、生活価値観での新旧世代の違いは、実際は表面に見えるほどには大きくない。日本で出稼ぎとして働いたことのある若い世代は、日本では働くばかりで遊ぶ楽しみがないからボリビアでの生活の方がずっといいと言い、一世もボリビアでの生活の方が日本の生活より快適だと思っており、ボリビアに住んでいた方がいいと言う。つまり世代間の違いは、一世の世界観には自分の欲望を率直に表現する言葉がないことに一因があるようである。

一九九九年のオキナワの危機は、オキナワ農協の主導力を握っている若い世代への挑戦であった。当時の農協の組合長と参事は準一世であり、理事会の役員の多くは二世であった。一九九九年の段階でオキナワ農協ではすでに世代が交代したことは、会議がすべてスペイン語で行われていることに明らかである。それに対してサンファン農協の世代交代はもっとゆっくり進んでいる。組合長と参事はまだ一世であり、会議はいまだにすべて日本語で行われている。しかし、それも近い将来変わることに疑いの余地はない。

移住一〇〇周年記念祭典をめぐる対立

ボリビアの日本人移住は、一八九九年に九一人の日本人がペルーから国境を越えてボリビアに入って来たときに始まる。彼らはペルーのサトウキビ畑での過酷な労働条件から逃れ、ゴム・ブームにわくアマゾン流域地帯に職を求めたのであった。それから一〇〇年後、ボリビア日本人移住一〇〇周年記念祭典が、ボリビア大統領や日本の皇室の紀宮を含むボリビア・日本両国の重要人物を招いて、サンタクルスで大々的に行われ、祭典後、紀宮はサンファンとオキナワを訪れ、各移住地での祝典にも出席した。ボリビアのメディアはその一連の祭典行事を報道したばかりでなく、祭典前と祭典開催中に日本人移民の歴史とボリビア社会に対する貢献の特集番組を放送したり、特集記事を掲載した。紀宮はその謙虚さ、優雅さ、知性、親しみやすさで一世を魅了したばかりでなく、ボリビアの報道陣の中でも多大な人気を集めたという。したがって、一〇〇周年記念祭典は日系人や日本人のよい宣伝をする契機となった。という次第で、祭典行事は日系人コミュニティでその度合いに違いはあるが、成功とみなされたのである。

日本人移住一〇〇年記念祭典の案は一九九六年の日系人連合会の総会に提出され、祭典開催によって日系人コミュニティの各グループを統一する方向へ導こうという考えから実行が決定された[13]。ところが祭典実行は、相反する利害や世界観の緊張関係を表面に浮かび上がらせる契機ともなった。すなわち、最初のボリビアへの日本人移民をどう定義すべきか、どこで祭典行事を行うべきか、どのように式典を進行させるべきか、そして日系人コミュニティをボリビア社会のどこに位置付けるべきかという点で、意見が一致しなかったのである。サンタクルス地方には一〇〇周年の定義そのものに疑問を持つ人たちもいた。その人たちの考えでは、一八九九年にペルーから国境を越えてやって来た日本人はボリビアで最初の日本人移民ではなく、難民だというのである。サンファンのある一世は、「(一八九九年に)ボリビアに来た人たちはここに移住したんじゃない。ペルーで脱耕した者が流れて来ただけです」と断言した。移住地のかなりの人が同意見だとその人は言い、一九一〇年代に日本から来た人たちが「本当のボリビア移民」だと主張した。サンタクルス市の二世からも、「最初の日本人が入って来たのは、ペルーから金儲けのために流れて来ただけであって、正式な移民として入って来たのではない」と、同じ見解が聞かれた。

また、サンタクルスは祭典の開催地として不適当だとみなす人たちも少なくなかった。移住記念八〇周年と九〇周年の祭典は日系人コミュニティが確立されて長くボリビアと日本の架け橋の役割を果たしてきたラパスで行われたのであるが、一〇〇周年記念祭典開催地をラパスからサンタクルスへ移すというのは、サンタクルスにおける日系人コミュニティの力が顕著になったことを示しているとはいえ、日本人ボリビア移住一〇〇周年記念の地としては、サンタクルスは論理的に不適であった。サンタクルスの日系人の大部分は、戦前移民とはほとんどつながりを持たない戦後移民とその子どもたちであり、彼らにとっては、ボリビアへの移住は始まってから半世紀もたっていないのである。[14] 他方、北部アマゾン流域地方のトリニダの日本人移民の子孫のリーダーたちは、一〇〇周年記念祭典は初期日本人移民が最初にやって来て働き、その子孫が現在何千人も在住しているベニ県で行われるべきだと考えていた。しかし、政治力も経済力もなく、ラパスやサンタクルスの著明な日系人グループとのつながりも薄いため、彼らは日本政府からもより実力のある日系人コミュニティの部分からも隔離され、無視されてきたのが現状である。

一〇〇周年記念祭典に関する基本的な点で意見一致がないため、祭典への資金集めは困難なものとなった。寄付金額が一〇〇周年記念祭典実行委員会から割り当てられると、予算の主要部分が日本政府からの援助金で賄われている日本ボリビア協会に支払われた移住地では問題は表面化しなかったが、組織が個人の募金に頼っているサンタクルスでは事情がまったく違っていたのである。各世帯が一〇〇米ドルを負担金として寄付するように要請された。一〇〇ドルというのはボリビアでは決して小さな額ではない[15]。にもかかわらず、限られた席と限られた予算のため、その額では各世帯に付き一人にしか招待状が出されなかった。夫婦で出席するにはさらに「協力金」が要請された。参加費の高額さにサンタクルスの多くの人たちはうんざりし、資金集めは困難を極めた。募金集めを担当した一世の一人は、「負担金と協力金の両方というと、それを出せなかったのか、それともそこまでする必要はないと考えたのか、わかりません。自分は後者の考えでした。若い方々ははっきりしているから出しませんでしたよ」と述べた。何のために一〇〇周年をやるのかという説明が足りなかったことに問題の一部はあると、その一世は見ているが、その点は若い世代の一〇〇周年批判も強調するところである。

二世の批判は一〇〇周年はどのように祝われるべきかにも向けられた。祭典はサンタクルスの新築されたばかりのデラックスなホテルの大ホールで催され、参加できる人が限られることとなったのである。ある二世はこの点を、「結局持てる者だけの行事になってしまったのだ。厳密に言えば、日本人の金のある人だけで、日本人の中だけでやった。僕は、ペルーでやったように、誰でも、つまり日本人でもボリビア人でも、金持ちでも貧乏人でも入れるように、スタジアムのような所でやって欲しかった」と手厳しく批判した。これらの批判に対して、祭典実行委員会は予算の限度や警備上の制約のため、一般民衆を抱え込んだ祭典は不可能であったと釈明している[16]。

一〇〇周年記念祭典をめぐって噴出した意見対立には、ボリビアにおけるエスニック集団としての日系人コミュニティに関する二つの姿勢が反映されている。二世はすべてのボリビア人を抱え込む将来の姿を見ている。それに対して、一世や記念祭典を企画した人たちは、過去の日本人移民コミュニティに目を向けていたのであり、同時にボリビア一般社会の中にオアシスとして存在する日系人コミュニティの現在の地位を肯定したのであった。

とはいえ、祭典開催前に反対意見が飛び交ったにもかかわらず、祭典自体は滞りなく運ばれた。祭典準備が大幅に遅れて困りきっていたときには、会場の選択に反対していた二世グループすら助け舟を出してくれたと、祭典実行委員長は日系人全体の協力的姿勢を賞賛した。委員長は日系人の協力態度それ自体を「日本人の特性のいい面が表面に出て来た」ためと見ている。おかげで、ほとんどの人が一〇〇周年記念祭典を振り返って成功だったとみなしている。

若い世代はこの成功を、ボリビア人には日本人そして自分たち日系人のいい宣伝となり、イメージを向上させることになったからという実用的な見方をしている。それをある準一世はこう説明する。

やってよかったと思います。ボリビアの国に日本人の歴史を教えたから。プリンセスも来てよかった。プリンセスは日本とボリビアのカレーラ〔つなぐ道〕になった。そのおかげで、ボリビアの大統領も来年日本へ行くことになったし、ボリビアのテレビも日本からの援助について一カ月ぐらい続けて報道して、ボリビア人に日本援助について教えることになった。以前、「外国人が何を言う」と言われたことが二度あるけど、今はもうそんなことは言われないですよ。

一世も一〇〇周年には肯定的な宣伝効果があったと認めている。サンタクルスのある一世は、「宮様が来て、日本人移民と日系人社会のいい宣伝になった」と振り返った。しかしそれ以上に、一世にとっては両移住地でもサンタクルスでも、皇族の訪問はより大きな意味があった。それはボリビアでの自分たちの苦労を日本が公式に認めてくれたことにも等しかったのである。紀宮の訪問に対する反応に、オキナワとサンファンとで違いはなかった。とくに、表に出て行くことのない一世の女性たちは大感激したという。「皇室が自分たちの苦労を認めてくれたと思えたのですね。それが大事。満天下で証明されたことと同じだったんです。一世の〔女性の〕人たちが、涙が出るほど嬉しかった、苦労を認められた、と言っていました。本当によかったんだろうと思います」と、サンファン婦人会長は述懐した。

一般に、二世たちの見方はもっと冷めている。オキナワのある二世は、一〇〇周年は「まあ、よかったんじゃない？」と言い、「自分たちはボリビア人だから、宮様といってもとくに関心はなかったけど、一世は神様みたいな人だと思ってた。自分たちはボリビアのプレジデンテ〔大統領〕の方が偉い人だという感じがするね」と、さらりと言ってのけた[17]。

もっとも、理由は一様ではないが、一世の中でさえ皇族出席を手放しで喜ばなかった人々もいる。多大の時間と労力が皇族を迎える準備に費やされたことが最大の原因である。しかも実際に準備に関わった人たちは、厳重な警備と日本政府からのこと細かな指示は信じられないほど厳しかったという。オキナワでの祭典準備を受け持った準一世は、「宮さんはもう来てくれなくてもいい」と率直に言い切ったくらいである。サンファンの一世にも同じように思っている人たちがいた。また北部トリニダの代表の一人は、紀宮の写真を撮ろうとして警備員に止められたことを悔しがり、「それはオープンなボリビア東部地方のやり方に反しますよ」と、融通のきかないやり方をラパスの人たちのせいにしている。

そういう不満が一〇〇周年記念祭典全体に対する好評を傷つけることはなかったが、一〇〇周年記念祭典開催によって日系グループをより強力な連合体にまとめるという、実行委員たちが望んでいた目的は果たせなかった。その理由は、サンタクルスでの一〇〇周年記念祭典が、(1)ボリビアの日本人移民をどう定義すべきか、(2)いつ移住が始まったのか、(3)なぜ一〇〇周年記念祭典をサンタクルスで催すのか、そして(4)どのような行事を行うべきか、という基本的な点で徹底的な議論がなされず、したがって意見の一致がないまま、開催準備を見切り発車させてしまい、祭典案は各所で冷たく迎えられる羽目になったのである。

祭典実行委員会がボリビア日本人移住に関する質問を正面から受け止め、また異なる見解を考慮に入れるという姿勢を十分に見せなかったため、祭典案を日系人コミュニティ全体に押し付けているとみなされてしまい、さまざまなグループからは反感を買い、また若い世代をより押し退ける結果になってしまった。祭典が終わり、だれもがやって良かったと思っていたとき、祭典の開催前と開催中に表面化した問題点を振り返る討論が必要であった。討論によって相反する意見が明らかにされたら、そこには共通基盤を見出す可能性もあったはずである。たとえば、ボリビアへの日本人移民の定義に関する疑問は、若い世代にとどまらず、一世の間にもあったということが明らかになり、既存の先入観や固定観念が少なくともある程度は減少し、世代間や地域間の無理解も和らいだかもしれない。異なる観点をオープンに交換しなかったため、日系連合会は新旧世代の間、また日系人コミュニティの都市部と農業地帯との間に存在する溝を埋める契機を見逃してしまった。一〇〇周年記念祭典は日系人コミュニティを単に一時的にまとめて動かすにとどまり、将来に向けて団結心を起こすという大目標からは程遠かった。という次第で、ボリビアの日系人をまとめるという目標は課題として残されたのである。

主流社会への道

何人かの日系人は、一〇〇周年記念祭典よりもっと長期的で幅広い影響を日系人コミュニティの内外にもたらすようなことを考えている。ボリビアの政治の仕組みに積極的に入り込もうというのである。これはつい数年前とは大違いである。ボリビア政府が今のままでいいとは日系人コミュニティの誰も思っていない。政府がやるべき責任だと考えることをボリビア政府ができない、あるいはやらないことを、一世たちはこれまで日本政府の援助に頼ってきて、理想化した日本人の特性なるものを倫理観念の拠り所としてきたのであった。

このような日本政府に対する依存は止めるべきだと、若い世代は考えている。ある二世は、「自分でやるのが当たり前。自分にある金でやれる範囲でやるべきだ。ここはボリビアだから、まずボリビア政府に交渉すべきなのに、一世はまだ日本の政府に頼っている。恥ずかしいことだ」と憤然と言う。かといって、若い世代もボリビア政府が国民の面倒を見てくれると考えているわけではない。彼らも一世と同じように、ボリビア政府は腐敗していると見ている。しかし大部分の一世と違って、若い世代は自分たちの代表を政治の場へ送り出してボリビア政府を変えていくべきだと主張するのである。何人かの一世もこういう政治参加の意志を支持し、それが日系人コミュニティへの自分たちの最後の貢献だと、情熱を持って語る。これは一九九六年に私が最初に一世たちの聞き取り調査を始めたときには考えられないことであった。

これは単に指導層の世代交代によってもたらされた現象なのではない。日系人が政治参加を熱心に考えるようになったのは、一九九六年から施行され始めたボリビアの大規模な政治改革に呼応し、その動きを反映したのであり、またそれに刺激を受けているのである。当時のゴンサロ・サンチェス・デ・ロサド大統領が着手し、国際通貨基金と世界銀行が後押ししたこの政治改革は、政治の地方分権化と、地方行政単位の人口規模に応じた国家予算の再分配とを実施して、旧政治体制を崩そうとするものである。ボリビア人に積極的に受け入れられたこの改革は、一般民衆の政治参加を刺激し、日系人コミュニティをボリビアの政治に対する無関心から目覚めさせた。同時に、日系人のボリビア主流社会へ入り込もうという意欲は、日本からの経済援助が将来縮小される見通しにも呼応している。実際、この傾向はすでに始まっているのである。(18)

政治改革で選出された代表をより多く地方行政単位にもたらせるようになると、日系人の中には政府のあらゆるレベルに代表を送る準備を始めようと意欲を湧かす人たちが出てきた。また、各カントン（郡から独立した法定認可の自治組織）の収入の自己管理の幅が広がってくると、移住地をボリビアの政治組織の中の行政単位としての自治組織にしようという考えが、自分たちのコミュニティをボリビア社会の中に溶け込ませようということに熱心な若い世代の強い関心を引いた。まず一九九六年に、当時ワルネス郡の一部だったオキナワ移住地とその周辺をまとめてオキナワという名称の一行政単位とし、その村長として平良勝芳氏を選出させた。オキナワ移住地のボリビア人住民は日系人の五倍ということを考慮すると、これは小さな業績ではない。次に、一九九八年に指導的な準一世たちは二〇〇〇年からオキナワを正式にカントンとして、ワルネスから分離させることに成功した。サンファンも同様な動きをしている。

近い将来日本政府からの援助が打ち切られることが予想されることから、移住地がボリビアの政治社会制度への積極的な参加は、自分たちの経済基盤を守る上でも妥当な動きである。しかし移民社会の旧指導者層は最初、移住地をボリビアの制度内の行政単位に組み入れることを、移住地の管轄所、つまり日本ボリビア協会（通称日ボ協会）への脅威として受け取ったのである。日ボ協会は日本政府から移住地への援助金を管理し、住民から税金を徴集し、診療所や学校を運営し、警察の管理もする行政事務局である。したがって、日ボ協会は事実上、日本人移民の政府の役割を果たしてきたのである。日ボ協会はボリビア人を除外しているため、汚職に満ちたボリビア人政治家に汚されずにいると会員たちは安心してきた。言葉を換えると、一世にとって日ボ協会は、経済組織であるばかりでなく、文化保存機関でもあり、安全な避難所でもあるのだ。

しかし、移住地の中枢を守ってきた人たちも、変化は避けられないと認めるようになった。変化が避けられないのなら日ボ協会をどうしたら守っていかれるかと考え始めたのである。一九九九年当時のオキナワ日ボ協会の会長は、法定認可団体の自治組織としてのオキナワの成立に関する不安を次のように率直に認めた。

実は大変気にしています。でも、時代の成りゆきだから仕方がありません。いままでは我々がずっと指導権を握ってきました。彼ら〔ボリビア人〕には金はないが、数の力がある。このままでは我々の方が片隅に追いやられてしまいます。(19)

もう一人の一世も同意見で、「そういう時期になっているんです。いつまでも我々だけでここは日本人移住地だというわけにはいきませんよ。これからは行政面はボリビア人といっしょにやらなければいけない」と、言った。ほとんどの一世が同じような見方をするようになったのであるが、それは数年前と比べると大きな違いである。

サンタクルスの準一世と二世の中には、さらにもう一歩先のことを考えている人たちもいる。つまり、ボリビアの国政に代表を送り出そうというのである。日系人は「いい移民」のお手本であることを止め、あくまでもボリビア人として社会の主流に参加していく時機が来たと考えているからである。この考え方には、「まじめで勤勉で正直」という日本人の評判はもはや問題にならない。指導的地位にいるある準一世は、「日系人は人形のように見られているんです。かわいい、きれい、そして何もしないという」と言う。エスニック集団として日系人が政治に出れば、一世たちが心配する通り風当たりが強くなることが予想されるが、「そうなって当然」ときっぱり言い切る。「それでも、我々はやらなければいけない。いつまでもお客さん扱いされていてはだめなんですよ」。

一世の中にも、若い世代同様、政治参加を積極的に支持する人がいる。サンタクルスのある一世は、二世は一世が一生懸命に働いて築いた土台の上にふんぞり返っていると言い、ボリビアの政治に参加することによって、親たちとは違うやり方で日系人コミュニティに貢献すべきだと若い世代に注文をつける。その一世は、他のエスニック集団は有能でしかも押しの強い代表を国会に送って自分たちの利益を守っているから、相当の基盤を持っているのだと指摘する。日系人は遠慮がちで政治のネットワークがなかなか広げられないと、その人は見ているのである。その結果、「いくら日系人が卵や大豆の市場の大きな部分を占めているとはいっても、我々はいつまでたっても裏奉公的な生き方しかできていないんですよ」と、論じる。オキナワのある一世も同じ意見で、「農業では成功したけれど、農業だけではいけない。我々もボリビアの政治への代表の人作りがこれからは一番大切なんです。農業を動かすのも政治ですから」と主張した。

国の政治に入っていく目的は、これこそがもっとも大切と確信して政策を打ち立てて遂行することだと、ある準一世は言う。政治に情熱を沸き立たせている人たちは、驚くべきほどの長期展望を持ち、初等教育の普及と向上を目指しているのである。社会でもっとも成功しているある準一世は、ボリビア人口の三〇パーセントは読み書きができず、全人口の二〇パーセントしか占めない白人がすべての権力を握っていると指摘し、「残りの八〇パーセントの全員が基本的な教育を受けられなければ、ボリビアは近代化できませんよ」と、説いた。基本教育の普及は大多数の人口の生活水準を上げることに役立ち、それが人口の購買力を上昇させ、貧富の差を縮小させて、いつかは日系人コミュニティもその恩恵を受けることになるだろうというのである。準一世のこの論理があまりにも理想的すぎるとしたら、世に長けたある一世も、一般ボリビア人の教育レベルの改善がボリビアの発展のカギだと、同意見である。政治に代表を送ろうと積極的に準備を進めている人たちの数は決して多くはない。しかし、彼らはもはや日系人同胞から警戒の目で見られてはいない。日系人全体が自分たちも次の世代もボリビア社会の一部だという認識を持つようになったのである[20]。

日系人コミュニティは一方でボリビア移住一〇〇周年記念祭典で自分たちの内部に目を向けながら、他方では政治参加によってボリビア主流社会という外に手を差し伸べ始めたのである。目下のところ、自分たちの代表を国会に送り出すという企画(理想をそう呼んでいいのなら)は、単なる熱意の固まり以上のものではなく、また探りを入れて計画を静かに練る段階である。しかし潜在的には、これらの長期計画は日系人コミュニティに再び活力をもたらし、さらに社会の主流へと押し進めるであろう。

次の課題

ボリビア社会内部のエスニック集団だとして自覚する日系意識の登場は、言語教育の変換に如実に表れている。

ほんの数年前までの移住地では、日本語教育が先決であった。親たちの最大の関心は、日本文化の継承と日本とのつながりを保つことにあり、子どもたちに日本語を教えることがその課題に役立つと考えていた。しかし現在では、一世さえもスペイン語に堪能であることの重要さを認識するようになった。オキナワのある長老は、「日ボ会長も日本語よりむしろスペイン語を話せる人で、通訳なしでボリビア人と話せる人であるべきです。もうそういう時代ですよ」としみじみ語った。ボリビア人との交友関係を広げることの大切さを強調する一世もいる。そのためには、もちろんスペイン語が堪能でなければならない。

一世たちは、移住地ではスペイン語が話せたとしても限られているのが大多数であり、ボリビア人との交流関係はほとんど持っておらず、ボリビア人と仕事の交渉をする際には通訳を必要とする。そして日本食を食べ、テレビでNHKの放送番組を見、[21] 自分たちを日本人であると意識して、ボリビア人とは別格に考えようとする。[22] 都市部の一世はボリビア人と混じって生活しているので、移住地の同胞よりスペイン語が達者であるが。一世とは対照的に、大部分の準一世は親たちよりスペイン語を流暢に操り、中等教育以上を移住地外で受けたおかげでボリビア人の友だちもいる。

政治組織改革が進行するにつれて、一世ですら自分たちのコミュニティがボリビア社会の中に深く組み込まれていることを認識するようになってきている中で、移住地の小学校の教師も親も、日本語教育は重要な文化遺産を保存すると主張しながらも、スペイン語教育を第一にすべきだと考えるようになってきた。そのような認識は完全に実践に移されているとはいえないが、数年前の考え方からの変化は注目に値する。言語は文化的同化の鍵であるから、この変化の意味は大きい。

各世代はそれぞれ異なる人生体験を持ち、それに応じて違った世界観を持つようになる。したがって、指導層が一世から次の世代へと交代するとき、日系は新たな挑戦に直面するのである。この挑戦は、一方では移民コミュニティがエスニック・コミュニティへと移行する際にどこにでも見られるものであるが、もう一方では、ボリビア固有の条件によって拡大されている。ボリビア固有の条件には、政治改革への圧力、日系社会が綿密につながれている国内国外市場、予想される日本政府からの援助縮小、そして弱まった日本経済状態が挙げられる。が、あらゆる障害と緊張状況にもかかわらず、サンタクルス地方の日系人コミュニティは、将来に対して明るい見通しをしており、経済のみならず政治を通しても、ボリビア社会を変えていこうという気概に満ちているのである。

しかし、サンタクルス県の戦後移民とその子孫たちは、ボリビア社会を織り成す要素の一部でしかない。すでに述べたように、移住地とサンタクルスとの間や、一世と若い世代との間にも深い溝がある。最大の溝は、戦後移民と戦前移民およびその子孫たちとの間にある。ことに、ベニ県とパンド県の住民は、他の日系人たちとは完全に懸け離れた世界に生活しており、日系社会のその他の部分とは何の交渉も持っていない。彼らのボリビア社会への文化的同化の過程は、サンタクルス県の住民のとはまったく異なるのである。サンタクルス地方の日系人たちは、そういう戦前移民の子孫を「他者」とみなしている。たとえば、そのような「他者」の中から登場した詩人のペドロ・シモセは世界的に著名であるが、サンタクルス地方の日系人は誰一人として彼に親近感を持ってはおらず、リベラルタから有名な日系ボリビア人の詩人がいることを誇りに感じてもいないのである。それどころか、北部アマゾン流域のグループに対して、「我々は彼らのようになってはいけない」という否定的な言い方をし、北部グループを「ボリビア人と同じように無教育」とみなして関係を確立しようとはしないのである。

ボリビア全体のすべての日系人が一体感を持つには、もう一世代かかるのであろう。いや、そのころには溝があまりにも広がり過ぎて橋は架けられないかもしれない。あるいは、日系人であるということは三世や四世の世代には問題にすらならないかもしれない。二世が今後どう動くかが、サンタクルス地方の、いや、実はボリビア全体の日系人コミュニティの将来の方向の鍵を握っているのである。

注

(1) 私は一九九六年にサンタクルスとオキナワ移住地で、主として一世を対象にアンケート調査と四四人の聞き取り調査を行った。一九九七年にはサンタクルスの準一世を中心として三〇人の聞き取りと、ボリビアからブラジルに再移住した一世のうち一三人の聞き取り調査を行った。

(2) この推計は、ボリビア日系人連合会発行の日本人ボリビア移住一〇〇周年記念パンフレットによる。これとは多少異なる数字が、一九九七年一〇月現在でリベラルタの日本ボリビア文化センターによって報告されている。アマゾン上流地域の日系人については組織的な人口統計や調査はこれまで行われていない。

(3) このことは日系人の定義について根本的な疑問を投げかける。つまり、何が日系人の条件なのか、姓が日系人の定義にどの程度の重きを持つべきなのか(父系組織では日本人移民の娘の娘は日本人姓を持たなくなってしまう)、日系人という自己認識はどう組み込まれるべきなのか、という問題である。

(4) これらの数字は、前述の日本人ボリビア移住一〇〇周年記念パンフレットによる。

(5) 若槻は大部分のサンファンからの流出者の行き先はラパスであり、オキナワからの流出者はサンタクルスであると述べている。若槻泰雄『発展途上国への移住の研究――ボリビアにおける日本移民』(東京、玉川大学出版局、一九八七年)、一四頁。しかし、サンファンからラパスへの日系人の流出はオキナワからサンタクルス市への流出に比べてはるかに少数である。

(6) 一〇〇年記念委員会編『ボリビアに生きる――日本人移住一〇〇周年誌』(サンタルス市、ボリビア日本人連合会、二〇〇〇年)一〇三―三二四頁;オキナワ移住地四〇周年記念委員会編『うるまからの旅立ち――コロニア・オキナワ入植四〇周年記念誌』五五―一二六頁;Kozy Amemiya, "The Bolivian Connection," Chalmers Johnson, ed., *Okinawa: Cold War Island*(サンディエゴ、日本政策研究所、一九九九年)五三―六九頁;サンファン一五周年記念委員会編『サンファン一五年誌』(サンファン、サンファン一五周年記念委員会、一九七一年);サンファン日本ボリビア協会編『サンファン移住三〇年誌』(サンファン、サンファン日本ボリビア協会、一九八六年);国元伊代『ボリビアの「日本人村」』

（東京、中央大学出版会、一九八九年）。

（7）オキナワ移住地の人口はオキナワ日本ボリビア協会の報告による一九九九年二月一日現在のものであり、サンファンの人口はサンファン日本ボリビア協会の報告による一九九九年八月三一日現在のものである。一二〇世帯六三〇名のリストを持つサンタクルス日本人会は、オキナワとサンファンの日本ボリビア協会と異なり、リストの全日系人をメンバーとみなすことができない。フジ友好会という名の二世の友好会は一九九九年現在で五二世帯（およそ二〇〇名）のメンバーからなっていた。

（8）ボリビア日本文化センターの佐藤信壽氏が日本大使館に報告した一九九七年一〇月現在の推定による。これらの子孫のうち数名は日本人会にメンバーとして登録されているが、一九九九年九月一四日に行われたインタビューで、一九九九年度日本人会長坂口清氏によると、会費を払ったこともなければ会の活動に参加したこともないと証言した。

（9）アメリカの大豊作とブラジルの急速な生産拡大により、一九九七年には一トンにつき二二五ドルであった大豆価格が、一九九八年には一八〇ドルに、一九九九年九月には一三五ドルにまで下がった。これは、収入の八〇パーセントを大豆に頼るオキナワ農業協同組合（ＣＡＩＣＯ）にとっては、浸水による作物被害より深刻な問題である。カイコは生産された大豆の五〇パーセントをペルーとコロンビアに輸出し、残りの五〇パーセントを国内市場に出している。一九九九年九月一日、カイコ組合長のタダシ・ヤマシロ氏とのインタビューによる。

（10）カイコは一四パーセントの銀行からの貸付金に二パーセントを上乗せして組合員に貸し付ける。ほとんどの組合員はその貸付金で大型機具を購入、あるいは耕地面積を拡大したのである。

（11）日本国際協力事業団（ＪＩＣＡ）は外務省の付属機関で日本政府の開発援助金の分野を受け持っている。ジャイカの日系移民に対する貸付金の利子はボリビアの市中銀行のそれよりはるかに低い。

（12）沖縄を日本の一地域とみなし、沖縄県で人気を得ている沖縄を個別とする見方を受け入れない沖縄からの移民とその子どもたちの観点を尊重して、ここで日本というのは沖縄県も含み、日本対沖縄という対比はしない。ボリビアにおける沖縄人アイデンティティは論点になるところであるが、本稿からは離れた課題である。

（13）さらに、日系人の各会を一同にまとめようと、日系協会の連合会が樹立され、オキナワ日本ボリビア協会、サンファン日本ボリビア協会、サンタクルス中央日本人会、ラパス日本人会が日本ボリヴィア協会連合会の下に集まった。連合会の準会員はトリニダ日系人会、リベラルタ日本文化センター、グアヤラメリン日系人会、ルレナバケ日本ボリビア文化協会、およびコビハ日系人会である。ボリヴィア日系連合会出版「一九九九年ボリヴィア日系協会連合会概況」（一九九九年三月一日）参照。

（14）戦前移民は、戦後沖縄からボリビアへの移住計画を最初に立て、それを琉球政府に提案し、新移民のためにうるま移住地を準備したことから、オキナワ移住地では感謝されている。そのため、沖縄からの戦後移民は、ボリビアへの最初の日本人移民が実際にペルーからの難民であったかもしれなくても、初期移民には恩を感じているのである。

（15）小学校教員の平均月給はそれとほとんど変わらない額である。それでは家族を養っていかれないので、ほとんどの教員が二つの職を掛け持って生計を立てている。

（16）一〇〇周年記念祭典実行委員会は行事を予算の五〇万米ドル内におさめることに懸命に努力したこと、また日本大使館が、皇室のメンバーを招いた式典をスタジアムで行うということは安全管理の問題上許可しなかったと、実行委員長の武田健司氏は一九九九年九月一四日のインタビューで語った。ペルーの警察はゲリラ対策に慣れているから、スタジアムでの式典が許されたのだろうと、武田氏は推測した。

（17）若い世代のボリビア化への例として、一九九九年八月二九日のオキナワ合同運動会で、子どもたちはボリビア国歌を声高らかに歌ったのに対し、「君が代」がテープで流れたときには黙ったままなのが、観察された。もちろん、子どもたちはボリビア国歌を学校で教えられたのではある。

（18）日系社会に対する日本政府の援助の将来の方向は、外務省が一九九九年に海外移住局を廃止したことにはっきり現われている。また、国際協力事業団はサンファンは自立できるとみなした一九九一年に、サンファンへの技術援助を打ち切った。

（19）オキナワ日本ボリビア協会の会長はその回想録の中で、法定認可団体の自治組織であるオキナワ村の設立には脅威を感じ、「私にとって少なからず衝撃で」あったと、率直に書いている。具志堅興貞『沖縄移住地——ボリビアの大地とともに』（沖縄県那覇市、沖縄タイムス社、一九九八年）、三〇二頁参照。

（20）一九九九年現在、彼らが政治的大望の模範とする人物は、必ずしも統治の仕方ではないが、当時のペルーの大統領アルベルト・フジモリであった。彼はボリビアでは非常に人気があった。ボリビアの日系人で政治にもっとも積極的な人たちは、自分たちが生きているうちに日系ボリビア人が大統領になるのを見るのも夢ではないと、一九九九年には言ったであろう。

(21) NHK番組の日本放送と同時放送はオキナワでは一九九八年に、サンファンでは一九九九年に開始された。

(22) 沖縄人であることをまず第一に強調する沖縄県の沖縄の人たちと違って、ボリビアの沖縄出身者は、自分たちがまず日本人であることを強調する。沖縄出身の一世は、歴史的に形成され、政治的原点によるアイデンティティを持ち、沖縄県との緊密なつながりを保とうとする。しかし、本土復帰前に沖縄を離れ、「沖縄人」が「日本人」と同一とみなされている国にやってきて、そうした一世たちは自分たちはまず日本人であると主張する。彼らにとって沖縄人アイデンティティは日本の中の文化の範疇なのである。

謝辞

この研究を果たすことができたのは、多大な協力と豊富な援助を惜しみなく差し伸べてくださったサンタクルス、オキナワ移住地、サンファン移住地、トリニダ、およびリベラルタの各地のみなさまと組織のおかげである。これらの方々の寛大な助けがなかったら、この研究は不可能であったろう。一人ひとりに名指しでお礼を申し上げることができないのが残念であるが、ここに失礼を深くお詫び申し上げる。

第7章　「東は東、西は西」？
――日米関係のなかの第二世日本語教育問題　一九〇〇―一九四〇年

粂井輝子

はじめに

一九九九年春、ＮＨＫ首都圏ネットワークでヴェトナム難民家庭の教育問題が取り上げられた。母親は、末の子とは高校生の長女の「通訳」がなくては話ができない。取り残されてゆく寂しさを感じると語っていた。こうしたディアスポラの家庭を多く抱える神奈川県大和市では、公立学校において、従来の日本語補習授業の一環として、家庭内の絆を守るために、故国の文化と言語を教え始めたと番組は報じていた。[1]

移民とは国家という法的境界を越えて人が移動し、他国に定着する行為およびその行為者をさす。移民者が寄留地で新たに共同体を形成できるか否かを問わず、彼らは移動した共同体のなかでは服属者であり、移動先の共同体の政治的、社会的、文化的枠組みを変革する力はない。むしろ、自らを取り巻く移動先の社会から受ける変容を迫る力の方がはるかに大きい。自らの意志で移民したとはいえ、移民という行為の結果、文化的社会的に、これまでの自己認識の基盤が崩れてゆく危機感を抱く。ＮＨＫの番組に登場した難民の母親も、子どもたちの「日本化」によって、家庭内でさえ、「ヴェトナム」が消えてゆく疎外感を味わっていた。彼女の悲哀はアメリカ合衆国に来た多くの移民たちにも共通するものであったろう。

しかしこの「移民の国」、アメリカ合衆国では、悲哀もまた「祝福」の代償だともいわれた。クレヴクールは、『アメリカ農夫の手紙』のなかで、故国に残した人々への郷愁はあるものの、移民たちは「古くからの偏見も習慣もすべて捨てて」、アメリカの「広い膝」のなかでまったく「新しい」人となると語った。クレヴクールは、さらに続けて、こうして生まれたアメリカ人とは世界史上でも比類のない「もっともすばらしい人間集団」であると断言している。このような観点からみれば、アメリカ人となることは人生の至福であり、捨てた祖国には何の愛着ももたないはずである。(2)

果たして移民したことは彼らにとって祝福だったのであろうか、それとも喪失だったのであろうか。ヴェトナム難民親子のケースが示すように、言語は問題を理解する一つの鍵である。服属者は語れないと言われる。しかし自らの言語、移動先の支配社会が理解することのできない、理解しようともしない言語の社会のなかでは、しばしば雄弁に自らの心境を吐露している場合もある。彼らが新しい国に定住したとき、排除か同化かを迫る圧力の前で、どのように自分たちの新しい文化的アイデンティティを維持し、自己実現を達成し、次世代に自分たちの価値体系を伝えようとしたのか。この点を、合衆国の日本人移民に焦点をあて、彼らの母語維持の試みを通して、考察してみたい。また、寄留者である日本人移民から、日本との絆を保ちつつも、合衆国に根を下ろした日系人へと変わる意識の変容も追ってみたい。

「外国在留帝国臣民の教育」

アメリカ合衆国本土において「日本人小学校」が最初に設立されたのは、一九〇二年であり、翌年までにはシアトル、サンフランシスコ、サクラメントで学校が設立されていた。一九〇〇年の合衆国の国勢調査によれば、日本人在住者はシアトル二九九〇名、サンフランシスコ一七八一名、サクラメント三三六名にすぎない。(3)急激に人口を増加させていたとはいえ、それらの日本人移民社会はまだ揺籃期であった。日本人移民の多くは単身の壮年男子であり、学齢期の子どもはごくわずかでしかなかったはずである。しかも、カリフォルニア州であれ、ワシントン州であれ、公教育は整備され、子どもが無教育のまま放置される心配はなかった（この点はブラジルの日本人入植地とは異なる。ブラジルでは移民たちが自前で教育を施さなければ、無教育状況に陥ってしまう恐れがあった）。公教育が整い、学齢期の児童数が少なく、生活も厳しい状況下で、たとえ補助教育機関であったとしても、在米日本人移民たちが自分たちの手で学校を設立したことは、日本式教育に対する彼らの熱意を示している。とはいえ、日本人移民社会は合衆国の公教育を認めており、公教育を否定して教区学校を設立したのではないという点は明記すべきであろう。

これらの学校の多くは当初日本／日本人小学校と呼ばれた。(4) 合衆国にあって日本の国民教育を維持しようとして設立されたことを物語っている。子どもは通学するようになれば、学校の環境に同化してゆく。当然、公立学校に通えば、合衆国社会の一員に育ってゆく。『桜府日報』は、一九〇九年九月二一日の社説で、このような子どもたちの「米化」に対して日本小学校の設立を説いた。「いくら英語が出来ても日本の知識がなかつたら日本人として不具者と云われても致し方ありませぬ」と警告した。実際、サンフランシスコに本拠をおく在米日本人会は、「各地の日本人教会にありては付属小学校を設け……日本的教育を施し、以て国家的観念を涵養しつつある」と観測した。(5)

排日感情の悪化にもかかわらず、一九一三年の「本邦人児童教育に関する取調」報告によれば、(6) サンフランシスコ総領事館管内二五校のうち、教育方針では、「国語」の補習と答えたのが一〇校、「教育勅語の精神」に基づいた補習的な「国語」教育が四校、「日本の国情を知り」あるいは「日本の臣民たるに必要な」知識を与えるとしたのが六校あった。公立学校教育の補習としての日本語教育を目標とした学校と、日本の国民教育をめざした学校の数は相半ばしている。報告によれば、日本人小学校が模範としたのはサンフランシスコの金門学園であった。その学則によれば、同校は「米国在留同胞の子弟を教育」するために設立された。幼稚園児のための幼稚科、英語のできない児童が公立学校に行くための英語を教える予備科、公立学校通学生のための「国語国文」を教える補習科が設けられた。休園日は合衆国の祝祭日休日のほかに、四方拝、紀元節、天長節が定められた。学年は日本と同様、四月一日に始まり、三月三一日に終わった。(7) 式典の式次第は学則には掲載されていないが、『桜府日報』に記載された他の学校の卒業式次第をみると、日本国歌を歌い、教育勅語を奉読するなど、日本式に祝っていたと思われる。(8)

このような記録から判断すれば、多くの小学校では排日運動家が攻撃したような日本国民教育が行われていたといえよう。しかし、合衆国出生児童の割合が急増しているものの、日本出生児童も多かった点からみれば、日本人移民が国民教育を維持しようとしたのは当然ともいえる。法的には、合衆国出生者であっても、日本国民であった。(9)

「米国の為に価値ある市民となる」

米化運動と日本語学校教育

第一次世界大戦で米化運動が高まると、国民教育の維持は困難となった。一九一二年四月、在米日本人会はカリフォルニア州の日本語学校代表三四名を招き、教育者大会を開催した。代表は「米国に於ける日本人児童教育の目的と方針」を議論し、「将来此の地に永住し活動すべき人物を養成する」ことをその教育の「本旨」とした。「米国教育を受けしむる必要」を第一条件としながらも、「教育勅語の御趣旨を体し」、「必ず補習教育を与えて日本の国語国情を学ばしむべし」ことを重視した。こうした教育を与えることで、日本の「国民性の長所を涵養し米国精神の長所を兼ね備へ」ると期待された。(10) 表明された目標は在米日本人会の基本方針を踏襲したものであった。しかし、合衆国生まれの市民（二世）にさえも「永住」を奨励しようとするところに、日本人移民（一世）の出稼ぎ志向の根深さが窺える。移民世代の親たちも教育者も二世は合衆国市民だという自覚が乏しかったといえる。要するに、彼らは、二世が合衆国の公教育でアメリカ人として、日本人学校で日本人として教育されることを、願ったのである。

ここに根源的な矛盾がある。教育者たちは、一方では合衆国の公教育を絶対条件としながら、他方では日本の精神的優越性を主張した。「米国に於ける日本人児童」という言葉に注目すれば、公教育重視の表明とは裏腹に、日本の国民教育維持の気持ちを持ち続けていたとみるほうが妥当であろう。とはいえ、答申を作成した教育者たちは、日本人としての特質を保持しつつ、良き合衆国市民となることは可能であり、日本人としての美点を失わないことの方が望ましいと考えていたのである。このような二重性は、現在でいえば、多文化主義的教育方針であったともいえよう。しかし、日本人であり、かつアメリカ人であることが当時の合衆国で賞賛されるか否かは、別の政治的配慮を必要としていたはずである。その点を配慮しながらも、彼らはなお「日本」を脱却できなかった。ここに、文化の境界を越えることの困難さが示されている。

教育方針に関する各校代表者の報告では、意見が記録された九名のうち、教育勅語と答えたのは五名、日米融和や東西文明の一致などと答えたのは四名。ただし、教育勅語と明言しつつも、桜府日本小学校の工藤慧達やフレスノ日本小学校の一村満成は、「広義の精神」でとらえると条件をつけている。日本人の教育者として、教育勅語に公的に異議を唱えることはできなかった。しかし、天皇への絶対的忠君愛国を合衆国に永住する児童に教えることには問題があることは、認識していた。そこで、天皇への忠誠には触れず、勅語の人道的徳目に着目することで、アメリカ精神との両立を図ろうとした。翌一九一三年の教育者大会では、日本の国定教科書は「在米児童の日本語教育上不適当」と認め、独自の教科書編纂を準備することが決定された。(11)

独自教科書の編纂

その後、編纂事業は北カリフォルニアでは目立った進展をみせなかった。しかし南カリフォルニアでは、南加中央日本人会が一九一八年五月二九日の定期理事会で「太平洋沿岸各日本人会負担の下に在米邦人児童用教科書編纂専任委員を挙げ急速に完成すること」を決議し、第五回太平洋沿岸日本人会協議会に議案として提出した(12)。南加中央日本人会代表の藤岡紫朗は、「米国義務教育修習の必要なるは当然」と述べ、「我大和民族の自立及び将来の発展のためには米国義務教育修習する傍ら日本語を適宜に教授し以て自己の日本帝国に対する立場を明にし歴史及び地理上に対する一般の概念を養成する事は極めて緊要なる事」であると論じた。そして、合衆国社会の米化運動が高じて外国語学校が禁止されることを懸念して、「真に民族自立及び将来の発展を根本とする教科書を制定せざる可らず」と新教科書編纂の必要を訴えた。編纂事業の実行は教育調査委員会に付託された。翌一九一九年の第六回大会では、編纂事業は、統一的な教科書編纂ではなく、「各地方の事情に応じ編纂の必要を認め」ることとなった(13)。

第六回大会では、カナダを除く太平洋沿岸日本人会協議会は「米国の大勢に鑑み在米同胞間に米化運動鼓吹のため最善の努力をなす」ことも、決議された。努力目標として、

一、婦人の農園労働を漸次廃止せしむること〔労働状況改善と修正〕
二、現時児童教育機関及方法を改革すること〔教育調査委員会送り〕
三、無職不良の輩を正業に就かしむること
四、一般生活状態を改良すること
五、米国出生児童を日本に送らざる様つとむること〔干渉的削除〕
六、娯楽修養を目的とする青年会を各地に設立の気運を作ること

七、英語の修得を計ること〔満場一致〕
八、帰国及び送金の抑制に努力すること〔永住促進と在留地への投資奨励に修正〕
九、時間の励行を督励すること

掲げられた。以上の項目を眺めると、西海岸の排日論を意識した「米化」であったことがわかる。米化とは「アメリカニズム」のことであって、「アメリカ人になる精神ではなく外形の風習に化する順良なる民族であることを証したき意味だ」と、南加中央日本人会代表茅野恒司は説明した。精神的にはそして国籍も日本人であるが、アメリカの良き居住者となるという意味に受け取れる。付言であるが、『羅府新報』は、一九二一年八月二一日の社説で、米化とは「米国精神に一致する」ことであり、米国精神とは「デモクラシーの思想」であって、「自主自治の精神」だと解説した。民主主義の精神を理解し、実行すれば、日本人でも、国籍に関係なく、米化は可能だというのである。

しかしこの段階でも「米国出生児童」という言葉が使われている。ここに市民という意識が強められるのは、「外圧」によった。(14) 翌一九二〇年の臨時大会では、ワシントン州選出のアルバート・ジョンソン下院議員が「市民権を得る資格のない」外国人の子どもの市民権を否認するよう、憲法修正一四条の修正案を提出したことに危機感を抱き、「米国出生児童の市民権利擁護」が議題として取り上げられた。在米日本人会の代表である神崎驥一は、「善良なる市民たる教育を出生児童に与える義務」を果たすよう親たちを啓蒙すべきだ、と論じた。また央州日本人会は、「在米同胞子女の将来を重んじ且つ米化運動を徹底せしめん為め国語学校を廃止の方針を執る事但し英語学校又は家庭教育等に使用する事」を、決議するよう求めた。代表の阿部豊次は、米化と「国語学校」の維持は「矛盾も甚だしきもの」で、「極めて時代馳背す」と批判し、「廃止は同胞の将来を考慮する結果に外ならず」と弁明した。一方、北米連絡日本人会の伊藤忠三郎は、米化と日本語教育は両立し、日米親善という使命を達成するためには、「国語」を知らなければならない、と主張した。

同年の第七回通常大会でも、同案件は再び討議された。阿部は、公立学校から隔離されると懸念して、「子弟を日蔭に置くは父母として忍びざる」と訴え、市民権剝奪の口実を与えてはならないと論じた。しかし父兄の要望を考慮すれば、日本語学校を完全に廃止することは無理であろうと、多くは考えた。結局同案は修正され、「在米同胞子女の将来を重んじ且つ米化主義の精神に準じ国語学校の内容及組織を改善せしむる事」で決議された。「米国出生児同市民権擁護の件」も、

一、米国出生児童の国籍問題の紛議を避くる事
二、各地に市民協会の設立を奨励する事。善良なる市民を養成する事
三、米国出生児童の父母に其子女を善良なる米国市民として教育する義務を自覚せしむるに努力する事
四、米国憲法を修正し同胞子女の市民権を奪はんとする運動に対して適当の方法を講ずる事

と決議した。協議会はその後も国籍法改正に関して議論を続けた。協議会が正式に日本政府に請願書を提出したのは一九二三年一二月であった。国籍離脱の道を広げる国籍法改正は一九二四年に成立した[15]。

教科書問題に関しては、米国西北部連絡日本人会は、第六回大会の決議を受けて、独自に新教科書を編纂した。そして、一九二一年に全八巻、計六〇〇〇冊を印刷、出版した。総費用六五六五円であった[16]。一方カリフォルニアでは新教科書編纂は遅れ、結局カリフォルニア州外国語学校取締法成立（一九二一年）には間に合わなかった。全一六巻の教科書は「この新しい法に基づくと同時に米国生児童の精神に適合する」よう編集され、一九二三年州教育委員会の承認を受け、一九二四年に発行された。主な目的は、「正確なる日本語を教授する」ことであった。教材はおもに合衆国公立学校教科書から選ばれ、「日本の種々の読本を翻案して補筆した[17]」。

日本語学校の日本化力

このような外圧による日本語教育の米化に対して、一九二二年にカリフォルニア州の日本語学校を一年にわたって調査した石川謙は懐疑的であった。日本語学校の教育目標は日本語学校を米化運動の道具と化したと石川は批判した。「米化促進のために日本語学園を設立するなどと言ふことが常識あるものに認容されるだろうか」と疑問を呈した。実際、石川が指摘するように、公立学校に通えば、英語を話し、アメリカ文化を学ぶ。米化を目標とすれば、日本語学校は不要となろう。(18)

しかし、「善良なる市民教育」という観点に立てば日本語学校を一概に不要だとはいえまい。しかも、桜学園のように、日本語学校のなかには、寄宿舎の役割を果たす学校もあった。親はキャンプを転々とする。子どもは放置される恐れもある。そうした児童を預かり、親に代わってしつけ、公立学校に通学させる役割を日本語学校は担っていた。須市児童寄宿舎小学部（元須市日本小学校）は石川のアンケートに、「寄宿部生徒は遅刻、欠席等なく且つ入浴して身体清潔なりと〔公立学校の教師から〕常に賞せられつつあり」と答えている。ガタルビ児童寄宿舎は、子どもを日本に送らなくても済むようにするために設立された、と答えている。寄宿でなくとも、公立学校の放課後に、「授業」という形であれ、子どもを「預かる」のであるから、現在の学童保育にも似た機能をもっていたともいえる。実際、石川のアンケートに答えた二三機関のうち、一七機関が日本語学校の存在の意義として、しつけや家庭教育の補助をあげていた。親子の意思の疎通と答えたのは二〇機関、子どもの将来のためは一七機関であった。このような状況を石川は、「学園は国家国民教育機関にあらずして全く家庭教育の延長たるに過ぎないと言ふのが今日の通説となった」と解説している。(19)しかし家庭が家庭として十分機能していない移民地の状況では、「家庭教育の延長」としても日本語学校は必要だったといえよう。(20)

石川はワッソンヴィルの華村学園の生徒を対象に道徳観念の調査も行った。日本の尋常科四年以上にあたる二六名（一〇歳から一六歳）に、日本人として「よい人」を挙げてもらったところ、半数は正確な名前を挙げることすらできなかった。しかも架空の人物や身近な人の名を挙げるものさえあった。実在の人物の上位三名は、楠木正成（五）、乃木希典（三）、楠木正行（三）であった。（　）内の数字はその名を挙げた生徒数を示している。複数回答が許されていることを考えると、この数は極めて少ない。それに対して、アメリカ人の「よい人」の名は正確に答えることができ、その数も多かった。ワシントン（二四）、リンカーン（一八）、フランクリン（一三）が上位三名である。理想とする人物もこの順番である。それに対して東京の児童では、ワシントン、ナイチンゲール、キリストなども理想とする人物として挙げていた。そこで石川は、ワッソンヴィルの児童が日本の影響を受けている度合いよりも、東京の児童が西洋化の影響を受けている度合いの方が大きいと結論した。

徳目では、「よいと思うこと」を列挙してもらったところ、ワッソンヴィルの低学年（尋常小学校三年以下）では、対自己道徳三三（正直など）、対家族道徳一三（親孝行、母の言うことを守るなど）、対社会道徳二二（親切、友達と仲良く、先生の教えを守るなど）、高学年（四年以上）では、対自己道徳四二（正直、正しくあれなど）、対家族道徳六（親に従順など）、対社会道徳三六（親切、他人を助ける、礼儀作法など）、対国家道徳一（祖国を愛せよ一）が挙げられた。これを東京の児童一〇七名の調査結果と比較すると、対自己道徳ではどちらもほぼ同じ徳目を重視している。対家族道徳では日米ともに親孝行が上位に位置しているが、他の道徳との比重をみると、ワッソンヴィルの方が少ない。さらにワッソンヴィルでは「祖先を尊ぶ」とか、「兄弟仲良く」と答えたものはいない。国への忠誠の割合も非常に少ない。この結果を石川は、家族制度の精神がワッソンヴィルの児童には欠乏していると分析した。また対社会道徳でも、ワッソンヴィルの児童は「親切」、「他人を助ける」などの徳目を挙げたが、これらは対個人であるのに対し、東京の児童の中で高い比率を占めた「公益」、「共同一致」、「公徳を重んず」のような徳目は、社会という抽象的な組織に対する徳目で、日本的精神であると石川は見なしている。ワッソンヴィルの児童は精神的に日本的ではないといえる。以上の分析から、石川は、日本語学校での教育によって「日系市民」が合衆国市民としての道徳を失うことはないと結論している。日本語学校は「日系市民」を日本化していないと石川は見なしたが、その実状はほとんどアメリカ人には理解されていないと懸念した[21]。

日本語学校の教育目標は排日論への反論を強調していた。そのため、『羅府新報』は、カリフォルニア州外国語学校取締法によって日本語学校の授業目的が明らかになれば、誤解が解けるのではないかと期待した[22]。小沢孝雄帰化権試訴の行方を危ぶみながらも、同紙は一九二一年四月二三日、

せめて我が子女をして立派な米国市民たらしめ……若し我等の子女にして教養宜ろしきを得て、人格も高く、才能にも秀てなばよしや人種的僻見あるとも、他の民族の子弟の間に伍して天晴れ功名手柄を成すを得べきは断言するに憚らざる也

と、日系市民の将来を楽観した。たとえ人種的偏見があろうとも、実力主義のアメリカでは、立派に教育さえすれば、移民の親たちが阻まれた夢を日系市民は実現できるはずだと確信したのである。このような確信の背景には、アメリカ精神の根幹だと彼らが信じた正義人道博愛と民主主義の理念を肯定する心情と、アメリカ社会への信頼があったといえる。

「世界平和の基」

「自尊心」

しかし事態はかならずしもそのようにはならなかった。一九二三年と一九二七年の最高裁判決がなければカリフォルニア州の日本語学校は消滅したことであろう。在米日本人会は米化運動を展開し始めた一九一七年から判

決までの一〇年間を「受難時代」と呼んだ。憲法の保証を得て、「各地に閉鎖の状態にあった学園は蘇生し」、一九三〇年代には日本語学園「最盛期」の隆盛をみた、と在米日本人会は評している。[23] しかし最高裁判決は日本語学校の存続を認めただけであって、その隆盛を保証したわけではなかった。日本語学校の隆盛の背景には、二世の多くが一九三〇年代に学齢期を迎えたことと、日本文化見直しがあったと思われる。

日本文化が見直された理由は、一つには日本の「大国化」があった。日本人移民たちは大国日本を誇りにした。その一方で、差別に甘んじざるを得なかった。誇り高い彼らは、アメリカ社会の偏見と差別が子どもたちに悪影響を与えまいかと案じた。『日米』新聞には、一九二七年一〇月二〇日と二一日の両日にわたって、「民族的立場より見たる第二世と邦語教育」と題する二世論が掲載された。そのなかで、論者の米沢年秋は、差別に負けて、「民族的自尊心を持たない二世が委縮退嬰或いは堕落の深遠に陥るは理の当然」だと警告し、日本語学校の教育で彼らに使命感を自覚させ、「民族的誇衿」を持たせ、劣等感を克服させることが重要だと論じた。『日米』は一九三〇年六月一七日の社説でも、二世は「白人種」の優越性を肯定し、「自ら卑屈性に陥」っていると警告した。同紙によれば、高学歴者ほどこの傾向が強いという。

太平洋岸の領事会議でもこの二世の劣等感が問題視された。一九二八年の第三回太平洋沿岸領事会議で、サンフランシスコ総領事井田守三は、家庭と日本語学校の教育が不完全なために、二世はアメリカ人とも日本人ともつかない「精神的混血児」のようだと批判し、よい日本語学校と適切な青年会の必要を訴えた。この意見に対して、在米大使館書記官岡本季正は、二世は日本国籍を所有するとしても合衆国市民であると指摘し、日本としては合衆国側に協力する姿勢をもつことが大切だと注意した。しかしポートランド領事井上庚二郎は、市民権剝奪論議や二世の就職難を考慮すれば、アメリカ社会が二世の教育に真剣に取り組むとは思えないと疑問を投げた。そして、「第二世は国籍法上の米国人であるに止まり」、合衆国市民としての社会的認知は十分ではないと示唆した。そして、二世が立派な市民とならなければ、市民権剝奪もありえるので、「日系市民の成功と失敗は日本民族全体の問題である」と警告した。市民権が剝奪されれば、日本の国家的威信も損なわれるからである。シアトル領事代理花輪義敬もこの意見に同意し、二世は父母が差別されているために「自己を卑下して居る」と指摘し、人間としての尊厳を知るために日本と日本文化について「真価」を教える必要があると述べた。結論として、二世に対しては、

在米邦人将来の発展は所謂第二世の之を俟たざるべからるを以て之が教育指導の重大なるは言を俟たざる所なるが元来彼等第二世は日本人種たると同時に米国市民たる特種の関係ある……従て彼等に対する教育指導に当りては是等の点に留意し……単に之を日本人側のみの問題とせず彼等が米国市民たる以上米国人に於ても進んで彼等を教育指導に努力して呉るる様可成仕向け日本側としては之に協調し其の好意的援助協力を得て以て目的の達成を計るに努むるを適当と認む

という点で同意を見た[24]。

日本語学校に対しては、一世がいる限り廃止は難しいが、やがては消滅すると醒めた見方をした。しかし、現在のところ、日米関係にとくに「有害」とは認められないので、排日論を刺激しないように注意しつつも放任することで一致した。あくまでも、政治状況と合衆国の世論の動向に照らして、存続を認めたといえる。領事らは二世の育成に無関心ではなかったが、日本語学校の存続に対しては積極的な支援を与えられなかったといえる[25]。

日本語学校の教師たちも、単なる語学教育を超えて、日本精神を教える必要を再認識し始めた。タコマ国語学校の山崎正人は、一九三〇年夏に行われた第二回米加日本語学校教育懇談会で、昨年まで修身科はなかったが、父兄の要望もあって、「親孝行」などの道徳観念を教えるために、熟慮の末、修身科を置くことにしたと述べた[26]。熟慮を要したのは、「修身」を授業すれば、アメリカ社会から再び誤解される結果を招くと懸念したからであろ

う。マウンテンビュー学園の小笠原謙三も、二世の非行問題から修身論議がさかんになり、実際に日本の修身教科書を用いている学園もあるが、これはデリケートな問題だと認めている。[27] 教育者にとって、また親たちにとって、民族的な自尊心と道徳心を涵養するには修身が最適だと思われたであろう。と同時に、忠孝の論理を機軸にした「修身」科目を直輸入する危険性も十分察知していた。それでも、注意して用いれば、二世の劣等感を克服できると期待したのである。日本人移民は、彼らの実力ではアメリカ社会の差別や偏見を打破することはできなかった。「軍事大国」日本の威光を借りた形で、祖国の偉大さを教え、出自の栄光を語ることでしか、二世に自負心を与えることができなかった。

経済的必要性

しかし純粋な語学教育としても日本語教育は必要であった。一九三五年のロサンジェルス領事館管内の日系市民調査によれば、二世二万五〇〇〇人のうち（就学者一万三〇〇〇、未就学者四〇〇〇、残り八〇〇〇のうち半数を家庭に留まる女性と見なすと）、就職可能者四〇〇〇、うち就職者三五〇〇、未就職者五〇〇と推定された。就職者のうち大半の二三〇〇は、野菜果物商及びその従業員であり、ついで農業と庭園業七〇〇であった。医師、歯科医、弁護士、新聞記者などの専門職は、それぞれ数名から一〇名に過ぎない。ほとんどは、日本人移民社会で生計を営んでいた。[28] 合衆国社会に進出できないとすれば、日本語は絶対条件であった。時代はやや遡るが、米国西北部連絡日本人会の調査によれば、就職する男女五二名に日本語の必要性を聞いたところ、日本語を熟知していないために就職上不便を感じると答えたのが、五〇名（九六パーセント）であった。四九名（九四パーセント）は、まったく日本語を知らなければ就職に差し支えると答えている。雇用者側三六名に言語能力について聞いたところ、英語以外に日本語もできるものを採用すると答えたのが三五名、英語の知識だけを基準に採用すると答えたのは一名だけであった。[29]

「東も西もなく」

とはいえ、日本語学習熱の高まりが日本への忠誠心の高まりを示すとはいえない。日本人移民は成功の機会を求めてアメリカにやって来たが、日本への愛着を断ちきれなかった。二世も同様であったろう。日本語学校で学んだり日本に留学しただけでは、アメリカへの愛着を失うことにつながらない。むしろ、日本語教育は良きアメリカ市民になるための手段とも言える。金門学園長鈴木孝志は、日本の教育雑誌に「大和民族の子孫が世界の最文明国の市民として生活する」のみならず、学業成績、素行の面で優秀だと誇った。そして、「日本語学園では、大和民族の有する日本独特の文化を第二世に伝へ日米両国の長所を兼備した優秀なる日系市民を教育し将来日米親善のため延いては世界平和の基を作る人物を養成すべき唯一の教育機関となつて居る」と、日本語学園の役割を強調した。(30) 日本語学園の教育があるからこそ、二世は非行に走らず、逆境を乗り越え、差別されながらも、アメリカに忠誠な市民となっているのであるという自負が感じられる。

このように、二世を通して日本文化の「精華」は合衆国社会に持ち込まれ、結果的に日米親善につながると一世は期待した。そのとき、「日本がよってたつものと、アメリカニゼーションが融合すれば、アメリカニズムだけのときよりももっと偉大なものとなろう」と、キプリングの「東と西の歌」に触発されて、シアトルの日系女子学生は書いた。その最後の数行には、

東も西もなく、
国境も、人種も、生まれもない
二人の強い男が面と向かって立つときは
たとえ二人が地の両果てから来たとしても(31)

このような態度は日米関係が良好であれば、多文化主義的社会の実現につながったかもしれない。しかし二世への期待は、単にアメリカ社会への貢献の枠内に留まらなかった。より政治的な役割も期待されたのである。日米関係が悪化するとともに、そして二世が社会的活動をしうる年齢になるとともに、二世への期待も高まった。その期待とは、とくに日本側の視点からみれば、日英両語を駆使できる二世に、アメリカの日本に対する誤解を解いて欲しい、言い換えれば、二世に日本の代弁者になってほしいというものであった。立派な日系市民の育成が日米親善、ひいては世界の平和につながるという論理は、日米関係の悪化のなかで、二世の立場を微妙にしていった。

とはいえ、二世と日本人移民は日本政府の尖兵として利用されたわけではなかった。二世と親、そして日本領事たちにとってさえ、二世は合衆国市民であった。佐藤シアトル領事は、「日米間に万一の事ある場合と雖も米国を墳墓の地と定むる確信あるべければ米国の明朗なる面を見るを要す」と述べた。万一日米戦争が勃発しても、米国籍を問わず、アメリカの法律を遵守するかぎり、「大統領の命令なき限り米国の住民として扱はるる事となれ居れり」と述べ、領事は「親米運動をなすを要す」と助言した。その助言を受けて、米国西北部連絡日本人会は、「時局急迫しつつありと雖も……日系米国市民の親として良き米国居住者なる事を期す」と決議した。(32) あくまでも合衆国に残り、社会に誠実を示すという考えは、決してワシントン州の日本人移民だけに限ったことではなかった。実際、日米戦争が始まっても、移民は良き住民でありつづけた。

しかし、こうした彼らの努力にもかかわらず、彼らは民族として強制収容されてしまった。

注

（1）一九九九年四月二八日NHK首都圏ニュース。大和市教育課によれば対象となる外国人生徒は二七〇人、日本語補習クラスに、対象となる言語を母語とする人を招き、補習している。数カ国語が対象となっているために、現在は一言語につき月一、二回の割合であるという。一九九九年八月二三日電話による問い合わせ。

（2）J. Hector St. John de Crevecoeur, *Letters from an American Farmer* [1782]（New York: E. P. Dutton, 1957）, 39.

（3）House of Representative, *Japanese Immigration Hearings before the Committee on Immigration and Naturalization, House of Representatives 66th Congress* [1920]（New York: Arno Press, 1978）, 1202. 在米日本人会『在米日本人史』（サンフランシスコ、在米日本人会、一九四〇年）、五八八頁。在米日本人会はサンフランシスコ総領事館管内（カリフォルニア州、ネヴァダ州、ユタ州、コロラド州、アリゾナ州）の日本人会を統括していたが、一九一五年、ロサンジェルス領事館の設置に伴い、カリフォルニア州南部、アリゾナ州、ニューメキシコ州の日本人会が分かれ、南加中央日本人会が組織された。一九一一年、オレゴン州、アイダホ州、ワイオミング州の日本人会が央州日本人会を、一九一三年ワシントン州、モンタナ州の日本人会が米国西北部連絡日本人会をシアトルに設立した。

（4）後に、カリフォルニア州では学校は日本語学園と、ワシントン州では国語学校と呼ばれることが多かった。外交史料館所蔵資料三－一〇－二－一。伊藤一男『中河頼覚の足跡』（シアトル、中河喜千代、一九七二年）、六八—七一頁。

（5）在米日本人会『在米日本人会会報　在留民の現状』（サンフランシスコ、在米日本人会、一九〇九年一〇月）、五五頁。

（6）教育勅語は、

朕惟フニ我皇祖皇宗國ヲ肇ムルコト宏遠ニ徳ヲ樹ツルコト深厚ナリ我カ臣民克ク忠ニ克ク考ニ億兆心ヲ一ニシテ世々厥ノ美ヲ済セルハ此レ我カ國体ノ精華ニシテ教育ノ深源亦實ニ此ニ存ス爾臣民父母ニ考ニ兄弟ニ友ニ夫婦相和シ朋友相信ジ恭儉己レヲ持シ博愛衆ニ及ホシ學ヲ修メ業ヲ習ヒ以テ智能ヲ啓発シ徳器ヲ成就シ進テ公益ヲ廣メ世務ヲ開キ常ニ國憲ヲ重シ國法ニ遵ヒ一旦緩急アレハ義勇公ニ奉シ以テ天譲無窮ノ皇運ヲ扶翼スヘシ是ノ如キハ獨リ朕カ忠良ノ臣民タルノミナラス又以テ爾祖先ノ遺風ヲ顕彰スルニ足ラン斯ノ道ハ實ニ我カ皇祖皇宗ノ遺訓ニシテ子孫忠臣ノ倶ニ遵守スヘキ所之ヲ古今ニ通シテ謬ラス之ヲ中外ニ施シテ悖ラス朕爾臣民ト倶ニ拳々服膺シテ咸其徳ヲ一ニセンコトヲ庶幾フ

原文は、佐藤秀夫編『続現代史資料八教育一　御真影と教育勅語』(みすず書房、一九九四年)、四五九頁。なお、漢、英、仏、獨語訳も参照できる。

(7) 外交史料館所蔵資料三-一〇-二-一〇。一九一三年(大正二年)四月七日付サンフランシスコ総領事代理大山卯次郎から外務大臣牧野伸顕宛。仏教を教育方針に記載したのは、一校に過ぎないが、桜面都日本小学校のように仏教会に付属しながらも仏教を教育方針に掲げなかった小学校もある。

(8) 『桜府日報』一九一七年三月一八日、四月四日。

(9) シアトル領事代理阿倍喜八の報告によれば、シアトル国語学校の生徒七八名のうち、合衆国生まれは四四名、日本生まれは三四名であった。一九一一年(明治四四年)五月二日付、外務大臣小村寿太郎宛。外交史料館所蔵資料三-一〇-二-一。『日米』紙(一九二〇年五月三一日)によれば、金門学園の生徒二〇七名のうち、一八七名(八九パーセント)は合衆国生まれ。この割合は幼稚科ではさらに高くなり、日本生まれは三六名中一名のみであった。

(10) 北加日本語学園協会編『米国加州日本語学園沿革史』(サンフランシスコ、北加日本語学園協会、一九三〇年)、二四―四〇頁。以後沿革史と略す。

(11) 同上四五頁。

(12) 藤岡紫郎『米国中央日本人会史』(ロサンジェルス、米国中央日本人会、一九四〇年)、五九頁。六月八日の教育者大会では、

一、在米同胞児童教育方針は米主日従即ち単に邦語を教うるに過ぎざるが時節柄一層此の方針を確定する事。

二、日本語学園の生徒中若し公立学校に通学せざるものあらば其の通学を勧告する事。

三、従来の日本語教科書中に米化主義に背反するが如き章句あらば之を広義に解説する事。

四、米化主義に合致する新教科書を編纂すること。

五、米化運動の特別委員を常置すること。

と決議された。同上六〇頁。

(13) 太平洋沿岸日本人会協議会の議事録はUCLAのJARPコレクションによる。

(14) 「日系市民」という言葉は、散見したところ、一九二三年の太平洋沿岸日本人会協議会第一〇回大会で「日系市民職業

調査」で使われている。日系という言葉は、市民協会が設立されるころから使われるようになったと推測される。ちなみに『羅府新報』（一九二〇年八月一一日）は、「日種米人」という言葉を使っている。日系という言葉の初出と広がり方についての研究が待たれる。
(15) 日本に国籍法改正を求める運動に関しては、粂井輝子「「内なる敵」日系アメリカ人と二重国籍問題」、移民研究会他編『戦争と日本人移民』（東洋書林、一九九七年）、五二―六七頁参照。
(16) 米国西北部連絡日本人会『自大正十年九月一日至十一年二月二八日　会務及会計報告』。
(17) 編集委員は南加中央日本人会から島野好平、吉永善次、在米日本人会より鈴木孝志、中島五十治、佐野佳三。"Report on Japanese Foreign Language School" 在桑港総領事矢田七太郎より外務大臣内田康哉宛一九二二年二月一四日付に添付、および『在米日本人会会報』（一九二一年七月一五日）、滝本為三「日本語学園に関する報告書」（一九二三年一月三日）、矢田より内田宛一九二三年一月六日付に添付。外交史料館所蔵資料三‐八‐二‐三三九‐一‐八。
(18) 石川謙「米国加州日本語学園に関する研究」『教育界』（一九二三年四月）、一七頁。五月、六月の三回にわたって連載された。
(19) 桜学園所蔵桜学園資料、および成城大学所蔵沢柳政太郎文書「加州日本語学園改造論資料」。フレスノ日本語学園では七〇名が寄宿していた。石川：二二。
(20) この分析に関しては、石川の前掲論文五月、六月号を参照。比較のために、石川は東京の友人に調査を依頼した。石川はここで「日系市民」という言葉を使っている。石川：四月号六〇。
(21) 『羅府新報』社説一九二二年四月二九日。
(22) 在米日本人会『在米日本人史』四七七、四八二頁。
(23) 外交史料館所蔵資料M二三〇一一。
(24) この受入国の状況を優先させる方針は、一九二二年と二四年の太平洋沿岸領事会議で討議された。また、外務省通商局第三課「第六十回帝国議会説明資料」（外務省史料館所蔵）も参照のこと。在外日本人児童の教育問題に関する文部省、外務省の教育方針に関しては、小島勝研究代表『「在外子弟」教育の規定要因と異文化間教育に関する研究』（平成九―一一年度科学研究費補助金（基盤研究(B)(1)研究成果報告書）参照。

(26) 米国西北部連絡日本人会「昭和五年八月一八日第二回米加日本語学校教育懇談会」謄写版。
(27)『日米』紙一九二九年一月一日。
(28) 外務省亜米利加局第一課『北米日系市民概況』(一九三六年)、八一―八三頁。外交史料館所蔵資料調書。
(29) 米国西北部連絡日本人会『自大正十二年三月一日至大正十三年二月二十九日　会務及会計報告』一二六―一二八頁。
(30) 鈴木孝志「在米日系二世とその優秀性」『帝国教育』(一九三八年一二月)、六九―七五頁。
(31) Thelma Shizu Okajima, "True Kiplingism," *New Year Greetings from the Great Northern Daily News*, Jan. 1921, 73-74. 日系少女が東西文明の融和と日米親善を、キプリングの詩に託して語ったものである。
(32) 米国西北部連絡日本人会『昭和十六年定期協議会八月一日議事録』。

第8章　パラグアイにおける日系人の日本語教育
——日本の教育システムと移住地への影響

エミ・カサマツ
（中畑義明訳）

どこの言葉を話しても、日本人の心は忘れないで
（パラグアイの日系二世によく使われたことば）

パラグアイの日系人は大人も子供も、アメリカ大陸において有数の日本語に堪能な人たちであり、祖国日本の生活習慣を大変よく反映した生き方をしていると考えられている。そこで、パラグアイの日系人は世代が交代しても心の陰影を表現できるほど巧みに日本語を運用できるのはどうしてなのだろうか、さらに日本語を話す環境が周りにはないのに日本の文化をどのようにして保つことができたのかを検証したいと私は思うようになった。

パラグアイに住む多くの日系人にとっては日本語が現在でも家庭で使われる主要な言語であり、世代が交代してもこの事実はさほど変化することはなかった。しかし首都アスンシオンなどの都市部に住む日系人にとっては、主流社会に同化するのは当然であり、新しい世代は日本語を使うことが重要であるという考え方にこだわらなくなってきた。とはいえ、新しい世代にも日本語を生活言語として使用しつづけて欲しいというのが一世、二世の衰えることのない願いである。では一体、新しい世代にも日本語を使用して欲しいと思うパラグアイの日系人の特徴とは何なのだろうか。

パラグアイへの日本人移民の歴史は一九三六年にさかのぼるが、大半の日本人移民は第二次世界大戦後にやっ

て来た人びとである。ほかの国の日本人移民史が一〇〇年に及ぶことを考えれば、パラグアイにおける日本人移民は最近のことである。それゆえにパラグアイの日系人一世はいまだに大変大きな影響力を持ち、日本語を日常的に使用していることも大きな理由となり日本の文化と日本的な組織上の構造が失われずにいる。

「一世のような二世」とはパラグアイの二世を指して使われた言葉であるが、パラグアイの二世は、日本が経済大国になったことや家族の影響もあり、自分たちのアイデンティティをパラグアイ人よりも日本人に近いものと受け止めることがよくある。パラグアイが国民的な気風を失いつつあることも一因となり、多くの日系人は自分たちのアイデンティティを祖先の国・日本に求め、強い親近感を抱いている。さらに日系人の身体的特徴も祖先が日本人であることを認識するのに役立っている。

もちろん日系人がパラグアイの主流社会へ同化するにつれ、日本語習得の重要性は失われていくであろう。日系人としてわれわれが日本とパラグアイに何を期待することができるのだろうかということもあるが、与えられた情況を踏まえてわれわれに一体何ができるのかということもある。以上のことをこの研究において考察したいと思うが、長い目で見て、日本語を学習することはこれからのパラグアイの日系人に大いに役に立つであろうと提案したい。

日本語教育システムと移民地への影響

日露戦争が終わるころ、日本は、西洋の基準から見て「近代国家」を建設中であるとみられ、受け入れられるようになった。しかし、日本が受け入れられたのは、ひとえに物理的な側面によるもので、精神的なものでは決してなかったと思われる(1)。日本において近代国家建設は「和魂洋才」という思想を生み(2)、やがて、日本の近代化と同時に西洋化を推進しようとする「大正デモクラシー」へとつながる。当時の教育者の中には、大正デモクラシーの影響を受け、民主的な考えと社会主義的な傾向を持って、生徒たちの教育に取り組む者もいた。(3) このときまでに日本人は、将来のことを考えて、日本が成功する方法、つまり日本人がより進んだ西洋の技術力に伍していくことを可能にする唯一の方法は、高い水準の教育を施すことだと確信していた。

一九三五年、文部省に教育改革審議会が創設され、やがて審議会は日本語教育への提言を求められた。明治維新に始まる日本の西洋理解は和魂洋才の思想に基づいていたが、教育改革審議会は「西洋合理主義」を意味する「洋才」を排除し、新しい改革の目標を設定した。(4) つまり教育は神道、教育、政府という基本になる三本の柱の上に築かれた「国策と大和魂」という概念に根ざす必要性があると審議会は明らかにしたのである。このようにして、この理念を有する者に初等教育が委ねられることになり、やがて大日本帝国の道義が具体化されることになる。(5)

第二次世界大戦が終わるとアメリカの影響が日本の教育に広がり、「六・三・三・四」制が採用された。小学校六年、中学校三年の計九年が義務教育で、高等学校三年と大学四年は任意である。そして、一九四七年の教育基本法によれば、教育目標は民主国家の平和を愛する国民として自信に満ちた国民を形成することと人間の価値を大事にする社会を育成することであった。この枠組みにおいて、日本は世界でも有数の教育水準を有する国家になったとエドウィン・ライシャワーは述べている。(6)

パラグアイにおける日本語教育の始まり——一九三六—五四年

日本人によるパラグアイ移民は一九三六年に始まったが、当時の日本における教育は『国体の本義』に基づくものであり、同年、日本政府は藤沢正三郎教諭を派遣し、移民政策の一環として拡大しつつある日本人移民地に日本語学校を設立させた。〔1〕 祖国を遠く離れていても子供たちは鍛錬と優れた見識に基づく教育を受けることができるというのがその理念であった。そして、それは子供たちに、禁欲的であり、逆境においては克己的であることを教えると同時に、楽観的なものの見方と自分たちの移住地に対する弛まぬ自信を植え付けることであった。ことさら、日本人の精神であり揺るぎない闘争心である大和魂を心に刻み付けることを親は子供に願っていた(7)。

教育は人間の成長、とくに幼い頃に不可欠であると考えられたので、移民地の学校には学校長が必要であると日本人移民は考えた。最初に校舎建設が行われるとは限らなかったが、それでも日本語の指導に差し支えることはなかった。のちに三ヘクタールの土地に校舎が建築され、拓務省のパラグアイ拓殖部、通称「パラ拓」は、その日本語学校をラ・コルメナ小学校と命名した。

一九四〇年には在籍者数が一三一名で、一年生から六年生まで揃った。教師数は在籍する生徒に合わせて三人に増え、一日五時間、日本語で授業を行った。五時間の授業が終わると、パラグアイ教育省の指示によりパラグアイのカリキュラムに沿ってスペイン語で授業が行われた。

日本語とスペイン語の二つの言語による指導体制がいったん確立すると、地元のパラグアイの人びとは日本人の教師をパラグアイの教育に則して支援した。しかし、一九四一年、日本が第二次世界大戦に突入すると、主流社会への同化の期待が断ち切られた(8)。日本人移民はすべての学校を閉鎖し、教師を解雇せざるを得なくなり、さらに、一九四二年三月、戦時下にコルメナ小学校の父兄会は敵愾心がないことを表すために学校の資産ならびに設備を放棄することを決定した。この放棄のおかげで、第二次大戦中、パラグアイ政府は日本人移民にいかなる屈辱も与えることはなかった。

藤沢教諭が辞めても、ラ・コルメナの日本人移民は日本並びにパラグアイ両国の立場を尊重しようとした。そして日本語を絶やさないために少ない手持ちの教材を利用して、ひそかに各家庭において読書と学習の時間を設けた。

第二次大戦が終わり一九四六年になると、日系パラグアイ人二世の親は、日本で生まれた子供の親と同様に、日本語学校の再開を熱望した。そこで矢沢学園、高橋学園さらに森谷ファミリーの林間学校を含む、これまで以上にしっかりした学校が個人の家を利用してひそかにではあるが一斉に開校した。

戦前期の教授法

児童は六、七歳になると日本語学校への就学を許され、三月に始まり一一月に終わる一学年で一級と二級を終了する。授業は七時に始まり一一時半に終了するが、教科は日本語、算数、図画、作文、工作、唱歌と体育であった。一・二級を終了すると生徒は地元のパラグアイの学校へ移り、そこでパラグアイ教育省の条件に従って一年生からやり直した。

パラグアイの就学年齢は八歳で、小学校の課程は六年間であった。そして生徒は一二月初旬から二月末まで続く夏期休暇中、日本語の授業を受けた。さらに夏期休暇中、日本語学校では作文コンテストや絵のコンテスト、運動会、遠足などが行われた。そして、このような行事を通し、日本の伝統に従い行儀、しつけ、礼儀も教えられた。生徒の品行、特に遠慮することや年上の者や地位の高い者を敬うことには矢沢なか教諭はたいへん厳しかった。この厳格なしつけのおかげで、伝統に根ざしてきちんと社会経験を積めば、パラグアイの日系人は日系人社会にもパラグアイ人の社会にも溶け込むことが可能であった。

当初、日本語学校は日本から持ってきた教材を利用していたが、その後、子供のために親がまとめたり写し取ったものも教材に取り入れた。日本から持ってきた数少ない本を家庭ごとに回し読みをすることもあった。回し読みはやがて巡回図書館のようなものに発展し、本には丹精を込めて作られたカバーがかけられ、傷まないように最大限の注意を払って扱われた。おかげで多くの若い人びとが日本で出版された翻訳本や子供向けにやさしく書き直された外国の本とともに日本の古典作品にも親しむことができた。

そのうえ、母親の中には草花から染料を抽出し色紙を作る人もいたし、パラグアイにはいないめずらしい動物を描いたり、自分たちの住んでいる周囲では見られない生物や風景があることを教えるために馴染みのないものを描く母親もいた。

このようにして日本語教育や子供の品行に対する期待、それに新年、お盆、運動会、野球大会などの文化的な行事は子供の頃の経験に深く根を張ることになった。そして、子供たちはきちんとした日本語を話さなくてはいけないという両親の強い決意と家庭では日本語を使わざるを得なかった環境のおかげで、一部の家庭においてではあるが、現在に至るまで日本語を使うことができたのである。

大戦後の日本語教育

ライシャワーによれば、戦後の日本における教育制度はアメリカの占領の結果、エリート性が薄くなるとともに、当時の国際的な規範に合うように改められたという。この改革にあたり、以前より増して教育行政の中央集権化と、「履修課程」の改訂、日本語の改革、それに教材としてローマ字を採用するなどの教育制度の刷新が必要となった。

一九四七年三月に制定された教育基本法にはつぎのように記されている。

われらは、さきに、日本国憲法を確定し、民主的で文化的な国家を建設して、世界の平和と人類の福祉に貢献しようとする決意を示した。この理想の実現は、根本において教育の力にまつべきものである。われらは、個人の尊厳を重んじ、真理と平和を希求する人間の育成を期するとともに、普遍的にしてしかも個性ゆたかな文化の創造をめざす教育を普及徹底しなければならない。ここに、日本国憲法の精神に則り、教育の目的を明

示して、新しい日本の教育の基本を確立するため、この法律を制定する。(9)

戦後の日本の教育制度は一九五五年に再開されたパラグアイ移民を通して伝えられたが、彼らはパラグアイの南東および北東部の移民地、すなわち、イタプア地区（チャベス、フラム、ラ・パス、サンタ・ローサ、フジ、ピラポ）やアマンバイ、そしてアルト・パラナに移民した。戦後移民した者は日本で新しい指導方法やカリキュラムを経験していたので、戦後の教育改革はラ・コルメナの日本語学校に伝えられることになった。

新移民地における日本語教育の状況

移民地を建設する際、まずしなければならないことの一つが、子供たちに日本語を教えるための施設を作ることであった。まず、建設用地がなければ、各家庭や倉庫を代用して転々として行われたが、ほとんどの場合、生徒の椅子も机もなかった。しかしながら教師が紙芝居を使って子供たちを楽しませてくれたことや子供たちが真新しい切り株の中を跳ね回った様子を、当時生徒だった丸山みどり教諭は懐かしく覚えている。一九五八年にはフジ・コロニアにおいて父母の努力が実って大きな学校ができた。その学校ではパラグアイの教育省の初等教育制度も取り入れ、パラグアイ人の教師を採用し教育が行われた。(10)

たとえばサンタ・ローサのような移民地に住む人びとは、高知県から移民した人びとと協力して一九五七年に学校を建設した。パラグアイ教育省の許可を得て、学校を拡張し、パラグアイのクラスを併設し、一九五八年にパラグアイ人の教師を一人採用した。一九七〇年代には日本の学校で採用されていた教科書を七〇〇冊ほど高知県知事から寄贈された。そのお陰で、学校において一年生から五年生まで一日三時間、日本語の教授が可能となり、一九六五年には最初の卒業式が行われた。(11)また移民を促進する日本政府の機関である日本海外移住振興株式会社が一九五六年に開設されるにあたってさまざまな企画が立てられた。たとえば一九六〇年には日系人移民地の児童に初等教育が行き渡るようになったし、さらに一九六五年に鉄筋コンクリートの校舎、校長用の宿舎、さらに生徒の寄宿舎が建設され、スクールバスも提供された。

パラグアイ北部のアマンバイ・コロニアは、日本人移民が一九五三年にコーヒー農園の契約雇用農になった最初の移民地であった。そこでは契約した会社からの配給が乏しかったにもかかわらず、日系人移民は配給の少ないことよりも子供の教育に関心を寄せた。一九五八年に黒田音四郎が特命全権公使として在パラグアイ日本公使館に派遣された[12]。そして見込みがないと思われていたこの移民地に住む子供たちの教育事情に関心を寄せ、多くの援助を行った。

ピラポ・コロニアが建設された翌一九六一年には同地に日本語学校が開設された。水本教諭は、日本で教師をしていたが、一三年間、ピラポ・コロニアで教育に励んだ。このコロニアのほとんどの人が農業に深く携わっていたので話す内容のほとんどが農業に関することであった。そこで、国際協力事業団(JICA)から派遣された教師とボランティアの人びとは教える内容を農業の事と関連をもたせたが[13]、そのおかげで良好な教育環境を築くことができた。

首都アスンシオンから二八六キロメートルほど離れたイグアスはパラグアイに建設された最後の移民地の一つであり、日本語学校ができたのは一九六三年であった。一九六五年にはイグアス教育協力会が作られ、一九六七年、日本政府は初等および中等教育を実施する学校を建設し、設備を整え、さらにスクールバスを提供した。また岩手県は日本語教師を指導する人を派遣した。

このように、日本人移民の親、教師、そして日本の諸機関が力を合わせ、時には失敗や成功を味わいつつ、「教えながら学ぶ」という日本語教授法を完成させた[14]。一九八一年にはパラグアイにはすでに一六の日本語学校があり、一二〇〇人が在籍していた(表1、2)。

学校名	所在地	教師数	生徒数	時間数
チャベス中央日語小	チャベス	2	32	43
富士日語小	フラム	4	45	61
ラ・パス日語小	フラム	3	58	45
サンタ・ローサ日語小	フラム	5	62	56
アカカラヤ日語小	アルト・パラナ	4	71	50
ピラポ中央日語小	アルト・パラナ	5	74	62
ピラポ第2日語小	アルト・パラナ	3	60	66
藤美村日語小	アルト・パラナ	3	52	57
イグアス日語小	イグアス	4	117	132
ラ・コルメナ日語小	ラ・コルメナ	2	99	140
アマンバイ日語小	ペドロ・J・カバレロ	4	163	175
ストロエスネル日語小	ストロエスネル	1	16	100
エンカルナシオン日語小	エンカルナシオン	2	66	200
アスンシオン日語小	アスンシオン	2	76	220
三育学院	アスンシオン	2	60	
日本人補習学校	アスンシオン	3	21	
合計		49	1,072	

表1　パラグアイにおける日本語小学校（1981年）
出典：「みおつくし」1981年8月号、12頁。

学校名	所在地	教師数	生徒数	時間数
フラム日語中	フラム	2	34	150
ピラポ日語中	アルト・パラナ	3	53	50
イグアス日語中	イグアス	3	39	138
アマンバイ日語中	アマンバイ	1	44	76
シウダッド・デル・エステ日語中	シウダッド・デル・エステ	1	3	100
エンカルナシオン日語中	エンカルナシオン	1	17	104
アスンシオン日語中	アスンシオン		13	
合計		11	203	

表2　パラグアイのおける日本語中学・高等学校（1981年）
出典：「みおつくし」1981年8月号、12頁。

日系一世の嘆き

一九八〇年代になると、一部の国において日系人である・なしにかかわらず、日本語学習熱が再燃した。この時の日本語学習熱は、世界における日本の地位向上とともに日本経済の発展によるものであった。[15] 一方、コンピュータや通信衛星による通信手段などの発達により、国境を越えての連絡が密にとれるようになると、日系人に関して問題が発生した。パラグアイの日本語教師会の会長である佐藤教諭は教師と父母とともに次のような問題提起を行った。

スペイン語と日本語の二言語がはたして重要かつ必要なのか？
日本語は将来必要な言語であるのか？
日系二世はなぜ日本語を学習すべきか？
二世は何が何でも日本語を習得しなくてはならないというのが総意であった。[16]

日系人社会には首都アスンシオンの大学[2]を出ても専門職として職場の中で溶け込むのは難しいだろうという意見もあるので、二世は日本語を学び、奨学金を受けて日本に留学する方がよいという考え方も当然生まれた。

パラグアイにおける日本語教育の高揚

日本語教育に関する関心は一九八六年頃に頂点に達し、パラグアイに一六校あった日本語学校が中学一一校、高校二校を含め二四校と増えた。当時、教師は七二名、生徒一二一九名だったが、生徒の内訳は九一五名が小学生、三〇四名が中学・高校生であり、生徒数が一番多かったのはアマンバイ・コロニアであった[17]。

パラグアイの日系人生徒の日本語力は日本の同学年の生徒よりちょうど二年遅れていたが、他のアメリカ大陸の日系人の日本語能力と比べると、成績がきわめて高いことが分かる。七五パーセントのパラグアイの日系人が日本語を学習したが、日本語学習者の割合からしても、教師と学校の総数がその他のアメリカ大陸の国々より高かった。

日本の子供たちとパラグアイの子供たちの使う日常の言葉にほとんど差がないとは日本から来た教師がよく指摘するところであるが、パラグアイの子供たちの日本語学習への取り組み方や日本的な価値観の維持についても同じことが言われる。また、日本語を学ぶことは日本人の精神を失わないことであり、自己と自然との関わりにとって大事なことであると中曾根大使は発言している。

「日本が経済大国になったという事実は教育に寄与し得る。なぜなら日本の国土の八〇パーセントは山岳と丘陵地帯であり、天然資源が乏しい。その結果、国と国民は教育に頼らざるを得ないからだ」とＪＩＣＡのアスンシオン元代表だった西野世界は述べている。そして彼の論によれば、教育とは、より良い生活の追求に大いに関連があるので、子供に良い教育を与えるために親は一所懸命になるのだという。そして教育とは学校で習うことを意味するだけでなく、人格の形成にも関わるものなのである。家庭で子供の面倒を見たり、育てることはその影響が大変大きいので「親が子へ伝えることは一〇〇人の教師の教えにも匹敵する」のである。

教育とは、
言って教え、
して見せて、

させて、誉めることだ(18)。

パラグアイにおける日本政府の日本語教育支援

日本語の指導がどれだけ適切であるかは、一九八七年から現在まで読解力と筆記力を見る日本語能力検定を使って評価されてきた。日本語能力検定は国際交流基金が後援し、パラグアイの日本大使館を通じて実施されている。国際交流基金が日本から検定問題を送付し、検定終了後日本に送り返すが、その成績は生徒および教師に大きな影響力を持っている。日本語能力検定は一級から四級まであり、二級に合格した生徒には日本へ行く奨学金が与えられるが、パラグアイの日系人社会には一級を持っている生徒もかなりいる。

弁論大会も毎年開催されているが、大会には国際交流基金が助成金を出し、第一回の大会には賞品も提供した。弁論大会は毎年アスンシオンで開催され、パラグアイ全土から参加する。近年では優勝者および準優勝者にＪＩＣＡから日本へ行く旅費が与えられていた。

また国際交流基金が後援する、たとえばアスンシオンにある三育学院のような日本語学校がアスンシオンやラ・コルメナ、アマンバイ、シウダッド・デル・エステ、エンカルナシオンにあり、教師の給与、教科書、教材を提供している。

国際交流基金とは別にＪＩＣＡの後援で日本語学校がチャベス、ラ・パス、ピラポ、イグアスの移民地に設立された。これらの学校は国際交流基金の助成金と同じように、学校建築のための費用援助を含め助成金をＪＩＣＡから受けている。

国際交流基金は日本語センターの日本語研究会を通じてパラグアイの日本語教師に奨学金を支給している。その奨学金は長期、短期、一ヵ月の三つのカテゴリーに分かれ、長期は九ヵ月分、短期は最低二年日本語教育に携わっている教師に二ヵ月分、一ヵ月は一世の日本語教師に一ヵ月分の奨学金を与えるものである。[19] パラグアイ・日本人発展センターから派遣されたパラグアイ人教師、ノルマ・トルナデュ教諭は日系人ではないにもかかわらず、一九九九年に奨学金を獲得した。一九七九年以来、JICAも日系人日本語教員四〇名を研修のために日本に送っている。[20]

日本語教育の組織的構造

かつてアスンシオンにあった日本語学校はアスンシオン日本人会会長と校長、それに教師によって運営されていた。学校は幼稚園、六年制の小学校、中学校に相当する四年制の課程、それに二年制の高等学校のコースがあった。学年は三月から一一月までで、生徒は月曜から金曜日まで午前か午後の二時間ないし三時間の授業を受け、土曜日には一週間分の宿題が与えられた上で日本語の授業が六時間あった。

「宿題をきちんとやり予習をしてくれば、週一日しか学校がなくても生徒は高い学習力を養うことができる。土曜日に勉強する生徒たちは日がな勉強のみに打ち込んでいるが、このような通信制のコースでもかなりの成果を挙げている」とパラグアイの日本語教育の専門家である岡本照子教諭は述べた。

現在ではどの学年の生徒も月曜から金曜まで毎日登校し、目標は日本語で意思の疎通を図れるようになり、日本文化をよく理解し、さらに社会で立派にやっていける人間に成長することである。三月から一二月までは日本語会話と通訳を大事にしながら読解力の授業とほかの学校との交流に多くの時間が割かれる。また週に一時間、音楽、体育、体育祭、絵画、技術、そして校外見学があり、年に一度、全国的規模で行われる日本語による作文コンテストの参加資格を得るために校内のコンテストに参加する。[21] 全国大会に優勝すれば日本に一ヵ月間、行くことができるのである。

岡本教諭は、パラグアイにおいて移民地の子供とアスンシオンのような大都市部の子供では学力に著しい違いがあると指摘している。移民地に住む日系人の子供たちは日本語を流暢に話せるがスペイン語はそれ程話せない。しかし都市部の日系人の子供たちは日本語よりスペイン語の方が上手である。この両者の違いは社会的及び親の影響と同じように文化的な環境によるものである。

移民地の日系人の子供たちには、玉川大学が推進する、日本の学校で使われる伝統的な教授法を用いて指導することも可能である。また都市部の日系人の子供たち、特に日本語がほとんど分からず日常的にスペイン語を使う日系人の子供たちにとっては、第二言語として日本語を学習する必要性もあろう。つまりまったく異なる教授法が要求されるのである。奨学金を得て日本に行ったことがある親の子供もこのカテゴリーに分類される。奨学金を得て日本に行ったことがある親は、子供が日本語を知らなくても、日本の伝統的な指導法で教育されることを期待している。たとえば新宿日本語学校はスペイン語を話す日系人を含む外国人向けのカリキュラムを用意しているが、新宿日本語学校の教授法はおそらくこれからのパラグアイの日本語教育にもっともふさわしいのだろう。

新しい世代が台頭し、日系人ではない人びとが日本語教育に対して関心を持つようになると、日本語教授法をパラグアイの新しい状況に合うように改善しなくてはいけない。そのために六人の学校長が選ばれ、教材開発委員会が作られた。この道の専門家である島地佐誉子の指導のもとに、この委員会は日本語とスペイン語による教科書を編集し、一九九九年に出版した。(22)

日本語学習支援機関

全パラグアイ日本語教育研究協議会は七人のメンバーから構成されているが、パラグアイの日本語教育を調査し、日本語教育の向上を図り、関連する諸問題を分析するために年二回研究会を開催している。

また、JICAは毎年、中南米の日本語教師のための研修を二週間行っている。日本語教育の著名な研究者が日本の大学から招かれ講習を行うが、子供の成長に関心を向け、日本語の聴取力、会話力、筆記力の三つの力を改善する方法を示し、さらに南北中央アメリカ向けに適切なカリキュラムを作成している。

前回の会議は一九九九年一月にアスンシオンで開催されたが（表3）、テーマは「二一世紀における日本語のあり方を考える」であった。講演会は多岐にわたり、講演内容は、日系人の教育促進の必要性、生徒の日本語学習の自発的勉強、日本文化への適応の仕方、各国で使用される日本語教材の評価、万人が受け入れやすいカリキュラム、さらに第二言語としての日本語学習提唱についてであった(23)。

二一世紀の日本語学習者

世界中で日本語を学習している国は日本を除いて一一五カ国、学習者は二一〇万二〇一三人、日本語教師は二万七六一一人であるが、この数にはテレビやラジオの講座で学習している人や個人的に学習している人は含まれていない。日本語学習者の多くは中国、韓国、アメリカ合衆国、オーストラリアに集中している。日本語学習者の割合は、約六五パーセントが東アジアであり、一六パーセントがオセアニア、六パーセントが合衆国、東南アジア、それにヨーロッパであり、一パーセントが南アメリカである(24)。

国名	参加者	日本語学校数	日系人教員数	生徒数
ブラジル	7	113		
メキシコ	2	40		860
カナダ	4	40		
ペルー	3	16	75	3,500
パラグアイ	6	11	77	1,119
コロンビア	1			
ボリビア	4	8		
アルゼンチン	3	32		
ドミニカ共和国	2	8	25	141

表3　中南米日本語教員のための国際交流基金研修コース1999年参加国
出典：「みおつくし」 1998年12月号、12頁。

学校所在地	日系人	日系と他人種間	日系人以外	合計
アスンシオン	90	34	2	127
アマンバイ	50	21	17	98
イグアス	95	18	35	148
シウダッド・デル・エステ	26	12	1	39
エンカルナシオン	30	17	4	51
キャピタン・バード	11	5	37	53
チャベス	12	10		22
三育学院	50	19	17	86
ピラポ ラ・コルメナ	157 22	15 21	3 13	175 56
ラ・パス	73	13	2	88
合計	616	187	131	943

表4　パラグアイの日本語学校における小・中・高校生の出自別生徒数
出典：「みおつくし」1999年、22頁。　(2000年)

興味深いことに、パラグアイでは日系人の血を五〇パーセント引く子供たちとまったく血を引かない子供たちが日本語学校に通っている（表4）。これは日系パラグアイのコミュニティにとっては実に心強いことである。

また上記の学校のほかに、パラグアイ・日本人発展センターで開講している日本語クラスもあるが、受講生のほとんどが日系人以外の人たちである。

結　論

日本人がはじめてパラグアイに移民して以来、日本語指導は着実に発展してきた。親の努力、何事をも厭わない教師の献身的な仕事ぶり、それに日本政府の絶え間ない支援はパラグアイの勢いとなってきた。一九八〇年代には大人も子供もほとんどの日系人は日本語を話していた。事実、多くの人たちがスペイン語よりも日本語の方が上手であった。

しかし、日本から持ち込まれた教科書は、数年前まで何とか間に合うと思われていたが、時代にそぐわなくなった。パラグアイにおいて、日系人の新しい世代にも変化が起こりつつある。つまり、小学校や中学・高等学校の日系人の生徒は徐々に三世、四世と世代が代わろうとしている。また、異なる民族との間に生まれた人びとは日本人の血統からどんどん離れてもいく。したがってカリキュラムは新しい世代の要求に適うように改編されることが急務となっている。

就学年齢に達する新しい世代の子供たちは急増し、山神奈緒子教諭の調査によれば、都市部では就学する児童の九パーセントしか日本語が話せず、地方の移民地で四〇パーセントの児童しか日本語が話ないという。また、日系パラグアイ人の多くの親は、日本語が分かるにもかかわらず、子供たちがスペイン語を話せればパラグアイの社会に同化しやすいと考え、家庭でもスペイン語を話そうとしている。スペイン語が「母語」であり、日本語が第二言語であると考えている親も多い。

二一世紀になり、規模が地域的であれ世界的であれ、経済の発展に伴い、日系人は自らと日本語の関係を再考しなくてはいけない。日系人は、普通の人からエリートに至るまで、日本語とスペイン語の二つの言語を幾分でも獲得しようと努力することは有益であろう。日系人にとって、いかなる形にせよ、日本語を使い続けることや学習することは十分に価値のあることだと思われるからである。

原注

（1）Michiko Morishima, *Porqué ha triunfado Japón*（Barcelona: Editorial Crítica, 1984）, 74.

（2）*Ibid.*, 73.

（3）Makoto Aso, and Ikuo Amano, *Education and Japanese Modernization*（Tokyo: Japan Times Edition, 1983）, 53. 国際教育情報センター刊（英文出版物）。

（4）*Ibid.*, 55-57. 教育改革審議会は日本の教育の進むべき方向を示すために文部省の諮問機関として一九三五年に創設された。

（5）*Ibid.*, 53-55.

（6）Edwin Reischauer, *The Japanese: The Story of a Nation*（Cambridge, Mass.: Harvard University Press, 1979, ninth ed.）, 170〔E・O・ライシャワー、国広正雄訳『ライシャワーの日本史』講談社学術文庫〕.

（7）Emi Kasamatsu, *La Presencia Japonesa en el Paraguay*（Asunción: Biblioteca de Estudios Paraguayos, Universidad Católica, 1997）, 146. ラ・コルメサに最初に移民した人びとにとって大和魂は入植当時の当初の困難を克服するのに役に立った。

（8）パラグアイは連合軍に参加し日本に宣戦布告はするが、形式だけのものであった。

(9) Aso and Amano, *Education and Japanese Modernization*, 62-67〔教育基本法、前文、昭和二二年三月〕.
(10)「みおつくし」一九八一年八月号、六頁〔「みおつくし」はパラグアイ日本語教育研究協議会の年刊機関紙〕。
(11)「みおつくし」一九八一年八月号、宮崎真徳の序文による。
(12) 黒田音四郎が務めたパラグアイ公使館は今日の大使館に相当。
(13) 国際協力事業団は国際援助のための日本政府の外郭団体。
(14)「みおつくし」一九八一年八月号、一二頁。
(15) 猿谷要「日本語教育の育成についての報告誌」(Japanese Association for Study Abroad, 1989)一五頁。
(16)「みおつくし」一九八六年六月号、一頁。
(17) アスンシオン日本語学校の元校長であり全パラグアイ日系婦人団体連絡協議会の元会長である岡本照子へのインタビューによる。
(18)「みおつくし」一九九八年、六頁。
(19) 岡本照子へのインタビューによる、一九九九年八月。
(20) 山神菜穂子へのインタビューによる、一九九九年九月。
(21) 同右。
(22) 三育学院前校長であり日本語研究センター前理事長、栄田祐司へのインタビューによる。
(23) 村上忠三郎へのインタビューによる、二〇〇〇年一二月。
(24) 国際交流基金、日本語国際センター、日本語教育事情報告による(東京、一九九八年)、七頁。

訳注

〔1〕現在、パラグアイには日本と名のつく学校が日本人学校、日本語学校、日本学校の三種類ある。日本人学校はパラグアイへ赴任中の親を持つ日本人の子が通う学校、日本語学校はパラグアイに永住する子供たちの通う学校、そして日本学校は日本に留学経験を持つパラグアイ人のオルテガ夫妻が経営する私立学校である。
〔2〕パラグアイには国立アスンシオン大学と私立カトリック大学の二校であったが、一九九一年の法改正により、私立大学

が増加している。

訳者付記

著者の意向により加筆訂正したものを翻訳し、用語は現地のものを優先した。

第9章　社会政治学的観点からみたペルーの日系人像

アメリア・モリモト
（北脇実千代訳）

戦後のペルーの日系人は、活動の範囲も多岐にわたり、日系人の中での社会経済上の違いも見られる時代に入ってきた。これは、異なる人種との交わりや地域文化への同化に伴って生じた状況でもあり、その多様性は、ここ数十年に記録された日系人の変化のうちでもっとも顕著なものの一つとなっている(1)。

戦前の日系人の文化的表現は、限られた場合にのみ、その名残を留めているに過ぎない。たとえば、葬式を日本式に執り行うことや、家庭内で日本語の単語を使用することなどである。一方で、他の日系人の文化的表現は、地域文化と混ざり合っているようだ。いわゆる「ニッケイ・フード」もそれにあたるだろう。したがって、これらを含めた文化的特色に関する研究は、日系人が、人種的・文化的見地からみて、近い将来、地域文化に同化していくだろうという結論を導き出すことになる。

最近の研究における課題は、即座に目に見えて測ることができないような日系人特有の一定の特色が存在しているかどうかという点にある。この研究は、集団としてのアイデンティティに関連した集団的思考という側面に焦点を当てている。私は、国家や政治に関する事柄を中心とした調査やインタビューを通して、三つの時期を研究した。第一期は一九八九年、第二期はアルベルト・フジモリが立候補の宣言をした一九九〇年の選挙の年、そして第三期はフジモリ政権の二期目にあたる一九九八年である。

最初の予備的な研究は、ペルー全体にいる日本人を祖先に持つ人びと五〇〇〇人以上を対象とした調査をもとに一九八九年に行った。その調査は国内問題への理想と見解に焦点を置いたものであった。この時に導き出された結論は、日本人を祖先に持つペルー人は基本的には自分の生まれた国と自分とを同一視しているということであり、また、彼らはその時代の国家的危機に対して独自の道徳的な解決法を提案しているということでもあった。

第二期、すなわち一九九〇年の研究において、調査の対象となった人びとと同じ祖先を持つ人物がいくらか物議を醸しつつ立候補したことへの意見はさまざまであった。けれども、そのような意見の相違も大統領選挙のような国家の重要な問題に対しては、統一見解に道を譲ることになる。また、日本人を祖先に持つ人物が政権を担うことになり、国の最高行政官庁に対する連帯責任を引き受けることをしぶった者がいた時でさえ、日系人は、自分たちの国民としての権利に関しては意見を同じくしていた。その選挙の経験に関する質問は、国民としてのアイデンティティとエスニック集団としてのアイデンティティの力学を明らかにしており、インタビューによって想定されるそれぞれの状況ごとに、そのいずれかが優先されている。

日本人を祖先に持つ大統領の連続二期にわたる選挙とその政権は、日系人の国内問題に対する日頃の期待もしくは意見や態度を変化させなかった。むしろ、それらは、一般的にペルー人がとる態度にみられる多様性の範囲内に入る。にもかかわらず、本研究で扱う第三期、すなわち一九九八年の研究では、再選問題に関して、かなり多くの日系人の意見が国民全体の多数派世論とは異なっている。この問題に関して、調査対象者の四〇パーセントがフジモリの再選を支持しているのだ。その年の一一月の報告が示しているように、全体として有権者がそのような考えを普通はあまり抱かない時にである。

一九八九年から一九九八年にかけて行われたこの研究の結果が以下の項に示されている。各項には、援用した方法論に関する詳細な記述と研究結果の要約が含まれており、最後に分析と総括が提示されている。

一九八九年における日系人の意見

一九九〇年の選挙期間中、ある有名なペルーの政治家は、地方新聞において、大統領に立候補することにしたフジモリの決断と他の日本人を祖先に持つ人びとが抱いている判断や意見とを対比させて、日系人は、フジモリと違って、自分たちのことにしか関心がないと述べた。このような見解は、第二次世界大戦以降根強く続いてきた日本人を祖先に持つ人びとへのステレオタイプ的表現の一つである。これは、日系人が、ビジネスやスポーツ、文化といった国民的活動における他の分野で収めたような成功を、政治の場で成し遂げてこなかったという事実によって説明できるかもしれない。それどころか、一般的に日系人は、政治に参入することに乗り気でなかったようだ。にもかかわらず、私が行った一九八九年の調査は、日本やアメリカを絶大な賞賛と魅力の的としつつ、日系人が一集団として、地球規模の意識はもちろん、ペルーに対して確固とした考えや意見を抱いていたことを明らかにしている。つまり、日系人に政治への興味が欠けていたわけではなかったのだ。

調査が行われた時期の政治的文脈の中では、回答に見られる革新的で自由主義的理想は、ペルーの政治思想の主流派に属すものではなかった。ペルーの政治思想は、ポピュリズム的で社会主義的な考え方に強く傾いており、その一方で、センデロ・ルミノソやトゥパク・アマル革命運動はペルー全土でテロ活動を展開させて注目されていた。当時のペルーは、史上最悪のインフレーションがもたらした結果とテロリズム両方による被害に喘いでいた。加えて、報道機関や国の圧力団体が告発したような政府の多数の汚職事件によって蔓延した不道徳と不確かな状況にも直面していた。また、当時は、職やよりよい経済状況を求めて、日本に移住した日系人を含むペルー人が他国へと大量に移住し始めた時期でもあった。日系人の回答には、その当時のペルー社会の一般的な態度が反映されている。彼らの答えには、高まる危機に直面して自暴自棄になっている様子を映し出しているものもあれば、変化への望みを映し出しているものもある。

調査は、次に挙げる五つの自由回答形式の質問で構成され、それらのうちの一つには答えを説明し明確にする目的での質問が追加された(2)。(1)あなたにとってどの国が理想的ですか。またそれはなぜですか。(2)日本に対してどのような考えを持っていますか。(3)日系人に対してどのような考えを持っていますか。(4)ペルーに対してどのような考えを持っていますか。(5)あなたは、ペルーに対してどのような変化を提案しますか。このような調査は、数量化するために、何千もの答えをコード化することで統計的に処理された。また、答えは、回答者の世代ごとにも処理された(3)。

「理想の国」に関しては、三つの回答拒否や未回答を含めた四七の異なった回答すなわち選択があった。主に言語的類似性という理由からか、理想の国にはペルーの他にスペイン語圏の国が一〇カ国含まれていた。人気のあった国は、スペイン、アルゼンチン、メキシコ、チリ、ヴェネズエラ、パラグアイ、キューバ、そしてウルグアイである。また、すべての世代を合わせると、回答者の四〇パーセントが日本を「理想の国」として選んだ。これは世代ごとにみても、一位となる選択であった。全体では、アメリカが二〇・七〇パーセントの回答を集めて「理想の国」の二位になり、続いてペルーが一七・七一パーセントで三位になった。しかしながら、世代ごとではその順位にも違いがあった。一世や二世の間では、ペルーがそれぞれ二六・三七パーセントと二一・六一パーセントを集めて二位となり、アメリカは一二パーセントと一七・七五パーセントで三位であった。一方で、三世と四世の間ではその順位が逆となり、アメリカが二三・七七パーセントと二六・五三パーセントの回答を集めて二位、ペルーは、一三パーセントと一二・二四パーセントで三位であった。

「日系人にとって、ある一つの国家が「理想的」となる理由は何ですか」という質問に対しては、経済的理由が三六・八一パーセントを占めた。発展、産業化、近代性、技術の進歩、安定性、福利、高い生活水準、就職の機会がこの選択のおもな理由であった。「理想の国」を選択する際にきわめて重要な他の基準には、その国の文化的・道徳的特質とその国に住む人びとの気質も関連していた。また、科学的・技術的・教育的進歩も、社会保障制度と子供や老人への配慮と同様、関心を集めていた。

政治の安定性や十分に統率がとれて組織化された国であるかどうかもまた、言語的類似性、コミュニケーション能力、物理的環境の美しさ、自然環境と同様、理由として挙げられた。それでも、賞賛する他の国々のあらゆる資質にもかかわらず、八パーセント以上の回答が自分たちの国(ペルー)の魅力的な部分に言及しており、そのことが彼ら自身の選択の動機であった。また、七パーセント以上の回答が、「理想の国」は存在しない、もしくは自分たちでそれを創っていく必要があると答えた(4)。

インタビューをした回答者のうち四三・八二パーセントは、規律、労働倫理、ナショナリズム、相互尊重、国民性の良さ、社会的結束というような道徳的・文化的価値観を理由に、日本を魅力的で賞賛に値する国であるとした。日本は、偉大な国であり、卓越した国家で、立派で、模範的で、素晴らしくて、興味深くて、見事で、優秀で、最良で、驚くべき国であり、伝統を保持している偉大な文化の国であると評された。また、日本国民は、精力的で、進歩的で、勇敢で、戦争に慣れていて、強くて、とても将来性があるとも考えられていた。

日系人すべての世代を通じてみられる日本のイメージは、戦後のものであった。すなわち、「日本は戦後、壊滅状態の廃墟から国民の努力によって不死鳥のように復活した」というイメージだ。また、日本が賞賛された第二の理由には、経済的成功、すなわち、発展、産業化、近代化のレベルと国民の経済的福利が挙げられており、第三の理由は、科学上、技術上、教育上の業績であった。そして第四には、国際社会で平和主義的な政治的立場をとっていることとペルーのような発展途上国や日系人に対して支援していることが理由となっていた。

日本に対するこのような肯定的イメージと並んで、回答の八パーセントが、他の回答とは矛盾しつつも、否定的な側面に触れていた。否定的回答の主だったものは、生活のペースと産業化の速度に関連していた。たとえば、「非常に落ち着かない生活、厳しい労働、進歩していくための激しい競争と完璧主義、そして社会的犠牲を多く払っている」というようなものだ。日本国民に対しては、他の回答とは対照的に、「日本人は、機械的で、無機的な冷たい国民であり、人間味ある温かさや家庭生活がない」という意見であった。また、日本が外国人、日系人、女性を差別することを批判したものもあった。(5)

自己像に関しては、日系人は一般的に肯定的イメージを自己に対して抱いている。回答の五〇パーセント以上が、肯定的で、個人の資質や集団の特徴の両方とに関係あるものであった。たとえば日系人は、「熱心で、勤勉で、自制心があり、立派で、真面目で、模範的である」と自分たちのことを表現し、同時に「活動的で、幸せそうで、楽観主義的で、自己犠牲的で、利他的で、寛大で、公正で、親切で、礼儀正しく、誠実で、正直である」とも述べた。知的資質に関しては、自分たちのことを、知能が高く、能力があり、器用さもあると評した。また、困難を乗り越えて目標を達成する能力についても言及している。

集団としては、自分たちの「結束力、同質性、団結力、そして国への融合力」を認識していた。同様に、「祖先の価値観、伝統や文化」を保持しようとする自分たちの努力も認めていた。また、「若者は、その親よりも率直で、積極的で、開放的であり、三世はより熱心でさらに進歩してきている」といった世代間の相違にも注目している。また、日本人と比較して、日系人はこの地上で一番と言えるほど温かみや親しみがあるともした。対照的に、結束力やコミュニケーションの不足、日系人以外の人びととの融合に進展がないこと、祖先から受け継いだや文化的価値観の喪失など、自分たちの否定的な特徴に触れていたものもあった。同時に、日系人の伝統主義も批判し、自己アイデンティティの欠如や、孤立、臆病というような他のマイナス面の特性にも言及している。また、自分たちの偏見、人種差別主義、自己中心癖、虚栄心、浅薄さ、物質主義、礼儀の欠如、過保護、自信のなさ、不安定性、弱さも指摘していた。全体として、日系人と関連した回答の二四パーセントが否定的なものであった。(6)

一九八九年は、ペルーにとってとくに重大な年であった。したがって、ペルーと関連した六一パーセント以上の意見が否定的なものだったという事実は驚くべきことではない。回答の三一パーセントが、経済、政治、社会、そして道徳上のあらゆる側面から国家の危機についてとくに言及していた。また、一六パーセント以上がこの状況に対する政府の責任に注目しており、七パーセントがそれらの問題には構造的かつ歴史的理由があるとした。そして、約一四パーセントがペルー人の気質の特異性をその原因として挙げた。

一方で、回答の一七パーセントは、天然資源、自然の美しさ、偉大な歴史と文化、そして国民の温かさというようなペルーのよい面も挙げていた。同様に、回答の一三パーセントが変化への希望を表しており、仕事や学問、成熟度をそのような変化を成し遂げるための条件として述べている。また、約三パーセントが、生まれた土地であるペルーと自分とを同一視していると明言していた。(7)

望むべき変化に関しては、変化に向けての案を出した全回答の三七パーセントが、国の政治・行政組織について触れていた。そこには、政府の変革もしくは政権交代から国内政治や国際関係上の具体的な変更に至るまでが含まれていた。とくに行政に関しては、組織を地方分権化するという案が挙げられた。また、税制度の改革、法律や憲法の改正とともに、官僚を減らすというような具体的対策も提案された。

二番目に多かった提案は教育、文化、道徳に関するものであった。教育の向上、人びとの風変わりな品行の更正、そして汚職との闘いがおもなものとして挙げられている。三番目に多かったのは、経済に関する提案だった。開発、産業化、技術改良という一般的なものから、より高い生産性を実現するために個人の行動を修正するというものまでがそこに含まれていた。そして具体的な提案には、農業、漁業、鉱業など不振部門への支援、天然資源の開発、さらなる雇用の創出、ビジネスの発展、国際経済関係の再構築が関係していた。また、回答の三パーセントが、栄養状態の改善、健康、安全、育児、若者や老人の扶養、産児制限、リマへの移住制限、そして移民制限など社会的関心事に関連したものであった。

このような提案の中で際立ったのが、日系人が国の統率に関わっていくべきだとする案であり、「日本人がペルーの大統領になるべきだ」という驚くべき提案であった。この考え方の対極にあったのが、国の過去を思い出し、古代インカ帝国の価値観を模範とすることこそ重要であるという考えである。(8)

一九九〇年代初頭と日系人への影響

ペルーの一九九〇年は、以前より続いていた広範囲に及ぶ危機で幕を開けたものの、同時に、その年の前半に選挙が予定されていたために、変化への期待ももたらした。日系人コミュニティにとっては、二つの予想外の状況が起こったために、一九九〇年は騒乱の年となった。まず、職やよりよい賃金を求めて、日本人を祖先に持つ人びとの大量移住がその前年に始まっていた。いわゆるデカセギ(出稼ぎ)現象である。その一方で、数多くいるペルーの大統領候補の中で、日本人を祖先に持つ人物が、国民調査で人気を集めていた候補者の対立候補となった。予備選挙後にはその二人が候補者として残り、最終的に、二世であるアルベルト・フジモリが大統領に選出されたのである。

選挙中、そして予備選挙と最終選挙との間の数カ月、日系人コミュニティは、フジモリの対立候補支援者による嵐のごとく攻撃的で敵意ある行為に巻き込まれていった。一方で、同時に日系人は、その二世候補を支援する日系人以外の人びとから思いもかけない援助を自分たちが受けていることにも気付いた。フジモリを支える真の政治支援団体がなかったため、日系人コミュニティの意見や態度は重要性を増し、とりわけ報道機関において、日系人コミュニティは注目の的となった。日系人コミュニティがフジモリの立候補を支持しているように見えなかった時ではあったが、予備選挙と最終選挙の間の二カ月間のうちに、約一〇〇人の日系人がインタビューを受けた。これらのインタビュー回答者の意見は、日系人の自己アイデンティティが多重な層になっていることを明らかにするとともに、態度も多様であることを示している。

一九九〇年の選挙そのものとその結果は、後の数多くの分析の中で議論された当選者の功績や他の多くの要因を考えるうえだけでなく、ペルー、とりわけリマの社会力学を説明するうえでも貴重なものであった。選挙の経験は、排斥や差別が過去に政治的道具として使われてきたこと、そしてわが国において民主主義をより広義に定義することが可能であることも証明した。

一九九〇年の四月と五月にインタビューした日系人六〇人のうち、四八パーセントが男性で五二パーセントが女性であり、年齢は二三歳から六〇歳までであった。また、インタビュー対象者は無作為に選ばれた。

インタビューを内容分析した結果、次のような結論が出せる。一点目は、一九九〇年の選挙中、日系人コミュニティでは、国の大統領選挙に対してきわめて多種多様な意見と態度がみられたということである[9]。二点目としては、自分たちと同じ日系人の立候補者そして次期大統領を得た経験は、対立し合う意見と態度を生むとともに、他の国民からの拒絶と非難の両方をもたらすことになったことがいえる[10]。三点目として、その経験が、おそらくインタビューを通して以外では明らかにはならなかったであろう別の問題を浮かび上がらせた。回答の中で、価値観、思想、感情に関する懸念も示されたのだ。だが、フジモリが大統領に選出される場合には国としての統一が必要であるとインタビューの対象者が感じた時、その多様だった回答は同質なものへと変化していくようになる。すなわち、当初、候補者に対する意見や、日系人がその候補者と自分とを同一視しているかということに対する意見はさまざまであったが、最終選挙という差し迫った状況において、またペルーの危機的な状況を考慮して、意見がまとまってきたのだ[11]。そして四点目に、日系人コミュニティの一部は日系人が国の最高職に立候補するという危険を冒すことに乗り気ではなかったものの、大部分が自分たちの国民としての権利を認識していたということがいえる[12]。

フジモリの立候補に関する間接的な質問への回答は、エスニシティよりも国もしくは一般的問題と関連しているものが多かった。一方で、立候補に関する直接的な質問においては、回答の大部分が共通のエスニックの出自に関連している。このことは、状況によって国民としてのアイデンティティかエスニック集団としてのアイデンティティのいずれかが優先されると仮定でき、日系人の中での国民としてのアイデンティティとエスニック集団としてのアイデンティティの力学を明らかにしているといえるだろう。最終的に、両方のアイデンティティが混合され統一されていったのは、自分と同じ出自を持つ大統領立候補者という形で具体化されたように、意見を異にする者と自分とをエスニシティという観点から結びつけることができたときであった(13)。

要約すると、一九九〇年代は、日系人コミュニティが、同じエスニシティの出自を持つ候補者が二期連続で大統領に選出されたということは言うまでもなく、その候補者の成功に驚いた時代であった。国民の責任と期待がそうだったように、日系人コミュニティ大半の責任と期待に変化はなく、ペルー国民全体に見られる多様性の範囲内で日々の態度や意見が入り混じっていたことになる。

一九九八年の調査による知見

一九九八年の一〇月から一一月にかけて、六〇件のインタビューが何組かの質問を用いて行われたが、この項では、回答の一部、すなわち現フジモリ政権に関するものを示す。概して、「エスニシティの問題」が関係している特定の状況において、「国の問題」への関心の方が上回っている。にもかかわらず、国の利害とエスニック集団の利害両者が、状況に応じて、並んだり混じり合ったりしつつ、ダイナミックに現れ続けてもいる。調査のためのインタビューは、一八歳から六五歳の日本人を祖先に持つ男性と女性に対して行われた。インタビュー対象者は、日系ペルー人コミュニティの組織と頻繁に接触があり、それら組織の一員となっている人びとであった。

インタビューの結果、一般的に日系人の観点は地元の一般市民のそれと差がないことが分かる。日系人のみに関する問題に言及したものは、六〇件のインタビューのうちわずか二件だけであった。現政権に関する意見は分かれており、四六・五七パーセントが政府を承認し、フジモリ政権の三期目を望んでいた。残りの五三・四二パーセントは、フジモリ内閣の業績を認めてはいるものの、納得できない面にも同時に触れて批判的であった。インタビューの結果には、その他にもいくつかの顕著な特徴がみられる。一点目には、日系人の回答が均質的ではなかったことが挙げられる。二点目は、国内問題に関して、日系人の答えがペルーの一般市民と変わらないという点である。だが、あるひとつの領域だけは、国に関する問題への日系人の考えに違いがみられる。これらインタビューが行われた期間の国の調査によると、国民の大多数がフジモリ大統領の三期目を支持していなかった一方で、比較的多くの日系人がフジモリの再選を支持していたのだ。インタビューの一部は次の通りである。(14)

彼はよくやっていると思います。彼の独裁主義は好きではないんですが、全体としてよくやっていることは認めます。（男性・一八—二五歳）

今までのところよい政権のように感じます。フジモリは私たちが長い間抱えてきた数多くの問題と向き合う強さを持った唯一の大統領だと思います。多くの人びとは以前経験したインフレーションやテロの危険などをあっという間に忘れてしまっていますが、とてもよい政府ですよ。私たちは多くのものを得ました。依然として問題はありますが、批判すべきでないでしょう。再選や人権のことなどいろいろ言われていますが、結果的にはたくさんの成果が上がっています。でも、フジモリがどんなにいい人物であろうとも、私個人としては、彼に退任してもらいたいですね。歴史的にみても、政権に長期間居残った人物はひどい失敗をして幕を閉じていますし。好調な時に退任して政権を終わらせるのが彼にとってよいのではないでしょうか。（男性・一八—二五歳）

彼はかなりいい仕事をしてきたと思います。おもだったものとして、テロリズム、インフレ問題、そして少し前にエクアドルとの間で起こった事件、という三つの大きな問題を彼は解決してきました……いえ解決しているところです。私個人の意見では、彼に仕事を続けてもらいたいですね。次の任期も支持するつもりですよ。次の任期で連続一五年間同じやり方が続くことになると思いますが、一五年たつと実質的に次の世代が成長してきます。フジモリが建てた学校で教育を受けた新しい世代が独自の政府を起こしてくれるでしょう。彼らは独自の、これまでとは違った考えを持っていると信じています。（男性・二六―三五歳）

お答えするのは少し難しいですね。フジモリのやり方によってよくなったこともいくつかありますが、彼が同じ失敗を犯してしまった部分もあります。もしかしたら、それは私たちの性格の一面なのかもしれませんし、ペルー社会の一面にすぎないのかもしれません。変革には、二〇年、三〇年……、いえもっとかかるものです。でも一般的に、私が知っているこれまでの政権と比べると、今の政権の方がいいですね。（男性・二六―三五歳）

全体として、彼の働きぶりは信頼できます。（男性・二六―三五歳）

ここまで彼は立派に仕事をこなしてきたと思います。彼が世間に認められているかどうかはわかりませんが、重要なのは、彼が、正直にしかも明確な目標を立てて働いてきたことです。（男性・三六―四五歳）

彼のいい点はたくさんあります。とりわけ、彼は経済問題すなわち自由市場に関して多くの実績を上げています。現在、状況はより現実主義的になっているとでも言いましょうか。でも、それにもかかわらず、彼は依然

として多くの失敗を犯しています。とくに政治は問題ですね。（男性・三六―四五歳）

彼のよいところは、テロリズムを制圧し、ひどいインフレーションを止めたことにあります。私は彼が次の任期も務めるべきだと思いますよ。もちろん、それは憲法に反していますが、国民投票はないでしょうし、彼は立候補して国をさらによくしていくことができるはずです。ずいぶんといい国になってきましたし、これが続くことを皆で願いませんか。（男性・四六―五五歳）

依然としてたくさんの問題がありますが、彼は多くのことを成し遂げていると思います。彼の政策に対してかなり多くの社会的犠牲を払ってきたとも思うのですが、どうでしょうか。たしかに彼のとった政策はとても厳しいものです。でも彼はよくやっていると思いますよ。（女性・一八―二五歳）

彼は限界にきているように思います。もう退くべきなんです。彼はいい仕事をしてきました。それは認めざるをえません。ただ、去る時が来たのです。（女性・一八―二五歳）

彼はなしうることをやっていると思います。失敗したこともいくつかありますけどね。やるべきことはやっています。唯一の問題は、そのような失敗がいつも日本人ということに引っ張られてしまうことです。「どういう意味でですか。」彼が犯した過ちすべてが人種のせいになってしまうんです。私たち全員がその責任を負うことになるんですよね。（女性・三六―四五歳）

彼は立派な人物だと思います。ただ社会問題に関しては、貧困階級にもっと手を差し伸べる必要がありますよ

ね。十分な働き口がないとしたら、それは問題でしょう。（女性・三六―四五歳）

フジモリはペルーのためにたくさん貢献してきたと思いますし、彼はこの調子で続けていこうとしているようにも感じます。ただ、問題は経済でしょう。失業の多さ、低い賃金、そして十分な食べ物が得られずにあらゆる所でやる気が失われてきている時、それは問題ですよね。このことは、私が読んだ中国に関する本の中のある政府を連想させます。中国の人びとは、米びつの米が少なくなってきたら、新しい政府を必要としている時だと言うとその本に書かれていたんです。……現在、この中国の言い伝えがどの程度ペルーに当てはまるかは分かりませんが、理想的な候補者はいないと思っています。私にとっては、依然としてフジモリですね。（女性・四六―五五歳）

彼は多くのことを手がけてきたと思います。素晴らしい成果を収めていますし、日系人として私たちは誇りを持つべきでしょう。彼はペルーのイメージを国内外においてよくしたとも思います。（女性・五六歳以上）

いい政府ですが、彼は再選に出馬すべきではありません。（女性・五六歳以上）

再選はますます遠のいてきている気がします。今のところ、リマに関して言うと、有力候補はアンドラーデ〔現リマ市長〕でしょう。でも、国家レベルでは分かりません。同じ経済政策を行うような別の候補者がいないなら、そうですね、フジモリが再び立候補すべきでしょうね。（女性・三六―四五歳）

彼の三期目なんて考えられませんよ。（女性・三六―四五歳）

彼は再選されるとは思います。……このような危機を無視してではありますけど。（女性・四六―五五歳）

これまで彼がとってきた措置を考えると、彼は、いわば追い風を受けてますよね。後退するのではなく前進しています。かつての様子とはずいぶんと違ってきていますよ。〔あなたは、彼が三期目を迎えると思いますか。〕人気投票次第でしょう。〔国民は彼を支持するでしょうか。〕どうでしょうか。私の票は彼のものだと思いますが。〔もし彼が立候補するなら、彼に投票するということですか。〕その通りです。（女性・五六歳以上）

彼は続けるべきだと私は思います。〔なぜですか。〕考えてもみてください。第二のアラン・ガルシアが選挙に勝って私たちを再びだめにしてしまったらどうなるでしょうか。フジモリは続けるべきではないと考えている人もいますが、私は、彼はもう一期留まるべきだという意見です。（女性・四六―五五歳）

一期目はよかったのですが、二期目はひどいですね。（女性・三六―四五歳）

一九九〇年の選挙に勝って以来、彼は暴力や経済の不安定という一連の優先課題を何とか解決してきました。かなり個人的見解になりますが、彼は、経済成長の維持や貧困との闘いといった社会変化を保証する構造上の発展において、方向性を失っている気もします。再選に絡んだこのような政府の利害関係が、彼に方向性、方針、為すべきことへの展望を見失わせていると思うんです。私の意見では、政府は、大統領を通して、残された任期を治めることに集中すべきで、再選について考えるべきではありません。（男性・三六―四五歳）

一期目はよかったですよ——私も国が前進していくことをかなり期待していましたしね。二期目にはがっかりしています。（男性・三六—四五歳）

要するに、彼にはよい経済の専門家集団がついているということです。ただ、政治の分野では、残念な点が多いですけどね。とくに法的問題を理由に七〇パーセントの人が望んだ国民投票のことですが、その手続きにストップがかけられて中断させられてしまいました。これで国民投票は行われないでしょう。ひどいことです。人びとが何かを欲しているのに、なぜそれを否定するのでしょうか。この論争は別としても、もしフジモリが再選されたら、人びとが自分たちの意見を言うのは許されるべきです。国民投票も行われるべきだったのに。でも一方で、経済の分野では、よい方向に向かいつつあります。彼はよい専門家を得ましたよ。（男性・一八—二五歳）

彼は状況を改善した一方で、他方では改善していないともいえます。たとえばテロリズムです。今は以前より平和ですが、多くの貧困はそのままです。仕事や経済の分野も、あまりよくありませんしね。（男性・五六歳以上）

個人的には、彼は任期を終えるべきだと思います。別の集団が立候補すべきなのです。政党のことではありません。別の指導者が立つべきなのです。たった一人の人物に権力が集中するのはよくないことですからね。残りの二年間も、彼は今と同じように仕事を続けるでしょう。私は彼が状況をよくしていくとはあまり考えられません。現在置かれている状況はとても厳しいものですし、来年もとても大変でしょう。彼が任期を終える時が来たんだと思います。二〇〇〇年に彼が終えたら、変化が起こると思いませんか。（女性・一八—二五歳）

新しい大統領を選出する時が来ています。国民は彼の独裁主義にうんざりしていると思うんです。一般的に経済状況もよくなっていませんしね。それどころか、とくに中小企業にとっては悪くなっているといえます。表現の自由もないような気がします。（女性・二六—三五歳）

あまりよく分からないんですが、彼の任期もほとんど終わりですよね。彼は別の政権に道を譲るべきなんです。私たちは新しい考えと、問題に向き合う新たな方法を必要としています。この任期中、現在の彼の権力すべてをもってすると一見独裁国のようになってしまう可能性も（まだないにしても）ありますし。彼が去る時が来ているんではないでしょうか。（女性・二六—三五歳）

現在の状況で、人びとがフジモリに投票するとは思えません。けれども、私たちにとって彼の政権がもう一期続くのはよいことだとも思います。時として民主的な政府ではなかったピノチェット政権下のチリのようになりますけどね。でも、考えてもみてください。人びとは、今になって、任期中にピノチェットが行ったことに対して、有罪判決を下そうとしています。私たちは、新たな困難な時代と向き合う覚悟がまだできていないようにも思いますね。私たちペルー人は、トランプでいうジョーカーのようなもので、予測不可能なんです。国が堕落の道を歩んでいるとしても、いつも自分たちの利益ばかりを求めています。それが問題なんですよね。彼は状況の安定をはかることを終了すべきです。すでに地方自治体レベルの選挙は始まっていますが……「あなたは三期目はないと思うんですね。」彼が再選されるとは思いませんね。国民は大きな打撃を感じていますし。でも、他に候補者がいないのもたしかなんですよね。ペルーはとても気まぐれな国なので、フジモリは注意深く歩みを進めていく必要があるのではないでしょうか。今日はノーと言っても明日はイエスかもしれなくて、一貫性がありません。私が思うに、フジモリは国の文化的側面を形作り、考え方に変化を与えようとしてきませんでした。ここ一〇年間は、私たちの国民性を形成する努力をすべきだったのに、何もしなかったのです。彼の優先事項は経済のことでした。（女性・三六―四五歳）

もし彼が国の改革やその他懸案中の改革に対する基盤を作り上げることに集中するなら、最高の政権の一つとして、彼は任期を終えることになるでしょう。でも、もし彼が再選を主張するならば、すべてにますます歪みが生じてきます。そして、何よりもまず国民はさらに分裂していくでしょう。現在その状況に拍車がかかっています。国が重大な要求事項を抱えているのに加えて、彼の政治手腕が不十分であり、再選問題を彼が優先しているからです。（女性・三六―四五歳）

彼がこの任期を終了したら、それで終わりだと思います。ひどい貧困が存在し、職もないからです。（女性・五六歳以上）

総括

一、約一〇年をかけたこの調査は、ペルーの日系人が政治的な出来事や国内の問題に日々絶えず関心を抱いているというだけでなく、それらに対して明確な意見を持っていることも明らかにしている。一集団として、ペルーの日系人は、ペルーと自分とをしっかりと同一視しており、ペルーの問題や可能性、そしてペルーの将来に関心を寄せている。要約すると、ペルーの現在や過去、未来に対する彼らの見解、意見、洞察力は、主として道徳観と、その道徳観に従って彼らが集団としていかに貢献しうるだろうかということを基盤としている。

二、調査が行われた三つの時期それぞれが、国内問題に関する意見の多様性を示している。

三、この多様性の中には集団特有のある種共通した回答もある。すなわち、かなりの日系人が、ある特定の国内問題に関しては、他の国民とは異なる意見や思考様式を持つ。

四、「エスニシティの問題」が関係した特定の状況においては、集団の利益や特権が犠牲にされつつ、「国の問題」への思いが優先している。いずれにせよ、国の利害とエスニック集団の利害それぞれは、状況に応じて、並んだり結合したりしながら、ダイナミックに現れ続けている。

五、世代や年齢という変数ごとに、思想の違いや意見の違いがある。けれども、ジェンダーに関しては、あまり重大な違いはみられない。

六、たとえ二つの「理想の国」(日本とアメリカ)を発展のモデルにしたとしても、ペルーの日系人は自分とペルーとを強く同一視するだけでなく、全体として、思想もペルー人主流派と同調していると思われる。

原注

(1) これは一九八九年に行われた日系人の人口調査の研究におけるおもな結論の一つであった。その研究の結果は以下に収められている。Amelia Morimoto, *Población de origen japonês en el Perú: perfil actual* (Lima: Comisión Conmemorativa del 90Aniversario de la Inmigración Japonesa al Perú, 1991). この二一七ページに及ぶ研究の一次データは、ペルー全土から任意に選出された一八歳以上の日系ペルー人五〇〇〇人以上から収集された。

(2) 調査では、回答者のジェンダー、世代、そして日付も明記されている。調査は無記名で行われ、一九八九年のペルーの日系人コミュニティの人口調査の対象となった家族のうち一人もしくは数人ごとに回答されたものである。調査参加資格のある年齢は一八歳以上(ペルーで公式に成年として認められる年齢)で、回答者には八〇歳以上の人びとも含まれていた。

（3）調査回答者数は、個人的なもの自発的なものを合わせて、五一二一人となった。その年（一九八九年）の日系人に関する一般人口調査によると、一八歳以上は二九三七一人なので、そのうちの一七・四三パーセントに調査が及んだことになる。回答者を世代別にみると、一世が一〇六人、二世が二三九六人、三世が二五五一人、四世が六八人となっている。またインタビュー回答者全体数からみた割合は、それぞれ二・〇六パーセント、四六・七八パーセント、四九・八一パーセント、一・三二パーセントとなる。一般調査によると、一世の人口は日系人全体の五・〇六パーセントを占めており（二三一一人）、続いて二世が三三・二六パーセント（一五一八三人）、三世が四七・八二パーセント（二一八二七人）、そして四世が一三・五パーセント（六一六五人）となっている。

（4）これらの議論には世代ごとの違いがある程度みられた。一世にとって、おもな動機は経済であった（三五・二六パーセント）。また、問題を抱えてはいるものの、国の特色やその将来性から、ペルーが第二の選択肢になっていた（一六・一七パーセント）。その国の人びとの気質、物理的環境、技術的・教育的進歩と同様に、国の文化的・道徳的価値観もまた重要とされていた（一五・四三パーセント）。一方で、政治の安定性や政治組織に関しては重要度が低かった。三パーセント以上が日本を先祖の国であるという理由で理想の国として選んでいた。二世の間でも、「理想の」国を選ぶ上でのおもな理由は経済的なものであり（三〇・一パーセント）、国の道徳的・文化的価値観が次に来ていた。問題もあるが機会にも恵まれているということで、ペルーが三位になっており、日本は四位であった。政治の安定性や十分に統率がとれて組織化されている行政もまた魅力となっており、言語的類似性やその国民の気質が次に続いていた。三世と四世の間でも、経済状況が最初の選択に大きな影響を及ぼしており、それぞれ四〇パーセントと三八・七五パーセントを占めていた。三世にとっては、政治的理由が二番目にきており、技術的・教育的進歩、国の文化的・道徳的価値観、物理的環境そして国民性が続いていた。四世も経済状況の後に道徳的・文化的価値観が続いている。回答者の一一パーセントがペルーを選んでおり、技術的・教育的理由、政治、環境が次の理由として来ている。また、二パーセント以上が先祖の国であるという理由で日本を選んだ。

（5）世代ごとに分類すると、一世も二世も三世も、日本の文化的・道徳的価値観を一番賞賛しており、日本の経済状況、技術的・教育的進歩、自然の美しさ、政治組織が後に続いた。四世にとって、もっとも魅力に感じる点は、日本の経済的成功であり、文化的・道徳的・技術的・政治的特色がその後に来た。一世の回答のうち一二パーセントがすでに述べたような否定的側面に触れており、二世では、コメント全体のうち約七パーセントが否定的だった。三世と四世において否定的なものは、それぞれ九パーセントと二パーセントであった。

(6) 一一パーセント以上が、日系人という言葉に対して明確な定義を与えていたのは注目すべきである。四パーセント以上が自分が混血であり異なる集団としてのアイデンティティを持っていることに言及していた。加えて、彼らは日系人という言葉を、暗にもしくは明らかに、一世(第一世代の移民)の子孫、すなわち二世(第二世代)や三世(第三世代)と同義語として使用している。また、自分たちが持っているさまざまな慣習の一つとして、宗教を取り上げた回答もあった。回答の約八パーセントが日系人の責任感や報恩の念を指摘しており、そこには祖先の文化を保持することへの義務、親の労苦、年少者に対する義務、集団としての成功が含まれていた。他の回答には、日系人の現状、とりわけ、国からの出国、ペルーでの経済的地位、日本で受けた差別に関連したものもあった。

(7) 世代別では、希望とともにペルーと自分とを同一視しつつも、一世の回答の五〇パーセントが否定的で、三九・六パーセントが肯定的だった。二世の回答では、五九パーセントが否定的で、三五・六パーセントが肯定的であり、期待や責任について述べた回答もあった。三世の回答の七〇パーセント、そして四世の回答の約六三パーセントが否定的だった一方で、それぞれ二七パーセント、三〇パーセントが肯定的で希望を抱いたものであった。

(8) 世代別でみていくと、一世の提案の四〇パーセントが教育や価値観、道徳に関連したものであり、三四パーセントが政治的なもの、一四・八パーセントが経済的なもの、一パーセントが社会問題に関連したものであった。政治構造は、二世と三世にとって最重要事項であり、それぞれ四〇パーセントと三六パーセントを占めていた。また両世代とも、教育や道徳や価値観における変化が二位に来て、それぞれ二五パーセントと二七パーセントだった。三位は、経済で一九・九六パーセントと二一パーセント、四位は社会問題となっていた。四世の関心事は、多い順に、教育、政治、経済、社会問題であった。各世代でかなりの人びとが根本的な国の変革を望んでいた。少数ながらも重要な提案には、「内戦」、「国家の崩壊」、「国の植民地化」といったようなその時代の苦悩、不安感、心配、混乱が反映していた。ペルーが変わることは不可能であると示唆したものまであった。

(9) 注(10)、(11)、(12)はインタビューを受けた日系人による多種多様な回答を示している。

(10) 以下は、日系人とのインタビューからの抜粋である。リマの中産階級地区、上流階級地区、下層階級地区ごとで、日系人に対するペルー人の態度がいかに違うかを示している。質問は次の通りである。「最初の選挙の結果が公表された後、職場や学校の人びとのあなたへの態度や行動に変化を感じましたか。もしくは住んでいる地域や街中などでの待遇に変化を感じましたか」。回答の中には次のようなコメントがあった。「私は何の変化も気付きませんでした。人びとの私への態度は以前と同じでした。接し方にもまったく変わりありませんし。たぶん私が日系人であることが分かりにくいからでしょう」。「いつも他の日系人と一緒にいるので私には何も起こっていません」。「私はたいてい中産階級か上流階級の人びとと付き合っていて、彼らは教育を受けた人たちなので、何の問題もありませんね」。「個人的にはいいえという答えです。ひどい待遇を受けそうな場所には行ってないので」。「バランコ〔近所〕は、全員が知り合いというようなかなり特別な場所なので、何の変化もみられません」。「ある種の不信感でもって人を見るような気取った地域では、冷淡さを感じます。人びとは私たちが誰に投票したのかを訊ねてきます。今では、まるで私たちのことを嫌っているかのように以前と違った感じで見てきます。彼らは敵意を持っているんです。私たちを見下していますし。以前は私たちが歩いていても気付きもしなかったのに、今では通りを歩くたびに、振り向いて私たちを見て笑うんですよ。ミラフローレス、カミノ・レアル、サン・イシドロでは、私たちに向かって「フジモリ」と叫んできます。拒絶されていると感じるそのような場所で、彼らは恥をかかせようとしているのです。また、やんわりと隠された人種差別によって、彼らが距離を置こうとしているのを感じます」。「バスや路上で、人びとは、ペルーの大統領は中国人か日本人になるといっています。彼らはフジモリの祖先を理由に彼を拒否しているのです。彼らはフジモリはペルー人ではなく二世であると言ったりしています。また、フジモリを外国人と見なして、政府を指揮していくことはできないと考えているのです。彼らは、人種差別主義的に彼のことを話しています」。「人びとは私をもう名前で呼んでくれません。「やあ、フジモリ」と言ってくるのです。また、彼らは「今や成功されましたね。何の大臣になられるのですか」とからかってもきます」。「少しいやな思いをしています。人びとは東洋人を祖先に持っていると分かるやいなや、彼に投票したんだろうと言ってきます」。「ハビエル・プラド通りのフレデモのそばを運転してた時、たくさんの人が通りにいたので、スピードを落としてクラクションを鳴らさなければならなかったんです。そうしたら、「フジモリ。おまえ中国人だろ。日本に戻れ！」と彼らは怒鳴り始めてきました」。「大学で教授が私たちを指して「フジモリのことを君はどう思う？」と聞いてきます。そしてすぐさま、いかに彼に賛成できないかを話し始めるんです」。「人びとはもしフジモリが勝ったら、彼は私たちを優遇するだろうと言っています。でも、それは間違いです。私たちは全員ペルー人であり、フジモリが私たちのコミュニティをひいきすることなどないでしょう」。「客のひとりが私に、値段もつり上げられるしフジモリが大統領になるのを望んでいたんでしょうと言ってきました。市場には、そんな風に私たちを侮辱してくる人がいます」。「過半数がフジモリに投票しなかったことを知っている人は、フジモリがまさしく二世そのものに見えるのは最悪だと言っています。私たち全員が残念がるからでしょうね」。「国民の九五パーセントが、日系人を、インディアン、黒人、もしくは混血といった他のペルー人と同様に見ています。でも、急に偏見を持った残りの五パーセントが現れてきました。自分たちが白人であることを自慢してばかりいる人たちで、たいていは貧しい白人です」。「私に、「あの中国人は自分が大統領にふさわしいと思ってやがる！」と言う者がいたので、「私たち全員がどこか他の所からやって来ているじゃないか。君の家族はイタリア人で、あそこの家族はユダヤ人だ。関係ないことではないか」と言い返したんです」。「ミラフローレスやサン・イシドロの人びとから侮辱を受けました。……高い教育を受けた人がもっとも無知だったり、一番無学の人にもっとも学があったりして、矛盾してるんです。彼らはあのような否定的態度を改めるべきです」。「お祝いを言いにきてくれた人たちもいます。とくにフジモリに投票した人たちは共感してくれて、私たちに賛辞を送ってくれています。私たちが日系人であるという理由で私たちとともに喜んでくれているのです」。「ネイティブ・ペルー人がわれわれの支持を取り付けたい時、「フジモリに一票入れたよ」と言ってくるはずです。次の日から私たちが彼らを優遇すると考えてのことです。つまり、フジモリが私たちの候補者であると考えているんです」。「アンデス人を祖先に持つネイティブ・ペルー人とつきあいがあるのですが、彼らと接していると、ある種の満足感を感じることに気付きました。彼らは本当にフジモリがペルーを変えると思っているからです」。「まるで内閣の大臣や相談役になったかのように私を見る人もいます」。「人びとはもう私の苗字ではなく、フジモリと呼びます。でも、愛情と尊敬を持って接してくれるし、侮辱しようとしているのではないようです」。「マグダレーナでは、誰もがフジモリに賛同しています。街頭で物を売る人たちもです。彼らはフジモリを支持し、また再び彼に投票するだろうとも言っています」。「リマクに住んでいますが、誰もが私たちのことを知っているので、困惑するようなことはありません」。「中産階級地区に住んでいるのですが、何の問題もありません。住民のほとんどがフジモリを支持しているからでしょう。みんな日系人が正直で勤勉であることを知っていますしね」。「私が住んでいるウアラルのチャンカイでは、日系人は、上流階級からも下層階級からも尊敬されています。全体として私たちを受け入れてくれていますね」。「タクシー運転手が「誰に投票するんですか」と聞いてきますが、彼らは全員フジモリ支持者です。フジモリは勤勉で、国が必要としているような尊敬されるべき人物であると考えているのです。あるタクシー運転手からはこんなことを言われました。「道徳的に、君は自分の国の人を支持する義務があるでしょう。もし彼が大統領になったら、彼を応援しなければなりませんよ。もし大統領にならなかったら、君は彼を支持しなかった臆病者とされてしまうでしょう」。「職場の人たちは、管理職からそうでない人たちまで、フジモリのことをとても嬉しそうに好意的に話してくれます。まるでフジモリが忘れられていた人びとを代表しているかのようです。国民の大多数はフジモリと自分自身とを同一視していますね」。

(11) 次に挙げる例は回答の複雑性を表している。「もし候補者のアルベルト・フジモリがペルーの大統領に選出されたら、あなたはどう思いますか」という質問に対する回答である。「フジモリが選出されるのはよくないと思います。彼には政策案がないからです。……ペルー人の期待に応えた代替案や協議事項を何ひとつ示していません。彼には国を統治する用意ができてないのでとても心配しています」。「もし彼が選出されたら、ペルーの歴史上初めて、人民が真に統治することになるでしょう」。「彼はもっともな忠告に耳を傾けていません。政治知識の欠如とばか正直さによって、彼は国が堕落し続けるような過ちを犯すことになるでしょう。この時点では、どんな候補者でも適切に政治の重責を担うのは大変だと思います。もしフジモリが選挙に勝ったとしても、この国の困難な状況からしてよい方向に向かうとは考えられません。状況をよくするには、一〇年から一五年かかるでしょう。フジモリからあまり政策案が聞かれないことからも、事態がすぐに好転するとは思えません」。「フジモリは、現時点で最高の人物で、ペルーを台湾のような国にするという考えを押し出しています。彼にはカリスマ性があり、知性があり、強い指導力があるんです。彼は政治的視点に関心がないようなので、議会の過半数の支持なしでも考えを進めてしまうでしょう」。「彼のチームは大きなリスクを背負っています。フジモリは、フレデモを含んだ他の政党の手法を重点的に取り入れていますが、その手法的なものと政治的なものとが矛盾しないようにすることが課題となるでしょうね。すこし難しいでしょうが、彼なら実質やってのけてしまうでしょう。政治的には問題はないのですが、手法的にはあるように思いますよ」。「日系人コミュニティが恐れているのは、彼がうまく任務を遂行できなくて、私たちの祖父母が頑張ってきたことすべてが無駄になってしまうのではないかということです。私たちはここに九一年間いますが、私たちが作り上げてきたイメージが消されてしまうことになるでしょう」。「日本人を祖先に持つ人物が初めて国を統治するということは、国にとって、世界にとって、大きなセンセーションを巻き起こすことになるでしょう。また、そのような現象は初めてなので、ペルーにおいてだけでなく国際的レベルにおいて、政治上の出来事すべてを大改革することになるのです。フジモリ氏は歴史に残るような重大なことをするでしょう。彼はとても優秀ですし」。「もしフジモリが選挙に勝ったら、私たちは店をたたんで海外に働きに行きます。ここは多くの問題を抱えることになるでしょうから」。「私たちが何をするかということですか。もし過半数が彼を選んだのなら、私たちはそれを尊重しなければなりません。たとえその多数派が間違っていたとしても、それが彼らの権利なのですから。多数決の法則です。私たちは民主主義の国にいるのですから」。「私たちは団結して、彼を助けなければなりませんね。その視野には、フジモリだけでなくペルーも入ってます。私はすべての人が彼に手を貸すよう願っています。何があろうとも彼を支持すべきなんです」。

(12) 次に挙げる日系人の回答は国民としての権利の問題について述べている。「あなたは、国の政治的プロセスに日本人を祖先に持つペルー人が参入していくことをどう思いますか」という質問に対する回答である。「人は、政治において、性、人種、または宗教による差別をすべきではありません」。「私たち日系人は、ペルーで生まれました。日本人を祖先に持つペルー人なんです。したがって、あらゆるレベルにおいて、自分たちの国の政治に参加する権利を持っていますし、政治職に就く権利もあります」。「外国人の親を持つペルーで生まれた子供たちは、私たちの国の政治的プロセスに参加する権利を持っています。彼らの考えは親とは違うのですから」。「日系人は政治に参加すべきです。ペルー人として、国の問題、苦境、失敗を解決する責任があるからです」。「私はある政党の党員です。自分が住む地域の政治活動に関わっています」。「何の問題もないと思います。東洋人を祖先に持つペルー人が大統領候補になることは驚くべきことではないと思うのですが」。「日本人がペルーを統治することはできませんが、ペルー生まれのペルー人は大統領になってもよいでしょう」。「今のところ私は、日系人が国の政治的プロセスに参加したり大統領候補になったりすることに賛成できません。現状が厳しいものだからです。多くの暴力と貧困がありますし。私は候補者〔フジモリ〕がそのような問題を解決できるとは思えません」。「三世、四世の日系人ならおそらく大統領職に就くことができるでしょう」。「私は光栄に思っています。並々ならぬことであり、私たちが成し遂げたもっとも大きなことであり、功績であり、模範であり、私たちは日本人の子孫であることを誇るべきなのです。両親のためにも、日系人がうまく大統領に立候補したことを、私はとても誇りに思うでしょう」。

(13) ここに選んだ回答はアイデンティティの力学を示している。質問は、「フジモリとの共通点を何か感じますか」というものである。「肉体的特徴、日系人であること、細長い目、苗字、日本の伝統、日本人を祖先に持つペルー人であること、祖先、出自、家族、文化的遺産でしょうか。あと、私たちの多くが熊本県から来ていますね」。「日本人を祖先に持つすべての人と同様、彼は本当に完璧主義者ですね」。「誰か他の日系人を見るとき、その人物も自分と同じように思い、感じ、考えているだろうと思ったり、感じたり、考えたりします。フジモリは、自尊心、技術、労働を明言していますが、それらは私にとって重要なものでもあり、彼のモットーに賛成しますね。日系人はとても分析家で、思慮深く、冷静で、これらは日系人すべてに共通するものです。心情的に、共通点を感じることを否定できません」。「人種的にも、職業的にも、彼との共通点はかなりあります。彼も私も教育者ですし」。「彼はときとしてコミュニティに属していないかのように振舞います。彼の対応から、彼がとても政治的で振舞い方を知っていることが分かるでしょう。ずるそうな笑顔を見せながらあんな風にインタビューに答える人が、コミュニティの中にいるとは思えませんね」。「私が通っていた大学で、ある問題が起こり、彼がその評議委員会にいたとき、ある種の同情を感じました。私が大学生で、彼が国立農科大学の学長であったという理由で同情したのだとは思いますが」。「改革と近代化に関する考えは現実的であるべきです。ペルーにおける近代化は底辺から始めなければならず、それがフジモリの望むところなんだと私は考えています。彼は、ペルーの状況がよくなることや進歩、国家の統一を望んでいるのです。また、貧困者を助けることにも言及していますし、私もその必要性を感じています」。「彼を見守ってきましたが、彼はとても頭が切れ、とりわけ分析家であると思います。彼は落ち着きを失うことはなく、とても冷酷にもなりえます。それがとても重要なことでもありますけどね」。「何も。幸せなことに、何もありません。何も共通点はないのです。絶対にありません」。続いて、「あなたが誰に投票するかという問いは別にして、もしフジモリが大統領に選出されたら、日系人コミュニティはどのような態度をとるべきだと思いますか」という質問に対しては、すべての回答が、エスニシティに関した論争と国もしくは一般的な論争に触れながら、「支持する」という言葉に言及している。次に挙げるのがその回答例である。「私たちは、可能な限りのあらゆる方法で、彼を支持すべきです。というのも、彼は独りで治めることはできないからです。私たちは今までそうしてきたように、個人的利益はさておいて、一生懸命力を合わせつつ、純粋に協力していかなければなりません」。「彼は他の人と同じくペルー国民なので、あらゆる方法で彼のことを支持していくべきです。また、彼が醸し出すイメージが日系人のイメージとなるという理由からも彼を支持していくべきでしょう」。「誰が勝ったとしても、すべての日系人とすべてのペルー人は大統領を支持しなければなりません。国が危機的状況にあるわけですから。私たちはペルー人であり、自分たちの国のためにそうする必要があるのです」。「誰が勝とうとも私たちは支持すべきです。誰かは問題ではないんです。そうすれば、私たちが現在抱えている問題の五〇パーセントを、大統領が解決してくれるでしょう」。「私はフジモリを支持しているわけではないのですが、私たちはペルーのことを考えなければなりません。勝った人が誰であろうと、その働きを支持していく必要があります。ペルーの大統領に背を向けるわけにはいかないのです」。

(14) これらのインタビューは、日系ペルー人の八四パーセント以上が住むリマで行われた。対象者は、年齢、ジェンダー、居住地区(社会経済的地位の指標として)をふまえて、より多くの日系人を反映するものになるよう注意を払いながら選ばれた。われわれは、回答者と接触するために、コミュニティを基礎とした組織団体に頼ったことを、ここで読者に報告するが、すべての日系ペルー人がそのような組織に参加しているわけではないのも事実である。先行研究は、コミュニティを基盤とした組織団体に定期的に参加しているのは、全体の三二パーセントにすぎないことを明らかにしている。したがって、日系ペルー人の大半は組織団体に参加しておらず、それどころか、エスニック集団の他の人びとと親交をもつことさえない。この状況を考慮して、最初に一九九〇年に、一〇〇人にインタビューをし、一九九八年には別の六〇人にインタビューをした。ともかく、われわれは、そこで得た回答によって、ペルーの国の選挙とその結果という文脈上にある一九九九年と二〇〇〇年の国家的論争におけるおもな考えが何であったのかをみることができると確信している。

第10章　権力への道

——エスニシティから見た日系人に特有な政治的伝統の出現

レイン・リョウ・ヒラバヤシ
（西川裕子訳）

エミ・カサマツはコミュニティの指導者としての立場から、日系パラグアイ人の貢献に重きを置く国家発展に向けた大胆なプログラムを書き記している[1]。彼女はその中で、パラグアイが二一世紀を迎えるにあたり、とくに日系パラグアイ人青年は、日系人の文化的遺産から、政治的リーダーシップの新しい基準を学ぶことができるし、また学ぶべきだと提案している。これは、カサマツが近年のパラグアイの政治が不安定であることを憂慮して考えた案である[2]。

ＩＮＲＰ（国際日系研究プロジェクト）のより広い視点に立って見ると、カサマツの提案からすぐ二つの疑問が思い浮かぶ。第一の疑問は、現実的なものである。南北アメリカの日系人が実際に選挙によって政治的権力を得ている事例から、私たちはどんな教訓を得ることができるだろうか、ということである。しかし、この疑問をうまく解くには、やはり何か方法が必要である。さまざまな国、時期、政治システムにまたがっている南北アメリカでの日系人の政治的歩みを比較分析できるような研究方法はあるだろうか。これが第二の疑問である。

それぞれの国の「受け入れ」社会の政治システムに日系人がどれだけ参入しているかを比較する研究は、まだ始まったばかりである。しかし、日系人が政治的に権力を得ていることを示すような記録されているごく少数の事例に、私はつねに興味を抱いてきた。まず私にとって、「権力を得ること」という言葉は、二つ以上の政党からなる統治組織において選挙によって正式に公職を獲得することを意味している。日系人は、人数から言っても社会文化的な意味でも典型的なマイノリティであるので、選挙で公職に就いている事例は注意を惹く。なぜならそのような事例は、日系人が主流社会の政策や推移に影響を与えることができると同時に、通常期待されるよりもより高いレベルで自己決定もできることを示しているからである。

南北アメリカの日系人に関して言えば、現存する文献の中では、三種類の事例が目立っている。これらの事例のいずれにも二世、すなわち第二世代の日系アメリカ人が関わっており、そのそれぞれが、地方、州、国家という異なるレベルを示している。

地方レベルの例となるカリフォルニア州ガーデナでは、日系アメリカ人は、多民族からなる都市に住んでいるが、ある二世を二期連続で市議会議員として、さらに一期を市長として選出することができた。一九八〇年代初めには、選挙で選ばれる市の職員六人のうち四人が二世だった[3]。

ハワイ州〔一八九八年より一九五九年までは準州〕は、アジア系アメリカ人が政治に代表を送る度合いが高いことでよく知られている。早くも一九一七年には、一七九人の二世の選挙登録者がいた。また、一九三〇年までに、二人の二世共和党員と一人の民主党員が公職に就いている[4]。やはり、全有権者に占める二世の割合も、二〇世紀最初の三〇年間にわたって増加した。一九二二年にはハワイ準州の有権者のたった三・五パーセントを占めていたのが、一九三六年までに二世は投票人口のほぼ二五パーセントにもなった。これが、戦後の「まれにみる」政治的達成の基礎となり、そのおかげで二世は州政府や官僚組織のあらゆるレベルで公職に就けるようになったのである[5]。

国家レベルでは、日系人が正式に政治で権力を得ている顕著な事例が、ブラジルに見られる。当初、日本人移民たちはブラジルの政治に加わらなかったが、第二次世界大戦後に新しい傾向が現れた。一九四八年に、ある二世がサンパウロ市議会に立候補して議席を獲得したことが重大な転機となる。その後の数十年のうちに、日系ブラジル人は、ほとんどあらゆるレベルで政治に参加するようになった。一九八〇年代後半の時点で、「ブラジルの国会には三人の日系ブラジル人が議席を有しており……州や地方自治体レベルでも、公職に就いている（多くの）日系人」がいた。[6]

これらの事例は非常に少ない（そして典型的ではないということを認めざるを得ない）例にすぎないけれども、議論の出発点にはなる。さらに、これらの事例と他の事例との比較研究に利用できる枠組みもある。それは、一般に日系人、とりわけ二世が南北アメリカで達成してきたさまざまな「権力を得ていく道のり」を理解するのに役立つであろう。次に説明するように、私が思い浮かべている方法は、必然的にかなりの仮定や妥協を免れない。しかし、その方法を利用することで得られる成果には価値がある。すなわちこの方法は、南北アメリカの（そしてそれを越えた地域の）日本人を祖先とする人びとが、まわりを取り囲む多くのエスニック集団や多文化からなる社会の中で、ある程度の正式な政治権力を勝ち得て来た経緯、場所、時期を、今までより体系的に理解するきっかけを与えるだろう。またそれと同時に、正式に政治で権力を得ていく過程でどのような「代償」を払うのかを理解する糸口にもなるであろう。

考え方の枠組み

私の言うところの、日系人が選挙によって得る「権力への道」の比較分析を容易にするのに利用できる基本的枠組みは、ウィスコンシン大学の政治学者ピーター・K・アイジンガーの論文に提示されている。[7]この研究でアイジンガーは、アメリカ合衆国における六つの「エスニック」集団――うち四つはヨーロッパ系アメリカ人集団（ドイツ系、イタリア系、ポーランド系、アイルランド系）、一つは宗教的集団（ユダヤ系）、もう一つは白人以外のエスニック集団（アフリカ系アメリカ人）――を例として、彼が、あるエスニック集団に特有の政治的伝統（ＥＰ

T）と呼んでいるものの発展におもに注目している。これら六集団それぞれの政治的歩みを研究した結果、アイジンガーは、集団によって主流社会の政治への適応の程度が異なることはもちろん、その表れ方も異なっていることに気付いた。

アイジンガーは、なぜアメリカ合衆国では、ＥＰＴがそれほど著しくエスニック集団ごとに違っているのかを明らかにするために、一連の変化する要素を考慮することを提案している。学者によっては移民世代の出身国に基づく違いに注目しているけれども、アイジンガーは、アメリカ合衆国における経験と境遇がよりＥＰＴに影響を与えているのではないかと述べると同時に、「祖国」への強い絆が働くとＥＰＴの発展が阻害されると指摘する。

一般的に言って、アメリカ合衆国のエスニック集団間の争いの中で印象的な事例は、強いＥＰＴを持っているかどうかと同様に、どのようにエスニック集団が自らを意識して、他のエスニック集団との境界線を定義し、線を引いているかとも関わっている。アイジンガーは、ＥＰＴは単に、ましてや本質的に、経済的に劣勢であるかどうかの問題ではないと述べる。強いＥＰＴはむしろ、(1)「集団で受けたトラウマ」の歴史的経験を乗り越えつつも忘れないでいる人びとの能力をはじめとした経済的適応の結果であり、(2)集団内の問題や要求をうまく処理できるエスニック集団内の指導者に加えて、とりわけコミュニティの「防御」組織を中心として展開する、集団としての問題解決能力の強化の結果であり、(3)主流の統治組織に相対して最初に政治的に統合した時期の有無の結果である。これら三つの大まかな条件のそれぞれが、ＥＰＴの強さと発展を評価する時に考慮されなくてはならないとアイジンガーが主張しているので、私は、それぞれの条件を次にもう少し詳しく述べたい。そしてアイジンガーが、どのようにそれら三つの条件が働き、尺度となり得ると指摘しているのかを具体的に述べようと思う。

変化する要素の一つである「経済的適応」のことを、アイジンガーは通時的な経過で考えると「第一段階」だとしているが、これは理解しやすい。ここでアイジンガーは、アメリカ合衆国におけるあらゆる移民集団は、できるだけ努力して文化的に同化したり競争したりしなければならないし、しばしば経済界での出世階段の一番下から出発しなくてはならないと述べている。豊かすぎても貧しすぎても、首尾一貫したＥＰＴの発展を妨げる可能性があるので、経済的適応は、必然的にあるエスニック集団が安定している時に起こる。

加えてこれはとても重要なことだが、あるエスニック集団の人びとが、最初の適応期間である第一段階で、「激しい共通の苦しみ」をもたらす「集団として受けるトラウマ」を一定の期間経験している場合、その経験は、集団内の団結、他集団と自集団を区別する明確な境界線、そして強いＥＰＴの出現や発展と、かなり密接に関連しているとアイジンガーは主張する(8)。

アイジンガーが強調する第二の条件は第二段階で起こるが、それは集団に根ざした一連の資力、組織、指導者を創り出すエスニック集団の力量と関わっている。これらは一様に、その集団の人びとが自集団のためになる種々の利益を主張し達成するのに利用される。したがって、その集団のメンバーが、コミュニティの発展のための一種の運転資本として、資金、物資、時間を、いとわずに提供しなくてはならないため、経済的安定が資力の土台にはある。制度的に言えば、企業・会社・商店、教会、学校、特別な目的を持った利益集団、社会文化的および相互扶助的な組織、新聞社などの存在は、すべてアイジンガーの言う「コミュニティの形成」を示す指標になる。指導者は、コミュニティの基盤にあるどこかの領域、またはあらゆる領域から現れる可能性がある。しかし大事なことは、指導者とコミュニティ組織の両方が、双方の抱える問題、優先事項、要求をはっきりと積極的なくらいに主張し、それらの必要性を主流社会に認めさせて負担させることができることである。

第三の条件としてアイジンガーが明記している点は、エスニック集団のメンバーが共通の運命や目標を認識し、それらの解決のために努力することを共通の優先事項にするような、最初の政治的団結を示す第三段階があるはずだということである。アイジンガーは、第三段階が達成されていることを示す指標は、ある所与のエスニック集団が、主流社会の政治システムの大勢への参入を実行するのに十分なだけの経験と資力を持っているかどうかであると述べている。

質的な事例研究の比較分析

この時点で、方法論について多少なりとも概略的に解説しておいた方がよいであろう。前にも少し述べたように、日系人が政治の世界で権力を得ている例が記録にほとんどなく、統計的な（すなわち変数本位の）分析には向かないため、このテーマでは事例研究を通して取り組むことが不可欠である。それにもかかわらず、数少ない入手可能な事例が、社会政治的な統合のヒエラルキーの中でそれぞれ異なったレベルを示していると考えるならば、日系人が政治で権力を得ている事例の質的比較を体系化するのに役立つある研究方法の存在を確認することは大切である。

ジョン・スチュワート・ミルの本『論理学体系』は、一五〇年以上前に出版された。しかしよく知られているように、「ミルの方法論」は、社会科学の方法論に関する本はもちろんのこと、簡単に論理学の初歩を提供する「批判的思考」の教科書では今なお基本になっている。その理由は、ミルが一連の経験から得られた質的方法論を提示しているからである。その方法論によって研究者は、ある既定の結果と相互に関係している独立の変数をめぐった因果関係を示す主張の影響力を詳しく調べることができる。[9]

これらの方法論のうちの一つは、「一致差異併用法」あるいはまた「間接的差異法」（間接差異法とも言う）と呼ばれている。この場合の研究方法は、ある利益が絡む現象や出来事を含んだ事例を、その現象や出来事が起こらないけれども、前者との関係が密接な一連の事例と比較する方法である。[10] 仮説として言えば、研究者が重要な独立変数として見分けられるようなデータ一式が、事例を注意深く選択して並べた結果出てこなくてはならない。

なおその独立変数とは、利益の結果が現れる事例には必ず存在するが、現れない事例には一切ない変数である。この方法は、身近なテーマにどのように適用され得るだろうか。

まずはっきりさせたいのは、アイジンガーの言うところの「あるエスニック集団に特有の政治的伝統（EPT）の発展」は、どんな形態や現れ方をしていても利益の結果なのだということである。アイジンガーの意見に従いながら私たちが仮定して差し支えないのは、次の点である。日系人が政治で権力を得るためには、先に論じた三つの大まかな条件が、少なくとも前節で認識された現れ方に基づいて同時に起こらなくてはならないということである。その三つの条件とは、(1)社会的トラウマと、その後経験する経済的安定の時代、(2)コミュニティ形成、そして(3)政治的な強化である。アイジンガーの枠組みでは、これらの各条件が必要なので、どれか一つでも足りないと、成長するはずのEPTの発展が妨げられることになる。分析において同じ比較レベルにあるが、利益の結果が現れている事例と現れていない事例とを一組にすれば、「間接的差異法」に似た分析が行える、というのが私の主張である。この目的のために、私は六つの異なった事例研究、すなわち、一般的に政治で権力を得る力が「けっこうある」三つの事例と、「弱い」ものから「あまりない」事例に至るまでの三つの事例を提示することにする。[11] 本章の長さをほどほどにするためにも、事例についての私の議論は表面的なものとなるが、私の主張がいつでも照合確認できるように、出典には言及する。

六つの事例研究の要約

まず、利益の結果が出てくる三つの顕著な事例研究を検討しよう。

カリフォルニア州ガーデナの場合

以前にも示唆したように、日系人が政治で権力を得ているガーデナの事例は、ほとんどあらゆるレベルで、アイジンガーが述べる三つの条件のそれぞれを伴っている。第二次世界大戦前、ガーデナは、本来のロサンジェルスのちょうど外側にある成功した農業地域だった。一九五〇年代には、快適なベッドタウン、つまり基本的にはロサンジェルスの中流階級の住む郊外になった。また、そこは、新しい核家族や、家庭を持ったばかりの社会的に上昇しつつある二世をも惹きつけた二台分の車庫のある家であふれた。

多くの研究が実証しているように、コミュニティを基盤とした組織が一九七〇年代にこの地域に突如多数出現した[12]。それらの組織の多くは、青年や高齢者、退役軍人などを対象とした社会奉仕中心の組織だった。そしてそれと同じぐらい多くの組織が、日本の言葉や文化、芸術、宗教、スポーツを奨励した。このように、ガーデナの日系アメリカ人は、エスニック集団の文化的遺産の自律性と維持を強く志向する一方で、教育、職業、収入、政界への代表派遣を通して、主流社会で成功することも強く志向したのである。

ガーデナの日系人が主流社会の政治に最初に参入したのは、一九六〇年代初期のことだった。それは、大半の日系住民が、第二次世界大戦中の強制収容に伴う損失から立ち直ったと言われるようになった後のことである。二世退役軍人トシ・ヒラデは、当選はしなかったものの、市の公職に立候補した最初の日系人であると言われている。市で最初に当選する栄誉を得たのは、一九六六年と一九七〇年に市議会に立候補して当選した二世退役軍人ケン・ナカオカである。ナカオカは、さらに一九七二年には市長に選ばれて、この栄誉に浴する数少ない日系アメリカ人の一人になった。また、一九八〇年までに、選挙で選ばれた市の職員の六人のうちの四人が二世となった。実際に物事を動かしていた「選挙におけるまとまった支持勢力」は、ヨーロッパ系アメリカ人と日系アメリカ人の連合だったという証拠があるが、一九八〇年代を通して日系アメリカ人は、ガーデナにおける優勢な政治勢力だと考えられていた[13]。

アイジンガーが提示する三つの条件の見地から特筆すべきことがある。それは、選挙で選ばれた日本人を祖先とする公務員たちは、民主党員であろうと共和党員であろうと、ある一定の期間、地元のコミュニティに積極的に参加し、主流社会の組織と日系人の組織の両方において奉仕をした後、選挙活動を始めたように思われることである。一例を挙げれば、マサニ・「マス」・フカイは、ガーデナの市議会議員に六期連続（一九七四―九四年）で選ばれ、合計で二四年間も継続して務めた人である。ガーデナ生まれのマス・フカイは、アリゾナ州南部のヒラリバー収容所に、家族とともに収容された。その後フカイは、アメリカ合衆国陸軍に勤務し伍長まで昇進した。[14] 二つの異なる職業――最初は自動車修理業を経営し、それから保険の外交員として働いた――で成功した後、フカイは、市議会議員に立候補することにし、政治家としての活動を始めた。フカイは、勤勉な政治家だという評判を得たと同時に、コミュニティに根ざした、またコミュニティに関心を向けた多くの奉仕活動、とくに青年のための奉仕活動に長く従事したことで有名になった。[15]

ガーデナの日系人は、地方レベルでは度重なる成功を収めているが、より高い地位の公職に就けた人は、ごく少数にとどまっている。政界でもっとも有力な人物は、二世退役軍人で不動産業者の共和党員ポール・バンナイである。彼は、都市計画委員会（一九六九年）の一員としての地位と、後には市議会議員（一九七二年）としての地位を生かして、州議会の下院議員になった。最初は一九七三年で、指名されてカリフォルニア州議会第五三区の下院議員になり、その後何期にもわたって、選挙によってその公職に就いた。[16]

ハワイ州の場合

第二次世界大戦前にハワイに住んでいた一世と二世にしてみれば、南北アメリカ中の日系人と同様、経済的安定への道は長く厳しかった。当初、プランテーション労働者として募集されてハワイに来た一世は、実にさまざまなコミュニティ組織や制度を作るために働き、犠牲にもなった。[17] まもなく、奥村多喜衛牧師とフレッド・金三郎・牧野のようなよく知られた指導者たちが、一世と二世両方に受け入れられる、対照的ながらしっかりしたヴィジョンを持って現れた[18]。

危機的な時期は、第二次世界大戦のかなり前、とくに、プランテーションでの賃金と条件をめぐる大ストライキとともに、日系人たちの前に立ちはだかった。一度目は、一九〇九年にオアフ島じゅうで起こり、二度目は、一九二〇年にフィリピン系のプランテーション労働者と協力して行われた[19]。真珠湾攻撃は、ハワイの日系人に大変なストレスと緊張の時期の到来を告げた。彼らは、集団で強制収容されることはなかったが、とくに第二次世界大戦にアメリカ合衆国が参戦した直後の数年は、疑い、非難、そして夜間外出禁止令を含む諸制限を受けた[20]。

ハワイでは日系人が政治で権力を得ることが確実に多くなっていった。それは、第二次世界大戦後に現れた強力な二つの新しい勢力が歴史に立脚して連携したことを物語っている[21]。一方の勢力は、プランテーションにおける賃金や労働条件の改善を主張してだんだんと成功を収めるようになっていた日系人の労働組合運動指導者や労働者であり、もう一方の勢力は、さらなる教育を受けて主流社会に参入することを夢見て復員してきた日系アメリカ人（AJA）〔ハワイの日系人は、自分たちがJapanese AmericansよりもむしろAmericans of Japanese Ancestry（AJA）と呼ばれることを好む〕の退役軍人だった。これら二つの勢力は、ジョン・A・バーンズ（第二次世界大戦中、日系アメリカ人のアメリカ合衆国への忠誠を擁護して、日系人の支持を獲得した人物）とダニエル・イノウエのような民主党の有力者の指導で連合したのだった。一九五四年までに民主党は、ハワイの島々で圧倒的だった共和党支配を覆すことができた。

民主党がハワイの政治に参入したのは、第二次世界大戦終結以来のことであるけれども、一九五四年頃には「民主党は、準州の下院で三分の二以上、上院でほぼ三分の二の議席を獲得し、議席の半数近くが日系アメリカ人の候補者で占められた[22]」。これらの勝利は、単なる思いがけない幸運ではなかった。その証拠に、この勝利はその後数十年続いた。一九七一年から一九七二年の会期までは、ハワイの下院議員の五〇パーセント以上は依然として、その大多数が二世である日系アメリカ人によって占められていた。一九七四年には、ジョージ・R・アリヨシがハワイの州知事に選ばれた。さらに二度再選されたアリヨシは、アメリカ合衆国の州知事になった最初の日系アメリカ人であり、最初の二世でもあり、まぎれもなく最初の非白人であった。(23)

またハワイは、その民主党の革命によって、日系アメリカ人女性が選挙で政界に入る道が開かれたことでもよく知られている。(24)モロミサト・ミアサト教授やオードリー・コバヤシ教授が担当した章で強調しているように、政界をはじめとして、日系人コミュニティの公的な側面の多くがジェンダーによる役割や規則の制約を受けている。こうしてジェンダーによって、日系人女性が経験豊かな人物から助言を得ることが難しくなっているだけでなく、政治に関わる職業に就く機会を得ることさえも大変困難になっているようである。しかしハワイは、注目し続ける価値のある興味深い事例を提供している。(25)

ハワイでおそらくもっとも有名な事例は、連邦下院議員パッツィ・タケモト・ミンクの経歴である。マウイ島で生まれた二世のミンクは、シカゴ大学のロースクールなど、ハワイとアメリカ合衆国本土の両方で教育を受けた。(26)そしてハワイに戻ってから、自分で法律事務所を始めた。それは、名の通った法律事務所はどこも彼女を雇わないだろうからである。それから彼女は、民主党の政治に関わり始めた。疲れを知らないまとめ役であるミンクは、一九五〇年代に多くの経験をし専門的知識を得た。一九五六年に、彼女はハワイ準州の下院に立候補して当選し、政界での活動を始める。(27)そして二年後には、ハワイ準州の上院で議席を勝ち取った。上院で二期務めた後ミンクは、一九六四年に連邦議会に立候補して当選する。進歩的な民主党員で、現在ふたたび連邦議会の下院議員の職に就いているミンク〔この本の原書が出版された後、二〇〇二年九月二八日に亡くなっている〕は、女性の権利、平和主義運動（とりわけ東南アジアでの戦争に反対した）、そして教育に関わる立法府の計画の先頭に立っている。この間にミンクは、独力で政界の著名人になった、一部日系の血を引く女性ジーン・サダコ・キングのロールモデル、そしてよき相談相手となった。(28)

ブラジルの場合

ブラジルで日系人が権力を得ていく過程は、ガーデナやハワイ州のそれと類似性があり興味深い。この事実がとくにあてはまるのは、歴史的に日本人を祖先とする人びとが集中している国――実際、南北アメリカのどの国よりも日系人総人口が多い――ブラジルの大都市サンパウロである。(29)

第二次世界大戦前、ブラジルに来た一世は通常、農業か小規模な商売で生計を立てた。彼らは、好意的に迎え入れられた移民集団ではあったが、実のところ、主流のブラジル社会とは距離を保って生活していることが多かった。それは当初は、一世が祖国の方を向いていたために、ブラジルの政治にあまり関心を持たなかったからであったし、また、多くの日本人移民が自分たちをごく身近にいるブラジル人とは別個の存在だと、そしておそらくは彼らよりも優れた存在だとさえ思っていたからであった。(30) しかしこの態度は、第二次世界大戦前にブラジルの学校制度に入り始めていた日系人コロニーの人びとや、結局のところブラジルで生まれ育って教育を受けていた二世から疑問視されるようになった。(31)

よく知られているように、第二次世界大戦は、ブラジルの日系人にとって重大な危機の時代だった。他からの圧力に囲まれて、日系人自身がコミュニティを崩壊させてしまい二つの集団に分離した。日本を支持した人びとの集団（勝ち組）と、アメリカ合衆国や同盟国側を支持した人びとの集団（負け組）とである。(32) これら日系人コミュニティ内部の分裂は、一九四五年の日本降伏後の一〇年間に、徐々にではあるが解消されていった。

セリア・サクライによれば、戦後すぐに、サンパウロには、日本人を祖先とするある市議会議員を当選させるのに十分な人数の、日系人候補者を援助しようとする日系人がいた（したがって日系人候補者の当選は、主として日系ブラジル人選挙民の存在を基礎として達成されたことになる）。このことは、まったく新しい日系政治家、つまり日系人同胞に絞って選挙運動を行う人びとに門戸を開いた。もし当選したら、日系政治家たちは、選挙で支持してくれた日系人にさまざまな便宜を図って、彼らの支持に報いるのである。それにもかかわらず、シオタニとヤマシタの論文、ならびにサクライの論文によれば、わずか三〇年も経たないうちに、日系ブラジル人政治家はこれがもはやできなくなったばかりか、成功するためには、日系人だけでなくより広範囲の選挙民からの支持と援助を得なければならなくなっている[33]。

この点で、権力を手に入れるために非日系選挙民と協力している日系ブラジル人政治家がいることは、注目に値する。歴史家のジェフリー・レッサーによると、労働者の指導者であり政治家であるルイス・グシケンは「ある有名な沖縄出身の（すなわち「正統な日本人」ではない）家族の一員」なので、日系ブラジル人同胞から援助を受けるやり方ではたいして得るものがなかった[34]。にもかかわらず、最近興味深い事態の展開があった。グシケンが、選挙戦を有利に導くために、ブラジル人の間ではごく一般的になっている日本人のステレオタイプを利用したのである。レッサーが指摘するように、「日本人性」は、現在のブラジルでは「正直」や「勤勉」を表すこの国特有の比喩になっているので、グシケンはこれらのステレオタイプを自分の政界でのイメージとして利用するため、選挙運動用の印刷物の中で数多くの日本人的シンボルを活用しているのである[35]。さらにレッサーは、沖縄出身の日本人を祖先とする日系ブラジル人は、二元的にエスニシティを使い分けることができると示唆している。彼らの沖縄人性は、彼らを内地出身の日本人よりもいっそうブラジル人らしくし、もう一方では逆に、その沖縄人性のためにブラジル人よりもいっそう「日本人」らしく（すなわちより優秀に）していると主張しているのである。またこれらは一方だけで使われることもあるし、両方同時に使われることもある[36]。

政治で権力を得る力が「弱い」三つの事例

この項では、私は、政治で権力を得る力が「あまりない」事例か「弱い」事例など、前記とは対照的な例を提示する。私は、アイジンガーの三つの条件や段階の考察をするにあたって、何らかの統制を保ちたいので、前記の分析の地方、州、国家レベルそれぞれに一事例ずつを選んだ。

サンフランシスコの場合

サンフランシスコの日系人が、二〇世紀初頭に多少なりとも経済的に安定しようとする過程で、「集団で受けたトラウマ」に苦しんだことは疑いようがない。さらに、サンフランシスコは、ガーデナと同じぐらい多くのコミュニティを基盤とした組織が形成された事例であり、現れた政界の代表者たちが、コミュニティ全体にとって必要なことを認識して実現させる努力において巧みで明晰だった事例でもある[37]。

サンフランシスコの日系人の中には、とても教養があり有能な代表者が数人いるけれども、市の権力中枢への日系人の参入は、実際には非常に遅かった。二〇世紀の最後の一〇年までは、どんな日系人も市長に選ばれたことはなかったし、ましてや、サンフランシスコの市政兼郡政執行委員会の委員に選ばれたことさえなかった。一九九〇年代には、一部日本人の血を引いているマイケル・ヤキが、すでに議席を得ていた他の二人のアジア系アメリカ人(マーベル・テンとリーランド・イー)に加わって、市政兼郡政執行委員会の委員になっている。ヤキは当初は、当時の市長ウィリー・ブラウンから任命されたが、その後の一九九八年の選挙では、現在の地位を得るために選挙運動を行ったのだった。したがって、おそらくこれは、事態が変わりつつあることを示している[38]。また重要なことは、少なくとも一九六〇年代から一九八〇年代にかけてガーデナで見られたよりもさらに複雑な政治環境が、サンフランシスコでは見られることである。サンフランシスコの政治は、ガーデナよりも歴史があり、より多面的である。そして、有権者たちはよく組織され洗練されている。それゆえに、小さなエスニック集団出身の政治候補者は、広く一般の選挙民の支持を得ない限り選挙で勝利することはむずかしいと思うだろう。

カリフォルニア州の場合

カリフォルニア州における日系人の歴史的歩みは、アイジンガーが提示する枠組みの第一段階や第二段階で特徴的な条件を基本的に満たしている。しかし、カリフォルニアの日系人が、任命される以外の手段、つまり選挙によって、政治権力のより高いレベルへの全面的な進出を実際に達成しているかどうかは、判断がかなり難しい。

ロサンジェルス、サンノゼ、サンフランシスコには日系人がかなり集中して住んでいる。けれども、これらの都市出身のどんな著名な候補者でも、日系人コミュニティや日系人の関心事と積極的に関わった結果、選挙民の支持を得て当選したとは主張できないだろう(39)。それどころか、ポール・バンナイは別としても、もし私たちがカリフォルニア州で成功した日系人政治家たちの経歴を調べるならば、彼らが主として日系人同胞や、さらにアジア系アメリカ人同胞よりも、さらに広範な選挙民に訴えかけることによって成功できたというのが私の印象である。一九七四年に連邦議会に立候補して成功する以前にサンノゼの市長に選ばれていたノーマン・ミネタの例を取り上げよう。彼の選挙区では、人口のたった二・五パーセントだけがアジア系を祖先に持っているので(ましてや日本人を祖先に持つ人口などごくわずかであるので)、ミネタが、一連の「日系人の」関心事に基づいてのみ選挙運動を行って当選したりすることは不可能だったことは言うまでもない(40)。

しかし、故サミュエル・I・ハヤカワ上院議員の例は、もう一つ別の道を示している。ハヤカワは、一九五〇年代後半以前にサンフランシスコ州立大学で正教授になった最初で唯一の日系人であった。テニュアを得た教職員で有名な言語学者でもあるハヤカワは、学内での学生の反乱を鎮圧するのも辞さない断固とした大学総長として有名になった(41)。その後ハヤカワは、日系人や他の白人以外のコミュニティからはあまり支持されない状態で連邦上院議員に立候補した。実際ハヤカワは、日系人コミュニティを攻撃することで有名になったのである。日系アメリカ市民協会(JACL)のような、かなり「保守的な」コミュニティ組織の地方や全国のリーダーでさえもが、ハヤカワと衝突した(42)。彼は、保守的で裕福なヨーロッパ系アメリカ人共和党支持者の間で支持されていた。

さらには、ガーデナの都市レベルの選挙では、日系人の大多数は、「日系の」同胞よりもむしろ、ハヤカワの対抗馬だった民主党側のジョン・タニーに投票したのだった。[43]

メキシコの場合

日本からメキシコへの労働者の移住は、少人数ではあったが一九世紀後半にまでさかのぼる。一世をメキシコに惹き付けた投機的事業の多くは失敗したけれども、日本人の中にはメキシコに残り、やがて異なるエスニシティの人と結婚をして根を下ろした者もいた。その後、一九〇一年から一九〇七年までの「契約移民」の最盛期の時代には、約八七〇六人強の日本人がやって来て、メキシコ中のさまざまな仕事に就いた。[44]

これら労働者に対するメキシコ政府の反応は、きわめて重要なある一点において、アメリカ合衆国のそれとは違っていた。メキシコでは、日本人移民も五年滞在すれば帰化することができたのである。二〇世紀初めのアメリカ合衆国で、人種差別が次第に制度化されて激しくなるのを目の当たりにして、日系人の中には、国境を越えてメキシコ北部で農業を始めることを決意さえする者がいたかもしれない。しかしある種の特権があるにもかかわらず、メキシコ史の流れの中で、日系人は定期的に迫害されてきた。たとえば、メキシコ革命の間、とくに北部諸州にいた日系人は攻撃を免れなかった。一九二〇年までに、人口は二〇〇〇人強にまで減少した。[45]

それにもかかわらず、一九二一年から一九四〇年の間にメキシコに留まっていた日系人の多くは、経済的に身を立てることができた。この時代は、日系人が独立した農場経営や商業部門の経済で地盤を固め始めた時期で、社会的に上昇した時代と見なされている。異なるエスニシティの人との結婚も、珍しいものではなかった。ある学者は、一九三〇年代の終わり頃には、「地方レベルにおいて、日系人はメキシコ社会へかなり同化してきた」と述べている。[46]

メキシコは、日本軍が真珠湾を攻撃した後、日本との国交を断絶した。まず拘束が敷かれたが、その後まもなく、多少の例外はあったものの、アメリカ合衆国とメキシコの国境や海岸のごく近くに住んでいた約四七〇〇人の日本人移民全員がメキシコシティかグアダラハラへの移動を命じられた。彼らは強制収容されることはなかったけれども、ワタナベは、メキシコの日系人が「つらい経験に満ちた……とても大変な時を過ごした」ことを非常にはっきり述べている。(47) 一九四五年頃には、戦前の人口パターンは完全に崩壊して、メキシコシティとグアダラハラが、メキシコの日系人の集中地となった。(48)

戦争によって激化していた日系人コミュニティ内部の分裂が次第に薄らいだ後、日系人はメキシコシティ中に散らばっていったが、彼らのネットワークは二つの正式なコミュニティ組織――日墨協会と、日墨学院という教育機関――に加えて、県人会（日本の出身県ごとに集まった団体）やさまざまな「相互扶助」組織のような類の集団を中心に展開した。ワタナベが明らかにしているように、全体として日系人は中流階級から中流と上流の間の階級レベルに移動しつつあるけれども、日系人「人口が、人びとの注意を喚起するには少ない」状態である限り、彼らは無視され続けるだろう。(49)

日系人コミュニティは、一九八〇年代初めまでに、政治的代表を持つことの重要性を認識していたが、いくつかの障害にも直面していた。候補者は、両親がメキシコ人でなければ、選挙に立候補できなかったのである。この条件のために、一世や二世は政界から閉め出された。ワタナベは、日系人が相対的にほんのわずかな人数しかいないことに言及し、他のメキシコ人は、明らかに日系人と分かる候補者に対して好意的な反応を示さないだろうと言っている。ワタナベは、労働次官として政界で有名になったギジェルモ・ホリの事例を紹介している。ワタナベが書いているように、「ホリのような人びとは、日系人コミュニティとは何の関係もないし、意識的に接触を避けているとさえ言われている。メキシコには強い愛国主義的感情が行き渡っているので、ホリのような者たちにとっては、一〇〇パーセントメキシコ人だと名乗る方が都合がいいのである」。(50) メキシコの日系人は、大概は、あからさまな偏見にさらされることはない。「しかし日系人が、既存のメキシコの政界や財界、社交界に入り込もうとすれば、エスニシティや人種の差異に基づいた強い差別を経験することになる。このように、エスニシティや人種の違いのために、日系人はこれらのネットワークの中に入れないのである[51]」。

要するに、一九八〇年代、日系人は、自己防衛と自己弁護の両方の目的から、コミュニティのメンバーが政界で公職に就くのを見たかったかもしれないが、そうするには、日系人の総数や人口に占める割合は少なすぎたのである。とにかく「人種関係」は、依然としてあまりにデリケートな問題なので、日系人として政界で目立つことは賢明ではないようである。

解釈——政治的権力への三つの道

ここまで検討してきた六つの事例を私なりに分析すると、アイジンガーの三つの段階と条件は、政治で権力を得る力が「強い」三つの事例にはあてはまるようだが、南北アメリカの日系人がなぜ権力を持つことができたりできなかったりするのかを説明するのにはあまり適切でないようである。加えて、私たちは、たった一つの「権力の道」を見ているのではなく、少なくとも三つのかなり異なる道を見てきていると言いたい。

第一の道は、ガーデナやハワイ、それに（ハワイほどではないが）ブラジルにおける選挙での勝利にはっきりと表れているが、政党組織や、地方の選挙で選出される地位に食い込むために、経済やコミュニティの強化に頼っていると思われる。しかし「エスニック集団の権利を積極的に主張する行為」は、ハワイの事例でのみ見られる。そしてハワイの場合でさえ、もっとも明らかに闘志を表現したのは、プランテーションでの第二次世界大戦前のストライキやILWU（国際港湾倉庫労働組合）の戦後の勝利に直接関わっていた日系アメリカ人だけだった。他の事例は、日系人が暴力に訴えることなしに、また際立った抵抗さえすることなく、選挙によって権力への道に到達することができることを示している。つまり「エスニック集団の権利を積極的に主張する行為」は、少なくとも南北アメリカの日系人に関して言えば「必要」条件ではないということになる。

アイジンガーが挙げた三つの条件に加えて、これらの事例は、政治において選挙によって権力を得るためには、「体制を変え得る大きさの集団」(すなわち、「人数」というよりはむしろ、全人口に占める比率が体制を変えるのに十分な割合になっている集団)であるという基本的な人口統計学上の前提条件が、満たされなくてはならないことを示している。[52] 二つ以上の政党が関係する選挙制度では、「多数決の法則」があり、総人口に占める比率が当選か否かの違いを生むのだから、今指摘したことは理屈に合う。このように、エスニック集団に特有な政治的伝統(EPT)を、日系人が存続させていくためには、市レベル、州レベル、国家レベルのいずれを取り上げようとも、日系人が強い人口統計学上の基盤を持つ必要、つまり、総人口に占める比率がおよそ二〇パーセント以上の集団である必要があると思われる。言い換えれば、総人口の中で絶対的な比率を占めようと相対的な比率を占めようと、人数はEPTの発展にはほとんど影響がないというアイジンガーの主張は、彼が研究したエスニック集団においては正しいかもしれないが、南北アメリカの日系人には、人数が影響したように思われる。

さらに、先に引用した事例のうちの二つで見られたのだが、この「権力への道」は、アイジンガーの枠組みが認識もしくは議論していない重要な二つの条件も原動力としている。第一の条件は、ガーデナ——そしてとくに戦後のハワイの例にも見られる——に関連している。そこでは、主流の選挙政治への最初の突破口が開かれたのは、二世が名誉ある第二次世界大戦の退役軍人として、「国家への奉仕」を強調することができたことに根拠がある、とまでは言わないまでも、そのことに関連していたと思われる。私に明らかにできる限りでは、このすばらしい兵役記録は、二世が主流社会に受け入れられたり、初めて選挙で権力に参入しようとする時には非常に重要な条件となった。またハワイとガーデナの両方で見られる第二の条件として、公職に立候補している日系人同胞を支持するために、日系人は、普段は支持していない政党へ投票することをもいとわなかったという証拠が挙げられる。[53] そのような行為が、いわゆる日系人が結束して投票勢力になっているとの批判がガーデナとハワイの両方で挙がった理由かもしれない。[54] 一九八〇年代に行われた研究は、この行為が、日系人が正式に選挙によって権力を得る初期の段階で起こる過渡期を示しているかもしれないと指摘している。

さて、もし私たちが、政治で権力を得る力が「強い」か、あるいは「けっこうある」事例だけを考察していたならば、「体制を変え得る大きさの集団」の重要性を印象づけられただけで済んだかもしれない。しかし、政治で権力を得る力が「弱い」事例を検討すると、厳密に言えば全体の人数とは関わりのない政治権力への道が、少なくとも他に二つあることが分かる。

第二の権力への道は、サンフランシスコとカリフォルニア（そして聞くところによればごく最近のブラジルでも）の事例で明らかである。再度説明すると、これらの事例では、経済やエスニック・コミュニティは強化されたが、二〇世紀において、正式に選挙によって権力を得ることに関しては、その影響力はほとんどなかった。ごく一握りの日系政治家――二世のフロイド・モリ、ロバート・マツイ、ノーマン・ミネタ、ごく最近ではサンフランシスコの三世のマイケル・ヤキなど――だけが、将来有望な候補者や公務員として広く認知されるようになった。前に述べた政治で権力を得る力が「強い」事例と同じように、サンフランシスコとカリフォルニアには多数の日系人がいるけれども、総人口中に占める相対的な比率は低い。そしてこのことが、主流の政治政党や公職に就くための彼らの力を損なっているように見える。一九九〇年のアメリカ国勢調査局の概算によれば、カリフォルニア州内には日本人を祖先とする人びとがほぼ三一万三〇〇〇人住んでいる――これはアメリカ合衆国に居住する日本人を祖先とする全人口の約三七パーセントにあたる――とは言え、日系人は、州の全人口のわずか一パーセント強しか占めていないということは覚えておく価値がある。これとは対照的に、ハワイの日系人は、一九九〇年には全部で二四万七四八六人いたが、ハワイの全人口の二二パーセント以上を構成していたのである。[55]

実際、一九九〇年には他のどの州にも、日系人が一パーセントさえいなかった。ワシントン州はもう少しで〇・七パーセントであるが、他の州は、上は〇・四パーセント、下はミシシッピー州の〇・〇三パーセントである。これらの数字を見ると、なぜハワイ以外の日系人政治候補者たちが、選挙で得られる公職を勝ち取るために幅広い有権者に訴えなければならないかが理解できる。おそらく、多数の日系有権者がいるか、ごく少人数でも非常に影響力のある日系人がいる都市や選挙区などの地方レベルを除けば、同じことが南北アメリカのたいていの事例にもあてはまるように思われる。

第三のまったく別の権力への道は、たまたま日本人を祖先としているが、主流の日系人コミュニティとはつながりのない、無所属の候補者がいる状況に関係する。こうしたいくつかの事例は、S・I・ハヤカワによって代表されよう。彼が公職に就いた時は、当初から日系人による何の支持基盤もなかったし、そのような支持基盤を作ったり動員したりすることもまったくなかった。それは、日本人を祖先とする人びとにとって、主流社会への「完全な同化」がもっとも建設的な戦略だという考えを強調するのを、彼が好んだからだった。私がここで扱ってきた各事例では、一番の理由こそ違えども、ハヤカワと同様に、日系人同胞から距離を置いているように見える日系メキシコ人や日系ブラジル人の政治家がいる。たとえばギジェルモ・ホリは、どうやら「メキシコ人」以外の何かだというレッテルを貼られることには我慢がならないと感じているようだ。またルイス・グシケンは、主流の日系ブラジル人コミュニティからはほとんど支援されていないけれども、彼自身のイメージをよくするために日本人によくあてはめられるステレオタイプを利用している。

日系人の政治権力への道のりについての疑問を手短かに考察してきたが、海外の日本人を祖先とする人びとが実際にエスニック集団に特有な政治的伝統（EPT）を発展させてきているのかどうかの正確な評価は、今後の課題である。私の考えでは、南北アメリカの日系人の間では、ハワイにおけるEPTが一番強い。現在のハワイを作り上げている人口統計学上のエスニシティの混合状態、ピジン英語の使用、第四四二連隊並びに第一〇〇大隊の偉業、そして共和党支配に終止符を打った連合政治のすべてが、ハワイの日系人が特有の政治スタイルと神秘性を発展させてきた豊かな背景となっているのではないだろうか。私たちはこのテーマについて、おそらく、とくにエスニック集団の「内部の人」によるさらなる調査を必要とするだろう。それは、アイジンガーのＥＰＴについての理論が日系人にあてはまるかどうかを正確に判断するために必要な質的データを得るためである。とにかく、ハワイの事例によく現れているように、日系というエスニック集団に特有の政治的伝統の特徴は、次の三つであるように思われる。⑴共同・協力的な傾向、⑵一九七〇年代以来の、世論に対する関心の高まり、⑶ハワイのような環境でさえ日系人が完全に自分たちだけで政界で公職を勝ち取ることは望めないので、より広い多文化の結びつきや融合を確立すること、である。

同時に、カリフォルニアやブラジルの事例はもちろん、ハワイの日系人の事例は、次のことを暗示している。それは、日系人が地方や州や国家レベルで政治権力を得るためには、実際のところ、南北アメリカの日系人が主流社会へ統合することが非常に重要になってきているということである。もしこれが本当なら皮肉なことである。なぜなら統合にはジレンマがつきまとうからである。もし日系人がより高度なレベルの決定や政策立案に携わる機会を得るために主流社会に積極的に統合しなくてはならないとしたら、エスニック・コミュニティとのいかなる結びつきも、そのエスニック集団の感性のなごりさえも残らないのではないだろうか。こういう考えは、二世の政治家たちからすれば、圧倒できないほどの脅威にはならないかもしれないが、三世、四世、五世の世代では一体どうなるであろうか。

結　論

これらのことから、私の結論は単に次のようになる。日系アメリカ人を含む南北アメリカの日系人は、歴史的・文化的理由のために、正式な政治的活動を避けてきたのだとは言えない。それよりもむしろ、日系人が公の選挙で重要な役割を演じることを可能にするだけの水準の集団、つまり体制を変え得る大きさの集団になる機会は、実際ほとんどなかったと言うべきである。これに加えて、移民先への到着時期がそれぞれ違っていることと、社会経済的歩みや政治的志向が異なることから生じているグループ内部の多様な状況が、いずれの国においても日系人の団結を困難にしているのは明らかである。

したがって、ここで取り上げた事例や研究方法に関して言えば、アイジンガーの三つの段階や条件は、(EPTはおろか)南北アメリカの日系人が政治で権力を得ることを理解するのに有効であるとは思われない。アイジンガーの三つの条件は、それぞれを単独でも、またどうにか組み合わせたとしても、「必要」条件でも「十分」条件でもない。私たちがここでたまたま考慮してきた社会政治的統合のヒエラルキー(地方、州、国家)の中のどの段階であろうと、政治で権力を得ることやEPTは、日系人が総人口中に大きな割合――つまり二〇パーセントかそれ以上――を占めることなしには、日系人の間では発展しないように思われる。この必須条件が満たされて初めて、アイジンガーの三つの条件は考慮の対象となる。私はまた、「体制を変え得る大きさの集団」には頼らない権力への道がもう二つあることを確認した。これらの道のうちのどちらかが、日系人のEPTを他の方向に導くのか、それとも実際は、主流社会への日系人の統合をさらに必要とするのか。完全に答えを出すためにはまだ時間がかかる問題である。

本文の冒頭にあったカサマツ教授の提案するプログラムに、本文で考察してきた調査結果を照らし合わせると、次のように言える。パラグアイで政界に入ろうとする日系人青年は、ただ単に日系人同胞を動員するだけでは正式に政治で権力を得ることが期待できないことは言うまでもないようだ。その代わりに、カリフォルニア州の二世政治家たちがたどって来た道が、ブラジル(日系人の人数や総人口中に占める割合が比較的高いうえ、「日本人性」が徳だと見なされている場所)とメキシコ(主流社会で成功するために、日本人を祖先とする政治家たちが、エスニシティを完全否定しなければならない場所)のような国で調査対象とした二世政治家たちの中間の進路を示しているように思われる。しかしともかく、パラグアイの国の政治形態は、カリフォルニアの州レベルの政治形態とはかなり違っているので、ラテンアメリカの日系人青年は、政治で権力を得ることについてはさまざまな事例を研究した方がよい、というのがおそらくもっとも適切な忠告となろう。なにしろ、青年たちの置かれた状況、資力、必要性に留意すると、他の国で上がっている成果を創意豊かに自分たちのものとするのに一番いい立場にいるのは、彼らだけなのである。

最後の論点は、正式に政治で権力を得ることとジェンダーに関係がある。疑いなく、北アメリカと南アメリカの両方における選挙で得る正式な政治活動は、日系人男性が独占している領域である。コバヤシ教授とモロミサト・ミアサト教授による章が私たちに気づかせてくれるように、二一世紀になった今、私たちは自問する必要がある。どうして日系人コミュニティの女性たちは、指導者としての役割を引き受けるように励まされたりすることも、訓練されることもなかったのだろうか。この状況を改善するのに私たちにやれることとやるべきことが何かもっとないだろうか。この意味で、選挙政治で重要な役割を演じているたくさんの女性を輩出しているハワイは、南北アメリカの他の日系人がぜひ考慮すべき事例である。

原注

（1） Emi Kasamatsu, "The New Perspective of the Praguayan Nikkei: A Challenge for the Upcoming Millennium"（未刊行論文）.

（2） カサマツの心配は、ラテンアメリカ中の日系人の間で広く見られる心配である。それは、一九九九年七月にチリのサンチアゴで開催された第一〇回汎アメリカン日系会議（the X COPANI）の会合で明らかである。とくに、七月三〇日金曜日の午後に行われた「青年代表者会議」総会での討論と決議の口頭の要約の中に詳しい。

（3） ガーデナにおける同時期の日系アメリカ人コミュニティの背景については、Kaoru Oguri Kendis, *A Matter of Com-*

fort: Ethnic Maintenance and Ethnic Style Among Third Generation Japanese Americans（New York: AMS Press, 1989）と、Lane Ryo Hirabayashi, "Community Lost? Notes on Contemporary Japanese American Community in Gardena, California," in *Asians in America: A Reader*, Malcolm Collier, ed.（Dubuque, Iowa: Kendall-Hunt, 1993）, 169-183 を参照。

（4）Bill Hosokawa, *Nisei: The Quiet American*（Niwot: University of Colorado Press, 1992; rev. ed.）, 457-472 を見よ〔ビル・ホソカワ『二世——このおとなしいアメリカ人』井上勇訳、時事通信社、一九七一年〕。

（5）同右、四六〇頁。

（6）Ryan Shiotani, and Karen Tei Yamashita, "Japanese Brazilian Immigration," *Rafu Shimpo*, Dec. 1989.

（7）Peter K. Eisinger, "Ethnic Conflict, Community-Building, and the Emergence of Ethnic Political Traditions in the United States," in *Urban Ethnic Conflict: A Comparative Perspective*, Susan E. Clarke and Jeffrey L. Obler, eds.（North Carolina: Institute for Research in the Social Sciences, Comparative Urban Studies, Monograph No. 3, 1976）, 1-34. これ以下全てのアイジンガーからの引用は、この論文からのものである。

（8）「集団として受けるトラウマ」と集団内の社会的および政治的結束との関連性についての他の解説としては、Marc Howard Ross, "Culture and Identity in Comparative Political Analysis," in *Comparative Politics: Rationality, Culture, and Structure*, Mark Irving Lichback and Alan S. Zuckerman, eds.（Cambridge: Cambridge University Press, 1997）, 42-80 を参照。

（9）その欠点をも含むミルの方法論への私の理解は、大きくCharles C. Ragin, *The Comparative Method: Moving Beyond Qualitative and Quantitative Strategies*（Berkeley: University of California Press, 1987）によっている〔チャールズ・C・レイガン『社会科学における比較研究——質的分析と計量的分析の統合にむけて』鹿又伸夫監訳、ミネルヴァ書房、一九九三年〕。

（10）どのようにミルの方法論が日系人のコミュニティ形成の差異的分析に適用されるかの例については、Harumi Befu, "Contrastive Acculturation of California Japanese: Comparative Approach to the Study of Japanese Immigrants," *Human Organization* 24, no. 3（1965）: 209-216 を参照。

（11）私は最初から、これらの事例が完全に「便宜主義的な」サンプルであることを認める。しかし私は、より多様な事例を含んだもっと多くのサンプルが（多数のサンプルがあれば、そこから無作為に事例を抽出してくることさえ可能になるかもしれない）大きくこの分析を改善するだろうことを知っていてもなお、この制約の中で行われる分析の結果出る成果は、有用で重要だと考えている。

（12）Oguri Kendis, *A Matter of Comfort* を見よ。また、*Japanese American History: An A-to-Z Reference from 1868 to the Present*, Brian Niiya, ed.（New York: Facts on File, 1993 [2001]), 144-145 の中の “Gardena”（ガーデナ）の項目には、関連する出版物のリストが掲載されている。

（13）アキラ・クボタによって提示されたガーデナにおけるある重要な選挙のデータは、マス・フカイが日系アメリカ人とヨーロッパ系アメリカ人の両方の有権者から支持を得たことを示している。*Political Participation of Asian Americans: Problems and Strategies*, Yung-Hwan Jo, ed.（Chicago: Pacific/Asian American Mental Health Resource Center, 1980).

（14）これらのデータは、選挙で選ばれた市の職員に関する「ガーデナ」の公式パンフレットに引用されている。私は、このパンフレットをガーデナ市立図書館で入手した（コピー著者所有）。

（15）マス・フカイのコミュニティ奉仕についての詳細は、*Gardena Valley News*, Nov. 2, 1975 中の記事に掲載されている。

（16）ポール・バンナイの伝記や経歴については、しばしば地方新聞に掲載されている。たとえば、*Gardena Valley News*, July 4, 1976, Nov. 7, 1976, and Dec. 1, 1979 を参照。

（17）Franklin Odo and Kazuko S. Sinoto, *A Pictorial History of the Japanese in Hawaii, 1885-1924*（Honolulu: Bishop Museum Press, 1985）を見よ〔フランクリン大堂、篠遠和子『図説ハワイ日本人史——一八八五—一九二四』ホノルル：B・P・ビショップ博物館出版局、ハワイ移民資料保存館人類学部、一九八五年〕。

（18）Harry H. L. Kitano, “Japanese Americans on the Road to Dissent,” in *Seasons of Rebellion*, Joe Boskin and R. Rosenstone, eds.（New York: Holt, Rinehart, and Winston, 1972).

（19）Ronald Takaki, *Pau Hana: Plantation Life and Labor in Hawaii, 1835-1920*（Honolulu: University of Hawai'i Press, 1983）〔ロナルド・タカキ『パウ・ハナ——ハワイ移民の社会史』富田虎男・白井洋子訳、刀水書房、一九八六

年」.

(20) Gary Y. Okihiro, *Cane Fires: The Anti-Japanese Movement in Hawaii, 1865–1945* (Philadelphia, Penn.: Temple University Press, 1991).

(21) Roland Kotani, *The Japanese in Hawaii: A Century of Struggle* (Honolulu: Hochi, 1985).

(22) George Cooper and Gavin Daws, *Land and Power in Hawaii* (Honolulu: University of Hawai'i Press, 1985), 42–43、その他数ヵ所に散見される。

(23) 同右、第一二章の "One Man's Career: George Ariyoshi," 392–409を参照。また、アリヨシの自叙伝である *With Obligation to All* (Honolulu: Ariyoshi Foundation, 1997) も参照。

(24) 言及する価値のある他の事例は存在すると私は確信しているのだが、ハワイ州以外では、政界で活躍する日系アメリカ人女性についての出版された情報を何も見つけることができなかった。ゆえに私は、一九九九年のＩＮＲＰの集まりでオードリー・コバヤシ教授が述べた「日系人を研究する際に私たちは、どのようにジェンダーのバイアスが、入手できるデータベースの形態に影響を与えているかに注意しなければならない」という意見に同意する。

(25) この点は、本書第11章のドリス・モロミサト・ミアサトの論文に、広く効果的に述べられている。

(26) Patsy Sumie Saiki, *Japanese Women in Hawaii: The First 100 Years* (Honolulu: Kisaku, 1985), 130–134を参照〔パッツィ・スミエ・サイキ『ハワイの日系女性——最初の一〇〇年』伊藤美名子訳、秀英書房、一九九五年〕。

(27) *Japanese American History*, Brian Niiya, ed., 233–234にある "Mink, Patsy Takemoto" の項目を参照。

(28) Saiki, *Japanese Women in Hawaii*, 119–125は、ジーン・サダコ・キングの簡単な伝記を載せている。

(29) ユウジ・イチオカは、彼の研究ノート "Nikkei in the Western Hemisphere," *Amerasia Journal* 15, no. 2 (1989) の一七七頁で、詳しい情報に基づいた概算として、一九八九年には一一〇万人の日系ブラジル人がいたと引用している。

(30) Shiotani and Yamashita, "Japanese Brazilian Immigration."

(31) Celia Sakurai, "A Fase Romantica Da Politica: Os Primeiros Deputados Nikkeis No Brazil," in *Imigracão e Politica em São Paulo*, Boris Fausto et al., eds. (São Paulo: IDESP, Editora Sumare; Editora da UFSCar, 1995), 144–147. 私は、サクライの調査に私の注意を向けてくれたジェフリー・レッサー教授にとても感謝している。

（32）*Japanese American History*, Brian Niiya, ed., p. 194にある"Kachigumi"（勝ち組）を参照。ニイヤは、この種の現象は、ブラジルだけでなく多くの日系人コミュニティの中で見られたと述べている。

（33）特定の名前や選挙戦を列挙している入手可能なもっとも詳細な情報は、サクライの"A Fase Romantica Da Politica"論文中に提示されている。

（34）本書第3章のジェフリー・レッサーの論文を参照。

（35）同上。

（36）同上。

（37）驚くべきことに、サンフランシスコの日本人を祖先とする住民についてはおろか、サンフランシスコの日本町については、ほとんど出版物がない。分かる限り二人が言及しているが、一つはSuzie Okazaki, *Nihonmachi: A Story of San Francisco Japantown*（San Francisco: SKO Studios, 1985）であり、もう一つはHarry H. L. Kitano, "Housing of Japanese-Americans in the San Francisco Bay Area," in *Studies in Housing and Minority Groups*, Nathan Glazer and Davis McEntire, eds.（Berkeley: University of California Press, 1960）, 178-197である。

（38）私は、サンフランシスコの市政兼郡政執行委員会についてのマルコム・コリア、ティモシー・P・フォン、そしてケンジ・タグマらの一般的なことについての洞察に、そしてマイケル・ヤキの詳細な洞察に感謝したい。

（39）しかしながら一九八〇年代までは、日系人は、ハワイを含む世界のどこにおいても、「エスニック集団でまとまった投票勢力」として振舞ったことはなかった。Michael Hass, "Comparing Paradigms of Ethnic Politics in the United States: The Case of Hawaii," *Western Political Quarterly* 40, no. 4（1987）: 647-672を参照。

（40）これらのデータは、*Political Participation of Asian Americans, Problems and Strategies*, Yung-Hwan Jo, ed.の中から集めた。

（41）ハヤカワの伝記的な情報については、Dikran Karagueuzian, *Blow It Up! The Black Student Revolt at San Francisco State College and the Emergence of Dr. Hayakawa*（Boston: Gambit, 1971）, 149-165を参照。ついでに言うと、著者はアルメニア人を祖先に持つシリア人であり、ストライキの間中、サンフランシスコ州立大学の大学新聞 *the Gator* の編集長だった。

（42） *Japanese American History*, Brian Niiya, ed., 158-159 にある "Hayakawa, Samuel Ichiye" の項目を参照。付随する参考文献には、日系アメリカ人やアジア系アメリカ人によって出された批判だけでなく、ハヤカワの視点を調べることができるさまざまな著作が列挙されている。

（43） タニー対ハヤカワの選挙戦に関する統計資料と分析の両方を載せている記事が、*the Gardena Valley News*, Nov. 7, 1976, 1 にある。

（44） Chizuko Watanabe, *The Japanese Immigrant Community in Mexico: Its History and Present* (M. A. thesis, California State University, Los Angeles, 1983).

（45） *Ibid.*

（46） *Ibid.*, 57, 188-189.

（47） *Ibid.*, 91.

（48） *Ibid.*, 108. この傾向は現在も続いている。たとえば一九八〇年には、メキシコの日系人総人口一万二五四五人のうち、七〇一六人が連邦区（メキシコシティ）に住み、七六〇人がグアダラハラに住んでいた。言い換えれば、日系メキシコ人の五六パーセントが首都に住んでおり、ほぼ六二パーセントが二つの都市のうちの一つに住んでいたことになる。

（49） *Ibid.*

（50） *Ibid.*, 110.

（51） *Ibid.*, 175.

（52） 「体制を変え得る大きさの集団」という言葉は、人口統計学上と生態学上両方の状態を指している。それは、所与のエスニック集団の総人数や相対的に総人口中に占める割合が、そのエスニック集団の社会文化的システムを活発に変化させるような状態である。Claude S. Fischer, "Toward a Subcultural Theory of Urbanism," *American Journal of Sociology* 80（1975）: 1319-1341、並びに、Claude S. Fischer, *The Urban Experience*（New York: Harcourt and Brace, 1970）を参照［クロード・S・フィッシャー『都市的体験――都市生活の社会心理学』松本康・前田尚子訳、未來社、一九九六年］。

（53） ハワイの日系アメリカ人にとっては、日系人同胞に投票したり支持するために政党の区別を越えることはよくあることであったと、アケミ・キクムラ＝ヤノ教授は、早くから指摘している（一九九九年に交わした個人的なやりとりから）。

（54）ガーデナの日系アメリカ人の間に、エスニック集団でまとまった投票勢力が見られたかどうかの議論については、Akira Kubota, "Japanese Americans in Local Politics: The Case of Gardena," in *Political Participation of Asian Americans*, Yung-Hwan Jo, ed., pp. 30-37を参照。

（55）これらの数字と、すぐ次の段落で挙げられている数字は、全米日系人博物館の市場調査委員会による未刊行の原稿"1990 U. S. Census Analysis"（日付なし）から引用している。コピー著者所有。

謝辞

私は、何よりもまず、ＩＮＲＰのディレクターであるアケミ・キクムラ＝ヤノ博士に感謝を表したい。彼女は、私を参加研究者の一人として、そして後にこの論文集の編者の一人として招いて下さった。私は、キクムラ＝ヤノ博士を始めとして、プロジェクトの責任者である武田智美氏、ＩＮＲＰの専門調査員である小原雅代博士の支援と援助にも感謝を述べたい。また、この画期的な研究プロジェクトを始めて下さったアイリーン・ヒラノ氏と彼女のスタッフ、そして全米日系人博物館のメンバーたちにもお礼を言いたい。最後に、私がこの論文を書くにあたって使用した情報と資料を提供してくれたプロジェクトの研究者とチームメンバーの援助に感謝したい。いつものように、マルコム・コリア、ティモシー・Ｐ・フォン、そしてケンジ・タグマとのやりとりと同様、エヴェリン・フ＝デハートとの会話が役立った。

第Ⅲ部　日系人アイデンティティの形成阻害

序論

リチャード・コサキ
（飯野朋美訳）

第III部における九人のＩＮＲＰ（国際日系研究プロジェクト）研究者による論文は、日系人のアイデンティティの形成を阻害する三大要因――エスニック・アイデンティティやコミュニティの再生産を阻んだり遅らせたりするように思われる条件――を特定し、議論している。これらの研究者たちによると、阻害は第一に家父長制と、日系人家族やコミュニティ内でのジェンダーを反映したヒエラルキーと関係がある。第二に、阻害は、デカセギ（出稼ぎ）現象、すなわち日本人を祖先とする一世、二世および三世のラテンアメリカ人が、一九八〇年代から一九九〇年代にかけて仕事とより高い賃金を求めて日本へ戻ってきたことによって引き起こされた。そして阻害のもう一つの要因は、日本人を祖先とする人びとを取り巻く、新たな意識に深く関係しており、そうした意識は従来なかった新たな結びつきに対する反応に現れる。こうした傾向がきわだっている二つの重要な集団は、エスニック集団外結婚をした人びととその家族、そして世界的な規模で拡散しているウチナーンチュ、すなわち沖縄出身者である。

各章で明らかにされるように、こうした阻害は、日本国外に住む日本人を祖先とする人びとの間に緊張を生み出してきた。他方、この阻害が自分自身を日系人であると自己認識している人びとと、日系人であるということよりもっと差し迫った関心事を優先しなくてはならないと考える人びとの間で、半永久的な亀裂を生むかどうか

は明らかではない。(1)

日系人コミュニティ内のジェンダーの問題についてはドリス・モロミサト・ミアサトが取り上げている。ミアサトは、ペルーの日系人女性の歴史と経験が、その多大な貢献と功績にもかかわらず、なぜ公の歴史から削除されているのかと問うことで第11章「私は女性、私は男性、私は日系人」を始めている。一世、二世、三世の女性に対して行った一連の独自のインタビューから、ミアサトは、日系ペルー人女性が概して、コミュニティを基盤とした主要な機関の多くで指導的立場から締め出されてきたと同時に、家族や家庭という領域を取り巻く規範と期待に服従してきたことを論証している。

ミアサトは、徹底したフェミニストの視点から、若い世代の女性——一九六〇年代以降に生まれた三世または四世——が日系ペルー人社会の諸団体を避けているようだとも述べている。そして、このことをこれまでにない重要な事態として受け止め、次のように問いかける。この現象は日系ペルー人家族やコミュニティの家父長制に対する女性たちの拒絶の表れか。それとも、受け入れ社会が彼女たちの目標達成にもっとも適した場所であるとして、彼女たちの教育や職業に対する野心を反映しているにすぎないのか。

この意味で、ミアサトの分析は第9章のアメリア・モリモトの分析とまったく矛盾するところがないことに気づく。なぜなら、ミアサトは日系ペルー人の家族とコミュニティ組織のなかでのジェンダーと、ジェンダーに関連する力関係に焦点を当てているからだ。ミアサトの興味深い分析では、「ヒエラルキー、特権、そして従属状態の構築につながる複雑な構造を理解」するために、日系人のアイデンティティの研究にフェミニストの視点を取り入れることの有効性を実証している。

第12章では、オードリー・コバヤシがカナダへの現代の日本人移民について論じている。コバヤシは、独身または日本人以外の男性と結婚している日本人女性移民の割合は、世界の中でもカナダがもっとも高いと指摘する。コバヤシが行ったインタビューでおそらくもっとも興味深い点の一つは、日本からの移民にはジェンダーを反映した側面があることが実証できるということである。二〇世紀の後半、言葉の問題その他で新たな環境に入りこむことは非常に難しく、時に圧倒されるほど厳しい場合もあるのは明らかであるにもかかわらず、かなり多くの日本人女性移民がカナダに定住することを選んだ。女性たちは、移民することが人間関係や家族の生活にいかに大きな影響を与えたかを語っている。それにもかかわらず、コバヤシのインタビューが明らかにしているように、カナダという環境のもとでは、日本人女性移民がナズリ・キブリアのいう「家父長的取り決め」(2)と再交渉できる余地があるのだ。結論として、コバヤシはこの章とドリス・モロミサト・ミアサトの章との類似点を挙げながら、家族とコミュニティのこのような特質を理解するという点、とくに新たにやって来る日本人移民女性をさまざまなサービスやプログラムでサポートするという点で、カナダの日系人がどれだけ努力しなければならないかということも強調している。

第13章では、ナオミ・ホキ・モニースがブラジルに焦点を当て、国民としてのアイデンティティに関連したエスニシティの構築を考察しているが、これは、日系ブラジル人映画監督で映像作家のチズカ・ヤマザキを一貫して分析したものである。ヤマザキの主要作品を扱いながら、モニースはその作品がブラジル国民としてのアイデンティティのヨーロッパ的そして家父長的な基盤にどのように挑んできたかを述べている。移民や非ヨーロッパ系女性、労働者、抗議運動家、そしてブラジルのデカセギ労働者までをも映画の題材とすることで、ヤマザキは、誰がブラジル人であるのか、そして誰の経験が国民としてのアイデンティティを新たに構築する時に重視されるべきか、という重要な命題に対する新たな視点を切り開いている。

モニースの分析に不可欠なのは、ヤマザキ自身の意識の変化が、監督として映画のテーマを選び扱う時の指針となるという想定である。モニースは、考察対象が政治であれ映画であれ、ブラジルの日系人がブラジル人としてブラジルでの地位を求め、その過程ですべての人が検討するのにふさわしい国民としてのアイデンティティという、より大きなビジョンを形作ってきた点を示してジェフリー・レッサーの見解を繰り返し、さらにそれを補っている。

続いてのセクションでは、デカセギ(出稼ぎ)現象について論じる。出稼ぎ現象は少なくとも明治時代までさかのぼる。[3] 出稼ぎ労働者とは慣習的に、よりよい仕事を求めて故郷の村を離れて他の場所へ行かざるを得ない人のことだった。日本におけるこうした国内移住の起源については興味深い研究報告がある。また国内移住と、ハワイやアメリカ本土、ラテンアメリカ諸国などへの海外出稼ぎ移住については、双方ともおもに日本語で書かれた資料を用いて研究されてきた。[4] 出稼ぎという言葉は少なくとも一四〇年もさかのぼる現象であることを皆さんには知っておいてほしいが、ここでは、現代の日本へのデカセギ移民が特殊なものであるという事実に重点を置いている。[5]

デカセギ現象を扱っているこのセクションには、この主題を論じる章が三つある。まず、エジソン・モリが、ラテンアメリカ諸国は一九七〇年代以来、高いインフレ率や失業率を経験してきており、同時期にちょうど日本経済が未曾有の成長を始めたことを指摘している。日本のにわか景気(「バブル景気」ともいう)によって、日本人を祖先に持つラテンアメリカ人の二世や三世たちのなかで、よりよい生活を求めて日本へ戻ることへの大きな関心が生まれた。このようにしてここ二〇年間で日本人を祖先に持つブラジル人、ペルー人、その他のラテンアメリカ人のデカセギ労働者の帰国移住という重要な様式が見られるようになってきた。

ブラジル人デカセギ労働者の帰国移住を取り巻く数々の条件や制約は、日本での順調な適応を阻み、また、心配の種となる。明らかに、他国の労働者よりもブラジルの日系人を優先的に勧誘して、日本人は自分たちが躊躇するような卑しく危険な仕事への労働力を確保しているのだ。ブラジルの日系人デカセギ労働者は労働ビザが得やすいが、日本人はこういった労働者たちをいつも好意的に扱うとは限らず、時に不公平でさえある。さらに、日本人を祖先に持ち、日本に長年住んで働き、子どもをもうけ日本で教育を受けさせているにもかかわらず、日本で帰化できる見込みがほとんどない、ということが日系ブラジル人たちに多少とも挫折感を味わわせる問題ともなっている。もし日系ブラジル人が永住を決意すれば、中国人や韓国人をはじめとする他の外国人集団に匹敵する日系ブラジル人居留地が発展するかもしれない、と推測する専門家もいる。ただし、中国人や韓国人でも、たとえ何十年も日本に永住していても、長年にわたる骨の折れる手続きを経てやっと日本の市民権を得られるという状況である。

二宮正人はこれらのことを例証する事例研究を用い、子どもに日本での教育を受けさせたいと考えるブラジル系デカセギ労働者たちが直面している状況を考察している。第一に、ごく最近まで、デカセギ労働者である親は、子どもたちを日本の学校に入学させ適応させなければならないという現実に直面していた。多様性や相違ではなく画一化が日本の教育制度の特徴だとすれば、その子どもたちは重圧にさらされ、それによって教育も妨げられる。さらに、ほとんどのデカセギ労働者が最初のうちはラテンアメリカに帰国するつもりであるとすると、母国を離れていた間に逸した言葉や歴史、文化などの知識をどのようにして子どもたちに与え維持させるかという問題がつきまとうのである。

近年では、デカセギ労働者である親は、子どもたちが放課後に通う言語や文化の特別学校の設立を支援してきた。これらの学校は合衆国本土で（第7章で粂井輝子が述べているように）一世によって作られた日本語学校に似ているように思われる。しかし、デカセギ労働者の子どもたちの学校は、両親が十分に貯蓄できたらラテンアメリカに帰国することを考えている限り、アメリカの日本語学校とは異なるのである。

第16章ではマルセーロ・G・ヒガが日系アルゼンチン人の日本への移住に焦点を当てている。しかしここで挙げられている特色は、モリや二宮が述べていることとは明らかに違う。第一に、アルゼンチンへの日本人の移民が始まった時期は比較的遅く、ブラジルやペルーへの移民に比べて数も少なかった。労働契約を結ぶことも、この二国ほど重要ではなかった。第二に、五万人近い現在の人口のうち、戦前の移民を含めて、驚くほど高い割合で沖縄県出身者がいる。第三に、第二次世界大戦中に、たとえば多くの日系ペルー人が被ったような苦痛は、日系アルゼンチン人にはほとんどなかった。

ヒガは、一九八〇年代の日本への帰国移住の合法性について、日系人という地位が外国人労働者の入国を管理するうえでどのように利用されたかという点に関して、モリの説明に補足する形で詳細な記述を用いて、非常にうまく説明している。ヒガはまた、時間と空間の短縮化、国を超えたネットワークのもたらす同時的進展といったものが、出身地と目的地という古い両極的考え方を現実味のないものにしている点を考えると、「デカセギ」という言葉が日系アルゼンチン人の経験にあてはまるかどうか、という疑問を呈している。さらに、日本における日系アルゼンチン人と他の一時滞在者、ラテンアメリカ諸国からの日本人を祖先とする移民たちとの関係についても述べている。彼の説明によって私たちは再考を促されるだろう。なぜなら、ヒガは、ペルー人やブラジル人などの国民性が日系人であることに与える影響を議論するだけでなく、沖縄出身者（ウチナーンチュ）と日本本土出身者（ナイチ）の違いや、ラテンアメリカの日系人といわゆるチチャ（日本人子孫のふりをしているデカセギ労働者）の違いが、日本において一時滞在者であることや新しい移民であるという経験に新たな興味深い複雑さを生み出していると強調しているからだ。

最後に、ヒガの「日系人」という言葉の使用についての分析に注目することは重要である。ヒガの主張は、この概念の本質主義的な定義づけを避けるべきだということである。「日系人」が表すものが同質のものではないと考えると、この言葉が、日本人の祖先へのつながりとしてヒガが解釈しているような共通の歴史的経験を暗示するとしても、普遍的な性質や特徴の追求にはあまり有用ではない。むしろ、ヒガは「日系人」という言葉の特徴がまさにあいまいさと関係があり、そのあいまいさが、ある状況では国家や伝統を基準とした分類に取って代わり、血縁関係につながる絆を回復させるものだと述べている。同時に、ヒガはこの「日系人」という言葉には核たるものがなく、何よりも戦略的に用いられるものだと主張する。

第Ⅲ部の最終セクションは、新たに生まれつつあるアイデンティティに焦点を当てている。スティーヴン・マサミ・ロップは徹底した比較研究の手法を取り入れ、日系アメリカ人と日系ペルー人の経験の歴史的な形成について考察している。ロップの画期的な見解によると、日系アメリカ人を理解するうえでは人種的な形成の視点が有効であるが、それは彼らが比較的数の少ないマイノリティであり、多数派のヨーロッパ系アメリカ人に支配されている国や社会に生活しているからである。このような研究方法は、ペルーではそれほど有効ではない。少数だが大部分がヨーロッパ系ペルー人であるエリート層が、多数の原住民またはメスティーソを支配しているからである。日系ペルー人はこれら二つの集団に挟まれ、多くの章で指摘されているように、エリートからは、いくらかの疑いの目を持ってみられてきた。エリートは、日系ペルー人が市民権を剝奪された大衆を指導し、援助し、彼らの味方についたりするのではないかという不安に繰り返し駆られるからである。いずれにせよ、ペルーにおいて日系人であることは本質的に「人種」の問題ではなく、むしろあらゆる機会を秘めたエスニシティに基づく実用的なネットワークであることを意味する、とロップは言う。

要するに、この章はグループ内の多様性に注目しているのだ。たとえば、ロップはナイチとウチナーンチュの相違の重要性に焦点を当てている。日系ペルー人のおよそ五〇パーセントが後者の出身であることを考慮すると、このことは重要である。ロップはまた、首都リマの日系ペルー人と奥地や密林湿地帯の町村に住む日系ペルー人の相違という問題も提起している。

この章でもう一つ重要な点は、日系人の将来はどうなるのかというロップ自身の疑問と関連している。一九九八年の「連合の絆」会議――アイデンティティやコミュニティ、多様性というテーマを追求する会議――での経験から、国際的にはもちろん、国内でも日本人を祖先とする多様な人びとには、彼らをすべて日系人と見なすことができるような類似点が実際にあるかどうか考えてみようと、ロップはわれわれに呼びかけている。「連合の絆」会議は、二一世紀にもさまざまな議論を展開していくだろう。

日系人のアイデンティティが現在示す変化しつつある力関係と特質をつかむためには、地球規模的な枠組みを取り入れる必要がある。新垣誠によるウチナーンチュの拡散についての章は、本書の中でも、この点をもっとも理論的に説明する論文の一つである。ハワイの沖縄系アメリカ人コミュニティと沖縄県の絆にとくに注目して、新垣はウチナーンチュのアイデンティティは本質的に核心を失い、拡散するようになってきたと説明する。つまり、彼らは徐々に沖縄系アメリカ人や、主流に同化したアメリカ人または純粋なオキナワン（沖縄出身者）に変容していくどころか、何か他のことが起こりつつあるというのだ。ウチナーンチュはたしかに出身地と関わりがあり、絆を求めるが、同時に拡散している他のウチナーンチュとの関わりという、より広い概念も持っている。こうした観点から、新垣は海外から三〇〇〇人もの沖縄出身者が沖縄に集まり文化、社会、政治に関する討論会に参加した、「第一回世界のウチナーンチュ大会」について述べている。

「沖縄出身者」であることと「日系アメリカ人」そして「アメリカ人」であることとの相違を扱うという見地から、新垣は、各世代によってこれらのアイデンティティのうちで強調するものが決定されると述べている。古い世代はウチナーンチュとナイチの違いに対して、より敏感であった。第二次世界大戦の厳しい試練を生き抜いた第二世代のウチナーンチュは、愛国心に富んだ考え方や義務感によって共通のアメリカ人らしさを強調する傾向があった。興味深いことに、三世と四世のウチナーンチュは一九八〇年代の多文化主義のなかで成人に達している。それにより、彼らは「ウチナーンチュ精神」によって自己のアイデンティティを再び胸に刻むことができるのだ。「ウチナーンチュ精神」とは、新垣によると、沖縄出身者につきまとう否定的なステレオタイプを意識的に拒絶する、エスニック・アイデンティティの新たな表出である。要するに、新垣は、現在も続く出身県との接触や、拡散する他のウチナーンチュとの接触、そしてハワイでの「地域文化」との接触などに見られる、活性化されたウチナーンチュのエスニシティ観をわれわれも認めるよう促しているのだ。

神戸での事例を取り上げた竹沢泰子の章は、一九九五年の阪神淡路大震災に対して二元的な結果が生み出されたことを示し、このセクションの他章を補い完全なものにしている。一方では、神戸地区におけるラテンアメリカの日系人同士の結びつきは、同国人同士というレベルでも国を超えた汎ラテンアメリカというレベルでも強化された。他方、竹沢の慎重な民族誌学的な研究が指摘するように、大地震という危機によって、以前は乏しかった一体感と相互扶助という新たな段階がこの恐ろしい自然災害に対応して現れるという状況が生まれたのだ。

その結果、多文化共生意識の出現につながる新たな社会が形成されるようになったと竹沢は述べている。すなわち、社会的な関係と社会について従来なかった考え方が現れたのだ。この最後の論点で、竹沢はヒガと同じく、「日系人」という言葉が多くの新しい経験を隠してしまうのではないかという疑問を投げかけている。つまり、海外のさまざまな環境において日本人の子孫であるということは、たとえ独特なものではないとしても、われわれが通常「日系人」という言葉で表すものとは大きく異なっており、それについての新たな視点の出現を鈍らせるのではないかというのである。要するに、これは「日系人」であることとないことの境界線が容易に識別できないくらいに移動しているということの一つの証拠である。

結論として、第III部の各章を通して最終的に二つの事項が明確になる。どの章でも指摘されているように、現代の日系人のアイデンティティの分析を有効にするには、三元的な視点が必要であることが明らかである。つまり、日系人のアイデンティティがどのように、そしてなぜ形成されてきたかを判断する適切な変数として次の三つの要素が考察されなければならない。(1)出身地としての日本、(2)目的地としての南北アメリカ諸国、(3)日本を含めたあらゆる場所での日系人コミュニティ。三元的視点を適用するのは、これら九つの章が、日系人のアイデンティティ——流動的で、困難を乗り越え、そして絶えず進化する性質——を効果的に捉えているからである。本書の結論にあたる第20章で、より掘り下げてこの点に立ち返ることになろう。

第III部のどの章もまた、体系的な研究が求められる多くの主題を詳細に示しているという点で関連があり、重要であることは言うまでもない。とくに、オードリー・コバヤシのカナダにおける日系人の異文化間結婚の変遷の分析や、マルセーロ・G・ヒガのデカセギ労働者の多様なステレオタイプに関する観察、新垣誠のウチナーンチュの立場も含めたハワイとアメリカ本土の日系人の相違の強調は、新たな道を切り開く研究であるだけでなく、次なる大きな一歩が、南北アメリカそして究極的には世界規模の厳密な比較研究を計画実践することであるという事実に気づかせてくれるのである。

原注

（1）本書の結論である第20章においていくつかの点が取り上げられると思うが、これらはすべてこれまでの研究で扱われてきたテーマであることは承知している。しかし、ＩＮＲＰのプロジェクトと本書がこれまでの研究と異なるのは、このような表面化してきたアイデンティティを包括的になおかつ各々がグローバル化の過程でどのような影響を受けているかという観点で扱っているという点である。

（2）Nazli Kibria, *Family Tightrope: The Changing Lives of Vietnamese Americans* (Princeton, N. J.: Princeton University Press, 1993).

（3）Yuji Ichioka, *The Issei: The World of the First Generation Japanese Immigrants, 1825-1924* (New York: Free Press, 1988).〔ユウジ・イチオカ『一世——黎明期アメリカ移民の物語り』（刀水書房、一九九二年）〕

（4）一世の初期の歴史研究に日本語資料を使用した二人のパイオニアは、歴史家の阪田安雄とユウジ・イチオカである。阪田安雄については、*Fading Footsteps of the Issei* (Los Angeles: Asian American Studies Center, UCLA, and the Japanese American National Museum, 1992)、また"'American Immigration Statistics' and 'Japanese Immigrants' during the Latter Half of the Nineteenth Century: Unreliable Reports"（日本語）『キリスト教社会問題研究』第三八号（一九九〇年三月）を参照。ユウジ・イチオカについては、*A Buried Past: An Annotated Bibliography of the Japanese American Research Project Collection* (Berkeley: University of California Press, 1974) 参照。ＵＣＬＡ所有のＪＡＲＰコレクションは、一世の経験を研究するうえで利用できる日本語の一次資料で、合衆国における最大のコレクションの一つである。

（5）　ハルミ・ベフ、本書第1章を参照。

第11章　私は女性、私は男性、私は日系人

——ペルーの日系人コミュニティにおけるジェンダーの象徴的構築

ドリス・モロミサト・ミアサト
（飯野朋美訳）

これまで、ペルーへの日本人移民の歴史的経験についての言説には、画一的な物語や、豊富で多様な個々人の声を隠すような大げさな論調があった。この論調を弱め、繊細な表象的・文化的視点からアイデンティティの根底に深く根付いている性質を考えることがいまや妥当である。

この章で扱った題材は、私自身が三〇年以上にわたって関心を持ちつづけている疑問に端を発している。もし女性が日系人社会の重要な行為者で、コミュニティの日常生活で主要な行事を切り盛りしているとしたら、なぜ彼女たちは集団としての記憶という観点で過小評価されているのか。なぜ彼女たちは権力についての議論だけでなく歴史の記述からも除外されているのか。なぜ移民開始から一〇〇年経っても、彼女たちは政治参加の領域でずっと立ち後れているのか。なぜ彼女たちは取るに足らない役割にとどまっているのか。内婚、つまりペルーの日系人コミュニティ内に属する者同士での結婚は、いわばエスニシティに伴う使命であると教えられているのか。男性らしさや女性らしさというステレオタイプに対する不快感が、男女を問わず多くの日系人がコミュニティの外で生活することを選択する理由であるのか。

長年私は、日系人コミュニティ内での私的および公的領域での権力の役割と相関関係の分散具合をつぶさに観察しながら、その答えを探してきた。「コミュニティが識別されるべき基準は、その存在の正当性いかんではな

く、どのように想像されるかということにある」[1]というベネディクト・アンダーソンの提言にならって、私はそういう想像の産物を探してみることにした。答えを見つける手段としては、文献や面接、会話、手紙などの綿密な分析、若い人びととの研究会やワークショップの組織に加えて、自伝的な内省も無視しなかった。[2]このような方法を選んだのは、私自身の状況による。私は、コミュニティ内での調和の取れた相互扶助的な生活様式を求めていくことに興味を持ちながら関わっている日系人女性であるからだ。

私の研究は権力に関することに主眼を置いている。エスニック・コミュニティ内での権力の獲得、分配、行使についてはもちろん、誰が権力を持ち、権力が何を基盤として保持されているかということである。ペルーへの日本人移民が始まって一世紀が経った今日でさえ、コミュニティ内の私的および公的領域の両方で、政治的な男女の不均衡が衝突や抵抗を生み出しつづけている。その一つの結果は、女性に対する重大な認識の欠如である。こうした認識の欠如は、女性らしさや男性らしさのアイデンティティが象徴的に構築されたことに端を発している。なぜなら権力には、他の分野のものと同様に、身体的差異による価値観を具体化する包括的な要素があるからである。この章では、日系人のアイデンティティを解体するための有効手段としてジェンダーの視点を用いる。こうすることで、エスニック・コミュニティ内のヒエラルキー、特権や従属状態の構築、そして個人の包摂や排除につながる複雑な構造が理解できるのである。[3]

ジェンダーの視点から見たアイデンティティ

クリフォード・ギアーツが定義したように、文化とは「歴史の中で伝達されてきた象徴の意味の基準となるものであり、象徴的な方法で受け継がれ表現されてきた概念の体系である。その体系により人間は生活の一助になる知識を伝え、再生し、そして発展させる」ものである。この視点から、日系人のアイデンティティの維持は、集団全体として、かつ自発的に構築された象徴的世界との類似性や関わりあいによるものだと理解できる。

女性らしさや男性らしさの象徴的な構築は、このアイデンティティの創造にも役立ってきた。権力はこれら包括的な構築物から行使されるものである。なぜならジョアン・スコットが述べているように、ジェンダーは「権力が発揮される根源もしくは根拠となる重要な領域」であるからだ。スコットの説明によると、ジェンダーとは身体的差異に意味を付与する知識である。そして各々の文化はその身体的差異によって独自の包括的なアイデンティティを構築するのだ。この過程は日系人のアイデンティティの構築においても見られ、階級や世代など他の変数と一緒にひとまとめにすると、不平等を支持する強力な要因となる。ジェンダーの視点から日系人のアイデンティティがたどってきた歴史的過程を再構築し、日系人のアイデンティティを分析することは、画期的であり創造的である。また、これまであまり認識されていなかったコミュニティのいくつかの側面を、よりよく理解する基盤にもなる。以下の分析によって、共通の歴史的経験が男性と女性にとって共通な象徴的世界を作り出したかどうかを決定するための基本的な尺度があることがわかるだろう。複数の主観的な見方というのは、男性と女性が自分たち自身とお互いをどのように見ているかを強調するもので、この分析の質を向上させるはずである。分析結果により、公的領域と家庭の領域に存在する力関係を測ることができ、また衝突や抵抗の形、反抗や不快感などが浮き彫りにもなるだろう。なぜ近年、外婚率が上昇しているかということさえも、もっと理解できるかもしれない。

日系人コミュニティにおける女性らしさや男性らしさの価値、理解、意義は、彼らの出身国である日本の文化と、居住国であるペルーに対する日本人移民とその子孫が集団として示す反応の両方に由来する構築物である。こうしてジェンダーを定義する過程を理解するためには、一世紀にわたってペルー社会の日系人コミュニティ内でともに生活する男女が表し実践してきた象徴的な構築物を調査する必要がある。考え方や、女性らしさと男性らしさといった二項対立的な問題を詳細に分析すること、ならびに、このように具体的な条件下でのアイデンティティの構築について考えることが必要である。

本章は、ペルーの日系人コミュニティ内の世代の異なる男女に対する面接だけでなく、映像や書き記された物語の量的質的分析によって、ジェンダーの視点からアイデンティティと力関係の構築を考える、という現在進行中でより広範囲にわたる分析の初期報告である。婚姻関係や母性といった側面に主眼を置いたのは、この研究独自の目的による。といっても、この側面だけが実在の関係性を示す唯一の形態であるとか、ある一つのアイデンティティを示す唯一の手段であるというつもりはない。

ペルーの日系人女性における女性らしさの構築

この研究はペルーの日系人コミュニティに見られる最近の状況を基盤にしている。現在、若い世代は外婚、すなわちエスニック・コミュニティ以外の人と結婚する傾向がある。すでに一九八九年ごろともなると、国勢調査では、どちらかが日系人である婚姻のうち三分の一が異なるエスニシティの人との結婚であり、部分的に日系人の祖先を持つ人かまたは日系人以外の人を配偶者としていると報告されている。(4) さらに、一九六〇年以降に生まれた女性のほとんどが、女性団体は閉鎖的でジェンダー差別的であると考え、ペルー社会への有意義な融合と職業上の関わりあいを追求するのに不利に働くと考えているため、それらの団体の活動に参加していない。現在、ペルーの日系人団体、たとえば県人会、婦人会、村人会、青少年センター、クラブ、学校、共同組合、財団、マスメディアその他における女性のリーダーシップは皆無である。

これら三つの現象はエスニック・コミュニティの運命に大きく影響を与えようとしている。そこで重要なのは、なぜそういう現象が起こったかを知ることである。それは、ペルー文化への同化が必要であることについて明確なまたは暗黙の選択によるのか。それとも外婚や主流社会への同化は、日系ペルー人コミュニティ内で確立された家父長制ヒエラルキーを拒絶することなのだろうか。われわれが直面している現実は、比較的最近展開されていることだが、象徴的な領域で矛盾を生み、基本的に生殖と母性によってその連続性が維持される集団の将来を脅かそうというものなのだ。

ペルーの日系人全体の社会的力関係が公的機関の核、すなわち、ペルーの日系人団体の存在を軸として、一〇〇年前とほとんど同じであるということを考えると、われわれは何が変化したのかを問うことになる。ペルーの日系人団体はペルーのいたるところにあり、その周辺に前述した組織が活動している。私が理解しているところでは、日系人女性は変化の只中にいる。もっと正確に言うと、日系人社会の公的私的機関に現在挑んでいるのは、女性的な世界とそれが男女双方に及ぼす影響である。

ノーマ・フラーが述べているように、ジェンダー・アイデンティティの構築の過程を理解することは重要である。なぜならば、誰でもその過程で、男性または女性であるとはどういうことか、どのようにジェンダーに適切な役割を演じ振舞うか、一般的な形式に応じてどのように自分を認識し自己修正するかということを学ぶからである。(5)この過程を明らかにすることで、女性がどのように自己を理解し、世の中でどのような地位を占めると考えているかを知ることができる。それゆえ、内婚(エスニック集団内結婚)や外婚、そしてその他の包摂と排除の形式といった問題が、女性らしさと男性らしさという概念の構築のされ方と関連しているのである。

日系人女性——資料収集のためのモデル

一九八九年の国勢調査によると、日系人コミュニティは四万五六四四人から構成されていた。うち四九パーセント(二万二四八五人)が男性で、五一パーセント(二万三一二七人)が女性である。女性のうち、五・五パーセントが一世で、三五パーセントが二世、四七パーセントが三世、一三パーセントが四世、そして〇・三パーセントが五世である。配偶者の有無については、一万三三八一人（五八パーセント）が独身、七四三二人が既婚、一七五二人が未亡人、一三二人が男性のパートナーと暮らし、二九四人が別居中、六一人が離婚している。女性に代表される職業には、教師や他の教職、公認会計士、薬剤師、行政官、生物学者、経済学者、ソーシャルワーカー、内科医、心理学者、小児科医などがある。

日系人世帯の大部分が中産階級であることを考慮し、この研究の基盤として異なる世代を比較対比させることにした。また日系人の男女の感情から距離を置かないようにするため、そしてこの研究が外部からの影響を受けないことを保証するために、現象学的手法を用いた。レヴィ＝ストロースが提言したように、われわれが入手する情報は主体対客体という関係ではなく、主体と主体同士の関係に基づいているので、このような主体と主体という関係で行われた対話によって結論がある程度導き出される。調査という方法では対話が弾まないため、その方法は採用しないことにした。面接により個々の語りを分析すれば、面接を受けた人びとの自己認識に近づける。面接はわれわれの目的にかなうよう包括的な固定観念の再構築を促すようなトピックでとくに制限を設けなかった。つまり、面接を受ける人が面接者に声を聞いてもらう目的で、自分の考えや記憶、感情、価値観そして信条を語った。その結果、集団の全員に共通する記憶がどんどん明確になり、よみがえるようにもなったのである。アンソニー・ギデンズが言うように、人びとが自分史を、事実だけでなくある決断に至るまでの状況も含めて語る時、自らの人生に一貫性と連続性を持たせるものだ。すなわち、自分史を再構築すると同時に、彼らはアイデンティティをも明確にするのだ。

ペルーの日系人口の八〇パーセント以上が暮らす首都リマで八八人に面接を行った。彼らには氏名、年齢、世代、日本での故郷、職業、配偶者の有無、配偶者の国籍、そして子どもの数を尋ねた。言うまでもなく、女性に対していっそうの注意を払った。女性の中には、独身者、既婚者（日系人同士または日系人以外との結婚）、未亡人、離婚経験者、主婦、従業員、貿易業者、専門職従事者、デカセギ（すなわち日本での女性労働者）、芸術家、日系団体での活動家および非活動家、管理職、そしてペルー政府の職員が含まれていた。

仕事と母性――女性らしさとしての従順さ

一九〇四年から一九一八年に生まれた一九人の一世の女性の生活史を聞いた。彼女たちは皆、日本人男性と結婚しており、そのほとんどがお見合いによるものだった。夫と同じくらい重労働をしていた時代のことを話す時、たとえ女性が家計を握っていたとしても、家長や世帯主は夫であったと、彼女たちは言う。彼女たちは子どもや孫の数が多ければ多いほどうれしく思い、自分たちが持ち込んだ日本の慣習が失われないようにと願った。

このような告白は一つの歴史的事実の裏付けとなる。それは、日本人女性の集団移民を促してきたのは、経済状況ではなく、結婚の絆だということである。一九〇三年にペルーに到着した最初の一〇八人の日本人女性たちはこの点を明らかにしている。[6] フクモト＝サトウ博士は、二〇世紀初めに日本人女性移民が到着したのは、初期の日本人未婚男性の問題に対応したものだったと指摘している。すなわち、「女性の不足は悪事につながると考えられ、既婚者の方がより安定していてよく働くことが認められたので、プランテーション所有者たちは移民会社と掛け合い、既婚男性だけが入国を許されるようにした」[7] のだ。移民男性と結婚させるために女性を呼び寄せたいという希望は一九二四年から四一年の間にいっそう顕著に表れ、男性は日本から送られた写真を見て「写真花嫁」を選んでいた。いわゆる写真結婚である。しかし、これら一世の女性の結婚状況によって、外国生活への適応が容易になるわけではなかった。それどころか、より困難なものになっていた。女性は船から降りるとすぐに他の移民と同様に働かなければならなかったうえに、妻、母親、そして働き手として家庭の義務を果たさなければならなかった。ということは、二倍三倍の仕事量を負うということだ。これらの仕事に加えて、彼女たちはペルーという外国環境の中で日本の文化を維持しつづけなければならなかった。新たな社会への社会的融和を求

したのである。(8)

めながら、一世の女性は母国の慣習や価値観を維持し、こうして日本の文化がペルー社会で消滅してしまわないようにしたのだ。このように、名もない生活者として、移民女性は日系人コミュニティという象徴的世界を構築したのである。(8)

ペルーへの日本人移民が始まってから最初の数年間である一八九九年から一九〇九年にかけて、わずか二三〇人の女性がこの象徴的世界を維持していたということに注目すると興味深い。このことは、女性のたくましい有能ぶりを物語っている。彼女たちの完璧な献身によって、日本人コミュニティはペルー国内でもっとも多人数の、そして経済的に成功した外国人集団になった。一九四〇年ごろには、日系人はペルーの貿易の六〇パーセント、農業の二五パーセント、工業の六パーセントを営んでいた。一九七八年ごろには男性は四九九八人、移民女性は五六五〇人となっていた。(9)しかし、これらの女性が発揮した卓越した能力にもかかわらず、彼女たちが公的領域（家庭という領域とは対照的に）に入り込むことはなかった。彼女たちは指導者としてエスニック・コミュニティに参加することなく、頼母子講にも参加しなかった。ということは、コミュニティ内で女性は金銭面の信用はなく、また社会的地位も低かったということだ。

ペルーにおける大多数の日系人は沖縄県出身であるが、そこからの移民の場合には、日本での基準が男女の移民によってどのようにペルーに持ち込まれたかが分かる手だてとなる奇妙な事実がある。入国書類を調査すると、女性の名前が植物や動物、自然、家庭や職場で使われるものの名前に関連していることが分かった。(10)たとえば、カメ（亀）、ウシ（牛）、ツル（鶴）、ウメ（梅）、マツ（松）、ハナ（花）、オト（音）、ナベ（鍋）、カマ（鎌）などである。それとは対照的に、男性の名前は漢字で書かれていてその意味は、偉大さ、名誉、幸福、壮麗さなどヒエラルキーや権力が連想される抽象的世界に関連するものだった。

沖縄では、男の子の名前は音や画数によって選ばれた漢字が使われた。なぜならそれは単なる名前にとどまらないもので、その子にかけられた希望と家系の象徴を表すからだ。女性の名前には高尚な抽象概念は反映されず、むしろ日常生活に近い具体的で世俗的な現実が反映されていた。そのうえ、女性の名前に漢字を使うことは認められておらず、それは彼女たちの宿命がジェンダーに基づいたアイデンティティに付随した共通の象徴を構築し維持することだったことを示している。おそらくこのジェンダーを基準とした慣習の例は、日系ペルー人女性が自分たちの団体である沖縄県人女性協会を一九七八年に設立するまでになぜ七〇年近くもかかったのかを説明する一助になるだろう。一九七八年当時でさえ、一九〇九年から(当然、明らかに男性向けの)団体を持っていた男性たちの意に反しての設立だった。

配偶者そして母親としての二世——女性としての「魅力を完全にするもの」

二世の世代は日本とペルー双方の文化のつながりを体現している。それだけに、おそらく他の世代に比べて衝突が多いと思われる。というのも二世は、ペルー人としてのアイデンティティを失わないまま、日本の価値観や慣習で表されるエスニック集団の境界線の中にいなければならないからである。私が理解するところでは、二世というのは一般的に、そのエスニック・コミュニティの社会文化的境界内にとどまるものである。なぜなら、この視点を離れたら、選択肢がほとんどないからである。あるいはもしあったとしても、それはペルー社会の性質上、不安定なものだった。[11] 女性の場合、生まれながらのペルー人であり、完全な市民であり、二〇世紀のフェミニズムの偉業に参加できたにもかかわらず、ペルーの日系人コミュニティにおける彼女たちの事実上の立場となると話は別だ。彼女たちは法で守られる個人とは見なされなかった。むしろ、厳格な家父長制の基準によって判断されたのである。その基準のため、女性はいわば法律の決めた従属的地位に置かれたうえ、自主的に行動できなかった。このことは、二世の女性自身の完全な従順さや服従の姿勢に明らかであった。権威の正当性に勇気を出して抗議したり否定したりしようとする者は、家族やコミュニティで無視された。経済的支配は男性の手にゆだねられたが、それは女性の自立性をも支配するということだ。世襲制に関する環境では、娘であることは何の価値もなかったので、女性は配偶者の地位を獲得して初めて、いわば相応の権利を手に入れることができた。跡取り息子を生んで家系を継続させることが奨励され、保護され、時に報われさえしたことは明らかだ。たとえば、財産は父親から娘には相続されず、夫から妻に相続された。一方、独身女性はいつまでも無能力者であるかのように、兄弟が面倒を見る責任があった。このような信条を代々伝え、女性に従順に振舞うことを教えた書物があるが、それには有名な三つの服従形式の教えが含まれている。つまり、父、夫そして息子に従えというものである。(12) 日本人女性は、世俗世界での経済的支配力だけでなく、精神的な支配力も持っていなかった。宗教儀式への参加においても差別されていたからである。沖縄のコミュニティでは、仏壇を管理することで先祖の霊を守るのは現代でも男性だけの役割である。教育も男性の特権だった。とにかく、女性は家庭の領域に追いやられるので、投資回収の見込みがないため、教育への投資など無意味だった。このような世界観を覆し、職業人としての地位を手に入れるべく努力できた女性には、家庭内に支援者となる女性の共感者がいたのが特徴である。

一九二〇年から一九五七年の間に生まれた一九人の二世の女性に面接したところ、既婚者、独身者、未亡人いずれもが日本の慣習や伝統にのっとって生活していた。彼女たちはパートで働き、婦人会や婦人部（村人会の女性部）など日系人の女性団体に参加していた。別居または離婚経験者のほとんどはフルタイムで働き、日系人コミュニティにはかかわりを持っていなかった。

部分的にしか日本人の血を引かない人または日系人以外の男性と結婚した女性たちによると、婚約は最初、家族の抵抗どころか拒絶までをも引き起こした。しかし結婚してしまえば、こうした抵抗も収まり、家族や社会での差別を従来のように体験することはなかった。また、彼女たちは当初、非日系の慣習を受け入れることは快く思わなかったが、結局は全員が配偶者を「日本人化」したとも明言している。子どもを持つ女性たちは子どもが日系人コミュニティに参加することを望んだ。しかし、同時に行った子どもへの面接では、子どもたちはペルー人や人種混合集団にいる方が落ち着くと感じていることが分かった。

二世の女性は、怒りこそあらわにしていないが、娘には、自分が味わったジェンダー差別が繰り返されないよう注意を払っていると語った。全員が深い尊敬の念をこめて父親のことを思い出しながら、父親の経済的安定性や仕事の能力について話したが、主導権の欠如や不活発さなどに関しては父親に対して否定的な意見も持っていた。一方で、父親より活動的で精力旺盛な男らしいイメージを持った配偶者を得ようとしたものの、大部分の女性が、配偶者は父親とそっくりだとも認めた。二世の女性の多くは、他人種の男性と結婚することもよく考えたが、他の集団に加わることに慣れていないことや、心地よさ（すなわち慣習や生活様式の類似性）が彼女たちの決断に重要な要因であったため、結局は日系人と結婚したのだと語った。ほんの幾人かしか日系人団体に関心を示さなかったのは、彼女たちの娘や息子の将来がその方向に展開するとは信じていなかったからである。

三世——保守主義と自治の間で

一九六〇年以降に生まれた三世の女性は、それ以前に生まれた同胞たちとは異なる、いわば「重要な使命」を負っている。時代的な相違についての私の認識は、パラグアイで同様の特徴について調査したパラグアイ人研究者エミ・カサマツと同じである[13]。

一九六〇年代はラテンアメリカにとって特別な時代だった。キューバ革命の成功とチェ・ゲバラの死という枠組みの中で、大陸中にナショナリズムの風が吹いていた。局地的な寡頭政治や北半球への文化的依存が取り上げられて、それ以前のラテンアメリカの実態は隠れてしまっていた。ペルーの場合は、ベラスコ将軍の軍事独裁体制が、ペルー国家再建の新たな試みとして急進的計画に着手していた。たとえばベラスコは、教育を以前より画一的にして、ケチュア語を公用語とし、農業改革によって土地を再分配し、自然資源採取とメディアを国営化した。当時、テレビはギデンズのいう「抽象的な制度の浸透」をもたらし、家庭という市場に入り込んでいた。その制度では、情報とはもはや日常生活や伝統ではなく、科学や技術に基づくものであり、アイデンティティの構造を形作るものとなる。とりわけ、このような新しい事情は、一九六〇年代に生まれた日系人の子どもたちに影響を与えた進歩的な国民国家という共通の目標と展望を育てた。

面接をした一九六四年から一九八三年に生まれた二五人の三世の女性は、ペルー社会全般に見られる様式や習慣を身につけると同様に、都会的な特徴も見せた。彼女たちの個々の経歴には、祖先から受け継がれた日本の価値観や慣習と、育ってきた非日系的環境（学校、大学、職場、社交団体など）に特有な生活様式との融合が表れていた。さらに、エスニック集団や社会での上昇能力は一世や二世に比べて高いことも分かった。

ほとんどすべての場合において、二世である彼女たちの母親は意思決定権を持ち、世帯の経済上の大黒柱でもあった。しかし、公的な場で家の顔となるのは父親だった。こういうわけで、三世の女性は母親を非難の的にした。というのは、母親はあまりにも保守的で夫に頼りすぎているばかりか、野心もなく公的な場では家事に注ぐ精力を発揮したがらないからである。(14) 安心と心理的な心地よさから、三世の女性は日系人男性と家庭を築くことを好むが、外見的には日系人以外の男性の方により魅力を感じる。彼らの方が楽しそうで精力的だと考えるからだ。三世の女性にとって日系人男性は臆病で拒絶されることをあまりに意識しすぎていた。女性のひとりは、「日系クリオーリョ」、つまり「典型的に」ペルー人に同化した日系人になりたいとすら述べた。このような女性は皆、他人種の男性と家庭を築くことを恐れてはいなかった。だいたい、彼女たちの家族にとっても社会にとっても、それは「恥」の問題でも「非難すべき行動」でもないのだ。彼女たちは、日系人コミュニティを離れて他の慣習に順応することに必然的に伴う危険を冒す覚悟はできていると語った。また、日系人以外の男性は、日系人男性よりも自分たちの向上心を理解してくれると考えていた。女性の考えでは、日系人男性は男性優位主義者であり、子育てのために学問や仕事から離れるよう要求してくる恐れもあった。彼女たちにとって、このように将来に対する抱負を脅かすものは重荷だった。

三世の女性にとって、職業人になることは人生でもっとも重要なことである。なぜなら、そうすれば経済的独立を手に入れ、「社会的に意義のある人になれる」からだ。彼女たちが本質的に女性らしい性質と考える家庭性と母性が、秩序、責任、犠牲、献身という形で現れ、仕事の場でも美徳となると断言するとき、私的および公的な性質が矛盾せず共存することを示している。彼女たちは、自分が世界的レベルで女性の偉業達成に加わっていると考え、民主主義国家では男性と同じ市民権を持っているものと思っている。それゆえ、権利意識は高く、財産権をめぐるペルーの法律に関しても、母親以上によく知っている。

日系人コミュニティの活動に参加している者はごくわずかで、そういう人びとの動機は仕事関係か教育上の理由である。彼女たちは日系人のフェミニスト団体を尊重するが、そのような団体の目的は年配の女性の便宜を図ることだと考えるため、活動に参加したいとは思わない。日系人の結束は好むが、閉ざされた人種的態度や人種的背景に大きな比重が置かれていることに困惑する。彼女たちはみな、「私たちはペルーにいるのだ」ときっぱり言う。しかし、彼女たちは日本の慣習がペルーの慣習よりもよいと考えているので、その維持が当然のことであると信じているのだ。また女性が快楽や性的解放を求めることは当たり前のことだと考えている。崩壊した日系人家庭の出身者は、その事実を否定しなかった。もしそのことで遠慮しているとしたら、それは母親に対する思いやりの気持ちがあったからである。なにしろ、当事者の言い分では、母親はずっと弱者で自分たちと同じように簡単には社会の成り行きに対して立ち向かえなかったからである。

日系人男性としてのアイデンティティと公的領域

男性としてのアイデンティティの構築は、女性のそれと同じく、徹底的で深い分析を要する。ここでは、女性の領域との関連で明確に表現されるアイデンティティのみを考察する。実例として、ここではアイデンティティの構築と影響力のある公的領域における男性らしさの概念について簡潔に焦点を合わせることにする。

面接は二五人の日系人男性に行った。先に面接した女性集団と同じように多様な世代構成である。一世と二世の男性は、自分の私的な成功は家庭を築いた結果だという見解を述べた。両世代とも、権力の観念は家族に対する道徳的権威と結びつけられ、それは経済的な幸福と子どもの教育を守り与えることで得られたとされる。若い独身の二世の男性は将来背負わなくてはならない責任を快く思わず、伝統的な宗教儀式の継続については話したがらなかった。彼らは日系人女性との結婚を望む。なぜなら日系人女性はペルー人女性よりも「より忠実な妻」そして「より賢明な母」になると考えるからである。

公的領域でのジェンダーの公平さを分析するために、日系ペルー人協会（Asociación Peruano Japonesa, APJ）の一二年間にわたる年次代表者会議を調査した。ＡＰＪは、ペルーの日系人コミュニティのもっとも代表的な団体だからである。要約すると、女性は伝統的に女性的であると考えられてきた活動、つまり文化、芸術（ダンス、音楽、スケッチ、生け花、折り紙、絵画、彫刻）、健康そして教育（日本語教授）に関することにしか参加できなかった。この期間、女性団体としては、前述した沖縄県人女性協会からわずか三本の報告があっただけだった（一九八九年、一九九五年、一九九七年）。本会議での最終取り決めでは、女性に関しては結婚と母性についてだけ言及されたのであった。これとは対照的に、若者、とくに若い男性のＡＰＪへの取り込みについては、最大の関心が集中した。リマでも地方でも、女性は主導的立場に加わらなかった。理事会は圧倒的に男性が占め、リマの場合は、一九九七年の理事会メンバーは男性が四二人、女性が八人だった。翌年は男性が三七人、女性は八人だった。一九六〇年から二〇〇〇年にかけて、協会の会長になった女性はただ一人だった。

現在、日系人の公的な生活において、ジェンダーに関する問題をめぐって衝突が起こっている。コミュニティ内の一部の者から、女性参加数のバランスを取るために、県人会と村人会は男女の混成でどちらも含むべきだという声が上がり、女性のみの団体は解散すべきだというのだ。しかし、活動に熱心な女性は、それらの団体の中で自分が持っている、自立や意思決定のためのわずかな自由さえもなくなってしまうのではないかと思い、この提案を拒否している。前述の統計からも、こういった心配が妥当であり根拠があることが分かる。つまり、もしこのような融合が起こったら、女性は男性へゲモニーに押しつぶされる危険を冒すことになるからだ。

興味深いことに、男性支配の構造そのものが、衝突の重要な核を生み出し、分裂する自身に敵対することが確認できる。男性団体は、類似してはいるが従属的な女性のための組織、すなわちより大きな団体の中の女性委員会または女性協会を設けた。これは、女性参加の許容範囲を明確にするため、つまり、前述した女性の動きをいずれ不可能にするか止めるかし、男性団体が女性の悪影響を受けないようにするためだった。今日、これらの女性団体は独自に機能しており、運営は女性たち自身に任されている。こうした実情は、男性団体が女性の自立した主導権という考えや影響の大きい公的領域を女性と共有するという考えをいまだに受け入れることができないからである。現代のこのような不毛な政治的光景に直面して、女性が日系人団体よりもペルー人団体に参加しがちなことは驚くべきことではない。

ペルー日系人のジェンダーに基づくアイデンティティ

ジェンダーに基づくアイデンティティは、男性の男らしい性質と女性の女らしい性質という性の区別による文化的構築物である。目下、ジュディス・バトラーの提案など新たな提言がこの概念を修正しつつある。[15] ノーマ・フラーが言うように、ジェンダーに基づくアイデンティティはコミュニティ内の力関係を正当化するものでもある。[16] もちろんペルーの中産階級の女性または男性としてのアイデンティティに関するフラーの研究は、ジェンダーの視点から日系人のアイデンティティを脱構築するためにとくに重要であった。[17]

一世紀におよぶ日系人のアイデンティティの象徴的な確立には、女性らしさと男性らしさの構築がなんといっても重要だったことは明らかだ。それは男性と女性それぞれについて、何者であるのか、どこから来たのか、世の中でどのような位置を占めるか、限界と境界は何か、そして日系人コミュニティの内外での他者とどう関わるべきか、どう接するべきかを明らかにするという点まで含む。人びとが素性と経験を明らかにした文書や面接から分かるのは、日本からの移民が持ち込み、結局はペルーのメスティソ文化と融合した女性らしさと男性らしさという概念の中で、一〇〇年を経て、興味深い混合が進展してきた経緯である。

男性の場合は、日本から受け継がれた家父長的規範がイベリア的アメリカの男らしさという特徴と混ざり合った。[18] 一方で女性は、ポストモダン的個人主義や消費主義といった現代的な基準によってごく最近修正されつつも、日本女性として受け継がれてきたモデルを西洋のカトリック的マリア像モデルと融合させてきている。このような融合の結果は、家族や結婚、母性、仕事、教育、性道徳、貞節に対する姿勢、ペルー人女性たちのそれとは異なる姿勢に表れている。

加えて日系ペルー人女性の場合、女性らしさと男性らしさについての考え方は世代によって変化してきている。しかし、いくつかの特質も際立つ。女性であるとはどう意味か。その基本的な考えは、一世、二世、三世とも共通しているが、各世代はそれを異なる状況で定義している。したがって、定義の違いは、価値観や信条それ自体に基づくのではなく、むしろ「人生計画」に対する期待や、セクシュアリティ、母性、仕事といった経験に関する考え方、そして日系人団体の重要性に基づいている。日本人移民にとって、女性らしさという考えは従属、犠牲、道徳的強さ、母性によるもので、すべてがジェンダー特有の文化的義務という考え方と結びついたのである。日本人移民にとっては、女性らしさとは、か弱さよりは清潔さやたくましい健全さを示しているのだ。そして日本人移民の娘にとっては融通の利かない日本人の基準が、カトリックのイデオロギーで補強されたうえ、しかもペルー人女性よりもっと熱心に望まれるマリア・モデル（強さや愛、道徳的な卓越性、犠牲心という意味を伴う）を作り出した。このモデルの長所は、娘の人生における母親の役割と同様に、男性と対等に性的な感情を補い合うという考えにはっきり表れている。女性の美しさの基準は、ペルー人の基準を取り入れる過程の一部として、欧米のステレオタイプから採られた。一世と二世の女性たちは家庭の領域と相続を支配したが、論証的かつ象徴的な次元では権限らしい権限は発揮されなかった。他方、三世の女性にとっては、自立と経済的独立に対する期待が考え方の基本で、日系人以外の領域への融和という考えも促している。家庭外で働く職業人になることは三世の女性にとって、ペルー人女性とは異なり、ペルー社会一般と融合するための重要な方法なのである。

一世と二世の女性には自立性の欠如と性的抑圧という特徴がある。彼女たちは決して家庭の領域に完全に押し込められているわけではないが、公的な世界が象徴的に男性の領域であると認識されているため、公的領域にくい込めなかったのだ。一方で三世の女性は、公的領域は人生で非常に重要なものだと思っている。したがって彼女たちは男性の価値観を支持することに抵抗せず、権力の領域に入り込むために、あいまいなまたは男性的な性格を帯びることもある。承認や拒絶、罪悪感といった概念が、三世の女性としてのアイデンティティを構築する際にもはや重視されないということを実証するのは、興味深いことである。

境界を脅かすもの――ジェンダーの視点から考えるエスニシティの純潔性

ペルーの日系人コミュニティにおける二者択一的な志向、たとえば画一性と連続性に対する相違と変化、内婚に対する外婚などは、この研究を進めるうちに分析の難しい問題となった。メアリー・ダグラスが行った研究は、ジェンダーの視点そのものはないが、この複雑な問題を理解するうえで有用だった。(19) 以下に述べるのは、ジェンダーの視点からみたこれらの論点を簡潔にまた暫定的に概観したものである。

エスニック・コミュニティの構築は、連続性という原則に基づいており、したがって現状維持的である。権力は制約がつきものの秩序の一つの形態を明確にするが、その秩序を維持するのは、コミュニティのすべてのメンバーの利益によって、また利益のために構築されたであろう象徴的世界の性質に関する共通の理解である。こうした権力は、コミュニティの境界を明確にし、さまざまな領域での参加者の包摂と排除を決定し、また道徳を規定するが、道徳はコミュニティの存続にとって脅威と見なされ得るものを明らかにする。このように、人種またはエスニシティの純潔性と汚染のイデオロギーは、コミュニティでの生活に浸透し、危機が差し迫っているという含みを伝える。この図式に加えて私が提示しようとしているのは、ペルーの日系人コミュニティの権力は、世代、階級、出身地に基づく社会関係を通して維持される純潔と危機という概念を必然的に伴うが、その権力が現れるときにはいつでも男性優位主義の世界観が浸透しているということである。

ペルーの日系人コミュニティでは相違や不一致ということは大きなタブーである。人種の混合はこのような相違の一面を表すわかりやすい例である。たとえば一九八九年の国勢調査で分かるように、ペルーで日系人の婚姻のうち三分の一が異なるエスニシティの人との結婚だった。しかし、この点はほとんど注目されず、しかもこれを論ずる分析的な研究も政治的な見解もまったくないのである。まるで合意された無関心または恐怖という覆いがかかっているかのようだ。実のところ人種融合は厄介な問題である。一つにまとまったコミュニティについて、すでに確立された意味を覆したり、理念を変えたりすると同時に、象徴的世界の不動性と不変性という前提を議論の対象にするからである。[20] したがって、ペルーの主流社会への文化上の完全な同化に言及することを好み、外婚による生物学的融合に言及するのを避けることになる。なぜなら、それによって、(1)エスニック・コミュニティの明確な境界線が危険にさらされない、(2)新たな要因や脅威となる要因が現れたときの、標準的な支配体系——誰が包摂され誰が排除されるかを決定する能力も含めて——の永続を可能にするからである。

エスニシティと人種の結束という考えが優勢などんな集団でも、個人や集団の清潔さや純潔、汚染、不潔といった概念はつきまとう。日系人コミュニティも例外ではなく、容易に認識でき厳しい制限のある秩序を維持するために「他者」を分離し、分類している。人種融合は、人種の純潔という考えとぶつかり、エスニック・コミュニティに混乱と脅威を与えるものとなる。エスニック・コミュニティには定義も無限に拡大する能力もないからである。また人種融合は必然的に生物学的融合を意味する。しかも血縁による連続性に基づくコミュニティにとっては、この事実には危険、脅威、それどころか破滅といったニュアンスが伴う。それゆえ外婚は危険であり、危険だと見なされる関係はすべて象徴的な重荷を背負っているのである。外婚は文化の境界があやふやで、汚染の気配は速やかに警戒心を引きおこすということを思い起こさせる。[21]外部のエスニック集団の存在は、危険な汚染があることを匂わせるため二重の意味で悪と映り、承認されにくい。つまりダグラスが言うように、第一には集団の境界線を越えるため、第二には集団内の他の人びとを危険にさらすため、承認されづらいのである。[22]これらの境界線を越えることはすべて歴史の中で起こることである。そのような一般の常識を超えた動きには、文化の境界線の両側に見られるさまざまな肯定や否定、抵抗や決裂があるからだ。ハーバート・マルクーゼが断言しているように、個人の欲求や意志が十分にかなえられることで、秩序の基礎ができ、それが維持されて初めて秩序は自由になるのだ。[23]外婚は必然的に、既成の秩序の崩壊を伴うのだろうか。女性らしさと男性らしさのステレオタイプに対する不快感が、多くの日系人男女が自分たちのコミュニティの境界を越えて、日系人社会の境界外に居続けることにする理由なのだろうか。当面、これらの問題に対する答えは保留にしておこう。

日系人のアイデンティティ――生物学的かそれとも象徴的か

一九九二年のアルベルト・フジモリ大統領と妻スザンナ・ヒグチの危機により、世間は日系人家族の硬直したヒエラルキーと女性の立場を認識するようになった。二世ファースト・レディのスザンナ・ヒグチが興奮した顔つきでペルー市民としての権利を主張した後、メディアは、世間周知のモデルである従順で素直な日本女性はどこにいるのだと疑問を投げかけた。[24]日系人女性のステレオタイプはたしかに時代とともに変化し、二〇世紀の終わりごろには女性がペルー社会での正当な位置を公然と主張してもよいくらいになったのだ。

ペルー国内にある多くの遅れたままの社会領域と同様に、日系人の領域も、うまく市民社会に融和するために、またペルー人としてのアイデンティティの共有という理念――ペルーの歴史のなかで試みられたが何度も失敗に終わった念願の目標――に近づくための有効な手段として、完全な市民権の獲得を目指している。[25]人種的純潔という考えは、内婚と閉鎖的コミュニティの必要性という点に具体的に表れており、その追求を妨げてきたように見えるかもしれない。スザンナ・ヒグチの例を挙げると、彼女は育ったコミュニティで象徴的に構築されてきた女性らしさのステレオタイプを放棄する危険をあえて冒し、さまざまな関心事を公表することにしたとき、全ペルー女性のシンボルとなった。日系人の大多数はヒグチの起こしたこの逸脱行為を今日にいたるまで許していない。さらにヒグチに対し「不従順」「言語道断」「せっかち」「裏切り者」そして「正気でない」とまで汚名をきせている。このような言葉からうかがわれるのは、コミュニティが保持する女性らしさという概念からの逸脱であり、それは境界線や脅威、破壊される限界、そして汚染という考え方に結びつくのである。境界線や汚染は、集団全体を脅かし危険にさらすことを意味するからである。

初めに述べたように、移民とペルーの日系人コミュニティに関する誇張されたそして決まりきって画一化された叙述は、複雑さと多様さが見られる非常に豊かな象徴的世界の実態を隠してきた。表象の次元では、マーケティングの用語である「商標による識別」方法が利用され害を及ぼした。つまり、女性や若者などほとんど権力のない層は、支配層の作り上げた唯一のステレオタイプで表象されるのである。[26]これまで示してきたように、ペルー文化に適応し統合されるときに必然的に伴う過程は、女性と男性では違っていた。しかし、歴史研究のような口述資料や文書の分析では、男女の差異という事実は消し去られ、可能性の一つだけ、つまり男性らしさを再構築し重んじるという一面的な見解が想定されてきた。男性以外の他者の声は、事実だと想定されたものの重みに抑えられてしまう。「日系人のアイデンティティ」のこととなると、そもそもこの言葉は何を示すのだろうか。日本に起源のある力強い男性と従順な女性の像だろうか。それとも、なお悪いことに男性像だけなのだろうか。

日系人のアイデンティティに関する研究は、明確に表現されないことや衝突を記録することではなく、統一と調和の意味を探ることだと提案したい。この点は、人間の集団が示す多様性と矛盾を受け入れて初めて可能になる。民主主義的で多方面に見られる慣行は、公的私的どちらの領域においても、あまり決まりきったものではない男性らしさや女性らしさの概念を生み出すことができる唯一の手段になる。これらの慣行によって今度は日系人のアイデンティティの構築が可能となる。そのアイデンティティは、有形無形のすべてを含み、自分と自分の世界に名前をつける時がきたら、血縁の記憶とは対照的に公正で人道にかなった社会関係に立脚するものになるだろう。言い換えれば、「日系人」は一段と象徴的となり、そして生物学的根拠によらないアイデンティティになるよう、私は提案しているのである。男性らしさが過大評価される社会では肉体が不平等の源となるため、なおさらそう提案したい。

多くの事がらがまだ議論されていないが、筆者はここでの分析に反映された考えを用いて、ミシェル・フーコーが提起した時を得た疑問「もし権力が「ノー」と言ったり、禁止したり罰したりするという基本的な機能を持たず、むしろ漠然とした形で結合と喜びと真実を結びつける機能を持っていたらどうなるだろうか[27]」に答えるよう努力したつもりである。

原注

(1) Benedict Anderson, "La comunidad imaginada," *Debate Feminista* 7: 13 (1996): 100-103.

(2) Susanna Rance, "Teorías vividas: el método auto/biográfico en los estudios de género," *Umbrales: revista del*

postgrado en ciencias del desarrollo 4 (1998): 43-46.

(3) María Ester Grebe, "Antropología del gênero en la perspectiva del paradigma cognitivo simbolico"（未発表原稿）. グレベは「認識——象徴の理論的枠組みは……一人ひとりの女性の象徴的な認識、概念、そして表象の救出によって文化の意味を発見する特権を与える」と言っている。

(4) Amelia Morimoto, *Población de origen japonés en el Perú: investigaciones* (Lima: Comisión Conmemorativa del 90 Aniversario de la Inmigracíon Japonesa al Perũ, 1989), 178.

(5) Norma Fuller, *Dilemas de la femineidad: mujeres de clase media en el Perú* (Lima: Fondo Editorial de la Pontifícia Universidad Catõlica del Perũ, 1993), 17.

(6) Editorial Perũ Shimpo S. A., *Inmigración japonesa al Perú:* 75 aniversario (1899-1974) (Lima: Editorial Perũ Shimpo S. A., 1974), 28.

(7) Mary Fukumoto Sato, *Migrantes japoneses y sus descendientes en el Perú* (Bachelor's thesis, Universidad Nacional Mayor de San Marcos, 1974), 84.

(8) Doris Moromisato, "Ellas trajeron el Japon al Perũ," *Perú Shimpo,* Mar. 4, 1999, 12.

(9) *Revista Nikko commemorativa de los 80 años de inmigración japonesa al Perú* 26 (1989): 241.

(10) Doris Moromisato, "Olla, Tortuga, Flor: nuestras inmigrantes se llamaban como la vida," *Perú Shimpo,* Apr. 7, 1999.

(11) *Informe nacional del Perú para la conferencia de las naciones unidas para el medio ambiente y desarrollo* (Lima: Documento Oficial de la Repũblica de Perũ, 1992). この研究は、ペルーが一六言語族にわたる六〇以上の言語集団を持つ他民族・多文化国家であることを考慮する必要があると報告している。

(12) Elena Kishimoto de Inamine, *Tradiciones y costumbres de los inmigrantes japoneses en el Perú* (Lima: Centro de Investigaciones Historico Sociales de la Universidad Nacional Federico Villarreal, 1979).

(13) この会話は一九九九年六月にカリフォルニア州ロサンジェルスで開催された国際日系研究プロジェクトのSecond-year Assessment and Planning Meetingsのなかで交わされた。

(14) Norma Fuller, *Dilemas de la femineidad,* 14. フラーは「強く、優しく寛容なモデルを自分のものにして、しかも新たなスペースを征服するためにそのモデルから距離を置かなければならないことは、おそらく現在の女性のアイデンティティにあるジレンマの一つであろう」と書いている。

(15) Judith Butler, *Gender Trouble: Feminism and the Subversion of Identity* (New York: Routledge, 1990).〔ジュディス・バトラー『ジェンダー・トラブル――フェミニズムとアイデンティティの攪乱』竹村和子訳（青土社、一九九九年）〕

(16) Norma Fuller, *Dilemas de la femineidad,* 18.

(17) Norma Fuller, *Identidades masculinas* (Lima: Fondo Editorial de la Pontifícia Unviversidad Católica del Perú, 1997).

(18) María Raguz, "Masculinidad, femineidad y género: un enfoque psicologico diferente," in Narda Henríquez ed., *Encrucijadas del saber: los estudios de género en las ciencias sociales* (Lima: Pontificia Universidad Católica del Perú, 1996). ラグースは「家父長制とマチズモは類似した概念として誤って使われるが、両者の区別をつけなくてはならない。家父長制は権力が男性に集中し、その権力に女性、息子、娘が従属し、保護を保証される社会をいう。反対に、マチズモにおいては、女性や子どもに対する責任はなく、女性や子どもは承認されず保護されない。しかし男性の男らしさを証明する役目を持つ。……暴力、虐待、放棄、二重基準の行使はマチズモの特徴である」と書いている（p. 55）。

(19) Mary Douglas, *Pureza y peligro: un analisis de los conceptos de contaminación y tabú* (Madrid: Siglo veintiuno eds., 1973).

(20) María Emma Manarelli, "Cuerpo femenino y discurso médico," *Revista márgenes* 9: 15 (1996): 73-99.

(21) Mary Douglas, *Pureza y peligro,* xi.

(22) *Ibid.,* 163.

(23) Herbert Marcuse, *Eros y cvilizatión* (Barcelona: Ed. Seix Barral, 1971), 180.〔ハーバート・マルクーゼ『エロス的文明』南博訳（紀伊國屋書店、一九五八年）〕

(24) Doris Moromisato and Irene Oyakawa, "Las mujeres Nikkei en el Perú: cien años de historia y discreción," *Revista Quehacer* 92 (Nov.-Dec. 1984).

(25) Alexandra De Mesones, "Formas híbridas de identidad y mentalidad en el Perú contemporáneo: clase, género, etnicidad y generación" (Master's thesis, University of Salamanca, 1999).

(26) Betzabé Andía "Treinta años del movimiento feminista: visiblizando las estructuras," 一九九九年、National Meeting of Organized Women 全国会議での報告。

(27) Michel Foucault, "Un dialogo sobre el poder y otras conversaciones" (Madrid: Alianza Editorial, 1981), 25.

第12章　ジェンダー克服としての海外移住
——カナダにおける近年の日本人移民女性の動向

オードリー・コバヤシ
（新倉須賀子訳）

現在、日本からカナダへの移民の約三分の二を女性が占めている。彼女たちの大部分は未婚で、二〇歳代後半から三〇歳代前半である。海外移住を選択する女性は、一般に高学歴で専門職志向が強く、伝統的な「主婦」役割に対して消極的な態度をとる女性の中でもきわめて特殊な集団といえる。このような女性にとってカナダでの生活は、今日の日本において課された諸々の制限に対する抵抗の形態をはっきりと示しているのである。カナダでは、自己の出自や経歴に関連した特徴がこれら日本人女性に多く見られる。彼女たちは芸術関係や社会福祉の分野で働く傾向があり、日本人以外の男性と結婚する者が大多数である。彼女らをとりまく環境を理解することによって、海外移住が偶然的な経過ではなく、送り出し国と受け入れ国双方の社会や文化の状況と深く結びついていることがわかる。(1)

本章では、これまで語られることの少なかった、カナダにおける新移住者女性の体験について論じる。彼女たちの生活は、海外移住に伴う自己矛盾と、新しい経験に対する期待や興奮、感情的な絆の断絶、それに言葉や習慣、日常生活における安心度が異なる新しい社会へ入ることへの不安に満ちている。本章では、今回の研究に参加した三八人の女性が言葉や習慣などの違いをいかにして克服し、カナダ社会を自分たちの新天地にする過程でどのようにジェンダーの問題と取り組んできたかについて紹介する。(2)

過去数十年間、カナダへの日本人移住者は毎年一〇〇〇人弱で、年に二〇万人強というカナダへの全移民の中でもきわめて少数である。しかし、他の海外移住の潮流と比べると、カナダへの日本人移民のおよそ三分の二が女性という、性別における不均衡がはっきりしている。日本からの移民女性の動向を分析した結果、明確に二つのグループに分けることができる。一つは、日本以外からの移住者と類似しており、おもに仕事上の理由でカナダに移民する男性と結婚し、移民家族の一員となっている女性。もう一つのグループは、独身か、または最終的に日本人以外の男性と結婚した女性である。カナダが受け入れた国のうち、このような女性の割合が高いのは、日本以外にはない。

この海外移住の形態は他の日系人社会と二つの理由でかなり異なっている。第一に、日本から移住する独身の女性は、圧倒的に英語圏の国が多く、アメリカ合衆国とカナダが主で、それよりもはるかに少数だが、イギリス、オーストラリア、ニュージーランドにも移住している。したがって、ラテンアメリカにおけるスペイン語圏やポルトガル語圏の国々では、北アメリカ地域への移住と似た形態はあまりみられない。第二に、多数の独身の日本人女性が移住するアメリカ合衆国に比べれば、カナダへ移住する独身女性はずっと少ないものの、こうした女性たちはカナダの日系人人口全体の約一〇パーセントを占めている(3)。

したがって、こうした独身の日本人女性移住者を取り巻く環境が、カナダの日系人について、またさらにカナダの状況が他国と異なる点を理解する上での鍵となる。

移民の特色

一九八六年から九六年までに行われた国勢調査のデータを分析してみると、ヴァンクーヴァやトロント、さらに数は少なめだがモントリオールといった都市部に日系人女性の大半が定住している。彼女たちは高学歴で、多くが芸術関係のほかに、社会事業、地域事業、教職といった社会福祉関係の仕事に就いている。最初は留学生としてカナダに入国し、留学経験が生かせる仕事が日本にないことに失望して、学位取得後に永住者として引き続き滞在する女性の存在も認められる。彼女たちが移住したときの平均年齢は三〇歳ぐらいである。そして、カナダで結婚する者が大多数であるが、日本人男性と結婚する女性はごくまれである。こうした女性の数は、カナダでの魅力あふれる生活と、日本人女性がジェンダーと折り合いをつける手段として海外移住を利用したことを物語っている。

日本的家父長制から逃れて

日本社会における強固な家父長制については数多く書かれてきた。この特色は、少なくとも過去一〇〇年にわたって日本社会に影響を与えてきた社会経済的・文化的な要因を明らかにする中で理解しなければならない。日本人女性は労働力の中で重要な役割をつねに演じ、一八八〇代から彼女たちが日本人労働者の半数近くを構成してきた。しかしながら、一九世紀後半の日本が明治維新や産業革命といった近代化へ大きく歩み出して以来、市民に関する日本人の見方は、「女性」は家族の従属的な一員であり、その役割は次世代を作って保護することであるといった定義に基づいていた。全般的に、日本人女性は妻であり母親であることは生涯における大きな役割だと考えている。つまり、専業主婦は、西洋世界と違って、日本では責任のある「職業」とみなされている。日本社会は多くの面で母性信仰が根強い社会といえよう。

第二次世界大戦以来、女性が全労働人口の中でますます重要な役割を果たしてきたにもかかわらず、依然として彼女たちの立場はおおむね補助的で従属的な状態にあった。男女同一賃金といった概念は、日本の雇用原理には存在しない。日本における女性の就労状況の中で顕著な特徴は有名なMカーブである。それは三〇歳代前半までは労働市場への参加率が高いが、その後の育児期間中は退職を勧められるか、もしくは要求されることが多いために、カーブが急下降する。そして、女性の就業率は四〇歳代半ばにふたたびピークを迎える。これは子育てが終わりに近づいて母親としての必要性が薄れ始める時期である。[4] 日本では、女性がキャリアアップによる自己実現の欲求を満たすことが非常に困難であるために、母性信仰に逃げ込み、賃金労働を軽蔑して家族や地域活動に社会への窓口を確立する者が多い。

女性が母親であることを社会的地位の基盤としてどれだけうまく使う（すなわち、抵抗の手段とする）かは、階級や他の要因によって変わってくる。一般に、社会経済の階層が上がれば上がるほど、世間体をはばかって家庭外の仕事を軽んじる女性が増えてくる。最近では、働く母親が自分の子どもを躾けることができないという考え方はあまり主流ではなくなっているが、それでも伝統的な社会環境の中ではいまだに通用している。[5] しかし、妻や母親の役割が家庭の外で働くよりも値打ちがあると考える者が多いので、専業主婦は大部分の西洋文化の中で育った女性たちよりも、日本女性にとってはるかに受け入れやすい役割といえる。それでもやはり、日本は基本的に男女不平等に基づいた社会体制なので、どうしても多くの女性が不満を感じることになる。近年では、この不平等に対する抵抗が政治活動の形で行われ、家父長的な文化への改善に向けて、限られてはいるものの一致した努力がなされている。パトリシア・モーリーが言うように、「山が動き出している」のである。[6]

このような不平等社会に対する抵抗手段として海外移住を選ぶ女性は少数であるが、彼女たちが日本を離れるのはたいていの場合、日本の家父長制が明らかな社会を受け入れられないからである。この拒絶は第二次世界大戦前に日本から移民していった一世の女性の姿勢とは対照的である。一世世代にとっての海外移住は、妻と母親としての義務を果たす手段であった。一世の女性はほぼ全員が結婚しているか、見合い結婚による「写真花嫁」として出国して行った。しかも、その渡航は彼女たちが家族を支え、子どもを養育して所帯を切り盛りする義務があることを承知の上でなされたものであった。[7] つまり、戦前の移住は家父長的な慣習から逃げ出すためのものではなく、むしろ強化するものだったのである。したがって、新移住者女性の経験は日本社会との決別だけではなく、日系人社会の確立された形態からの絶縁をも示している。

研究グループ

研究対象者の集まりはオンタリオ州トロントで行われた。それにはマミーズやハーモニー・インターナショナルという新移住者女性の団体が含まれている。この集会は月例会の一端として円卓を囲んでコーヒーを片手に開催された。集まりはおよそ三時間続き、おもに日本語で行われた。出席者全員は、家庭や職場で英語を使っているが、自分の個人的な問題を話すには日本語を使った方が気楽なのである。さらに、出席者の英会話力が異なるので、日本語で話すことは参加者に平等で公平な発言の機会を与えることになった。

マミーズは支援団体として若い移民である母親たちが近年創設したものである。会員全員が過去一〇年の間に日本からカナダに移住してきた。「マミーズ」〔お母さんたち〕というグループの名前にもかかわらず、実際の「母親」は一四名中八名しかおらず、しかもそのほぼ全員が一人しか子どもがいない。彼女たちは一九六〇年代から七〇年代前半の生まれで、会員の平均年齢は三三歳である。参加者の学歴は比較的高く、一〇人が短大卒、三人が大卒となっている。会員の大半は事務職や販売業、外食産業の分野で働いているが、今回の集まりには専業主婦が二人、学生が二人、それにジャーナリストが一人参加していた。育児期間中はパート勤務を選択している者が多い。そして、独身の学生一人を除いて、全員が日本人以外の男性と結婚していた。

ハーモニー・インターナショナルはマミーズよりも長期間活動してきた。二四人の会員は一九四〇年代後半から五〇年代の前半の生まれである。平均年齢は四八歳で、彼女たちの大半は一九六〇年代から七〇年代前半にカナダに入国した。そして、会員のほぼ全員に二人の子どもがいる。参加者の学歴はマミーズの会員よりも高い。

二四人中三人が大学院修了、一四人が大卒で、七人が短大または専門学校卒である。彼女たちの職業をみると、専業主婦が三人で、大半は中小企業勤務か専門職に就いている。職種は、歯科医師、オペラ歌手、図書館司書、コンピューター・プログラマーが各一人ずつであった。グループの名称からわかるように、会員全員が日本人以外の男性と結婚しているが、カナダ生まれの日系人を夫にしている女性も一人いた。

マミーズもハーモニー・インターナショナルもともに日本人以外の男性と結婚した女性が参加しているグループであるが、これらの団体は別の面で相違点があり、新移住者女性の二つの異なるタイプを代表している。一つは、一九六〇年代から七〇年代前半の早い時期にカナダに来た新移住者である。彼女たちの学歴が高く、専門職志向が極めて高いことが特徴になっている。この時期に離日した移住者は当初、日本にいる家族の援助を受けて、留学生としてカナダに入国した。そして、留学を終えた後も就労のために継続して滞在し、最終的には日系ではないカナダ人男性と結婚した。筆者は彼女たちの日本における出自を調べてはいないのだが、ハーモニー・インターナショナルの代表の考えによれば、彼女たちは日本で比較的裕福な家庭の出身で、若い女性の渡航が困難だったころに出国する経済力があったのではないかとのことであった。彼女たちの収入については尋ねていないが、その服装や物腰から判断してかなり裕福であると思えた。

一方、比較的最近カナダに来たマミーズの会員は、ハーモニー・インターナショナルの会員と比べて学歴も低く、低賃金で熟練度の低いパートの職種に就いている。マミーズの代表の話では、大半があまり裕福な生活をしていないと言う。さらに、最初はワーキング・ホリデーのビザで入国した者がおよそ半数いるという話もあった。すなわち、ハーモニー・インターナショナルの会員とは異なる入国方法を使ったということだ。ハーモニー・インターナショナルの参加者の中でワーキング・ホリデーのビザで入国した者は一人だけである。

今回のプロジェクトは異文化間結婚をした女性に焦点を当てているが、筆者はもう一つの新移住者女性のグループである和音クラブの会長とのインタビューを行った。全員ではないが、彼女たちの大半は新移住者男性と結婚している。この団体の概略を述べることは、新移住者の社会を別の観点から論じる上で有益かもしれない。マミーズやハーモニー・インターナショナルと同様に、和音クラブもおしゃべりや相互扶助を目的に毎月一回集まっているが、会員たちの関心事は他の二団体とかなり異なっている。そして、会員の大半はカナダでの生活に大きな支障がある専業主婦である。彼女たちの英会話力が乏しいので、医療保険に関する手続きといった公的機関との意思疎通はむずかしい。また、和音クラブの参加者は自信が持てずに、文化的にも社会的にも孤立していると話していた。その団体について筆者が持ち合わせている情報は、決定的な結論を導くには十分とはいえない。しかし、会長の話では、マミーズやハーモニー・インターナショナルと比べて、「日本文化」の維持への関心が高く、現在住んでいる国は自分にとって異質な社会と考えて、それに馴染む気がないか、あるいは馴染めないとのことであった。

三つの新移住者女性が運営する団体は考え方が大きく異なっているものの、これらの女性すべてにとって、海外移住という経験は今までに確立してきた人間関係を断ち切るものであった。新しい人間関係は、言葉や文化の障壁のために自分は不利だと感じられる状況の中で形成された。労働者、妻や母親、娘、市民であることに伴うごく普通の人間の営みが、それまで確立してきた状況の外に置かれてしまっているのである。この種の断絶を歓迎する者もいれば、おそらく当惑するような突発事態と捉える者もいようが、誰にとっても予想外の結果であったはずだ。研究対象者の集まりでは、結婚や家族をはじめとする新しい人間関係が形成される過程や、カナダ移住によって生じた困難について、忌憚のない意見交換が行われた。マミーズとハーモニー・インターナショナルの両グループの間で議論の中心になった三つの人間関係の形は夫、子ども、それに両親との人間関係である。

日本的家父長制から逃れて──集まりでの会話から

筆者と研究対象者との集まりは「なぜ日本を離れましたか」という質問から始まった。彼女たちの答えはさまざまであったが、大きく二つのケースに分けることができる。まず、結婚後に夫と一緒にいたくて出国した者。次に、自分の意思や選択によって生活する自由が欲しくて国を離れた者である。

友人の多くに日本を離れた理由を聞いてみたのですが、彼女たちも「自由になるため」と言っています。そう、日本文化には、「女の子はこうあるべき」というものがあまりにもあって窮屈なのです。彼女たちはカナダに来て、日本にいるときよりも自由を感じていますよ。(原文、英語)(8)

私も「女の子はこうあるべき」という固定観念のせいでカナダに来ました。日本ではふさわしいバッグを持ち、ふさわしい服を着る必要があります。しかも、ブランドものでなければなりません。でも、カナダでは、皮のコートを着ている人もいれば、半袖のシャツ姿の人も見かけます。同じ季節にですよ(出席者の笑)。言い換えれば、カナダ人は他人にどう見られるかを気にしないのです。これって、とてもすばらしいことですよね。(9)

日本にいたとき、私は女性であることに大きな圧力を感じていました。毎日、毎日、女であるために直面する不利益について考えていたんです。でもカナダに来てみてふと、男性がゴミを出しているのを初めて見かけました。そのときに思ったんです。「うわ〜。この国の男性は大変。それに引き換え、女性はなんて楽に暮らしているのかしら」とね……。その点ではカナダはすばらしいと思いますよ。ただ、他の点ではずいぶん苦労しましたけどね。

自由とは、ある女性の言葉を借りるなら、単なる男性の「付属物」に終わらないような仕事を見つけることでもある。

大企業における女子社員の仕事はお茶汲みです。仕事らしい仕事を与えられたときですら、お給料は低いものです。たとえ男性と同じ仕事をしていても……。これは不公平だと思いました。でも、そのことを上司に訴えたら、「君は気難しくて扱いにくいね。できるだけ早く結婚してこの仕事をやめるんだな」と言われました。上司は私の首を切ろうとしたのです。

もう一人の参加者は多少異なった視点ではあるものの、日本での日常生活は物足りないと感じていた。

私は大学を卒業し、OLになってお茶汲みの仕事から始めました。カナダにやって来たのは、二六歳のときです。私にとって、OLとしての生活は退屈で無益なものでは決してありませんでした……。お茶を出したり、オフィスの掃除をしたりするのは有意義なことのように私の目に映ったのです……。でも、日本での生活は私には少し快適すぎるように思いました。今までつらい経験をしたことがなかったので、多少の困難を求めようと思ったのです。不自由な場所に身を置いて難局に対処できるかどうか自分を試してみたかったんですよね。

日本を離れた動機については、参加者によって多少の相違が認められた。しかし、参加者全員が強調していたことは、日本で生活していると、実際に日本を離れない限り抜け出せないような決まりきった「路線」にはまってしまうという事実である。人と同じでなければいけないという無言の圧力が大きすぎる上に、人と違ったことをする機会もごく限られているためだ。自分の生活を変えることは、すなわち自分の居場所を変えることであり、物理的な距離をとってはじめて、自分たちが考えるような自由が達成できるのであった。

異文化間結婚

自由とは、伝統的な日本の結婚という束縛からの逃避を意味していたが、結婚それ自体から完全に逃れるわけではなかった。ちなみに、文化の違う男性との結婚が、ほとんどの日本の移民女性のとった生き方である。[10] この集まりの出席者全員が自分たちの結婚をめぐる境遇や、夫との関係について率直に話してくれた。彼女たちはユーモアを交えつつも、結婚生活に問題がある出席者に共感を示した。しかし、自分たちが直面した難題についてより率直に話してくれたのは、ハーモニー・インターナショナルの会員よりもマミーズの会員のほうであった。

筆者は、結婚に関する話し合いの冒頭に、日本人移民女性に関するデータをみたとき、カナダに移住してくる独身女性の平均年齢が二九歳だと分かり興味を引かれたと指摘した。すると、この発言は彼女たちの常識だと言わんばかりの笑いを誘った。そして、テーブルを囲んでいる女性たちは、自分たちのことを「クリスマスケーキ」と称したのだ。[11] 両グループの多くの女性が、二九歳もしくはその直前に来たとも語ってくれた。会話が進むにつれて明らかになったのは、多くの場合仕事をやめることになる日本の伝統的な形の結婚に対する圧力が、参加者のほぼ全員にとって、カナダへの移住を決断する大きな要因になっているということである。

基本的に、彼女たちの結婚は三つの形態に分けることができる。第一は、日本の若い女性が、留学や出張のために訪日したカナダ人男性と出会って交際し、結婚して夫とともにカナダへ行くケースで、ハーモニー・インターナショナルの会員にもっとも多く見られる結婚の形態である。一般的に、このような配偶者は日本文化に対する強い関心や情熱を寄せている。そして、彼らの中には日本語が少し話せる者もいて、日本とのそして日本にいる親戚との関係を保つことを強く望む者もいる。ある女性は、「私は日本で、カナダ人の主人と出会いました。彼は会社で働いていたんです。そして、私たちは結婚することにしました。私自身、より自由なライフスタイルを望んでいたんです。それは紛れもない事実です。運のいいことに、今の主人に出会ったので、彼について行くことにしました」と話していた。

第二の形態は、アメリカ合衆国やイギリス、フランス、ポーランド、ドイツ、南アフリカ、それにスリランカを始めとするカナダ以外の国の出身の男性と出会って結婚するものである。この種のカップルは、ある女性の言葉を借りると、カナダを「中立」地帯と考えて生活の拠点に決めていた。たいていの場合は夫の仕事の関係で行き先が決まったのだが。このような女性たちは、対等な夫婦関係を強く意識し、自信を抱いている傾向にあったといえる。一例を挙げてみると、

カナダに来た一番の理由は、結婚した相手が日本人ではなかったからです。私たちは第三国の中立的な国へ行こうと決めました。だから、こちらに来たのです。私が日本を出てイギリスへ行ったのは、二七歳のときでした。二七歳といえば周囲から結婚するよう圧力がかかる年頃です。周りの人たちは私にお見合いさせようとしました。でも、私は当分結婚する気もなかったし、勉強もしたかったのです。それでイギリスに行きました。

第三の形態は、マミーズの会員によく見られるもので、ワーキング・ホリデーのビザなどで個人的にカナダへ来て、カナダ人男性と知り合い結婚するケースである。一般的に、この形態の結婚をした女性たちは、カナダ生まれの夫側の理解が得にくいとして一番大きな不満を口にしていた。

私はワーキング・ホリデーのビザでカナダに来ました……。日本では、一流企業に勤めて素敵な男性と結婚して安定した生活を送るためには、一流の短大を出ていなければなりません。これこそ、私の友人全員がしてきたことです。私も友人たちと同じように一流企業に勤めました……。そこで、ハンサムで将来有望な男性と出会ったのですが、彼は私の親友と結婚してしまったのです。その後、何人かとの結婚を考えたのですが、うまくいきませんでした。上司には、私がいわゆる典型的な日本女性ではないとも言われました。その上、彼はいつ結婚して会社を辞めるかまで聞いてきたのです……。それで、カナダに来てお金を稼ぐためにワーキング・ホリデーのビザをとりました。そして、今の主人に出会ったのです。でも、彼は私の理想とはちょっと違いますけどね。

また、結婚における家父長制の程度が、日本でならそうであったと思われるものとたいして変わらないことに気づいた女性たちもいた。彼女たちは、筆者がどこかで述べたような「ヨーコ・オノ症候群」に巻き込まれていたのである。これは、アジア人女性が欧米の白人男性の想像の中でエキゾチックな、とくに庇護したくなる願望の対象として扱われることをいう(12)。また、夫婦関係が非常に多様である一方で、ほぼ全員の女性が夫の要求、とりわけ仕事に関する要求を自分自身のものよりも優先させていたことが、会話によって明らかになった。出席者全員が異口同音に話していたことは、夫は自分たちほど文化や言葉に対する順応性がないので、妻である自分たちがカナダでやってきたようには、夫は日本の生活に馴染むことはできなかっただろうということであった。

夫婦間における相違は、とくに子どもに関してはっきり現れた。女性たちの多くは自分の子供たちに日本語を習わせたいと考えたが、夫たちはその必要性を感じなかった。また、彼女たちは日本のように赤ん坊を自分と同じベッドに添い寝させたがったが、夫たちはそれに反対した。さらに、姑も、このような習慣に反対し、それがカナダでは不適切なものと考えられていることがはっきりしたようだ。そして必然的に、話題は、以上のような告白からコミュニケーションや相互理解に関する問題に戻っていった。

コミュニケーション

女性が夫と子供たち、隣人とのコミュニケーションにどのくらい自信があるかを見極める上で、言語は重要な要素である。女性を対象にした組織のおもな存在理由の一つは、参加者が日本語で語り、緊張したり誤解される可能性を心配せずに、心の安らぎを得る場を彼女たちに提供することである。なぜなら、彼女たちの大きな悩みの種や努力目標になっているのは、英語で自己表現できるだけではなく、発言内容全体の文脈を的確に理解してもらうよう自己表現できることである。彼女たちの話の中で一番強く表現したことは、日常生活の中でこのような包括的で「心からの」コミュニケーションが切り捨てられてきたことに対する不満やいらだちであった。


「カナダでの生活で一番難しいものは何ですか」

「隣人とか学校関係者との付き合いです」

「それはどうして？　言葉の問題ですか」

「ええ、確かに英語があまり上手ではないのですが、それ以上の問題もあります。顔と考え方が大いに違うと思うのです。だから、あまり日本人らしくしてはいられないと思っています。「こういう場合は他の人たちはどうするのだろう」と考えてしまいます。それで、周囲の人に心を開くことができないのです」


たとえ日本人妻たちが正確に自分の考えを言えなくても、夫との言葉の問題はあまり重要な問題ではない。

時折、言葉ができないほうがいいと思うこともあります。夫が話していることが逐一わからないほうが、私たちの夫婦関係がよくなることもあるのです。自分のいいように考えることができるからです。これって、ミステリアスでしょ。だから、言葉は大きな問題ではないと思います。むしろ、文化の違いが私にとっては問題です。たとえば、主人の親族に振る舞う食べ物のことです。それに、主人は米が嫌いなのです。それが私の頭痛の種です。じゃがいもを料理するのは本当に大変ですよ。

でも日本では、実際に何も言わなくてもコミュニケーションが成立します。

しかし、子どもとのコミュニケーションがより大きな問題である。

「子どもたちが大きくなった後にお互いコミュニケーションがとれなければ、きっと問題が起きますよ。私自身、英語があんまり得意ではないから」

「問題は起きませんよ。何と言っても、あなたは子どもたちの母親ですから」

「仕事を持っている人は英語がもっと上手です。でも、私のように一日中家にいる者は英語に触れることがなく、英語がまったく上達しません」

「ご主人とお喋りすることはないのですか」

「でも、主人との会話の内容はいつも同じです。私たちはただ「愛しているよ」と言うだけです。それに、主人は仕事で忙しくてめったに家にいません」

「旦那さんをさっさと追い出すべきです。日本人の夫のほうがいいと思いますよ。お子さんが大きくなってからまた働くことができるのではないですか」

「ええ。でも、その頃までには私の脳みそが萎えてしまいますよ」

女性たちは自分の子どもたちに日本語を教えようとしたり、日本語学校に通わせようとした苦労を詳しく語った。ほとんどの子どもたちはいくらか日本語がしゃべれるようになった。子どもたちの中には三ヵ国語話せる者もいた。しかし、

子どもたちとはいわゆる大人の会話ができません。ですから、子どもたちは、世界情勢やその他のことについては全部英語で話し……日本語で話していても、複雑で難しい問題を語るときは英単語を付け加えます。「今日はなにを食べたい？」とか、「昨日は何時に帰ってきたの？」というのは親子での本当の大人の会話とは言えません。

仮に、日本語を使うといっても一日の間でどのくらいの時間でしょう。「夕飯はどう？」とか、「勉強しなさい」とか。たったそれだけですよ。

言葉にまつわる論争には、単に子どもたちが日本語学校に通うかどうかよりももっと深刻な問題が明らかに反映されている。女性たちが非常に心配していた問題とは、母子双方が自在に使えて、しかも精神的に安心できるような共通言語がなければ、子どもたちとの有意義な関係を築くことが不可能だということだった。会話が途切れることや沈黙は、母子関係でのすれ違いを意味し、それが深刻な不安をもたらしている例もある。この問題は、幼い子どもを持つマミーズの会員よりも大半の子どもがヤングアダルトになっているハーモニー・インターナショナルの会員のほうがはるかに深刻なものである。

しかし、もっとも難しいことは役所などの公的機関とコミュニケーションを図ることで、とくに子どもたちの医療や教育についてである。女性たちの経験はときには彼女たちにとって恥辱にもなりうる。

最近、トロントで子どもの担任教師が「通訳なしで私と話したくない」と言って背を向けました。そこで、私は彼女に言いました。「先生のおっしゃることは理解できるから別に問題ないと思います。ここカナダで一〇年間勉強してきて、通訳が必要だったことはありませんでした。通訳がなくても他の人とやっていけます」とね。それでも、担任は通訳なしで私と話すつもりはないと言いました。これは彼女の限界であり、彼女の問題です。

コミュニケーションにおける孤独感には広範囲に及ぶ意味が含まれている。ハーモニー・インターナショナルとマミーズ双方の会員による話し合いを少し進めてみたら、差別問題に行き着いた。両グループの会員とも他のカナダ人から差別された経験があったが、マミーズより古いハーモニー・インターナショナルの会員のほうが差別をとくに強く感じていた。しかし、彼女たちはカナダに住んで緊張しているとか、付き合いの場面でなんと言うべきかが分からないとか、カナダ社会に受け入れられていないといった不安を述べるのが常であった。

受け入れの問題は、彼女たちが持つアイデンティティ——自分たちが紛れもなく日本人で、日系カナダ人でなければ生粋のカナダ人でもないという意識——にとってきわめて重要になってくる。たしかに、彼女たちは国家の枠を超えた一種のコスモポリタンである。しかし、この集まりの会話では、夫と子どもはカナダ人、自分は日本人と考えていることが、さまざまな形で繰り返されてきた。この状況は家族同士の関係だけではなく、「異邦人」として一般社会との関係を作る上でも影響するものである。今回の会合での会話は、彼女たちのアイデンティティ意識の表面を見せただけであった。しかし、グループ間で交わされた一連の議論によって新移住者であるとの意味ではなく、根強い人種差別社会に住んでいる移民であることの意味も考えさせられた。

今回の集まりに参加した女性は、彼女たちが遭遇した人種差別や直接的な差別についても詳しく話してくれたが、彼女たちの経験はたいていの場合微妙なものである。ある女性がゴルフクラブに参加したときの話をしてくれた。そのクラブでプレー中に白人の会員たちがしきりに彼女のスコアに異議を申し立てたので、彼女は偽ってそのクラブのメンバーになっているかのような思いをさせられた。また、通りを歩いているときにたとえば「チンク」のような侮蔑語を彼女自身と子どもに浴びせかけられた話が一例として挙がった。その一方で、「日本人」女性であることが「得」になることもあるとの話もあった。それは雇用主が、彼らの言いなりになる有能な人材であるアジア人女性を好むからである。しかし、この種のオリエンタリズム自体が、移民女性に異質なものというレッテルを貼ることだといえよう。こうした経験すべてが、カナダ在住の日本人妻は自分の子どもと違って、自分がいつまでたってもカナダ社会の一人前の構成員になれないことを強く感じさせるものである。

両親

研究対象者の集まりの中では子どもに関する議論がもっとも活発に行われたが、両親の話になるともっと感情的になった。日本社会では、娘が結婚して家を出るときは両親の世話をする責任や義務を放棄するのが通例となっているが、女性の大半は両親に対して強い感情的な絆を感じていた。半年か一年に一度の日本への里帰りとあわせて毎週電話することで、彼女たちは定期的に両親と連絡をとっている。日本人の妻は可能なときはいつでも子ども連れで日本に行く。それが、彼女の子どもと日本にいる祖父母との関係を保つことになる。それにもかかわらず、女性たちは両親との親子関係が文化的な伝統によって強く結ばれている日本を出たことへの後ろめたさを話している。

私は長女で、妹が一人に、弟が一人います。母が「わかったわ。カナダに行ってらっしゃい」と言いました。母親にはまだ子どもが二人残っていますから……。でも、多くの時間とお金をかけて私を育て上げたことを思うと、今でも両親に申し訳ないと思ってます。父と母は私自身が幸福なら、自分たちも幸せであると考えています。両親は、私が日本人男性と結婚して自分たちのそばに住んでいてほしい。そうすれば孫たちに頻繁に会えるから。でも、私がそれに不満足ならば、自分たちも本当の幸せとはいえない……。そう母は言いました。母は私に理解を示していると思います。それでも、自分のわがままを通したことで良心の呵責を感じています。

一九六七年に、私は両親を日本に残してカナダに来ました。あの時は母の気持ちなど全然考えずに、自分の幸せのことしか考えませんでした。でも、娘が家を出て大学に通い始めたときになってやっと母の苦悩を知りました。そこで、何が起ころうと年に一度は日本に里帰りしようと決めました。現在、母は九八歳で健在ですが、私が日本を離れたことが彼女にとって非常に辛いことだったのだと身に染みてわかりました。

カナダ在住の日本人妻が直面する最大の難題は、自分の両親が年を取って病気になったときである。とりわけ、看病が必要な場合に付き添える人間が日本にいないときである。ハーモニー・インターナショナルとマミーズの会員は両親の病気や死、残された親の世話ができないといった精神的に辛い経験をしていた。また、日本に行く場合には、カナダにいる夫や子どもの世話を怠っていると感じることもあった。そのような状況に関するあるマミーズの会員の話は出席者の涙を誘うものであった。

「母が末期ガンにかかっています。それが今の私が直面する問題です。彼女が臨終を迎えたら、私がカナダに来たことが正しかったかどうかわからなくなるでしょう。そんなことを考えても仕方がないことです。日本とカナダは遠く離れていて航空券も高いので、そう頻繁に母に会うわけにはいきません。彼女の病気についてはほんの一ヵ月前になってわかったことなので、まだ実感がないのですが……。でも、私がカナダに住んでいる意味がわかってきました。私は母を残して……。私は日本にいるべきだったのです。でも、そんなことは考えるべきでもないし……。一体全体、私って何をしゃべっているのかしら」

「お母様のそばにいたいですか」

「ええ、もちろん。母の死期が迫っているとも言われました。残されたわずかな時間をできるだけ幸せに過ごしてほしいと思っています。母のために私ができることがあれば、何でもします。私は一人っ子です。私にできることはたくさんあるはずです。でも、お互い離れているので、私には母のことを思うことしかできません。こんな遠く離れた所に暮らすんじゃなかった。いつもこんなことばかり考えています」

この話をした女性はかなり若く、三〇歳代前半であった。一方、年配の出席者の大半はこれと似た経験をしており、そのうちの何人かは距離が人間の感情に及ぼす影響について話した。

二年前に母を亡くしました。私は一九八一年にカナダに来ました。ですから、母と別れて一七年（ママ）になります。母が他界した後も彼女が死んだとは思えなかったのです。一緒にいなかったから……。今でも母が生きていると思ってますよ。だから、そんなに悲しいとは思ってないのです。

父は八八歳、母は七四歳です。両親はいろいろと健康問題を抱えています。私が電話すると、「お父さんは病院にいる」ことを知るんです。そして次に電話すると、今度は「お母さんが入院している」ことを知らされるのです。父と母、それに姉と妹に何かあったらすぐ知らせるように、そうすればどんなときでも日本に戻って来ると、いつも話しているのですが、日本の実家の者は私に心配かけまいとして何も話してくれないのです。だから、私が電話して両親の入院を知ることになるのですよ。

姉たちは母について本当のことを隠していたのです。両親の年齢が高くなると病気にかかりやすくなります。姉たちは「母さん、マリコ（仮名）が戻ってきたらすぐに良くなるわ。マリコはすぐに来てくれるからね。そうすれば、また元気になれるわ」と母によく言いました。姉たちは本人に死期が迫っていることを伏せていたのです。

私の考え方は変わってきています。二〇歳のときはこういう問題について考えてもいませんでした。三〇歳になっても同じでした。この問題について真剣に考えるようになったのは、四〇歳になったときでした。

しかし、結局のところは、

二つの人生を生きることはできない。最終的には、どこかで妥協しないとね。

ジェンダーとの折り合い

日本人女性やカナダへの新移住者の女性たちが、性別役割のある生活を乗り切る方法を語るには、「妥協」という言葉が適切だろう。今回の集まりの出席者はなんでも率直に話し、彼女たちの生活が複雑であることを示す矛盾についてよく認識していた。また、彼女たちは自身のことを芯が強く、適応力があって立ち直りが早いと考えている反面、日本的な家父長制から抜け出したものの、また別の家父長制社会の一員になっただけであることを認識している。マミーズやハーモニー・インターナショナルに参加したことで、生活上の矛盾点が表面に現れてきたのである。

自由を求めて日本を離れたと彼女たちの多くが言っているものの、日本における家父長制の伝統的なしがらみから逃れてこの社会に自由を見いだしたというのは、明らかに単純化しすぎである。たしかに、彼女たちの多くはカナダにおいて、日本での生活と比べてはるかに多くの機会に恵まれた、型にはまらない生活を送っている。しかし、彼女たちの生活は不確かなものでもある。日本でなら、彼女たちは自分の立場をわきまえ、どの程度までなら世間常識の枠からはみ出してもよいかもわかるだろう。しかしカナダでは、このような認識が欠けていたり、理解するのに多くの困難を伴ったりするのである。

彼女たちの結婚生活には、折り合いをつけなければならないことが種々ある。これといった典型的な関係というものはなく、性別役割も日本のそれよりも融通がきく。しかし、この融通性が不安定さにつながることにもなるのだ。そのことはカナダ在住期間の長い新移住者女性よりも、近年カナダに移住してきた女性にとってより深刻な問題になるようだ。とくに若く、最近結婚した女性たちは、カナダ在住期間の長い女性に比べて職業上の地位が十分に確立できていないことから、不安定さは孤独につながる。教育レベルがより低いために英語をうまく話せない傾向も認められる。彼女たちにとって、仕事に没頭している夫と自分を隔てるジェンダーや文化的・言語的な相違を乗り越えることは難しい。もちろん、このような状況は日本でもカナダでもよくあることで、似た環境で育った男性との結婚にも見られる。しかし、言葉が完全に理解できないことや、会話が途切れるといった状況に孤独は独特の形で現れている。

もっともやっかいな不安定さは言葉の問題にかかわるものである。とくにごく最近移住してきた者にとっては、日々の仕事を達成することと、言葉の障壁を超えて社会的な帰属意識を確立するためだけにも絶え間ない努力をしなければならないというわけである。しかし、かなり英語が堪能な女性でも、カナダの人々が生活するうえで従っている微妙な言い回しを理解するのに苦闘している。このような微妙な言い回しは、彼女たちがカナダ社会で感じる満足度に大きな影響を与えるような、些細なことに表れる。たとえば、彼女たちは、カナダ人女性は日本で適用される厳しい服装規定に束縛されていないと考えており、それをより大きな自由の例と解釈している。しかし、彼女たちが言葉や慣習に精通していないために、少なくともいくらかのカナダ人女性は日本と同様に厳しい服装規定に従っているが、彼女たちが気づかない言語で表現されているのだということを理解していない。彼女たちは子どもの担任が英語で話す単語の字面は理解できるが、英語の微妙なニュアンスが分からないことと、教師の態度に見られる根深い差別意識のために十分な意思疎通ができない。

したがって、言語問題は、単に翻訳の問題ではなく、ジェンダーによる差別を乗り越えて社会の一員となるというもっと大きな考え方にかかわる問題なのである。彼女たちはカナダ社会において排除されがちだが、その理由は、カナダ主流社会の多くの人びとが、彼女たちを受け入れられないか、彼女たちにあからさまな敵意を示すこと、また、排除されていることを示す微妙な言葉やしぐさを新移住者の女性たちが必ずしも理解しないため、そのような排除の行為が敷衍することである。このような状況は、移民が移住国の主流社会にいかにして受け入れられるかという、より大きな問題を示し、また、考え方と帰属の定義を変えるにはどうするべきかという問題を提起する。筆者は、断絶と沈黙が移民女性の生活を条件付けることから、この問題を「途切れた会話」と称してきた。

このような問題を論じることは本章の枠を超えているが、ハーモニー・インターナショナルやマミーズのような団体が果たしている大きな役割に注目することは重要である。したがって、日系人社会やカナダ人社会における これらの組織の立場は特筆に値する。近年では、全加日系人協会が日系人社会で大きな役割を果たしている新移住者の要望を外へ向けて表明しうる役目を果たしてきた。この協会は新移住者に関する全国会議を開き、定期的に討論会を後援したり、新移住者が全国幹部会議に代表を送れるように取り計らったりしている。一九九六年に全加日系人協会は、国内の日系人社会における異文化間結婚についての一連のコミュニティワークショップを開催した。これらの会合は、異文化間結婚をした新移住者と、やはり異文化間結婚をしたカナダ生まれの日系人三世夫婦がお互いに知り合う貴重な機会となった。いくつかの地域、たとえばヴァンクーヴァでは、ワークショップでの盛り上がりが異文化間結婚カップルの定期的な会合の立ち上げにつながった。

このように、ジェンダーによる差別を乗り越えることは、日系人社会を定義づけるより大々的な組織化の一部でもあるのだ。日系カナダ人にとっての課題は、多様な文化や言語、そして世代を含む一つのコミュニティ内でジェンダーによる差別が種々あると認めることである。日系カナダ人はこのような問題に積極的に取り組んではいるが、新しい移民を取り巻く状況を理解し、彼らの必要に応じたコミュニティ・プログラムを作るのにはまだ時間がかかる。

カナダにおける日系人がジェンダーによって特徴づけられた市民としての地位を乗り越えるということが、他国に住む日系人の経験とどのように比較できるかを認識することも重要である。先に述べたように、独身で、最終的には自分と異なる文化を持つ男性と結婚する新移住者女性が多いという現象は、英語圏の先進国に特有なものであり、どこよりもカナダにおいてより顕著な現象といえる。おそらく、世界の日系人社会の中でカナダは異文化間結婚の割合が最高であろう。しかし、どの日系人社会にも、移住先の主流社会への順応という移民特有の問題や、ジェンダーによる差別を乗り越える上で生じる問題と向きあう新しい移民がいる。日系人同士、あるいは日系人とそれ以外の人びととの間に見られる言語的・文化的相違の問題と同様に、異文化間結婚は日系人全体の問題である。このような相違をいかにして乗り切るかを理解するには、各国における研究がさらに必要になる。ドリス・モロミサト・ミアサトの研究が指摘するように、ジェンダーという問題を挙げて多くの人びとに相違を認識させるだけでも大変なことである。国によって異なる日系人社会の状況が日系人、とりわけ新移住者の経験をどのように左右するかを相対的な条件で理解するためにも、研究をさらに進める必要がある。そのような理解はさまざまな日系人を取り巻く政治的・組織的、それに知的な環境を見極める状況の中で行われるべきである。今回の国際日系研究プロジェクトは、まさにその理解をおもな目的としており、今回のプロジェクトからそのような研究があらわれることが期待できる。

原注

（1）本書は報告書 *Citizenship and Immigration Canada* や国勢調査のデータから引用した。また、Audrey Kobayashi, *A Demographic Profile of Japanese Canadians, and Social Implications for the Future* (Ottawa: Department of the Secretary of State, Contract PCS-8-00374, 1989) をも参照のこと。

（2）研究対象者の選定という質的調査法にしたがった小規模なサンプルの選定にあたっては、標本の問題がつねに生じる。民族文化的な出自の異なる男性と結婚した日本人の移民女性のように、本研究が対象にした母集団を網羅しているので、マミーズとハーモニー・インターナショナルの二つのグループがサンプルとして選ばれた。標本の規模が小さいのにもかかわらず、人口統計上の特色は国勢調査から読み取れる平均的な特徴と一致している。将来的には、この研究の対象をヴァンクーヴァやモントリオールのような他の都市に住んでいる女性移住者にも広げる必要がある。さらに、しばしば若い女性が英語のクラスを受講しながら、一定期間海外で就労できる特別なカテゴリーであるワーキング・ホリデーについて本章では触れなかったが、サービス業界、とりわけレストランで働いている日本人が多い。彼女たちは雇用主による悪質な嫌がらせや虐待をしばしば経験している。

（3）この数字は大まかに試算したものである。日系カナダ人全体のおよそ一七パーセントが日本生まれで、その六〇パーセント以上（三分の二が女性）が異文化間結婚をしている事実に基づいて見積もられた。国勢調査から正確な情報が得られるわけではないが、一〇パーセントという数字はどちらかと言えば控えめな見積りである。一方、オーストラリアにおける日系人の割合はカナダに似ているか、高い可能性がある。しかし、その絶対数はカナダよりもはるかに少ない。

（4） Sumiko Iwao, *Japanese Woman: Traditional Image and Changing Reality* (Cambridge, Mass.: Harvard University Press, 1993), Chapter 6.

（5） *Ibid.*, Chapter 5.

（6） Patricia Morley, *The Mountain Is Moving: Women's Lives* (Vancouver: UBC Press, 1999).

（7） Audrey Kobayashi, "Learning Their Place: Japanese/Canadian Workers/Mothers," in A. Kobayashi, ed, *Women, Work and Place* (Montreal: McGill-Queen's Press, 1994), 45-72.

（8） 本文上で示した箇所以外のコメントは、もとの日本語を直訳したものである。ナツコ・チュウバチが書き起こしたオリジナルにオードリー・コバヤシが修正を加えた。また、出席者の会話はすべて一字下げて表記した。

（9） Dorinne K Kondo, *Crafting Selves: Power, Gender, and Discourse of Identity in a Japanese Workplace* (Chicago: University of Chicago Press, 1990).

（10） 国勢調査の数字によれば、異文化間結婚の現在の比率は、カナダで生まれた日系人のおよそ九六パーセントで、カナダ以外で生まれた日系人でも六〇パーセント以上に上る。

（11） 日本人女性が二九歳を過ぎると、結婚する可能性がなくなると考えられている。それは、彼女たちの周囲がふさわしい男性と見合いさせることを断念するときでもある。なお、二九歳を過ぎても結婚していない女性は、年を取りすぎているという意味で「日遅れのクリスマスケーキ」と呼ばれる〔原文ママ〕。

（12） Audrey Kobayashi, *A Demographic Profile of Japanese Canadians.*

謝　辞

本書の執筆にあたって、マミーズとハーモニー・インターナショナルの二グループのご協力、および、研究対象者の選定や、調査結果の書き取り、翻訳に際してのナツコ・チュウバチ氏のご助力に感謝する。

第13章　チズカ・ヤマザキの描く映像世界
——人種、ジェンダー、エスニシティ、アイデンティティ

ナオミ・ホキ・モニース
（篠田左多江訳）

日系ブラジル人チズカ・ヤマザキは今日ブラジルでもっとも重要な映画監督のひとりであり、一四人のブラジル女性監督の中でもっとも有名で成功をおさめている。さらに彼女は監督の中ではまれな存在である。というのは強い女性を主役にした作品が多く、叙事詩的な要素のある歴史映画をつくることが好きだからである。映画には、『ガイジン、自由への道（Gaijin, Roads to Freedom)』（一九八〇年）、『パライーバ、男まさりの女（Parahyba, Mulher Macho)』（一九八三年）、『愛する祖国（Patriamada)』（一九八四年）などがある。最新の企画『ガイジン・パートII（Gaijin II)』は目下進行中の作品で、二〇〇〇年に私がこの章を書いているときには、撮影途上であった。彼女の経歴は、ここ二〇年間のブラジルの社会、政治生活の発展を示すものとみることができる。この論文では、彼女が映画の中で人種、ジェンダー、エスニシティ、国民としてのアイデンティティの問題をいかに考察したかを分析する。ヤマザキは、ブラジル国民としてのアイデンティティが、ヨーロッパを基盤とした伝統的な家長志向のモデルを超えて広がり変化するさまを描いている。その変化には、(1)移民、(2)国家主権の構築のためジェンダーを政治的に利用すること、(3)フェミニズム、黒人活動家、学生、労働者を組み入れた社会運動、(4)国境を越えて展開する日系ブラジル人の日本へのデカセギ（出稼ぎ）などが含まれている。ヤマザキの映画の物語は、ブラジルにおける国家主義的な左翼的傾向をもつ多民族労働者の闘争を考察することから、日本におけ

る熱帯文化のアイデンティティを明らかにすることへと移り変わっていくのである。

彼女の映画を検討する前に、ブラジル国民としてのアイデンティティ構築における人種、ジェンダー、エスニシティの相互作用をみておいたほうがよいだろう。伝統的にみてアメリカにおけるアメリカ人としてのアイデンティティのとらえ方は、白人でキリスト教徒であるという西洋の規範が基本であり、それが暗黙の了解であったし、現在もそうである。これと対照的に、ブラジル国民としてのアイデンティティおよび意識についてのブラジル人の考え方は、国の実体を表す貯蔵庫としての共通の過去の歴史から生まれた人種の多様性という概念にもとづいている。この過去は、白人、黒人、先住民というブラジル国民の基礎をなす三人種のエスニック・ルーツを含んでいる。映画評論家のロバート・スタムが述べているように、アメリカでは学者が国民性についてのディスコースを検証するとき、次の三つの方法を用いてきた。最初の植民者がもっていたピューリタンの宗教的背景、たくましい個人主義という国民性を強調するフロンティアの経験、あるいは国の政治制度の民主主義的特色に注目するという三つである。アメリカにおけるアメリカ人としてのアイデンティティの人種的側面は、過去には重視されていなかったが、最近になってはじめて支配的になった。対照してみると、ブラジルの知識人はつねに複数の人種を表すことばで国民としてのアイデンティティを考えている。彼らは国家を形成する時期に多様な人種が存在したことを強く意識している。実際、ブラジルではラテンアメリカのほとんどの国と同様に、その文化は混じり合ってハイブリッドであることが広く認められている。スタムも述べているように、「現代の英国系の人がポストコロニアルのハイブリッド性について学問的議論をするとき、ラテンアメリカの文化批評にはハイブリッド性についての論争の長い歴史があることを無視するか、あるいはそれを知らずに議論している」(1)。しかしこれらの問題はブラジルでは植民地時代から重要であり、とくに一八二二年にポルトガルから独立を果たして以来ずっとアイデンティティに関する国民のディスコースの中心にある。

ブラジルでは一九世紀以来、人種と異種族混交もっと正確にはメスティーソ文化の研究に傾倒した知的伝統がある。いわゆる人種混合が独特であることはブラジル国民のアイデンティティ理解の基本とされているが、その論争はさまざまな傾向を追う学者の多様な解釈と構築にしたがって、いろいろな方法ですすめられた。ある者はブラジル文化の純粋性と、ナショナリズムの歴史的シンボルとして先住民を学問的に利用した。またある者は、人種混合をブラジルが他国と比べて文化的に不利な立場にある理由とみなし、人種を徐々に白人化して最終的に先住民およびアフリカ的な要素と置き換えるべきであると説いた。また、異種族混交に向かうのは進歩的傾向であると論じる者もあり、シルヴィオ・ロメロのような人びとは、メスティーソ文化のみが真のブラジル文化になるであろうと主張した。最後に一九三〇年代にジルベルト・フレイレが、初期の悲観論的な研究に反対して、白人、アフリカ系、先住民の混合文化が、ブラジル文化を独特のものにしているため、これらを大切に保存すべきであるという理論を他に先駆けて示し、熱心に説いた。

それより前の一九二二年、ポルトガルからの政治的独立一〇〇年祭の期間に、ブラジルのモダニズム運動が起こり、ポルトガル本国の規範に抵抗して文化的独立を宣言した。いわゆる「文化独立」運動は、「トゥピー族か否か、それが問題だ」というスローガンをうち出した。これは先住民部族の名を使っただじゃれで、ブラジルの原点が先住民にあること、さらに先住民が一七世紀にポルトガル人司教を食べたことへの賛美を意図したものであった。先住民は、敵を食べることはその権力を自分のものとすることであるからよいことだと信じていたのである。そのイメージはまた、力を同化し、なにか新しいものを創造するという目的達成のための儀式として食人の風習を利用したのである。このように、多文化主義、織り交ぜ、ハイブリッド性、国境・民族の超越などは、そのような言葉が概念化されるよりかなり前からブラジルには存在したといえるのである。

国家統一のメタファーとして人種混合を知的、学問的、文学的に賛美したことは、一九三〇年代における国家主義者と均一化された国家を建設しようという人びとの熱望に影響を与えることになる。それはまた一八八八年に奴隷制度が廃止されたのち、とくにブラジル南部でかなり増加してきた移民をめぐる論争のなかで重要な議論になる。国家主義者は、ブラジルの人口を「白人化」するのに役立つヨーロッパ移民の受け入れを奨励した。ヨーロッパ移民は積極的にブラジルのメスティーソと混血して、異種族混交という国家計画に貢献している限り、望ましい存在だった。フィデリス・レイスが提出した国の移民法プロジェクト三九一では、これ以降アフリカ人は受け容れられなくなり、アジア人はすでにブラジルにいるアジア系人口の五パーセントに抑えられるはずであった。黒人と蒙古人種はすでに元奴隷と先住民によって代表されているのだから。日本人移民は激しい論争の的になった。日本人移民の存在については賛否両論があった。一九三四年の議会で、日本人は他人種集団と混じり合う能力があるのかという疑問が出された。ブラジルにいる人びとと新しい移民の間の異人種間結婚を規定する、つまり人間の性生活を規定することによって人種の純化を進める、優生学を社会に適用される知識と活力の技術として用いるのが、当時は一般的であった。[2] このような雰囲気の中で、日本人は「人種の嚢胞」と言われるものを形成している、つまり日本人は同化できない人種だと言われた。このようにして日本人は「硫黄」という烙印を押されるようになった。すなわち硫黄のように黄色くて、るつぼのなかで溶け合わないと思われたのである。[3]

この時期に人種差別法があったアメリカとは違い、ブラジルは単一の国民文化の発展を推進しようと、同化と国風化を強力に支持する政策をとった。国は、分離主義および多元文化の社会を求める運動に似たものはすべて抑圧し、禁止した。一九三四年の憲法第一二一条第六項には、移民の入国はエスニック集団の統合を保証するのに必要な規定に従うべきであると明記されている。それから二―三年後の一九三七年、ジェトゥリオ・ヴァルガスは「エスニック集団の統合」が「新国家」の独裁政権の公式政策であると宣言した。ヴァルガスの人民主義政府は、ブラジルのポルトガル系アフリカ人と先住民のルーツを表す伝統的な国民の文化を推進するのと同じ力を用いて、リオデジャネイロ地域の都会的なダンスであるサンバは国家が文化的にまとまっていることを示す覇権のシンボルであると公に宣言した。それは魅力的で人を誘惑するようなブラジルのムラータ（白人と黒人の混血女性）の典型としてカルメン・ミランダが表現し、いたるところで見られるバイアナのイメージをほめたたえるものだった。(4) 白人女性によって具体化されたバイアナのイメージを使うという皮肉は、ブラジル社会の根底にあるジェンダー、人種、階級の関係のパラドクスを再確認するものである。このような社会および性の秩序で、黒人女性はセックスの対象として、白人女性は妻として特権を与えられ、主流をなす社会機構の中でジェンダーと階級の不平等がずっと続いていた。

それにもかかわらず多くの西洋諸国と同様に、第一次世界大戦のあとブラジルでも大きな変化が起こった。変化の筆頭は都市化、工業化、労働者の不安、婦人参政権論者の女性たちによるデモなどであった。このようにして都市の上流および中産階級の女性たちは、家庭内では家長に異議を唱え、外にあっては新しい役割を果たすために組織を作った。「モダンガール」現象がいたるところで見られ、新しい期待をもって社会の多くの分野で論争をまき起こす原動力となった。これは、知識人、医師、精神科医、政治家、優性学者たちが、結婚、性生活、母性を通じてブラジルの人種と女性のもっとも重要な役割の改善を目指す、えせ科学的なディスコースを作り出したときのことであった。増大する女性のニーズに応え、女性のための機会をつくる一方で、政府は同時に家族制度をどうにか保存し、そうすることで現存する程度のジェンダーの不平等をなんとか維持したのである。

一九二二年には、前衛的なモダニズム運動が起こり、音楽、造形美術、文学といった真の国民のアイデンティティの構築をする領域で文化の成果を完全に変革し、いちだんと近代化することが提案されていた。この急進的なブラジリダーデ（ブラジル性）の実験が、シネマ・ノヴォの提唱者により再確認されることになる。一九六〇年代に左翼知識人の間で、国民のアイデンティティの概念の再構築が行われた。それはアフリカでの反植民地戦争やキューバのフィデル・カストロの蜂起とも同じ流れにあった。近代化の推進は一九五〇年代の末から六〇年代初めにかけてはじまり、主要なメディアといえばラジオ、テレビ、映画、レコード産業、大衆音楽を広めたライブ・ショウになっていた。したがってロックンロール、金にいとめをつけずに制作するハリウッド映画、ブラジル人の言ういわゆる輸入されたエンラタード大衆文化などアメリカの影響への抵抗が生まれた（エンラタードとは文字通りに言えば「缶詰」で、「既成の」アメリカ映画、テレビのシリーズもの、音楽をさす)。新しい映画やMBP(ブラジル大衆音楽)の目的は、ブラジルの現状すなわち奥地での生活の厳しさやスラムの貧困などに注意を喚起した上、これを公然とすることであった。その目標は、大衆の意識を高めて解放するという政治的使命をもつ、正統な国民大衆の芸術を創り出すことであった。文化を創造する際、外国からの影響や商業主義に抵抗することが、時代の命令だったのである。これと対照的に、国家主義的でないと思われるあらゆる要素をもつ新しい反体制文化独立運動としてトロピカリズムが登場した。それはエレキギター、ロック、ポップ・ミュージック、そしてトランスナショナルなポストモダンの感性を反映したカリブ海諸国の影響をうけたものである。

独特のやり方で工業化と進歩をめざす軍の独裁政治が行われている間に、前述したような文化闘争が起こった。ブラジルの目指す工業化と進歩とは、世界で台頭している国ぐににブラジルの存在を認めさせ、ブラジルが指導者としての地位を確立することになるブラジル「経済の奇跡」であった。この政府は、ヴァルガス独裁の好戦的愛国主義を極限まで強化すると同時に、検閲制度、政治的抑圧、拷問、迫害を通じて「偉大なブラジル」というモットーのもとで建設されつつある、この国の明白な運命を、ユートピアとみるように強いたのである。一九六四年に政権をとった軍の独裁は、前任者ヴァルガスが行ったのと同様に、家父長制の再確認を重視した。家父長制は、家庭という私的な領域で社会関係を構成し、絶対的支配権を強化するために重要だったからである。

一九七〇年代には社会運動は公けに制限されていたために、それに代わる形で一般市民の草の根グループがおおいに発展した。先住民、労働者、人権擁護論者、アフリカ系ブラジル人、フェミニスト、ゲイ、環境保護論者などのグループである。彼らはみな不満を声に出して話しはじめ、その声が二〇年以上にわたる独裁政権の統治の後、民主主義の復帰につながるのである。

チズカ・ヤマザキは一九四九年生まれの日系三世で、首都サンパウロ近くの町で育ち、同世代の大多数の人びとと同様に独裁政権のもとで成人した(5)。この時期はシネマ・ノヴォ(新映画)運動がおこった、ブラジル映画史のなかでもっとも創造性豊かな時代であり、彼女はその特色を身につけた。一九七〇年代にヤマザキは、この運動の先駆者のひとりネルソン・ペレイラ・ド・サントスとともに学び、そのもとで仕事をした。彼女はまた運動の創始者で、第三世界映画の「飢えの美意識」を創り、この時期のもっとも代表的な映画の監督であるグラウベール・ロッシャに雇われた。ヤマザキが長編主要作品を撮る仕事をはじめたのは、この運動が終わったのちの一九八〇年であった。しかし彼女の作品はこれらふたりの偉大な監督が確立した特徴を受け継いでいる。彼女はサントスにならって新写実主義様式とテーマだけでなく、背景に自然を使い、地元の人びと、大衆文化を強調するなどの手法を好むようになった。ロッシャからは、革命を待つ複数の現実があり、多くの側面をもつ奇怪な国ブラジルを救済の目で見るという観点を受け継いだ。ヤマザキはとくに移民という別の集団を映画の中に加えた。とくに歴史家のローラ・デ・メロがいわゆる「認められざる者」と呼んだ移民で、正統な国民の文化から排除されていた人びとである。彼女は新しい声として、移民女性の意見を紹介する。それはそのとき初めて、象徴的な現実すなわちブラジル正史の一部として認められた意見である。

ヤマザキは一九八〇年、ブラジルでの二〇年間にわたる軍の独裁政権ののちに徐々に民主主義へ戻る「アベルトゥーラ」(民主化)と呼ばれる空白期間に最初の映画を監督した。その映画は、国民のアイデンティティに関して対立する、イデオロギー上・政治上の葛藤から学ぶと同時に、それに反応するものでもあった。その葛藤は当時、近代化途上にありながら、世界ではあまり重視されていない国における国民のアイデンティティに関するものだった。映画評論家イズマイル・ザビエルが述べているように、その時代の国際的および政治的状況によって、一見理想的な新しい体制へ向かう第一歩として、国民の映画だという重要な主張ができるようになった。それは制作者側、見る側の両方においていっそう多元的な主張であった。当時、徹底的な政治、経済の変化がおおいに待ち望まれていた。人びとは資本主義の枠組みの中で、ゲリラ戦から近代化のための社会民主主義の概念まで、その社会民主主義または保守的な独裁主義のいずれかの形式で、さまざまな矛盾した変化のあり方を主張した。これらの違いにもかかわらず、歴史的変化と国民のアイデンティティに関して、すべてを包含する覇権主義の見解を誰もが進んで示した。(6)

ブラジルにおける人種の非常な多様性についてはいろいろと言われているが、ブラジルのエスニシティは黒人、白人、先住民という伝統的な差違の問題として描かれている場合が多い。その差違は、根本的にはヨーロッパ中心主義の国民のアイデンティティを認めるディスコースによって強化されたのである。ヤマザキの最初の映画『ガイジン』は多くの国際賞を勝ちとり、ブラジルの日本人移民の物語を紹介した初のブラジル映画として評価された。この日系人監督は、ブラジル史上の重要な時期における移民の役割を描き、そうしながら移民たちが国家の建設に参加し、そのなかで自らのアイデンティティを探し求め、その結果、国籍、市民権についてのブラジルの伝統的な考えに挑戦していく姿を示している。映画はまたブラジルの土地を持たない季節労働者である小作人に加えてマイノリティや他の移民たちが、コーヒー・プランテーション(以後はコーヒー農園)内で奴隷の代わりの安い労働力として権力のない地位に追いやられ、搾取されていく様子を示している。ヤマザキはブラジルに住む日本人(日系人)のなかで普通に使われている「ガイジン」ということばを「外国人」を表す元来の日本語の意味に戻して、エスニシティの点では日本人でない人をも指すことばとしている(イディッシュ語で「ギョイム」の使い方と同じである)。彼女によれば日本人は社会の周辺部へ二度追われたという。つまり自分たち自身が日本政府から忘れられ、ブラジルのエリートからは排斥された。(7) さらにこの排斥に含まれるのは農園で働き、異なった言語を話すすべての小作人、日本人、イタリア人、方言を話すブラジル北部からの季節労働者などであり、これらすべての人びとが「ガイジン」となり、自らの住む社会から無視され、疎外されている。

『ガイジン、自由への道』にはこのように二つの物語がある。第一はヤマザキ自身の祖母チトェの物語である。彼女は一九〇八年にブラジルに到着した第一回日本人移民のひとりであった。第二は、ヤマザキが自分の日系人としてのアイデンティティに関する葛藤を振り返りながら、監督として祖母の物語を示す方法についての話である。ヤマザキは若いころ、「コロニア」と呼ばれる日系社会からできるだけ遠ざかり、「日本人らしくしなさい」という二世の母親の要求をしりぞけていた。彼女は日本の伝統から離れ、日系人男性とデートせず、日本人がごくわずかしかいないブラジリアへ行って勉強し、当時の日系人にはめずらしい職業を選び、さらにシングルマザーとなることにした。

映画は現代のサンパウロの風景からはじまる。そこにフラッシュバックとしてブラジルに来た当初を思い出す語り手の声が重なっていく。チトエは一人称で語りはじめる。「私は一六歳の若い娘だった……」そして兄の友人で日露戦争の英雄であるヤマダ・カワダと兄のすすめるままに見合い結婚し、移民としてブラジルへ渡ったいきさつを語る。一般には一家族に「鍬三丁」と言われているが、農業労働に適した三人の男子という最低限度の必要条件を満たすために、多くの家族はわざと「構成家族」になった(8)。この点でブラジルの日本人移民には、独身男子に単独移民を認めたアメリカ合衆国とは大きく異なる条件が要求されていた。

ブラジルへ向かった日本人移民は、広大な土地と富を有する新世界の「黄金郷」でまたたく間に金持ちになるという約束に惹きつけられた。映画は多くの移民がサントス港に到着し、サンパウロの移民局へ連れて行かれる様子を映し出す。そこでは大半がヨーロッパからの移民で、日本人はスペイン人やイタリア人にまじってグループに分けられ、さまざまなコーヒー農園へ送られた。彼らは異なる文化や言語に出会って、まったく途方にくれるばかりだった。新しい国での社会基準や価値観の混乱と疎外感は、地中海地域からの移民とは対照的である。地中海からの移民はブラジル政府から好ましく思われており、集団で容易に意思の疎通をはかることができたのである。長い列車の旅の途中で起こった子供の食中毒死は、移民たちの生活に不吉な影を落とし、不安をつのらせる。

地元の当局者と貴族のような農園主は、内陸部の列車の駅でマーチングバンドの仰々しい演奏とともに移民たちと会う。農園主の話から日本人移民が選ばれた理由が明らかになる。全員が洋服を着て清潔かつ規律正しい人びとだからというのがその理由であった。なんといっても日本人移民は厄介者ではなかった。政治に口を出す始末に負えないヨーロッパ人労働者へのあてつけであった。地主にとって移民とは奴隷に代わる好ましい労働力であった。彼らは、教育があり、より熟練した技術をもつ新来の人びとと競争することなどまずできないであろう。また、映画はシネマ・ノヴォの伝統に忠実に、国を支配するコーヒーの大実業家と英国系のコーヒー買付人との結託――これがブラジル経済をたえず外国市場に依存させることになる――を暗に批判すると同時に、ブラジルのエリートがいかに大衆の要求を無視するかを示している。

牛車に乗ったチトエのグループの長い旅は、新天地での厳しい現実をゆっくりと伝えていく。その現実は、暑さ、泥道、昔の奴隷小屋という惨めな住環境、とりわけ日本の食べ物から、豆、キャッサバの粉、干し肉などとても食べ物とは思えないようなものへの急激な変化などである。現場監督者のシコのもとでのコーヒーの収穫と開墾の重労働は、奴隷にひとしい労働状況のためにさらにひどいものになるのである。彼らは数年の労働ののち、農園が所有し、経営している店から日用品を買うと法外な価格を請求され、それを差し引かれた自分たちの収入が非常に少ないことをさとる。(9) ひとりのイタリア人移民が、労働条件に抗議し、労働者を組織してストライキをしようと決心する。チトエの夫ヤマダは妻とちがって、頑固で変われない人物であることが明らかになる。一方、妻はつねに新しい国でのやり方を観察し、身につけていく。

ヤマダは、日本人の父であり夫として農園の組織を強く支える家父長制度を再現する人物で、父であると同時に夫やボスでもあって絶対的権力をもつ。女性や子供たちは男性の権力と支配を繰り返す社会規範と価値に服従させられた。ヤマダは日本人移民団のリーダーとして、イタリア人の抗議行動への参加を拒否する。彼は日本人を厄介者から遠ざけたのである。

イタリア人家族の主人はシコとその配下の乱暴者に殴られ、ブラジル政府の役人に国家の秩序を乱したと告発され、強制的に国外に追放される。肉体的、心理的ストレスが農民の心をズタズタにする。たとえばチトエの兄は家族を捨てて農園から逃走する。たぶん彼が恋に落ちた若いイタリア人女性を探すために農園を去ったのだろう。また、女性のひとりが日本恋しさのあまり自殺をはかり、その夫はアルコール依存症になってしまう。ヤマダがマラリアで死に、チトエは一人残されて、娘を育てなくてはならなくなったとき、ついに決心をして行動をおこし、一団を引き連れて農園を去っていく。

チトエは、当時の日本人には当たり前の見合い結婚をした日本人女性の経験を体現している人物である。彼女の役割は、若い女性が、はじめは夫を拒否するが、最後には子供たちの父親としての夫に、たとえ愛情がなくても忠実になっていくうちに直面する複雑な気持ちや苦労を詳細に描き出している。ヤマザキは知らない男との見合い結婚によって、生まれた国を出て外国へ移住しなければならなかった日本人女性たちを讃えている。「コローナ」すなわちコーヒー農園の女性小作人のように、彼女たちもふたつの仕事をかかえていた。「鍬半丁」すなわち「半人前」という、より安い賃金で男たちと並んで農作業をし、それから食事の支度をして子供たちの面倒をみたり、家事をこなさなければならなかった。(10)

移民の経験の描き方が原因で、ヤマザキは映画を見た日本人から厳しく批判された。(11) そのおもな批判のひとつは、チトエと農園の簿記係トーニョとの異人種間ロマンスを暗示していることに向けられたものであった。監督はジェンダー間の関係における大きな差異を強調する。つまりブラジル人の情事や恋愛の風習は、ロマンスの余地などない日本の見合い結婚の横暴さと感じられる冷酷さとは対照的であるとしている。しかし日本人観客からの批判は、当時、日本人コミュニティでは異人種間結婚を非難し、異人種と結婚した者を村八分にしたため、チトエとトーニョのような関係はありえなかったことから出たものであった。映画の中では日本人コミュニティが孤立し、他のグループとの交流がなかったことは強調されていない。監督は、現在では日系人にとって異人種間結婚が例外ではなく、典型的な行動様式になっていることを示し、それが好ましいものであることを示している。

トーニョとチトエのほのかなロマンスの中には、階級の団結という考えも見られる。トーニョは農園主に教育された貧しい少年で、農園の管理を任されていた点でシコと同様である。権力を濫用するシコとちがうのは、トーニョが労働者に同情を寄せ、最後にはチトエとそのグループが農園から逃亡するのを助けたことである。映画の最後で、チトエは織物工場に職を得て町に定住した姿として示されるが、働く女性として独立し、娘のシノブとともに平穏な生活を送っていると思われる。彼女はヤマダの臨終のとき日本へ帰ると約束したのだったが、こうなるとブラジル人の娘とともに新しい国で生きる決心をしている。トーニョは今では労働組合のオルグとなって、労働者の集会で、移民を含むすべての労働者からの搾取に反対する演説をしている。映画はチトエがうれしそうにトーニョに会いにいくところで終わる。

このようにして、公民権を奪われた人びとが、階級闘争でも、多民族からなる調和のとれた労働者のユートピア内に居場所を求める際にも、連帯できる瞬間、つまり革命の可能性を示唆して、映画は終わる。このシーンは、日本人移民が代々とってきた孤立した立場に対する監督の答えであると同時に、ブラジルに新しい、より公正な社会をつくるために、日本人移民が協力する必要性を暗示している。はじめはことば、文化的障壁、とくに農業の特性ゆえに地理的へだたりがあることなどから、孤立は当然であったことは言うまでもない。それでもなお、ヤマザキは感傷的な決まり文句を使って、移民とともに働くブラジルの人びとの寛大さや暖かさに焦点を当てている。コーヒーの収穫法や同毒療法を教えてくれる季節労働者や、子供たちにポルトガル語を教えてくれる黒人などがいる。実際、歴史的にみると貧しい労働者や元奴隷であった人びとは、移民たちが耕作して熱帯作物を栽培することや、新しい土地管理の方法に適応するのをしばしば援助してくれたのだが、移民たち自身からは劣等視されていたのである。日本人はたしかに黒人や先住民が今日でさえ経験していないレベルにまで、社会的上昇や経済的成功を果たした。これはやはり映画が提起している問題である。それにもかかわらずヤマザキは人種関係について前向きの見方をしている。つまりブラジル人の他人への親切と寛大さにもとづく見方である。映画は、第二次世界大戦後日本人および日系人が新天地で人種統合を果たし、愛される存在になっていく結果をあらかじめ示している。

ヤマザキは次の二つの映画でもブラジル社会の現実を注意深く観察して、シネマ・ノヴォの伝統に従っている。彼女は、とくに独裁政権時代に体制が無視した領域――フェミニスト、環境保護主義者、労働者、先住民、黒人とこれらに近い人びとのグループ――に関心を示している。シネマ・ノヴォの中では「国家」という概念が、個人と既存の社会構造との間の相互作用が行われる場を設定する際中心的存在になっており、監督が映画で伝えたかったことは必然的に国全体を見渡す観点である。このように文学や映画において寓意の形式へと向かう傾向は、あたかも政府の検閲を受けた現実の代替物となるかのように、独裁政権下にあった時期の典型であった。ヤマザキは、特殊な概念を代弁する寓意的な映画の権威主義的枠組みはもちろん、優位を占める国家主義的なディスコースから生まれた問題も提起している。彼女は、現実をかなり細かく提示する方法を選んでいる。すなわち自伝的な、フェミニストとしての見方、あるいはとくに次の二つの映画『パライーバ』と『愛する祖国』に見られるようなジャーナリスティックなドキュメンタリー方式である。

ヤマザキの映画『パライーバ、男まさりの女』は一九二〇年代末から三〇年代初頭にブラジル北東部で起こった実話にもとづいている。それは重要な政治闘争の間の時代を背景にしたラブストーリーで、このころリオ・グランデ・ド・スール州出身の党首ジェトゥリオ・ヴァルガスが、北東部の知事たちと同盟を結び、サンパウロやミナス・ジェライスに支配された地域の古い寡頭政治から脱却すべく権力と闘っていたのである。こういった政治を背景として、ヤマザキは家父長制の伝統、愛やセックスまでも支配するその掟、またその暴力の文化を綿密に分析している。家父長制はブラジル北東部のおもな道徳観念の価値のひとつである。物語のヒロインは自由な考えの持ち主で詩人でもあり、性的に解放された女性で、この極端に伝統を守っている社会に大胆に反抗している。アナイデは「男まさりの女」(解放された女性)で、一般社会の規範からはずれた行動様式やフリーセックスで社会を驚かせる。彼女は中より下の階級の家庭の娘で聡明な学生である。しかし出身校で働こうとして拒否される。彼女はエリートの利益のために運営されている修道会系の学校で教えることができず、漁業で生計をたてている村人たちを教えに行く。ア・ラ・ギャルソンというショート・ヘアにフラッパーの着る短いドレスを着て現代女性のイメージだが、地元では「誘惑に負けやすい」女と思われている。それゆえ彼女は漁師にレイプされるが、主人公が襲われたあと海へ行って身を洗い、意気揚々と、美しく女神ヴィーナスのように清められ変身して海から現れるという設定で、監督はこのエピソードに勝利感を与えている。まもなく美人コンテストの女王に選ばれた彼女は、そのうちに州都ジョオン・ペソーアにあるもっともすばらしい社交クラブに出入りするようになる。そこで彼女は自分の詩と美貌を誇示し、人目をはばからず恋人であるジャーナリストのダンタスに会う。彼は政治的には保守的な地主の家の出であり、この理由から彼は、革新主義者でジェトゥリオ・ヴァルガスの盟友である州知事のエピタシオ・ペソーアの敵になってしまう。ペソーアが政治的に報復しようと州兵をダンタスの家に侵入させると、そこでアナイデとの間で交わされた手紙や官能的な詩の隠し場所が発見され、公表されてしまう。ダンタスはアナイデの名誉を守るためにエピタシオ・ペソーアを殺す。それはヴァルガスが盟友たちを駆り立てブラジル大統領の座を奪う口実となるのである。

このようなやり方で、映画は当時のジェンダー関係における文化上・社会政治上・経済上の遠大な変化を探っていく。ブラジルにしっかりと定着した社会のヒエラルキーは、巧妙なやり方でジェンダーの平等をむしばんでいた。法的平等は、社会関係が変わらなければ効果がなかった。男性への服従を拒否する女性急進論者は、しばしば彼女らの肉体や精神の健康をあやうくするような敵意と拒絶に直面した。ヤマザキは映画の物語の中で、ブラジルで国の支配権をうち立てるときに、ジェンダーの妥当性を認めさせて政治の現実をより広く理解させようとしている。ジェトゥリオ・ヴァルガスの独裁権力の正当性は、個人的な領域における社会的関係の再構築に大いに依存していた。とくに一九八四年に終わった軍政によって進められた家父長制の再構成に左右されるところが大きかった。ダンタスは刑務所で自殺する。実生活ではアナイデは六カ月後に自殺するのである。しかしヤマザキは映画を不快な雰囲気のうちに終わらせることはなかった。彼女はアナイデが専門家として、また女性として獲得したさまざまな利点について「肯定的に述べたかった」のである。映画はアナイデが内戦のさなか、戦争、爆弾、殺戮、戦闘というこの「男性優位の世界」に気づかずに大通りを歩いていき、破壊のただ中で、ひとりだが、しかし挑戦するかのように立つところで終わる。(12) この映画はフェミニスト的再構築作品であると同時に独裁政権の終焉のころにブラジルで起こった事件と女性運動の意義深い発展を暗示しつつ、初期のフェミニスト・ヒロインを語る典型的な物語である。

ヤマザキの次の映画『愛する祖国』は、内部から起きて、人びとを興奮させた一九八四年の大規模な大衆デモの時期に、映画それ自体を制作していく過程を描いたセミドキュメンタリー作品である。二〇年間の独裁ののち、直接選挙に賛成して行われたこれらのデモは国中で起こった。ヤマザキはムードミュージックやナレーションも使わず、携帯できる機器を駆使しながらシネマ・ノヴォの中のシネマ・ヴェリテという手法に戻っている。そのため観る人がその瞬間に浸ってしまうのである。伝統的な叙事詩のように、観る人は画面に引き込まれてしまい、同時進行で出来事を目撃するという印象を受ける。このようにして人びとは、どうやら「真実」は操作されていないのだと思いつつ、場面や関係を否応なしに理解してしまうのである。最後の映画におけるロッシャのように、ヤマザキはドキュメンタリーのカメラワークを用いるので、まるで進行中の出来事が、語り手という媒介を通じていてもありのままに伝わるようで、観客はその出来事に圧倒されたとも、視点が限られているとも感じるのである。

中心テーマは「歴史的瞬間」、つまり長いこと待ち望んでいた革命と大衆デモが起きているということである。映画は、愛の三角関係の物語を通じて次の点を明らかにしている。女性の関心の的はカロリナ・ジニースという若いジャーナリストである。彼女の友人で恋人でもあるゴイアスは、『愛する祖国』を制作している映画監督である。そして年取った、活力のみなぎるロッシャは伝統ある家の出で実業家だが、デモをする人びとに同情し、自分の属する階級を裏切ることになってしまう。映画は、国のいたるところで大通りにあふれている大衆のパワーを記録している。たとえば学生、主婦、フェミニスト、先住民、黒人闘士、ゲイ、学生活動家、名士、近隣組織の指導者、労働者たちは民主主義の回復を要求して団結している。これら社会の主流から取り残された人びとは、軍事政権によって宣伝された一枚岩のブラジル国民のアイデンティティの崩壊を象徴している。

『愛する祖国』は初めと終わりに竜と闘う聖ジョージを描いた旗が出てくる。これはグラウベール・ロッシャの『アントニオ・ダス・モルテス』三部作の冒頭に現れるのと同じイメージである。ヤマザキはロッシャがもっとも大切にしてきたブラジルの革命と贖罪の可能性を表すシンボル、悪と闘う英雄的な聖人である聖ジョージを尊敬し、ロッシャの映画の中で、その肖像は、映画の動きに先立つ神話の枠組みとして機能している。[13] またアントニオは、強力な地主という国内の敵に対する革命を示唆するものとして機能している。竜と闘う聖ジョージの肖像はブラジルのどこの家にもあり、それはまた、ヤマザキの映画でもゴイアスの家におかれた彫像として現れる。ゴイアスはグラウベール・ロッシャを尊敬し、彼もまたロッシャと同様に映画監督である。ゴイアスはブラジル人の「愛する祖国」を求める。そしてカメラを手に通りという通りへ出て行き、これから予測される政治の変化をブラジルのいたるところで記録する。この映画には戦士の肖像に関する特別な工夫がもうひとつある。それは聖ジョージに代わってリナという人物が描かれていることである。リナは理想的な若い女性で、ことばとカメラを使って悪と闘っているのである。ブラジルの独裁を終わらせるよう要求しながら、自分たちの運命を左右する者としての大衆を記録する証人が今回の彼女であることを別にすれば、彼女は現代版女性戦士なのである。

完全に民主主義を取り戻したいという望みは、文民大統領を選ぶための平等な投票制度の確立とともに消えていく。完全に変わってほしいという革命家の希望はひきのばされ、ある種の個人的で私的な三角関係の幸福に甘んずることとなる。三人は大聖堂の前で別のデモを見ているとき、聖ジョージの旗で覆われた現代版聖家族のように、幸せそうに抱き合っている。リナは女性が専門家として伸びていく姿と、彼女らが達成した個人的独立を体現している。女性の性解放もまた映画のなかの重要な要素として示され、ゴイアスの日系人の前妻というもうひとりの登場人物を通じて探求される。この前妻は恋人と一年間パリへ行ったあと、預けていた息子を引き取りに帰宅する。ゴイアスは当惑しつつもどうにか家庭と息子イリアの世話をしている。イリアの役はヤマザキの実の息子が演じている。実際にイリアの面倒をみてくれたのは、ただひとり家事手伝いの女性だったというのは皮肉である。かつて主婦と専門家の両方にはなれないと言って憚らなかった監督は、女性解放は女性運動から利益を得ていない女性たち――この場合は家事手伝いの女性――を犠牲にして達成されることがよくあるとして、微妙に階級問題を明るみに出している。

『愛する祖国』はヤマザキの次の企画『ガイジン・パートII』への橋渡しとなっている。彼女はその映画で一九八〇年代に「愛する祖国」を出なければならなかった日本における日系ブラジル人のデカセギ生活を検証している。その企画は一九九〇年代末に始められ、ヤマザキは二〇〇〇年春に撮影を開始したいと思っていた。物語は、最初の映画で描かれた一九二〇年代に始まり、それから六〇年を経て一九九〇年代にまで及ぶ。チトエの娘のシノブは結婚して家族とともにパラナ州へ移っていき、土地所有者となる。これはこの地域の多くの日本人パイオニアのたどった道である。一九四〇年代にシノブの夫は臣道連盟のテロリストに殺害される。

物語はそれから一九七〇年代へと進んでいく。このときシノブの娘は裕福なスペイン人の大豆農家と結婚するが、夫は失敗して財産を失い、日本行きを決意する。夫が音信不通になって三年が過ぎたとき、チトエの孫（シノブの娘）は夫を探しにふたりの娘を連れて日本へ行くことにする。このような筋書きで、ヤマザキはこれらの新しいデカセギ者たちが直面するジレンマを描こうと思っている。すなわち日系というエスニシティにもかかわらず、彼らは日本へ適応することは難しく、日本人からは受け容れられず、日本人と日本文化に独特の偏見をもつというジレンマである。

ヤマザキによれば日本でのデカセギ物語は、人びとのイメージとはうらはらに、勝利の物語である。彼女の見方では先祖がブラジルで七〇年かかって達成したほどの繁栄を、日本では一〇年で達成することができたのである。彼女の調査によると日本には、ポルトガル語新聞からブラジルの番組を放映するケーブルテレビまで、日系ブラジル人が設立した五〇〇以上もの企業がある。日系ブラジル人が日本から学ぶものは多く、日本に提供できるものも多い。そしてその逆もまた同じだと言う。彼女は彼らがブラジルでやったように、多文化の調和の中で適応して暮らしていく能力を持つことを示したいのである。

結論として、ヤマザキは人種に対してさりげなく無頓着な態度を示す芸術家となった。彼女は、日系ブラジル人として彼女に期待されていたものに応えて仕事をする必要はないと感じた結果、その重荷から解放された映像作家となった。事実、彼女は『ガイジン』を監督したのち、自分のテーマの焦点を日系人だけに限定したくないと思った。それゆえ自分の仕事に熟練し、賞賛され、自分自身の制作会社を作った。知的見地からいえば、彼女は、女性として、日系人として、またブラジルにおける第三世界の映像作家としての自身の体験をふまえた新しいディスコースの経験を再生することによって、国民の家父長制を論ずるさまざまな意見やシネマ・ノヴォの手法が織り込まれた対話を表現しようと考えている。ヤマザキはフーコーのいういわゆる「他人を代弁するという無礼」、それはブラジルの芸術家や知識階級の間では普通のことであるが、これを避けるために気を使っている。

ヤマザキは人種、階級、エスニシティ、ジェンダーの複雑さ、ならびに比喩的で地理的な空間との関係における女性の問題を説明するために、女性としてのアイデンティティ、コミュニティ、ナショナリズムの表現を発展させ、再び明確に述べている。チトエは多くの点で、女性の沈黙すなわち服従の体験を表している。ヤマザキは多くの場合一般に女性の、とくに日本女性の消極的ステレオタイプの特色である沈黙の経験を表現している。彼女は歴史と正史の役割を疑問視し、沈黙の歴史に対して国家が是認したブラジル史の解釈を並列して沈黙を戦略的にたくみに利用している。ヤマザキの祖母が語った物語とアナイデをよみがえらせた歴史が、欲望、喜び、性行動を検討する余地を開いたのである。アナイデは、自分自身を社会活動を通じてさまざまな抑圧に抵抗する歴史的な主体とみなしている女性であった。

『愛する祖国』は、ブラジルの政治勢力がいかに変化したか、すなわち初期の社会区分が以前よりもいかにはっきりしなくなっているか、独裁政治がいかに一段と巧妙になったかを示している。もはや反対すべき強力な権力像がないため、今となっては偶像破壊という選択肢はない。この映画に反映されている社会変化は二つある。左翼の政治目的達成の手段として用いることが拒絶されたこと。そしてアイデンティティのアナキズム――それに対する偶像破壊的表現は、社会のくず、黒人や先住民の要求や力を受け入れることだった――が認められたことである。手短に言えば、ヤマザキの映画は性差についてのわれわれの理解を急進的に変えるよう求めている。性差は「男性と女性」の関係の深遠な前例のない変わりようを示す典型である。

『ガイジン・パートII』で、ヤマザキは、二五万の日系ブラジル人のデカセギ現象を考察している。彼らは愛するブラジルを出たくないし、自分たちを日本での「経済亡命者」と思いたくもなかった[14]。この映画で、ヤマザキは文化と経済のグローバル化の効果、国家の枠を超えた力の高まりと、その結果、国民文化を用心深くまもっているはずの国民国家が空洞化していく状況を考察しなければならないだろう。ゴイアスとリナがブラジルのさまざまな意見とアイデンティティを明らかにして分かったように、もはや一体感のもてる「愛する祖国」など存在しないのである。

デカセギの人びとはエスニシティの点で同じ血をひいているという理由で日本に入国を認められるが、ひとたび日本にいれば、いろいろな理由から再びブラジル人としてのアイデンティティを主張して、日本在住の日本人と自分たちを区別するのである。このようにしてデカセギの人びとは、日本でサンバ・グループを作り、ブラジル固有の、またアフリカ系ブラジル人のカーニバルの習慣を普及した。結果として個人および国民としてのアイデンティティは、エスノスケープ、グローバル化した大衆文化、普遍的価値に関する考え方、ブラジルと日本での将来の市民権の可能性のイデオスケープなどの問題に関連して協議されるのである[15]。それは理性的で統合された自己が中心からはずれ、多次元でしかも変わりやすいポストモダンの自己に置き換えられたかを示している。しかしそれはまたアイデンティティ、つまり偶像破壊的な性格と「左翼を中傷する」能力を奪われてしまったブラジル流トロピカリズムに関するものである。このようにして新しく生まれつつあるアイデンティティは、いわば殺菌されて、低俗な虚飾性にみちたものになってしまっている。また、それはグローバル化された経済の中での消費を目的とした、にせのブラジル人らしさのイメージを肯定することなのである。

日本では、日系人はエスニシティのために恵まれた資格をもつ外国人として働くことができる。彼らは深刻な住居と仕事不足、移民の身分に関する国内の論争に直面してきたが、その論争は現在、国と国との間で国境と出移民／入移民のアイデンティティに関するものとして出ている。日本人の中の外国人労働者の存在を取り巻くヒステリックな論法や沈黙は、グローバル化で脅かされる国民のアイデンティティや国家の主権への不安さえも反映している。このような状況に対応して、デカセギの人びとはコミュニティ、ビジネス、文化センターを作って繁栄させ、自らを組織してコミュニティを基盤とした要求を明らかにすると同時に、都市の、そして国内のディスコースの中心をなす問題、すなわち教育、住居、移民、反差別法などをめぐって一連の活動を起こしている。

要するに、デカセギの人びとは国籍、エスニシティ、階級、ジェンダー、性行動の複雑な違いを乗り越えて、権力と資源の支配を求めて競い合い、新しいアイデンティティとコミュニティの絆を作り出している。ヤマザキは、デカセギの人びとが用いる「家族」、「コミュニティ」、「祖国」などのことばのさまざまな使い方を検討することで、ブラジル人性を文化面で再創造する過程が、同化を主張する主流の傾向と極度の緊張関係にある場合が多いことを示すつもりである。デカセギの人びとはブラジル混血文化と日本におけるアジアのトロピカリズムの文化を仲立ちするものとして行動しているわけで、真のブラジル多文化主義の先導者といえよう。日本社会は二一世紀のグローバル化された世界でさらにオープンに、いっそう多文化を受け容れる必要があると日本政府筋は判断しているが、デカセギの人びとは、その社会変化の一翼を担っているからである。(16)

原注

（1）Robert Stam, *Tropical Multiculturalism: A Comparative History of Race in Brazilian Cinema and Culture*（Durham, N. C.: Duke University Press, 1997）, 17.

（2）V. R Beltrão Marques, *A Medicalização da Raça*（Campinas: University of Campinas Press, 1994）.

（3）Oliveira Vianna, *Raça e assimilação*（São Paulo: Companihia Editora Nacional, 1932）, 201-205.

（4）当時、カルメン・ミランダは黒人バイアナの白人版であるという皮肉な論調は盛り上がらなかった。彼女ははサンバ歌手として、リオデジャネイロの黒人貧民街と結びつき、一般にブラジルのエリート層から軽蔑されているポピュラー音楽の一ジャンルを普及させた。

（5）彼女はサンパウロ市近くのアチバイアに住んでいた。そこで父は蔬菜農家であった。ヤマザキは建築学を学びはじめるが、映画を勉強するためにブラジリアへ出た。彼女は、一九六〇年代末の学生デモの間に政府によって学校が閉鎖されると、リオデジャネイロへ戻って学業を終えた。ヤマザキの経歴についての情報は次の日本語書籍を参照。細川周平『シネマ屋ブラジルを行く――移民の郷愁とアイデンティティ』（東京、新潮社、一九九九年）一八六―二〇九頁。ミフジ・サエフジ「チズカとユリカ――ガイジンにみる姉妹の検討」『コロニア芸能史』（東京、コロニア芸能史、一九八六年）二八〇―八四頁。経歴と映画に関する情報は、一九九八年六月および九九年一二月の筆者による個人的インタビューから得たものである。

（6）Ismail Xavier, *Allegories of Underdevelopment: Aesthetics and Politics in Modern Brazilian Cinema*（Minneapolis: University of Minnesota Press, 1997）参照。

（7）ミフジ・サエフジ、『チズカとユリカ』。

（8）M. Sílvia C. B. Bassanezi, "Família e força de trabalho no colonato: Subsídios para a compreensão demográfica no período cafeeiro," *Textos NEPO*（8）（Campinas: NEPO/UNICAMP, 1986）.

(9) カヨ・ハッタによる映画『ピクチャー・ブライド』（一九九四年）は当時合衆国準州であったハワイへ日本から送られた花嫁の人生を描いた作品である。物語は『ガイジン』と同じようにひとりの女性によって昔の想い出として語られる。島のサトウキビ耕地における日本人移民の経験は、苦難と低賃金、新しい国とまだよくわからない夫との生活に慣れるまでの個人的、精神的な苦労など、ヤマザキの映画に描かれたものとたいへんよく似ている。

(10) M. Aparecida Moraes Silva, "De Colona a Boia-Fria," in *Historia das mulheres no Brasil*, Mary del Priore, ed. (São Paulo: Contexto, 1997; 2d ed,) 555-77.

(11) 細川周平『シネマ屋ブラジルを行く』。

(12) Yamazaki, Tizuka, *Istoe cinema brasileiro 6*, ed. 1452 (São Paulo: Ed. Grupo de Comunicações Trés), 5.

(13) Ismail Xavier, *Allegories of Underdevelopment*, 155-200.

(14) Shuichi Watanabe and Katsutoshi Sato, eds., *Dekasseguis "os exilados econômicos": A Realização de um Sonho* (Tokyo: Kashiwa Purano, S. A., 1995).

(15) Arjun Appadurai, "Global Ethnoscapes: Notes on Queries for a Transnational Anthropology," in *Recapturing Anthropology, Working in the Present*, Richard Fox, ed. (Santa Fe, N. M.: School of the Americas Research Press, 1991), 191-210.

(16) Doug Struck, "Think American: Japanese are Advised," *The Washington Post*, Jan. 20, 2000, 1, A18.

第14章　日系ブラジル人のデカセギ現象
――経済学的視点から

エジソン・モリ
（森本豊富訳）

日本語でデカセギ（出稼ぎ）とは、もともと厳冬の間、臨時の職を製造業に求めて、地方から都会へ出かけて行く農民を指していた。農民は冬が終わると、また田畑に戻っていった。しかし、時の経過と共に言葉の意味も変化した。今では、ブラジル生まれの日系人のように、日本で就労した後に祖国へ戻る移住労働者を意味するようになった。

日系ブラジル人のブラジル経済への貢献は、デカセギ現象の一九八五年から一九九九年にかけての一五年間に、実に毎年平均二〇億米ドルも祖国に送金した。所得面から見ると、在日のブラジル人のデカセギは、ブラジルの輸出品目の上から三番目に相当するほどの額を生み出した。国際収支の点から見ても、従来からブラジルの主要輸出品目とされているコーヒーや鉄鉱石に続き、鋼鉄製品と肩を並べている。そして、この時期に送金額とほぼ同額が、日本から輸入した製品の支払いに使われた。また、日本の経済拡張の絶頂期には、日系ブラジル人の送金額は四〇億米ドルにも達する勢いで、当時、全世界の送金額の公的な推計額（一九九〇年に七一〇億ドル）の実に五パーセント以上を占めていた。

日本で一時滞在者として働いている日系ブラジル人の数は、今や二〇万人以上〔二〇〇五年度では二七万人以上〕で、主な来日目的は祖国での家計の補塡、住宅の購入、または新規事業の資金調達などである。大半のデカセギは、十分な蓄えができれば、いずれブラジルに帰国するつもりでブラジルを旅立った。一九九八年末現在、合法的な在留外国籍の人々の中で三番目に多く、全体のほとんど一五パーセントを占めるに至り、ブラジル人より多いのは朝鮮半島と中国の出身者である。一時的移住労働者として来日した日系ブラジル人の数は一九八五年から一九九九年までの間で二五万人を超え、この数字は一九〇八年以来ブラジルに渡った日本人移民の総数をも上回る。

二〇世紀初頭、日本人のアメリカ大陸への移住は盛んであった。そして、今日、ブラジルは海外最大の日系人コミュニティを抱え、約一三〇万人がサンパウロ州とパラナ州を中心に在住していると見積もられている。国境を接したメキシコからアメリカ合衆国へと渡る農業移住労働者とは異なり、ブラジル人のデカセギは二万マイル以上離れた目的地までたどり着くという、人類史上希な長距離移動を実行している。日系ブラジル人は、臨時の移住労働を求めて自らの意志でわざわざ地球の裏側まで旅するのである。このような長距離大量移住は、まさに世界経済のグローバル化のなせる業である。

デカセギ現象は、グローバル化した市場の技術的、経済的発展なしには起こり得なかったであろう。しかしながら、この進歩は両刃の剣でもある。交通、情報手段の技術的革新は、かつてないほどに人、情報、資本の移動を容易に安価に、そして迅速にした。デカセギ現象は、ここ一五年の間に世界市場経済が航空運賃と電気通信費を格段に下げたことによって実現可能になった。しかし、その陰で二〇世紀後半の市場資本主義は、富める者と貧しい者の所得格差をよりいっそう広げてしまった。労働者の集団移住は、ブラジルと日本の経済格差の落とし子なのである。

本章では、ここ一五年間のデカセギ現象を経済学的視点から検証する。とくにデカセギによって日本からブラジルへの送金に焦点を当て、マクロ経済的視点から論じていきたい。

デカセギ現象の始まり

ブラジルから日本へのデカセギがいつから始まったのかについて書いたものは少ないが、おそらく一九八五年との見方が有力だ。では、なぜデカセギが始まったのかは、一つの理由だけでは説明しきれない。マクロ・ミクロ経済状況、政策、労働市場の変化などが複合的に絡み合ってデカセギが起こったとするのが、より現実に近い見方である。

マクロ経済の視点から見ると、一九八五年の日本経済は、非常に低い失業率（二・六パーセント）と高度経済成長率（六・六パーセント）に支えられた未曾有の好景気のさなかにあった。ブラジルは日本とは極端な対照をなすかたちで、記録的な失業率（一二・五パーセント）と三桁のインフレ、そしてメキシコの債務危機による換金性の低下などにさいなまれていた。

ミクロ経済的観点からは、一九八五年に顕在化した経済的機会は、コスト・ベネフィット分析による労働移住を見ることによって説明できる。日本に渡航する際のコストとしてもっとも明白なのは航空運賃であり、具体的なベネフィットとしては日本で高賃金を稼ぐ機会である。日伯の賃金格差は、一九八五年のプラザ合意によるドルに対する円価の高騰と、ブラジルの闇レートに示された対ドル通貨の大幅な下落によって生じたものである（表1参照）。基本的に、円とブラジル通貨の格差は、日本のブラジル人労働者にとっては今まで経験したことのない経済的利益を生んだ。また、規制緩和による航空会社間の価格競争によってブラジルから日本への渡航費は半額以下という大幅値下げとなり、ブラジル人の日本行きに拍車がかかった。

一九八五年当時の日本政府の政策は、初期の日系ブラジル人移民に対しては比較的、好意的であった。日本の出入国管理法は外国人労働者一般に対しては非常に厳しかったが、日本人を祖先に持つ外国人に関しては、日本

	1985	1986	1987	1988	1989	1990	1991	1992
GDP 成長率（%）	7.8	7.5	3.5	−0.1	3.2	−4.3	1.0	−0.5
一人あたり GDP（米ドル）	1,598	1,905	2,057	2,196	2,893	3,219	2,764	2,694
インフレーション率(%)[a]	228	68	367	892	1,636	1,639	459	1,129
米ドルプレミアム[b]								
闇／公式レート(%)	30	60	28	53	106	29	10	13
旅行／公式レート(%)[c]	n/a	n/a	n/a	n/a	n/a	n/a	n/a	n/a
失業率(率(%)[d]	12.5	9.8	9.0	9.7	8.8	10.0	11.6	14.9

	1993	1994	1995	1996	1997	1998	1999
GDP 成長率（%）	4.9	5.9	4.2	2.8	3.7	0.1	0.2
一人あたり GDP（米ドル）	2,901	3,569	4,554	4,920	5,037	4,798	n/a
インフレーション率(%)[a]	2,491	1,173	23	10	4.8	−1.8	7.5
米ドルプレミアム[b]							
闇／公式レート(%)	22	1.0	0.5	3.4	5.9	6.7	7.0
旅行／公式レート(%)[c]	n/a	0.8	0.8	1.1	1.0	2.1	n/a
失業率(%)[d]	14.7	14.3	13.2	15.0	15.7	18.2	20.0

表 1　ブラジル経済のマクロ経済データ（1985–99年）

出典：Fundação Getúlio Vargas, *Conjuntura economica* 53, no. 8 (Aug. 1999).

a 指標はIPC-FIPE、ブラジルの消費者物価指数に拠る。

b プレミアムの数値は年間平均値。

c 闇レートと旅行レートの違いは、後者については規制されたものであり、通常銀行で米ドルを購入する必要のある旅行者が使用するレートである。闇市場は1999年に消失した。

d 失業率は、大サンパウロ市圏で測られたレートである（DIEESE)。

に親族がいる限りにおいては、毎年更新可能なビザが容易に取得できた。このことが、日系ブラジル人が臨時雇いの労働者として日本に暮らし始めた主たる原因であった。一九九〇年に入管法が改正されたことによって、日本政府の意図はより鮮明になった。日本人の子孫であることを証明できれば三年間の定住資格を付与するビザの発給が保障され、人種・民族に関係なく、配偶者にも一律に適用された。

最後に、労働市場の観点から見ると、一九八〇年代の日本では、経済の高度成長により、建設業や製造業などの特定の分野に労働力不足が生じた。建設会社は、外国人労働者に頼らざるを得ない状況にあった。なぜなら、日本人労働者はいわゆる三K労働（「汚い」、「きつい」、「危険」）に就きたがらなかったからである。後に日系ブラジル人労働者はこの三K労働に「厳しい」、「嫌い」の二つのKを追加した。これらの分野に労働力不足が生じたのは、日本人の平均的生活レベルが向上したからである。また、製造業、おもに自動車製造と電気産業においては、一九八五年の円の急騰によって輸出品目としての競争力をつける必要性が生じ、製造原価の引き下げによって、さらに労働者が不足した。日本の「系列」の仕組みによって、大手自動車製造会社による自動車価格の低廉化は、中小の下請けに影響を及ぼし、そのことが大幅なデカセギ労働者の需要を生んだ。

サービス産業もまた、近年、その労働集約的な下位部門において日系ブラジル人に対する需要が増加している。その中には、(1)首都圏における弁当作り、(2)温泉街（長野県、群馬県）にある旅館の接客係や仲居、(3)ゴルフ場の維持管理やキャディーなどが含まれる。これらの仕事に共通しているのは、熟練技術者である必要もなく、また日本語能力も求められない点である。日系ブラジル人労働者の賃金が日本人のそれよりも低く、雇用者のデカセギひとりにかかる経費も低いことを証明する具体的な数値はない。しかし、年金やボーナスといった間接的、直接的恩典はデカセギ労働者に対しては与えられない。一般に、移民労働者は、働き始めた時点では、その国の一般労働者よりも労賃が低いことは、多くの移民研究で明らかにされている(1)。

デカセギが始まった理由を説明してきたが、これらの諸要因は国際移住の様々な理論とも符号する点が多い。国家的また個人的視点はともに、国際移動の新古典マクロ・ミクロ経済理論と一致する。マクロ経済的観点からは、個人の移住に関する決定は、出身地と移住先との間に存在する労働需要と供給の違いが主たる要因であることがわかっている。ミクロ的視点からも、移住するか否かの決定に至る主な理由は、個人のコスト・ベネフィット計算と関係が深いことが確認されている。

移住に関する「新経済学」理論では、移住するのは、所得の収入源を分化させることによって、家庭にふりかかるリスクを最小限にくい止め、預金と資産獲得の障害を除去するための家族戦略であると見る。ただし、そのような観点は、出稼ぎ現象の後期段階においてはあてはまるが、初期段階では必ずしも当たっていない。初期段階では、移住はどちらかと言えば偶発的で幸運な出来事であり、計画的な現象ではない。しかしながら、新経済学理論では、移民政策の影響力も勘案すべきとも説いており、そのことはまさにデカセギの場合には、決定的な要因となっている。

最後に、「二重労働市場理論」においては、雇用主は生産性の変数としての労働の低コストを維持させるため、低賃金移住労働者に頼るという事実から説明できる。この理論を支持する一つの指標に、多くの出稼ぎ労働者は初期段階で建設業や輸出向けの組み立て工場といった労働集約的活動に関わるという傾向を指摘しておきたい。

デカセギ現象の展開

デカセギ現象が一五年続く間に、移住を生じさせた初期の状態にも、かなりの変化がでてきた。移住が長引くうちに、新たに作り出された状況自体が独立した変数として作用し、定住の可能性を高めるということが起きたからである。専門的には、この過程は「累積原因」として知られており、少なくとも三期に区分できる日系ブラジル人のデカセギ現象においても、まさにそのことが当てはまる。

第一の波は一九八五年から一九八九年の間に起こり、移民集団は一般的に独身男性で構成され、年齢は二極化していた。高齢の一世を中心とした集団と、日本に親戚を持つ若い二世を中心とした集団である。両者とも滞在期間は確定しておらず、年収六万ドルまで稼げる見込みが十分あった。大半が建設業か製造業に関わり、縁戚関係と日本語運用能力が労働許可を得るために必要不可欠であった。

第二期は一九九〇年から一九九五年までであるが、典型的な移住者は独身の男女で、年齢層は一八歳から六〇歳までであった。ほとんどが一世か二世だったが、第一期と異なるのは、滞在期間が一、二年と決まっており、平均年収見込みは男性が六万ドル、女性の場合は三万六千ドルであった。この時期はデカセギの最盛期で、勤め先も弁当屋、旅館、健康管理、ゴルフ場と多岐化し、女性の職場が形成されていった。日本語運用能力については、以前よりも重要視されなくなった。一九九〇年の入管法の改正により、日本人を祖先に持つことさえ証明すればよくなった。

第三期は、一九九六年から現在までで、夫婦、子連れの家族が大幅に増加した。年齢は一八歳から四〇歳、大方が二世と三世、そして日本人を祖先に持たない配偶者を含むようになった。滞在予定は三年以上で、平均年収予測は男性が四万二千ドル、女性は三万六千ドル程度である。この時期に特徴的なことは、学齢期の子供を持つ家族の増加と共働きである。ほとんどの製造業で残業時間が削減されたために収入は減り、デカセギの滞在期間に影響を及ぼした。また、日本語運用能力はその重要性が再認識されるようになった。一つは会社のリストラによる影響であり、もう一つはブラジル人学校が少ないために日本の学校に子供を通わす必要性がでてきたのである。

これら三つの時期を見ると、社会経済的状況がデカセギの持続的な移住のフィードバック機能を作り出していることが明らかである。このことは、すなわち「累積原因」理論を証明している。

デカセギによるブラジルへの送金

日系ブラジル人は、本国への送金額に、その存在感がもっとも顕著に現れている（表2参照）。送金による貯蓄の使い道は、出身地での不動産関連や小規模ビジネスの立ち上げ数の増加に反映されている。しかし、ブラジル政府の発表した公式の送金額は年間の総送金額のほんの一部しか映し出していない。(2) 正規の送金手段で送る経済的メリットのなさがその原因であると思われる。

当初、外国為替にかかる経費と日本の銀行が課す送金手数料の高さが、正規の送金手段を利用する大きな障害となっていた。しかし、数年前にこれらの諸費用は大幅に値下げされた。たとえば、日本のあるブラジル銀行は、

年度	総送金額（100万米ドル）	デカセギ人口
1986	300	13,400
1987	700	12,200
1988	1,000	16,700
1989	1,000	29,200
1990	1,000	56,400
1991	1,600	119,333
1992	2,000	147,803
1993	2,000	154,650
1994	2,000	159,619
1995	2,400	176,440
1996	1,900	201,795
1997	1,900	233,254
1998	1,700	222,217
1999	1,800	230,000

表2　送金額概算およびデカセギ人口（1986-99年）

出典：Banco América do Sul（概算），法務省（日本政府），Centro de Informações e Apoio ao Trabalhador no Exterior（CIATE）．

為替手形一件について約一万ドルを上限とし手数料をおよそ一八ドル課す。この額を超えた場合は資本利得税が適用され、収入源を証明する書類（給与の控えやその他の送り状）の提出が義務づけられている。多くの場合、これらの手続きを踏むことで送金は煩雑となり、時間もかかる。しかし、正規の送金総額は些細なものとは言えない。バンコ・ド・ブラジルとバネスパ（両者ともブラジル政府所有の銀行である）の東京支店は送金で得られる収益により、それぞれの銀行の中でももっとも利益の高い支店となっている。しかし、なんと言ってもプレミアムが時には公式レートの一〇〇パーセント以上にもなったことのある闇取引の経済的利点を考えれば、正規の手段での送金を避けるのは至極当然であろう（表1参照）。ところが、正規ルートでの送金が、正式には公表されてはいないものの、最近になって増加している。その主な理由は、闇取引でのプレミアムの大幅な下落があげられる。一九九四年以降は、闇取引で支払われたプレミアムが少なく、バンコ・ド・ブラジルやバンコ・アメリカ・ド・スウ、バネスパといったブラジルの銀行を通して正規の方法で送金するようになってきたのである（表2参照）。

一九九三年以前は、ブラジルのマクロ経済状況は異なっていた。多くの送金は正規ルートでなされず、デカセギはブラジルに帰国するときには貯蓄を自らが持ち帰った。ただし、ブラジルへの持ち帰り金の正確な数字を算出することは困難である。その背景には、次のような事情があった。(1)一九九三年まで、多くのデカセギは自ら現金で持ち帰ることを好んだ。(2)日本からの送金をいったんアメリカの支店にまわし、その後ブラジルに送るという方法をとった銀行があったため、資金の出所が曖昧になった。(3)高額な外国為替相場レートと手数料、財源を明確にするための官僚的な書類手続きによって、正規に送金する意欲がそがれた。

正規ルートからの送金額が全体の中で占める割合が非常に少なかったにもかかわらず、年度毎の送金額は急増していった。様々な調査を総合的に判断すると、デカセギはおそらく月平均額一五〇〇ドル、年間一万八〇〇〇ドルを貯蓄していたと見られる。この数字を用いると、理論的には、総貯蓄額は年間四〇億ドル程になる。一方、ブラジル政府外務省の数字では、一九九八年の送金総額は約二五億ドルとなっている。

ある研究論文によると、日本の外国人労働者の最高送金額レベルは収入の約七〇パーセントである。[3] この研究では、異なる消費習慣を持つ外国人労働者も、数年間日本に在住するうちに、平均的日本人の消費スタイルに似通ってくる傾向があるとの仮説を立てている。一九九一年と一九九三年に行われた調査によれば、平均月収は約二五〇〇ドルであった。

ブラジルの「ヘアウ」計画とデカセギ現象への経済的影響

日本経済の低迷とブラジル経済の安定化は、デカセギ現象に少なからぬ影響を及ぼした。一九九八年にブラジル政府が「ヘアウ」〔ブラジルの貨幣通貨単位。「レアル」とも言うが、本章では発音に近い表記を採った〕を導入し経済が安定化したこと、その一方で日本の経済が低迷しリストラが進行したことにより、デカセギ現象が始まって以来初めて需要が減少した。

ブラジルのヘアウ計画はインフレやＧＤＰ成長などのいくつかの経済指標の改善をもたらし、他国の通貨に対して前例のない過大な評価を受けたが、失業率は下らなかった。

一九九四年七月のヘアウの過大な評価にもかかわらず、デカセギ労働者は一九九四年と一九九五年の円の評価

年度	GDP 成長率（%）	失業率（%）	為替レート（円/米ドル）
1985	6.6	2.6	238
1986	4.7	2.8	168
1987	4.9	2.8	145
1988	6.9	2.5	128
1989	7.0	2.3	138
1990	7.5	2.1	145
1991	6.6	2.1	135
1992	2.8	2.2	127
1993	0.9	2.5	111
1995	0.8	3.2	94
1996	0.3	3.4	109
1997	0.1	3.4	121
1998	(1.9)	4.1	131
1999	0.5	4.7	114

表 3　日本経済のマクロ経済データ（1985-99年）

出典：International Monetary Fund, *International Financial Statistics*, 1998.

――一九九四年には対ドル為替相場は八〇円にまで達した――によって大いに利益を得ることになった。この二年間に送金額が多かったことを部分的に説明する出来事であった。

一九九七年以降、日本経済の深刻な景気後退が主な理由で、デカセギに対する需要は薄れていった（表3参照）。景気後退は全ての日本企業を直撃し、残業手当の廃止や従業員の削減などを招いた。不動産への過剰投資、そして多くの金融機関の財務諸表の不良債権、疑わしい資産の担保などが、景気後退の主な原因とされている。ほとんどすべての分野で、差し迫ったリストラの嵐による失業をおそれて、消費全体が低迷を続けた。

これらの経済状況を反映して一九九八年度の移住に関する年間統計報告では、日本在住のブラジル人（おもにデカセギ）は五パーセント減、ブラジル人に対する新規ビザ発行数は三八・四パーセント減、「定住者」に分類されるビザは三五・五パーセント減少した。

しかしながら、短期間で見た場合、この減少傾向は長くは続かないであろう。なぜなら、一九九九年一月以来ブラジル通貨は五〇パーセントも低下しているからである。さらに、一九九九年半ばから米ドルに対する円価が一五パーセント上昇し、一九九六年レベルに戻ってきている。ブラジル通貨下落の影響はすぐにデカセギの送金額に反映され、本年度上半期にはまた大幅に増加している。ブラジル中央銀行の公式記録によれば、前年度の同時期と比べた場合、三二・二パーセント増えている。日本の金融システムの緩和により、ドル建ての商業銀行に対する自由度が大幅に増し、デカセギ自らの裁量で通貨を換金できるようになった。デカセキの集住する地域にある日本の銀行やブラジル銀行は、円高になると個人の外国通貨の取引が活発になると報告している。

デカセギにとって最大の脅威は、日本の戦後最悪の高い失業率である。さらには、デカセギにとって重要な収入源であり、滞在期間短縮の手段でもあった残業手当をほとんどの会社が削減している。このような日本経済の状況によって、職を替えるデカセギは大幅に減った。そして、貯蓄の水準を維持するために、やむをえず滞在を長期化させる傾向にある。建設業界では労働市場は飽和状態にあり、製造業界は低賃金の労働市場を求めている。これらの事情から、近い将来、デカセギの数が大幅に増えるという青写真を描くのは難しい。

結論

総じてデカセギ現象は、短期滞在の移住労働者に手短な貯蓄の手段を提供することで恩恵を与えたと言える。また、日本には低賃金の移住労働者が供給され、ブラジルにとっても祖国への送金による外貨獲得という点で潤うことができた。結論として、次の四つの点からまとめてみたい。

送出国の経済的利点

ブラジル政府は積極的にデカセギ現象を奨励することはなかったし、また逆に抑制することもなかったが、この一五年間で送金による多大な恩恵を受け国際収支は約三〇〇億ドルの増収となった（表4参照）。同時に、デカセギが国内の労働市場を離れたおかげで、ブラジルの失業者に職を提供することにもなった。失業者全体の数に比べればデカセギの数はたかが知れてはいるが、特定の分野、たとえば日系人が集中している農業分野に限れば、その影響は決して無視できない。

年度	ブラジルからの輸出	日本からの輸入	貿易収支
1985	1,398	613	785
1986	1,515	979	536
1987	1,676	939	737
1988	2,274	1,058	1,216
1989	2,312	1,322	990
1990	2,671	1,357	1,314
1991	2,557	1,350	1,207
1992	2,306	1,151	1,155
1993	2,313	1,664	649
1994	2,574	2,412	162
1995	3,102	3,279	(177)
1996	3,047	2,756	291
1997	3,068	3,599	(531)

表 4　日伯貿易収支（1985-97年）（単位：100万米ドル）

出典：International Monetary Fund, *Direction of Trade Statistics Yearbook*, 1992; 1998.

所得分布

日本からの送金は、日系ブラジル人社会の所得格差を縮める効果があった。とくに年収が五〇〇〇ドル以下の労働者の所得が増した。マクロレベルでは、ブラジル社会の所得分布曲線が中位に移行した。なぜなら、多くの日系ブラジル人世帯の所得はブラジルの平均より若干上回るところに位置しているからである。このことは、デカセギ現象における最良の恩恵であったかもしれない。すなわち、生まれ育った土地で今後も経済活動を継続していこうとする低所得層の日系ブラジル人に、増収のきっかけが与えられた。

人的資源開発

人的資源開発の観点から見ると、デカセギ個人の専門技術の習得および自己改善に対する意欲は高かった。しかし、現実は厳しく、日本で求められていたのは未熟練労働者であった。したがって、熟練労働者であっても、とりあえず空きのある職に就くしかなかった。熟練した技術を必要としない場では、雇われる側が大卒であれ、それ以上の学位取得者であれ、雇用主にとっては関係のないことであった。学歴よりも重要なのは日本語の運用能力である。もっとも、日本語ができたとしても、そのことが賃金に反映されるとは限らないとの調査報告もある。デカセギのかなりの者たちが祖国ブラジルでは高学歴者であり、ホワイトカラーに就いていた。しかし、日本滞在中の就労経験を通して、帰国後の職にプラスとなることは何一つ学べなかった。したがって、ほとんどのデカセギは、帰国してから新たに小規模な商売を始めるしかない。もとの職や同等の職に戻ることは、大変難しいのだ。出世を棒に振ってデカセギとして出かけていくことは、高学歴者のみならず、ブラジル社会全体にとっても大きな代価となっていると言えるかもしれない。

貯蓄増と起業

小規模経営の店を興そうとする起業家を支援する機関であるＳＥＢＲＡＥの調査したところによると、起業家たちが最優先事項としてあげているのは、持ち家の購入であり、次が小規模事業の立ち上げであった。日系人の集住する地域で焼肉料理店、ガソリンスタンド、コーヒーショップ、レンタルビデオ店、レストランなどの小規模店が増加し不動産購入に活発な動きが見られることは、この調査結果を裏付けている。また、投資に対する融資調達のための十分な資金を欠いているのは、ブラジルの金融機関の課す高利子が原因である。貯蓄高を増すことによって自己融資するしか手だてがないというのが実情である。

原　注

（1）B. C. Chiswick, "The Effect of Americanization on the Earnings of Foreign-born Men," *Journal of Political Economy*, 86 (1978), 897-921.

（2）一九九〇年から一九九五年における労働者の総送金額（単位は百万米ドル）は、五二七（一九九〇年）、一〇五七（一九九一年）、一七一九（一九九二年）、一一二三（一九九三年）、一八三四（一九九四年）、二八九一（一九九五年）である。これらの数値は国際通貨基金『国際収支統計年鑑（一九九八年）』に拠る。一九八五―八九年、一九九六―九九年に関しては、統計は存在しない。

(3) Saito Komomi and Saito Katsuhiro, "An Estimated Maximum Remittance Level by Foreign Workers in Japan," *Soka University Economic Essays* 24 (1995), 105-111.

第15章　日本におけるブラジル人就労者問題とその子女の教育について

二宮正人

はじめに

サンパウロ人文科学研究所によれば、日本における非熟練労働者の募集広告が初めてブラジルの邦字紙に掲載されたのは、一九八五年のことであったとされている。日本では、単純労働のための外国人の入国は許可されないことから、これらの求人は、日系ブラジル人のためではなく、かつてブラジルに移住した日本国籍を有する一世、あるいはブラジルで出生した者であっても、日本国籍を留保して二重国籍者となった人々を対象としたものであった。

求人は主として大企業の下請けである中小企業から寄せられたものであり、当時はいわゆるバブル景気の最中にあって、製品を受注しても人手不足のために納入できないという事態さえ生じていた。また、日本の若者が「きつい、きたない、きけん」といった、いわゆる3Kの仕事につくことを敬遠していたことから、企業の人事担当者が想起したのは、戦前戦後の日本経済の困難期においてブラジルをはじめとする中南米諸国へ移住した人々のことであった。あたかも、それらの国々は深刻な経済危機に直面しており、彼らは生活の維持に必要な収入が低下していたことから、よりよい条件を約束する母国日本からの求人広告に応じたのであった[1]。

しかし、上記中南米諸国に在住する一世や二重国籍者のみでは、到底当時の求人需要を満たすことはできないことが早々に判明した。そこで、それら諸国から日本国籍を有しない多数の日系二世、三世の人々が短期滞在査証で来日したが、それでは就労が許可されないことから、一年毎に更新可能な親族訪問のための在留資格に切り替えた上で就労しはじめたのは、それから間もない頃のことであった。

訪日する中南米日系人数の増加は、法務省の出入国管理統計上、直ちに明らかになり、日本政府当局は彼らの日本就労につき、抜本的対策を採用して、求人需要に応える必要を感じたのであった。そして、すでに生じていた状態を合法化するため、一九九〇年六月に「出入国管理及び難民認定法」の改正が行われた。法律の改正理由には、就労問題の解決は謳われておらず、当局関係者の説明においてもそれが理由ではないとされているが、改正された法律では「定住者」の在留資格が新設され、その該当者として難民および国外で出生した日本人の子および孫、すなわち日系二世および三世、ならびに非日系人である場合の配偶者に対しても、更新可能な三年間の在留を認めた。すなわち、日系人としての範疇は一応三世で区切られ、四世の場合は未成年者で親と同伴するか、日本で出生した場合にのみ、査証が与えられることになった。これについては、対象外とされた四世から苦情が出ることが予想されたが、当時はやむを得ないものとされた。「定住者」について特筆すべきことは、その他の在留資格と異なり、就労を含むいかなる活動制限も設けられなかった点である。

法改正の結果は、出入国管理統計を検討すれば一目瞭然である。たとえば、一九九一年度におけるブラジル国籍者を取り上げるならば、それまでに最高の八万三八七五名の入国が記録されている。その後も一九九八年度の例外を除き、毎年数千人から三万人強の入国が右肩上がりに記録されてきた。法改正から一四年後の二〇〇四年一二月末日現在、二八万六五五七人のブラジル人が日本に在留しており、これに日本においては日本人として取り扱われ、外国人に関する統計には上らない二重国籍者の数を加算するならば、三〇万人前後になりうるものと思料する。さらに、かつての一世移住者で、ブラジルに永住権を有しつつ、日本にUターンして就労している人々も含めると在日ブラジル関係者の数は、三〇万人以上に達すると言っても過言ではないように思える。そして、すでに就労を終えて帰伯している者の数は一五万人以上になると推定されていることから、過去一五年間におよそ五〇万人の日系、非日系のブラジル人および在伯日本人一世が日本で就労したことになる。それは、約一五〇万人と推定されるブラジル日系社会の約三分の一に相当する数であり、これほど多数のブラジル関係者が訪日・就労の経験を有することは、日伯関係において未曾有のできごとであり、その波及効果は計り知れない。

日本からブラジルへ移住した日本人の総数は戦前に約一九万人、戦後約六万人の合計約二五万人であるとされている。戦後移住のピークは一九五八年から一九六二年の間であり、それ以降は、日本経済の復興とともに、移住者の数は減少していき、一九七三年には最後の移民船が横浜を出港した。その後は、航空機による移住が続けられたが、八〇年代にはその数は著しく減少し、一九九三年には、国際協力事業団（ＪＩＣＡ、現国際協力機構）が政府主導による移住支援事業の打ち切りを発表した。そして、それ以前の八〇年代後半にはすでにブラジルから日本へと、反対方向への人の動きが始まっていた[2]。右に述べた法務省統計のみでも約二八万六〇〇〇人の在日ブラジル人は、今日では韓国・朝鮮、中国の人々に次ぐ、第三番目の外国人グループとされているが、在日韓国・朝鮮の人々の中には、戦前・戦中からの日本在住者も多く、すでに三世、四世の世代になっており、日本語の知識を含む風俗習慣にも違和感がないことから、いわゆるニューカマーの外国人グループとして最も多いのは中国人とブラジル人である、と言えよう。

いわゆるデカセギ（出稼ぎ）現象においては、肯定的、否定的の両側面が存在する。エジソン・モリが前章でふれているように、経済的、財政的にはデカセギ自身およびブラジル国の経常収支の改善のための外貨送金という面で、国家がその恩恵を受けている[3]。また、文化においては、受動的、能動的両側面が存在する。これだけ多くのブラジル人が日本に居住することによる文化、言語、技術知識への影響は無視できないものがある。とくに、工場で働くことによって得られる生産性向上の手法、たとえばＱＣ、ＴＱＣ、ＴＰＭ、カンバンといった知識を体験的に身に付けて帰国し、母国にそのノウハウを伝えるといったことも考えられる。もちろん、そのような可能性を否定し、具体的な送金といった経済面に比べて文化的な側面の重要性を過小評価する意見もあるが、就労者が先進国の一員である日本に数年間居住することによって得られる知識・経験については、議論するまでもなく明らかである。とくに語学の面では、一方で在日ブラジル人が日本語を習得できず、多くの問題が生じていることが憂慮される半面、帰国者のうちで日系、非日系を問わず、流暢な日本語を話す人々の存在に驚くことも稀ではなくなっている。ブラジル日系社会の若年層において日本語能力の低下が憂慮されてからすでに久しく、日本政府、日系団体、日本語教師および関係者の努力にもかかわらず、短期的な解決方法は見出されていない。また、ブラジルから日本への留学生、研修生の送り出しにも限度があることから、デカセギ現象がなかったならば、その副産物としての日本語能力の向上もありえなかったことは想像に難くない(4)。

そして、ブラジル人をはじめとする彼ら中南米日系人は、同時に日本社会のグローバリゼーションや国際化においても多大な貢献を行っている。これまでの日本人の一般的意識としては、外国人とはいわゆる紅毛碧眼や肌の色の異なる人びとであった。日本人にとって、自分たちと祖先を同じくする、意識的には身内である日系人が外国人として地域に共生することは、日本人の外国やその文化に関する認識を新たにし、その理解に多少なりとも役立っていることに疑いはない。日本人がこれまでブラジルや中南米についてわずかな知識しか持ち合わせず、しかもそれがある一定のステレオタイプ化されたものであったことも否めない。たとえば、ブラジルと言えば、アマゾン、リオ、カーニバル、サッカー、コーヒー、移民といった単語が連想されていた。しかし、一九九〇年代初頭から大きな変化が見られるようになった。より幅広いブラジル音楽、ダンス、料理、ポルトガル語などが愛知、静岡、群馬といったブラジル人の集住地を中心に日本人にも普及するようになり、サッカーについても、日韓共同開催の二〇〇二年ワールドカップへの日本国民の全国的な盛り上がりとブラジルの五回目の優勝、および二〇〇六年にドイツで行われる大会において第一回戦の日本の対戦相手の一国が奇しくもブラジルになったこ

とによっても、関心の高まりが予想され、これまでとは異なるさらに肯定的な評価を受けることは間違いない。(5)

しかし、就労問題に関心を持つ者としては、肯定的な面のみを羅列するわけにはいかない。在日ブラジル人の大部分は多くの問題を抱えつつも、ある程度は幸せに暮らしているものと考えられるが、これだけの規模の人的集団ともなると、相応の問題が数多く発生していることも理解できる。そして、それらは日伯両国のみならず、国際的にも報道の対象となっている。それらのいくつかをとってみても、地域共生、就労条件、社会保障、子女の教育、青少年の非行、家族法および日伯両国間の司法共助等、多岐にわたっており、二〇〇一年一〇月に静岡県浜松市で開催された「外国人集住都市会議」や二〇〇二年八月にサンパウロ市およびロンドリーナ市で開催された「日伯比較法および在日ブラジル人就労者に関する国際シンポジウム」において両国の研究者、実務家、行政・教育関係者の参加を得て多面的な議論が行われたことは記憶に新しいところである。(6)

なお、日本経済はいわゆる「バブル」景気が終焉してから約一〇年間にわたって未曾有の不景気に直面してきた。失業率も過去最高といわれる五・六パーセントから回復して、四・四パーセントになったものの、三〇〇万人近い失業者が存在することは、ブラジル人をはじめとする外国人労働者の雇用に影響を及ぼすことも考えられる。在日ブラジル人の失業率については、日本人と同じであるとする説と、不況下においては、外国人が雇用調整の対象となり、日本人に先んじて人員整理の対象にされることから、日本人の失業率を上回るとする説がある。もし、日本人と同じ率であるとして、労働人口を約二二万人とするならば、一万人程度の失業者が存在しても不自然ではない。収入の面では、女性の月給が約一五万円から二〇万円、男性の場合は二〇万円から二五万円となっており、ブラジルにおける日系人の平均給与の五倍前後であるが、バブル崩壊前には、残業を含めて約三〇万円から四〇万円であったことに比べると、最近では残業も増えているとはいうもののいまだその水準には回復していないようである。

以上、デカセギ現象におけるさまざまな問題点の一部を紹介したが、本章においては紙幅の制限上、より詳細に論じることはできない。そこで、以下は在日ブラジル人子女の教育の問題に焦点を絞って述べることにする。

ブラジル人子女を受け入れる日本の教育システムについて

デカセギ現象の初期においては、夫や妻がそれぞれの家族をブラジルに残して単身で日本へ働きに来ることが通例であった。その結果、彼ら在日ブラジル人男女同士の新しいカップルが生じ、母国に残してきたそれぞれの家庭が崩壊するという問題が多発した。そこで、そのような事態の発生を可及的に防止するために家族単位の就労が奨励されたが、結果として日本におけるブラジル人子女の学校社会への適応・不適応という、新たな問題が生じた。そこで、まずこれらのブラジル人生徒を受け入れる日本の教育制度について概観する。(7)

他の多くの国々の例に倣い、日本における教育は公立学校と私立学校の制度に大きく分けることができる。両者とも九年間にわたる義務教育の一環をなしており、そのうち六年間は小学校、残りの三年間が中学校課程である。学齢期は原則として六歳から一五歳までであって、日本では学齢児童の年齢を知るためには、何年生であるかを尋ねればわかる仕組みになっている。義務教育課程において落第・留年の制度は存在せず、生徒は規定の出席数が満たされれば、進級できることになっている。義務教育の制度の下では、子女を就学させない親は法律によって処罰されうるが、それは外国人には適用されない。ただし、在日外国人が学齢期にある子女を公立学校に入学させることを希望する場合、学校当局は空席の有無に関係なく、それを許可し、受け入れることとなる。

中学校を卒業した子女は就職することができ、かつては「金の卵」として企業側も優遇していたが、中卒者の九六・五パーセントが高校に進学する今日、稀有なものとなっている。そして、高校進学者には、普通課程、工業、商業等や定時制に通う者も含まれるが、そのうち九七・一パーセントが卒業する。日本では、義務教育を終了するまでは順調であっても、高校進学のための入試は、希望校の知名度に応じて、公立、私立にかかわらず、難関であることが多い。それにもかかわらず、近年はブラジル国籍者を含めて外国人生徒が合格するケースが報告されており、たとえば、群馬県大泉町における中学校で二〇〇二年三月に卒業した一二名のブラジル人生徒のうち、八名が高校に進学したとのことである。全国的な事例が発表されていないことから、この比率が他にも適用するものか否かを確認することは困難であるが、かなりの数字になりつつあることには間違いない。ちなみに、公立高校の月謝は都道府県によって若干の差はあるものの、約一万五〇〇〇円程度であり、私立高校については、一般的には五万円から六万円程度である。

日本では、高校卒業生のうち、五〇パーセント以上の者が二年制の短期大学、四年またはそれ以上の履修年数を必要とする大学に進学している。最近では、少子化に伴って、一部の私立大学に入学することは比較的容易になりつつあり、たとえば、すべての短期大学が高校時代の成績に基づく推薦入学を認めるようになった。そのほか、四年制以上の大学であっても（医学部を除く）、いわゆるＡＯ（Admission Office）方式による書類審査および小論文、面接等を加味した方式で入学を認めるケースも増えてきている。なお、大学によっては、一芸に秀でている者を合格させる場合もあり、たとえば、ある体育大学において、サッカー等の一定の競技に優れた資質を有する者を入学させるような事例を挙げることもできる。

しかしながら、日本における大企業の多くが、依然として全国の二〇ないし三〇の有名国公私立大学卒業生を優先的に採用する傾向にあることは否めず、それらの大学への入学については、相変わらず熾烈な競争がある。しかも、それは大学入試のかなり前から開始され、多くの場合は幼稚園の入園選考からすでに競争が始まっている。それ以降は、公立小学校へ入学する場合もあれば、私立小学校へ入り、そこから同じ学校の中学、高校課程へと進む場合もある。あるいは、小学校は公立であっても中学、または高校の段階から、受験で有名な私立学校を選ぶこともある。いずれにせよ、受験校においては、上級になるにつれ、予習、復習は言うに及ばず、補習などもあり、さらにまた塾にも通うなど、生徒本人にとっても、そしてまた、その両親にとっても著しい負担が強いられるものである。それは財政的のみならず、体力、精神等、生活のあらゆる面にわたっていると言っても過言ではない。むろん、中学、高校において運動部等の部活動に参加し、青春を謳歌する者も多いが、高校等では高学年に進むに従って、よりよい大学を目指し、予備校等に通う者が多くなるのが普通である。

公立小中学校における義務教育は給食費など若干の実費を除いて無料であるが、高等学校以上は有料である。ただし、私立学校と比べた場合、より低額であることは言うまでもない。とくに、普通の科目以外の補習、塾、予備校等は有料であり、情操教育としての音楽なども、学校の一般授業以外に特定の楽器等を専門的に習ったり、一定の外国語、たとえば英語等の課外学習も有料であることから、ある程度の収入を有する家庭でないと、それらの負担には耐えられないのである。ベストテンに入る国公私立大学において行われたアンケート調査によれば、学生の親の平均的な年収は約八〇〇万から一〇〇〇万円前後であるという結果が見られる。国公立大学の授業料が年間約六〇万円、私立大学の場合は文科系であっても約一〇〇万円前後であるが、理工系、医学系の場合、そのほかにも入学金、寄付金等もあり、さらに高額となる。

ブラジルからのデカセギ就労者の平均的な年収は三〇〇万円前後であるといわれており、仮に夫婦で働いていたとしても、あわせて五〇〇万円程度であるとすれば、日本の大学生の親の年収よりはるかに少ない。そうであるとすれば、彼らには、後述する日本における私立のブラジル学校の月謝をふくめて、子女の学費を含む養育費を負担することは相当に困難であろう。

日本の学校におけるブラジル人子女について

日本におけるブラジル人子女の多くは、年齢の差こそあれ、両親とともに来日した者であるが、なかには日本で出生した者も増えてきている。これらの子女および幼少期に来日した者は、小学校低学年より他の日本人児童とともに就学し、彼らとの間に知識の面であまり差異がないことから、日本語の習得も早く、授業なども学校当局の支援の下に、ある程度は問題なく受けているようである。この世代の児童が社会的地位、国籍、人種、宗教の区別なく、いかなる環境にも比較的順応しやすいことは、古今東西よく知られている。かつて、日本からブラジルへ移住した日本人移民の子女の例を見ても、同様であった。ただし、幼少期に来日した場合、日本の学校に適応するあまり、母国語であるポルトガル語を忘れてしまったり、あるいは母国語を話すことを拒否して、両親とのコミュニケーションに齟齬をきたしている事例も報告されている(8)。日系三世、四世の間では異人種間結婚が増加していることと、両親の会話がポルトガル語によることから、日本語が理解できない者が多くなっている。さらに大きな問題は、小学校高学年以上の年齢で来日した子女についてである。一〇歳前後を一つの分岐点として、それ以前とそれ以降に来た者の間に授業の理解度等について大きな差が生じている。これについては、不登校、非行化といった問題の要因となっていることから、後に詳述することにしたい。

ブラジル人子女が日本に到着し始めた一九九〇年代において報告された今一つの問題に「いじめ」や「差別」が挙げられる。それはブラジル人を含む外国人子女に限定されるものではなく、親の仕事のために海外で一定期間を過ごした経験を有する、日本人帰国子女に対してもしばしば見られたものである。「いじめ」や「差別」の現象は大都市の学校よりも、むしろ外国人になじみの少ない、地方の中小都市において生じた、と言われている。中南米日系人の場合、外観は日本人と変わらないことから、一見差別の対象にはなりにくいように思えるが、言語、文化、社会常識の違いは明らかである。上級生や同級生の日本人児童にとっては、日本人と同じ外観を有しながら日本語が理解できず、混血児童の場合は毛色が異なったり、あるいは女子の場合、ブラジルの習慣として出生直後より耳たぶに穴を開け、ピアスを使用したりすること等に対しても違和感があり、すべての面において画一的である日本人児童とは異なることから、「いじめ」や「差別」に繋がったようである。ただし、最近では、行政や学校当局、現場の教職員の努力等、ニューカマーの存在に関する理解が深まったことによって、徐々に減

少していることである。(9)

ブラジル日系社会ではデカセギ現象は移民九八年の歴史の中で最も重要なできごととして捉えられており、訪日する人びとおよびその家族へのサポートは九〇年代初頭より行われてきた。とくに日本におけるブラジル人子女の教育問題については、早くから「いじめ」や「差別」のみならず、カリキュラムの相違等でも問題が生じたことから、学校教育を担当する市町村や県当局からブラジルの専門家の講演等が望まれていた。(10) とくにブラジルにおける教育、民族の多様性について、日本の同一性、画一性と比較し、日本の国際化が隣人たる日系人によって達成の第一歩が印される可能性と日本社会における彼らの存在が、日本と中南米を結ぶ紐帯になりうる点についても指摘を行う必要があった。一般的に単一民族、単一国家として知られてきた日本の国民にとって、異人種、異文化との共存をにわかに認めさせることは困難である。その理由としては、言語が異なることによる意思疎通の問題や異文化共生の経験不足といったものが挙げられる。また、そういった経験の欠如から、同じく日本で生活する近隣諸国の国民も、同様な差別の対象となってきた。ただし、これはアジアの人びとが主たるものであり、欧米、中近東、アフリカ諸国からの外国人については、取り扱いがさらに異なることは否めない。

また、多数のブラジル人子女が来日し、公立学校に入学し始めた九〇年代初期において、日本の学校当局が最も懸念したのは、それらの児童が本国においてどのようなカリキュラムで学んでいたか、どのような内容の教科書がブラジルの学校で使用されているか等であった。そのような問題の解決の一助として、愛知県蒲郡市青年会議所有志の依頼によりサンパウロでキャンペーンが行われ、約五〇〇〇冊の小中学校用数学、理科、物理等の教科書が同市三谷東小学校を中心に配布され、現場の先生方の研究資料として使用された。同様の試みは他の地域でもさまざまな形で行われているとのことである。九〇年代後半になると、在京ブラジル大使館、総領事館の要請により、ブラジル教育省から数トンにのぼる教科書が航空会社の協力によって空輸され、無料で私立のブラジル学校に配布されることもあったが、永続的に行われているものではない。(11) なお、サンパウロでは二〇〇四年にブラジル日本文化協会や国外就労者情報援護センターの支援の下で、「教育・文化連帯学会」（ＩＳＥＣ）が設立され、在日ブラジル人子女のための教科書配布キャンペーンをふくむ活動を開始した。

ここで、上述の小学校高学年、すなわち一〇歳以上で来日したブラジル人子女の日本の学校への適応について考えてみる。これまで当該児童は、公立学校に入学した場合、日本語の知識の有無にかかわらず、小学四年生の学級に編入されてきた。日本語が理解できないということは、授業についていけないことを意味し、学校に関心を失って、不登校児が生ずるということである。そこで、これらニューカマーの子女の増加に鑑み、文部科学省は最近、現場の校長の判断で二年下のクラスに編入を許可するようになった。これは問題解決へ一歩前進したものと評価できるが、必ずしも十分なものとは言えない。それは、小学四年生の年齢にある外国人生徒を二年生の学級に編入すればよいかもしれないが、それ以上の者、たとえば、中学三年生の年齢にある生徒を中学一年生に編入しても、日本語を理解できず、授業についていけないという点は変わらないからである。この問題をいかにして解決するかは困難であると同時に焦眉の急であるとも言える。ブラジルと異なり、日本では義務教育の制度の下において生徒が落第させられることはなく、出席数が規定通りであれば、進級できることになっている。この制度はブラジル人生徒にとって、一見して有利なようであるが、必ずしもそのような効果は生じていない。日本語を理解せず、授業に関心を失った生徒を体育、音楽等の教科のみで学校に繋ぎとめることは不可能である。その場合、担任の教師の家庭訪問による説得や級友による誘いも効果なく、義務教育は最終的には外国人に適用されないことから、登校を強制することもできず、不登校児が増加する結果となる。

多くの就労者の家庭では、両親とも早朝から働きに出ることが多いが、小学校高学年から中学生の年齢にある児童が学校に行かず、無聊を囲っている者同士で、非行に走ることは容易に想像できる。事実、神奈川県久里浜にある少年院は定員一三二名の施設であるが、二〇〇三年三月現在、外国国籍者は二六名、そのうちブラジル国籍者が二三名で外国人中九〇パーセント近い状態である。日本における少年院送致という処分がどれほど重い意味を有するかは、ブラジル人関係者によって必ずしもよく理解されていないように思える。しかも、それは氷山の一角にすぎず、水面下には、保護観察処分に付されたり、その他の処分を受けた数多くの青少年が存在するはずであり、まことに憂慮すべき状況である。(12)

非行対策として、義務教育の年齢にある子女については、万難を排して学校の保護の下に置くべきである、と考える。それは日本の公立学校であってもよく、また私立のブラジル学校であっても差し支えない。また、日本の学校において、一部で母国語教育を行うことも考慮されているが、これも外国人子女の不登校を緩和する要因となるであろう。

今一つ注目に値するのは、二〇〇三年四月に、兵庫県芦屋市に開校された県立芦屋国際中等教育学校（仮称）である。初年度において中学校一年生二クラス、八〇名を受け入れ、異なる言語環境や文化的背景の下に育った生徒が、一般の中学校・高等学校に当たる前期課程・後期課程の六年間を通じて、能力や特性に応じて弾力的に学ぶ中高一貫の学校である。日本人と外国人生徒をともに学ばせ、日本語や日本文化の理解に応じた弾力的な学習、海外経験の尊重、個に応じたきめ細かな支援、といった内容で全国に先駆けて実行された。強いて難点を挙げれば、生徒はどこから通学してもよいことになっているものの、寄宿舎等は設けられないことから、そのためにかなりの時間を費やすということであるが、ホームステイ等の方法が講じられれば解決されるであろう。兵庫県在住のブラジル人は必ずしも多くないものの、これを嚆矢として、外国人集住都市においてこのような学校が次々に開校されることになれば、上述した多くの問題の一部の解決に寄与することは疑いない。

日本の公立学校へのブラジル人児童の就学と私立ブラジル学校について

二〇〇二年一〇月三一日付の『上毛新聞』によれば、群馬県大泉町において行われた「学齢期外国籍児童生徒の就学状況」の中間報告で、調査の対象となったのは、同町に外国人登録している、学齢期の児童生徒六二二人であった。そのうち、日本の公立学校やブラジル人学校に通う児童は三六五人で全体の五八・七パーセント、私塾や託児所に通う児童は七一人で一一・四パーセントとなっている。これに対し、教育の機会がまったくないとされた児童は二六人の四・二パーセント、外国人登録者名簿に記載されていても、当該住所に居住していない児童は一六〇人で、二五・七パーセントにも上っている。

日本で発行されているインターナショナル・プレス社のポルトガル語新聞によれば、学齢期にあるブラジル人子女の数は約四万人前後であると見積もられている。他方、日本の文部科学省によれば、ポルトガル語を母国語とする外国人児童であって、日本語を理解せず、それなりの補習等を必要とする生徒数は約八五〇〇人と計算されている。全国の公立学校におけるブラジル国籍児童の正確な数字は判明していないが、上記大泉町の数字が全国的にもあてはまるとすれば、全体の六〇パーセントとして、約二万四〇〇〇人が就学している。そのうち、全国の私立ブラジル学校約七〇校に通う生徒は約五〇〇〇人とされていることから、約二万人が日本の公立学校に在籍しているものと推測される。

そして、そこから逆算するならば、約一万五〇〇〇人の児童が不就学であるということになる。上記大泉町の調査においても、三〇パーセント前後の児童が行方不明であったり、教育の機会がまったくないとされていることから、その比率から言えば一万二〇〇〇人に達する計算になる。どちらが正確な数字かの議論はさておいて、一万二〇〇〇人ないし一万五〇〇〇人といった数の児童が不就学であること自体が、義務教育の普及率が一〇〇パーセントといっても過言でない日本においては驚異的な状態である。

また、既述のごとく、日本の学校に適応する過程において、母国語であるポルトガル語を忘れてしまったり、両親との会話を拒否するような事態も生じている。これについては、在京大使館をはじめとする在日ブラジル公館も憂慮し、日本の学校に適応できない子女を中心に、父兄とともに母国語を維持する方法を模索してきた。また、日本の学校に通う子女についても、帰国した際のブラジルの学校への再編入については制度上の問題はないものの、今度はポルトガル語の能力に関して、それを忘れていない場合においても、作文能力を中心に深刻な問題が生じていることが判明した。平均的な状況下においても、日本で数年を過ごして帰国したブラジル人は大人も含めて、再適応に半年から二年を必要とするとのことである。なかには、精神科医のセラピーに通う子女も多く、再適応が困難であることを物語っている。

在日ブラジル人子女の教育問題について憂慮する人びとは、これらの問題をいかにして解決するかについて多くの議論を重ねてきている。なかにはブラジルにおいて教育に携わっていた者で、教育学のみならず、文学、言語、理学、哲学等の専門家や教会関係者などもいる。在京ブラジル大使館や総領事館、在名古屋総領事館なども関心を寄せ、各所の在日ブラジル人市民評議会などの場において、積極的な解決方法が論じられている。

その一つとして、日本における私立ブラジル学校の存在について述べる。それらの学校は、ブラジル人子女の日本の学校への不適応、不登校という差し迫った必要性に鑑み、在日ブラジル人の間で自然に生じたものであった。その目的としては、将来の帰国を視野におき、母国語能力の維持およびブラジルのカリキュラムに基づく学習を行い、帰国に際して上級学校への編入等、再適応の問題が少なくなるとの考えに立脚するものであった。

現在、これらの学校の総数は無認可のものをふくめると七〇校前後であると言われている。そのうち三六校がブラジル教育省の認可を受け、その生徒たちは、帰国に際してブラジルにおける学校教育を履修したものと認定される。これらの学校がブラジル教育省の公認となった法的根拠は「CEB／CNE一九九九年意見書第一一号」であった。これは国外におけるブラジル学校設立に関する規則を一九九九年六月七日付で国家教育審議会に諮問した結果として作成されたものであった。同意見書作成に先立ち、ブラジル教育省は在京ブラジル大使館の協力を得て、在日ブラジル人子女の教育事情について調査を行った。それは教育省による正式認可以前にも若干のブラジル学校が日本の各地に存在していたからである。それらの「学校」の多くは、デカセギ就労者の中で教師の資格を有する者が、同僚や近所のブラジル人子女を預かって勉強させるために自宅を開放して始めたものである。その次のステップとしては、元工場や倉庫等を借り上げてスペースを確保し、ベニヤ板製の仕切りやペンキ塗り、机、椅子の類まですべて手作りといったものも多い。教科書や教材は自ら作成したり、パラナ州クリチバ市に本部を置くPOSITIVO学園教材部から教員用副本も含めて、一括して購入するケースが多いようである。そのほかにも、日本人経営者が就労者の中から教職資格を有する者を雇って学校を始めるものもあり、ブラジルで学校を経営している法人が日本で姉妹校を開設するケースが挙げられる。

これらの学校のうち、全国で六校のネットワークを有し、最も組織化されているのが、ピタゴラス学園である。その本部はミナス・ジェライス州ベロ・オリゾンテ市にあり、ブラジル全国で一〇万人を超える生徒を擁する。その多くは都市部におかれているものの、一つの特徴としては、僻地における学校の建設・経営が挙げられる。たとえば、かつてブラジルのゼネコンであるメンデス・ジュニオール社がイラクで鉄道建設を受注し、数多くのエンジニアおよびブルーカラーの社員がそれに携わった際、家族とともに現場に移り住んだ社員の子女のために、同学園が学校教育を担当した。他の事例としては、アマゾナス州やパラー州の奥地でダム建設や鉄鉱山の開発を行った際、同学園が現場で働く者の子女のために、現地で学校を設立し、教員、教材を送って教育にあたったのである。その経験を日本において、デカセギ就労者の子女のために生かそうというものであり、一校あたり八〇名から一〇〇名前後の単位で群馬県太田市、静岡県浜松市、愛知県半田市、豊田市、栃木県真岡市、長野県上田市といったブラジル人の集団地を中心に徐々に広がってきている。教員をブラジルから派遣することは経費の面で困難なことから、校長および数名の幹部職員のみとし、在日就労者のうち、教職資格を有する者を選考して、雇用している。(13)

これら私立ブラジル学校に子女を通わせている就労者の最大の悩みは学費が高価であるという点である。月謝は学校によって異なるものの、三万五〇〇〇円から五万円前後であり、一家族あたりの子女の数が複数である場合、若干の減額はあるものの、個々の家計に相当な負担となっていることは否めない。一部には、自治体が補助金を交付することによって、父兄の負担を軽減するという提案もあるが、実現は困難であろう。しかし、少子化に伴い、地方自治体には学校を含む遊休施設が多く存在するという報告もある。それらを無料で貸与することが難しければ、名目的な賃貸料でブラジル学校に使用させることもできるのではないか。そうすれば、家賃が少なくなった分だけ月謝を安くすることもできよう。あるブラジル学校の校長の意見によれば、ブラジル人子女がその学校に学ぶことによって、公立学校の負担が軽減され、そして、非行青少年の数も減るのであれば、地方自治体のみならず、日本の社会全体の利益にもなり得るという。これは傾聴に値するように思えるが、いかがなものであろうか。

今一つの問題解決への試みは、在京大使館、在京、在名古屋両総領事館主催で一九九九年以降毎年各地で行われている、ブラジル基礎・中等教育能力検定試験であり、今年ですでに七度目である。その目的は在日ブラジル人子女が帰国に際して高等学校や大学に進学することを容易にするためであり、当初はセテバン遠距離教育プロジェクトやテレビ・グローボの教育番組の在日ケーブル・テレビによる放映を通じて受験準備が行われていた。初年度の申込者は七八九人であったが、年々増加しており、二〇〇二年度は約四倍の三一〇九人が受験している。その内訳は、一〇〇三人が基礎課程（小中学校レベル）、二一〇六人が中等課程（高等学校レベル）である。試験科目は、基礎課程でポルトガル語・英語、人文科学、数学、自然科学であり、中等課程でポルトガル語・英語、歴史・地理、数学、自然科学の四科目である。二〇〇二年度においては、愛知、静岡、神奈川、群馬の四県における大学等の施設において行われ、これまでの実績では、約半数が資格を取得しているとのことであり、最優秀成績者は、航空会社提供のチケットで帰国し、教育大臣が自ら証明書を手交している。

結び

すべての人間がそうであるように、在日ブラジル人が究極的に望むことは幸福の追求であり、それは物質的なもののみを得るためでないことは明らかである。両親にとって、子女の教育は疑いなく最重要の課題であって、教育こそは親が子に継承しうる最大の財産である。戦前にブラジルへ移住した日本人は、封建時代より、多くの場合、身分の隔たりなく、寺小屋において読み、書き、計算を学んだ伝統を忘れず、また明治以降は「教育勅語」によって学ぶことの重要性を認識していた人びとであった。そして、移住後も錦衣帰国を目的としてではあったが、子女の教育に対する情熱を失わなかったがゆえに、学歴を重んずるブラジル社会において比較的に速やかな社会上昇を遂げたのである。(14)

開拓に携わった移住初期において、日本人は筆舌に尽くしがたい困難に遭遇したが、それらを克服したほか、子女の教育も怠らず、今日の繁栄の基礎を築いたものである。それは教育の重要性を認識して将来を子女の育成に託した一世移民とその理想の実現のため労苦を厭わなかった子女自身の努力によるものである。なお、義務教育のみならず、高校、大学に至るまで無料で学べる公立学校および苦学を可能にした夜学制度等、先進国にも稀な途上国ブラジルの教育システムも評価されなければならない。ただし、かつてのブラジルにおける日本移民とその子女の経験および在日ブラジル人と日本の教育制度とを比較対照することは困難かもしれないが、両者において、教育に対する心構えが異なる点は指摘されうる。

日系人がブラジルにおいていかに教育に重きをおいたかを示す一つの基準として挙げられるのは、大学在籍者の数である。全国に散在する数百の国公私立大学すべてを調査したものではないが、中南米における有数の学術研究機関であるサンパウロ大学を例に挙げる。日系社会構成員約一五〇万人はブラジル人口約一・八億人の一パーセント弱であるにもかかわらず、サンパウロ大学における学部および大学院の約六万人の学生のうち、一五パーセント前後が日系人であって、教官数においても約五〇〇〇人中、八パーセント程度を占めると言われている。そして、この比率はブラジル日系人の九割が集中しているサンパウロ州およびパラナ州における他の最高学府の機関にも共通しているものと考えられる。

ブラジル社会における日系人に対する評価は、蓄財や政官界における活動といったものよりも、一般的には勤勉、実直、学歴といった面に対して下されている。それは九八年にわたる移民の歴史に裏付けられたものであり、そのような評価を得ている日系人が、日本就労に際して、両親や祖父母から継承した文化的価値観の存在にもかかわらず、たとえ一部の人びとであるにせよ、子女の学校教育にも消極的で、滞日期間についても確固たる目標を有せず、ひたすら金銭的な目的のみを追求するようになっているとすれば、まことに遺憾である。なお、在日ブラジル人青少年の間において非行化が顕著となり、成人の間でも犯罪者が増加していることは、ブラジルにおける日系人に対する一般的な評価からは考えられないことである。

在日ブラジル人子女の不登校・不就学率については、正確な数字は存在しないものの、少なく見積もっても三〇パーセント以上であると推測されている。そして、その結果としてブラジル国籍青少年の犯罪関与率が高くなった、とされていることは過言ではない。そして、ここにも滞日目的をはっきりと持たない親の責任が追求される。自分たちは就労のために滞日しているのであって、子女の教育のためではなく、三年間辛抱して貯金すれば、一定の金額を携えて帰国できるので、それからでも、検定試験等によって失われた時間を取り戻せる、とまで言いきった者もいた。子どもにとって、就学年齢期は感受性も豊かで、知識も柔軟に得やすい大事な時期であるにもかかわらず、それを犠牲にしてはばからない親は、無責任のそしりを免れず、禍根を将来に残すことになるであろう。また、一般的傾向として、ブラジル日系人の滞日期間がますます長期化していることは厳然たる事実であって、当初の予定通り三年ないし五年間で帰国する者はむしろ少なくなっている。そうであるとすれば、日本の公立学校にせよ、私立のブラジル学校であるにせよ、ブラジル国籍子女の受け入れについては、ある程度の態勢は整ってきており、在日ブラジル人コミュニティは、不登校・不就学児童の数を減らすべく、あらゆる犠牲をはらう覚悟をする時期に来ているものと考える。また、日本の文科省のみならず、地方自治体も県当局も多大な努力を行っていることは評価されなければならない。

ブラジル人子女の教育について、もっとも大きな問題は何かと考えてみるにあたり、当事者たる親の教育に対する姿勢や認識が不足していることではないかと思料する。就学年齢にある子女を持つ在日ブラジル人に対して教育に関する意識をより真剣に持つことが要請される所以である。

注

(1) 一九九九年一二月に国外就労者情報援護センターが行ったアンケート調査によれば、日本における就労を希望するブラジル日系人の平均的給与は、三万ないし五万円であって、日本において得られる収入の四分の一ないし五分の一であった。それに加えて、ブラジルでは失業率が高く(政府発表で一〇パーセント前後、労働組合系シンクタンク発表で二〇パーセント前後)、現在では一応小康状態(年率一〇パーセント前後)になっているインフレーションの問題がある。これは、かつては二〇〇〇パーセント台(サルネイ政権——一九八八年)に到達したこともある。

(2) 横川實『戦後の対伯移住——日伯修交一〇〇年史』東京、ブラジル日本中央協会、一九九五年、一四四頁。

(3) ブラジル日系人は滞日中、ブラジルでは達成不可能な金額を貯金して、家族へ送金している。その金額はかつてのバブル時代には年間四〇億ドルに達したと言われており、現在でも二〇億ドルを下らない、とされている。彼らはその金で住宅の新築、改築、自動車等の耐久消費財を購入したり、それを元手にビジネスを始めたりしている。

(4) なお、日本語とポルトガル語の通訳者の数も飛躍的に増加しているように思える。同時通訳や会議通訳の数は限定されているが、派遣業者、受け入れ企業、在日ブラジル人コミュニティ、学校、県庁、市役所、警察、裁判所などにおいて多くの日本人、日系人の通訳者が活躍の場を与えられているが、一五年前には想像もできなかった現象である。

（5） 私事で恐縮であるが、筆者は長野県上田市の出身であり、両親のブラジル移住に伴い、五二年前に故郷をあとにした。その後、墓参や親族訪問のために数回にわたって上田を訪れているが、ここ数年間は訪問できずにいたところ、堀坂浩太郎上智大学教授から在住ブラジル人を含む最新の情報を伺ったことから、二〇〇二年九月、在京ブラジル総領事館の移動領事館に並行して行われた産業雇用安定センター東京ニッケイズの就労者相談会に参加した。そこで多くのブラジル人からそれぞれが直面する多くの問題についてヒアリングを行うことができた。人口一二万の地方都市において約三〇〇〇人のブラジル人が生活し、ブラジル銀行の出張所やブラジル学校ピタゴラス学園が存在することだけでも一驚した。そして、親戚の者に案内されて自分の生家の前で記念写真を撮影していたとき、パラナ州ロンドリーナ市出身のカップルがポルトガル語で談笑しながら通りかかり、思わず呼び止めてしばらく立ち話をしたが、まことに感慨深いものがあった。

（6） 国外就労者情報援護センター刊『サンパウロ・ロンドリーナ宣言および浜松宣言』四カ国語版、サンパウロ、二〇〇二年。

（7） 本稿は Lane Ryo Hirabayashi, Akemi Kikumura-Yano & James A. Hirabayashi, eds., *New Worlds, New Lives* に掲載された拙稿の邦訳であるが、最近のデータや文献も参照しつつ、若干の加筆訂正を行った。日本における教育制度については、日本の読者は当然ご存知のことであるが、外国の方々にはそれをあらためて紹介する必要があった。邦訳では省略するつもりであったが、順を追って説明する上で残すことにした。読者のご理解をお願いする次第である。

（8） 興味深いことに、この点についても、ブラジルで出生した日系人の場合と酷似している。かつての移民は錦衣帰国を夢見つつ、その際に同伴した子女が日本語や日本文化を理解できなければ恥になると考え、日本語の学校教育を心がけたのである。しかし、ブラジルにおける教育が進むにつれて同化が進行し、ポルトガル語が話せない両親との間にギャップが生じたことは周知の事実である。

（9） 豊田市立東保見小学校では国際学級を設置してブラジル人子女の早期適応のための努力を行っている。

（10） 筆者は教育の専門家ではないものの、早くから就労問題に関心を持ち、一九九二年にサンパウロにおいて設立された国外就労者情報援護センターなどでボランティア活動を行ってきた。そして、一九九二年一一月一三日には第六回日伯教育交流団の一員として兵庫県養父において行われた第四二回兵庫県教職員組合研究集会において記念講演を行わせていただき、日本の学校における就労者子女に対して格別の配慮を訴えた。それ以降も愛知、静岡、東京、群馬等において機会あるごとに講演を行ったり、シンポジウム等において発言し、就労者およびその子女に対して温かい対応をお願いしてきた。

（11）マリア・エジレウザ・フォンテネレ・レイス『在日ブラジル人――二国間関係の人的絆』三カ国版、カレイドス・プリムス社、サンパウロ、二〇〇二年。

（12）警察庁刑事局国際部付鈴木基久警視長の *JORNAL TUDO BEM* 紙二〇〇二年一一月五―一二日版のインタビューによれば、日本における青少年犯罪の四〇パーセントがブラジル人によるものであり、在日外国人中第一位であることから、日本政府のみならず、在日ブラジル人コミュニテイも包括した早急な対策が望まれている。

（13）本稿脱稿後に入手した、私立ブラジル学校に関する優れた調査として、今津孝次郎・松本一子編『東海地域の新来外国人学校』増補改訂版二〇〇二年七月、名古屋大学大学院国際開発研究科・教育発達科学研究科教育社会学研究室を挙げる。

（14）ルッチ・コレーア・レイテ・カルドーゾ『家族構造と社会的移動――サンパウロ州における日本人の研究』三カ国語版、サンパウロ、カレイドス・プリムス社、一九九七年。

文献（文中に引用したもの以外）

アケミ・キクムラ＝ヤノ編『アメリカ大陸日系人百科事典――写真と絵で見る日系人の歴史』東京、明石書店、二〇〇二年。

鈴木江里子・渡戸一郎「地域における多文化共生に関する基礎調査――日本における多文化共生の実現に向けて PART 2」フジタ未来経営研究所、二〇〇二年一〇月。

日本国文部省研究調査レポート 10041003 号、「在日経験――ブラジル人ペルー人帰国児童生徒の適応状況――異文化間教育の視点による分析」二〇〇〇年三月。

兵庫県在日外国人教育研究協議会『二一世紀　兵庫の学校デザイン――理念・調査・提言――外国人の子どもに関する教育将来構想検討委員会報告』二〇〇二年八月。

カルロス・シノダ『ポルトガル語が嫌だ』日伯文化連盟刊、サンパウロ、一九九五年（ポルトガル語）。

第16章　日本人を祖先とするアルゼンチン人の日本への移住

マルセーロ・G・ヒガ
（長谷川寿美訳）

一九八〇年代の半ば、数十年以上にわたってアルゼンチンに定住していた日本人を祖先とするアルゼンチン人の日本への移住が始まった。一般にデカセギ（出稼ぎ）移住として知られるこの現象は、両国における移住の流れの再開を意味し、やがてコミュニティの段階から家族や個人の領域に至るまで、移住に関わった人びとの生活全面に影響を与えることになる。アルゼンチン生まれの人にとって、この移住体験は日本との新しい絆を形成する上で根本的な重要性を持つものとなる。この絆はまた、集団および個人のアイデンティティの方向性を再構築する出発点になるのである。

この章では、こうした経験が含む意味について考えてみたい。最初に、移住が始まる全般的な状況を検討する。なかでも、こうした動向を作り出し、推し進めた社会経済的要因に目を向けると同時に、「日系人」と呼ばれるカテゴリー形成の中で日本の出入国管理法が及ぼした影響も重視したい。その上で、デカセギ移住が「定住」や「帰還」といった概念をどのように変え、また、これまでアイデンティティの構築で扱われてきた伝統的な枠組みを間接的にどのように変えたかを考察する。最後に、デカセギ経験の評価を試みる。デカセギ経験は、アイデンティティ形成に関して言えば、「日系人」という概念をめぐって体系化された言説が新たに生まれ、かつ強化されているという特徴を持つ。

デカセギ移住の社会経済的状況

一九八〇年代初期、日本人のアルゼンチンへの移住は非常に安定した時期に入っていた。一九六〇年代末期における移住の流れの中断やアルゼンチン生まれの世代の成長、さらに中流社会への比較的良好な社会経済的進出などによって作り出された状況の中で、日本人移民の子孫は、自分の育ってきたアルゼンチン社会の一般的な価値体系を不変的なものとして無理なく採択した。これによって彼らは、日本をアイデンティティの標識と考えることから次第に距離を置き、アルゼンチンの国家的イデオロギーに求められる方向性と視点を徐々に取り込むようになった。

大多数の日本人移民の子孫は、自分たちのいわゆる「集合体」(colectividad) はアルゼンチン社会に組み込まれた一種の下位組織であり、中間的あるいは過渡的な存在として機能するものの、基本的な枠組みは受け入れ社会によって決定されると認識していた。しかしながら、アイデンティティ形成の第一の原則である「アルゼンチン性」の採択はそのまま「日本性」の破棄を意味しなかった[1]。一方で、日常生活のさまざまな場に日本的なものが残存していたことも事実である。家族や親戚との関わり方、移民母村に根ざした相互関係、料理の味覚、目上の人に対する態度などは、かなり大ざっぱであいまいながらも「日本の伝統」と考えられていた習慣や価値観に準じた。日本語学校、文化やスポーツの愛好会、郷里別の団体(県、地方、村など)のほか、金融互助会(タノモシ)のように広範に普及した慣習を通じたコミュニティや諸団体の枠組みが、社交のための重要な存在であり続けた。ちなみに、タノモシは経済的かつ社会的な面で若い世代の間でも今なお人気がある。

しかし、移民やその子孫の人間関係のあり方については、アルゼンチン国民のアイデンティティとして求められる形に従うべきだというのが大方の見方であった。こうした要請は、明白な形、あるいは控えめな形での「エスニシティ」の主張にも優っていた。その結果、日常的習慣はあいまいであっても、日本人移民の子孫のアイデンティティの議論に疑いの余地はなかった。こうした理由により、アルゼンチンの状況においては、「日系アルゼンチン人」というような説明文句は存在すらしなかったのである。すなわち「アルゼンチン人」、ときにはそれに「日本人を祖先とする」という詳細を添えて表現を和らげることのできる言葉が用いられたのだ。

アルゼンチン社会における出移住現象

一九世紀後半以来、アルゼンチンは基本的に入移民の国であった。二〇世紀初頭に裕福で機会にあふれる近代国家として広まったアルゼンチンのイメージは、アメリカに似た側面を持つ。たとえば、両国は人種のるつぼというアイデンティティを共有している。しかし、この国本来の楽観主義とは裏腹に、アルゼンチンの社会経済的状況がここ何十年も悪化していることは疑いない。そして、こうした過程でほとんど言及されず、通常は無視される側面が出移住である。この意味で、基本的に「入移民の国」を自認している国にとっては、デカセギ現象は孤立した出来事ではない。したがって、日本人の子孫と彼らの親や祖父母の出身国とを結ぶ特殊な絆は別にして、こうした状況をアルゼンチン社会の一般的な動向の一環として考えることも可能である。

数十年にわたる社会経済的危機を経験した後の一九八〇年代半ばには、「出移住文化」はアルゼンチン社会に定着していた。異なる歴史、さまざまな規則や日常習慣や言語を持った外国人との接触は、海外へ移住した当人の生活に影響を与えただけではなく、アルゼンチンに残った人びとにも間接的な影響を及ぼした。移民の誰もが味わった適応の難しさが、望郷の念や故郷に対する愛着をいっそう募らせたことはたしかだ（たとえば「アルゼンチンほどよい所はない」という表現に見られるように）。しかし一方で、外国の土地や人びととの直接的な関わりが少なからぬ寛容さ、すなわち異質なものに対する寛大な姿勢を育んだことも事実である。それは結果的に、それまで理解されていたような国民性という考え方そのものに疑問を投げかけることになった。

こうした「出移住文化」の定着を基盤として、アルゼンチンが全面的な経済危機を経験した一九八〇年代末期には、移住は新しい様相を帯びた。当時、インフレーションは「高度インフレーション」、「駆け足インフレーション」、「大インフレーション」といった言葉ではとうてい表現しきれない水準にまで達していて、「超インフレーション」という新語まで登場していた。[2] 超インフレとともに、新たな大量の海外移住の波が高まった。今度は専門職や特殊な技能を持つ労働者だけでなく、出国の機会を持ち得た誰もが参加した。「唯一の出口はエセイサ(ブエノスアイレス国際空港)だ」という表現が、国民感情を正直に表す流行語となった。崩壊状態の国では、海外移住が逃避手段だったのである。移住によって個人のおかれた境遇が即刻改善されるという保証はなかったものの、それでも移住は希望の持てる手段であり、とどまることを知らない経済悪化に直面したときの緩和剤の役目を果たした。一九八八年と一九八九年は、人びとがスーパーマーケットに押し寄せたこと、移住への扉を開いてくれるビザを申請しようと領事館に長蛇の列を作った年として記憶されている。そして、多くが選んだ行き先は、皮肉にも何十年も前に自らの祖先が後にしたその国であったのだ。

日本人移民の子孫による日本への逆移住はこの最終期に端をなす。したがって、デカセギ現象の根源は、出移住が珍しいものではなくなり、多くの人びとの共通目標となった社会状況にあるのだ。

日本――日系人というカテゴリーの再構築

一九八〇年代、日本はアルゼンチンとは逆の流れに向かい始めた。[3] すなわち、おもに移民を送り出す国から、東アジアの移民を引き寄せる側へと転じたのである。それは日本の戦後史上、他に例を見ない現象だった。[4] しかしながら、日本の法律は永住権を持たない外国人には非熟練労働の許可を与えなかった。[5] けれども現実には、入国したばかりの移民が「非合法な」身分にもかかわらず、建設業などの産業やさまざまな分野の中小企業で仕事を見つけることは困難ではなかった。こうした企業は、急速に拡大する経済の要請に適応する必要を感じながらも、自由に使える労働力の不足に頭を痛めていたのである。

こうした初期の移民の流れの中にすでに南米出身の労働者も見られた。多かったのは、日本国籍を持つ者が日本で働くために一時的な「帰国」をしたケースである。第二次世界大戦後、青年あるいは子供の頃に家族に連れられて日本から移住した人もいれば、南米諸国に生まれたが、親が領事館を通じて戸籍登録をしていたために、出生国の国民であると同時に日本国民とみなされた人もいた。日本国籍を持つ人には、日本で仕事を探す際の法的障害は何もなかった。一方で、日本人の子孫であっても単なる「外国人」にすぎない人もおり、そのために彼らは合法的にはどんな非熟練労働の仕事にも就くことができなかった。

一九八〇年代後半、日本の外国人労働者が急増したとき、彼らの法的身分が大きな議論の的になった。当時は明らかに人手が不足していたので、彼らの非合法労働は暗黙の了解となっていたが、省庁間の複雑な利害関係のために、そうした状況に対するはっきりとした政治的解決策の構築がなされていなかったのだ。だが一九九〇年六月、部分的な解決策が得られた。ようやく入管法が改正され、「日本人の配偶者等」という分類の新設によって、日本国籍を持つ者との関係を証明できる外国人に対しては、非熟練的な職種への合法的就職の扉が開かれたのである。さらに「特別許可」によって、「定住民」に該当する親戚は日本人の子孫でない場合にも規制のない労働が許可された。これらの分類に該当する人びとは通常、「日系人」として知られるようになった。

入管法の改正によって、日系人は合法的外国人労働の主力となった。法律は依然として非熟練労働者の入国を禁止していたが、この措置は労働力不足問題の部分的解決の一助となり、増加する非合法移民労働の問題を改善した。

日系人という用語が法文に明記されることはないが、これは学術上も、また人びとの日常会話でも広く使われる表現である。日系人という言葉は、字義通りには「日本人の系統を引く」という意味だが、もっとも広義に解釈すれば通常、外国に生まれた、もしくは外国に定住した日本人の子孫という意味合いを持つ。もっともさらに厳密な意味で用いられる場合には、明治期から一九六〇年代頃までの期間に移住した日本人の子孫を示す。現実の用法を見ると、一方では、日系と呼ばれる人びとは身体的には平均的日本人と大差はないように思える。苗字（父方を好む傾向にある）や家族との関わり方の特徴などを見ると、彼らと日本人は結びついている。しかし他方で国籍、言語、習慣などにおいては、彼らは通常、「外国人」と定義される。彼らの中にもはっきりとした違いはあるともいえよう。すなわち、世代や国籍や言語の違いのほか、どのような環境で育ち、教育を受けたかに関係するあらゆる違いである。

最後に、現代の移住という状況で考えると、場合によっては（ある種の語源的論理をあてはめると）、紛れもなく日本人でありながら南米に永住権を持つ人や、日本人とは直接「生物学的な」関係のない家族までもが日系人という分類の中に含まれるのは不思議である。したがって、日本社会の側から見れば、今日、日系人とは、さまざまな国の出身者で構成される異種混合の集団ということになる。そして彼らは状況によって、「日本人」もしくは「外国人」と見なされる集団に包括されたり、排除されたり、あるいは同質に見られたり異質に見られたりするのである。

移民労働者の場合には、日系人という身分の獲得が根本的な差異をもたらすのは明らかである。つまり、合法的に働く機会を持てるかどうかという違いである。彼らにとって、「日系人」であることは単なる自覚以上のものになった。すなわち日本における合法労働と合法滞在の権利を得る鍵となったのである。それ以来、多くの国において「日本性」を取り戻そうとする運動は高まり、そうしたエスニシティの認知が、移住を望む人びとの間で広く議論されるようになった。日本の行政機関は、南米諸国の移民の子孫の中にいる移住希望者の日本的遺産を「証明する」役目を請け負ったのだ(6)。

ここまでに述べたような状況は、とりわけ出移住現象に関しては、法律改正の成果がアイデンティティの形成に反映することを示している。この意味において、今日の日本への移住という状況では、「日系人であること」は現実的な問題であるのと同じくらい哲学的な問題になってきたのである。

移住の流れの再開

先述したように、南米諸国から日本への移住の初期段階においては、移動はおもに日本国籍を持った人びとによるものであったために、合法的雇用を阻まれることはなかった。彼ら（今や、自分の国への移民となった人びと）の中には、日本に永久帰国した人もいたが、大半の場合には移住は「一時的な」ものであった。彼らは出生国に「帰国」したものの、数年働いたら戻る心づもりでアルゼンチンに家族を残していた。

アルゼンチンの日本人子孫の社会では、こうした移動は少なくとも最初は歓迎されなかった。日本人移民の価値観からすれば、出稼ぎのもっとも一般的な職業にあげられる工員や建設作業員といった仕事は深刻な社会的後退を表した。その上、出稼ぎで帰国するという考えそのものがある種の失敗か、少なくともわざわざはるか遠くの土地までやって来た夢の挫折を意味した。

デカセギ労働者の大半はもともと田舎や都会で自営業を営んでいた人びとであり、工場労働には不慣れだった。日本の近代社会は他の外国人と同様に、彼らにとっても目新しいものだった。新しい環境についての知識はほとんどなかったが、他の移民労働者よりも有利な面もたしかにあった。法的に有利な人もいれば、言葉がわかるという利点のある人もいた。何よりも、育った環境と容姿が似ていることが役に立った。法的に言えば彼らの多くは「外国人」であったが、どんなに遠い関係であれ日本人とのつながりがあることで、彼らは批判や行政上の圧力を受けにくく、世間に受け入れられやすかった。

多くの雇用主は、このような日本人「らしく見える」外国人が持つ潜在的労働力の利点にすぐに目をつけた。その数は増加し、最初は二重国籍者や日本語がある程度わかる人から始まって、やがて若い独身者、親、女性、日本と直接関係のない家族や、最後には高齢者に近い人までも含むようになった。

移住は最初、アルゼンチンではいくらか懐疑の目で見られていたが、経済的利益に関する噂がますます具体的なものとなるにつれて疑いは消えた。給与や貯蓄に関して日本語新聞に頻繁に登場する発言は、当初の疑念や恐怖をすみやかに払拭するのに十分だった。重労働や、場合によっては屈辱を伴う犠牲も高収入によって償われ、当然のこととされた。アルゼンチンでは、通貨価値が毎日のように下がり、超インフレによって大混乱が生じていた。それとは対照的に、日本の通貨は米ドルに対して一段と強さを増していた。その結果、一九八〇年代末期から一九九〇年代初期にかけて、日本は約束の地となった。今や、誰もかれもが日本行きを希望するようになったのである。

日本での労働

官公庁発表の統計によれば、大量移住が始まる前の一九八六年、日本に滞在するアルゼンチン国籍の人口はわずか三五九人であった。そのうちの一九九人（五五パーセント）は東京に住んでいたが、目を引くのは六二人（一七パーセント）が沖縄県内に住んでいたことだ。残りは全国に散在していた。五年後の一九九一年、アルゼンチン人の数は一〇倍に増加し、三三六六人となった。神奈川県がもっとも人口集中率が高く（一二七三人、三七・八パーセント）、東京都（二八四人、八・四パーセント）、群馬県（二五八人、七・六パーセント）、静岡県（二二四人、六・六パーセント）、埼玉県（二一五人、六・三パーセント）と続いた。(7)

アルゼンチン人の最大の集団は、神奈川県藤沢市郊外の湘南台地区に見られた。この地区には大手自動車工場のほか、自動車部品の中小企業が多数あった。求人のある仕事は通常、プレス加工か機械装置の流れ作業だった。また、建設現場の仕事にも人気があった。こちらは肉体的には厳しいものを要求されたが、工場作業に比べて精神的な負担が少ないという点で好む人もいた。けれども、戸外での建設作業では天候が労働日数を左右し、プロジェクトとプロジェクトの合間は失業するという危険性もあった。いずれにしても、多くの移民はもっとも給料の高い仕事に就いて日本滞在を最大限に活用しようと考え、転々と職を変えた。

既婚の女性はたいてい、夫の生活が落ち着いてから移住し、彼女たちもまた自動車部品業や、さらには電子機器工場や食品産業に仕事を見つけた(8)。年長者の移民は工場、ホテル、病院などの警備や清掃や施設保全の仕事に就いた。

以前は工場などで働いた経験も一般的な給与労働の経験もほとんどなかった移民にとって、近代的な工場で繰り返される毎日の単純労働はつらいものであった。肉体的な過酷さに加えて、労働者は半永久的に続く交替制(二週間単位で交替)や残業(「選択的義務」と呼ばれていた)や休養不足に耐えなければならなかった。残業は給料に反映されたので、しばしば転職を考える要因となる場合が多く、人手の需要が一段と高まった時期には転職は頻繁に行われた。こうした仕事に経済的な魅力があったことは疑いないが、毎日の単純労働は、労働者の心身の健康には必ずしもよいことではなかった。

アルゼンチンへの帰国と社会復帰

日本の入管法の改正実施後まもなく、アルゼンチン経済は一大変革の時期に入った。一九九一年から一九九二年にかけて、政府は通貨を米ドルに固定して安定を図る抜本的な経済政策に着手し、インフレをくい止めた。この経済復興の以前または初期にアルゼンチンに帰国した人びとにとっては、帰国によって貯金は最大限に生かされた。こうした移民は一時的なデカセギで当初の目標を達成したので、帰国すると以前の活動を再開するか、新しい仕事を見つけた(9)。

別のタイプの移民もいた。必要に迫られてというのではなく、むしろ生活水準の低下を避けるためにアルゼンチンを出た人である。このような場合には、貯金の使途は家族で経営する事業の拡大（アルゼンチンに定住した日本人の都会の職業としてはもっとも人気の高いクリーニング店経営の場合など）のため、あるいは子供の教育費や万一の場合に備える「安心」代などであった。若者たちの間では、小さな土地を購入するとか独力で事業を始めるなど、貯金は自立の夢をかなえる手段として用いられた。新たに始める事業のうちでは、小規模で独立型の仕事（キオスク、書店、清掃商品販売、タクシー業など）が好まれ、こうした形で移民の子孫に特有の願望は現実のものとなった。さらに、アルゼンチンに帰国したものの、たとえそれが自己の意志による帰国であったとしても、持ち帰った資金では満足の行く再定住ができないとわかると、再び移住の道を選択する者もいた。そのほかに、少なくとも短期間でアルゼンチンへ帰国するという考えはあっさり捨てて、日本での生活を選択した者もいた。

たとえアルゼンチンにおける機会の欠如（事実上、あるいは想像上の）が帰国と再定住の過程にマイナスの影響を及ぼした場合があったとしても、一方では厳しい経済的懸念には影響されずに日本に留まる理由を見つけた人もいた。賃金労働、安全性や安定性、秩序のよさなどは彼らを留まらせる魅力であった。こうした滞留を選択した人の中には、子供のいる家族、日本滞在中に新しくできた家族や、再び一緒に暮らし始めた家族などがいた点は強調すべきであろう。アルゼンチンへの移住のときと同様に、子供の就学が帰国か滞留かの動機となった家族もあった。このような事例はいっそう注目に値する。というのも、こうした子供たち（将来はおそらく「日系アルゼンチン系日本人」となるのだろう）は移民の子供として、彼らの親とは異なる環境で社会化を体験しているからである。

一九九〇年代初期までに、デカセギ移住の第一のサイクルは終わった。こうした移住を成功と見るか否かはともかくとして、この最初の体験の後に日本とアルゼンチンの絆が再確立されたことは間違いない。日本は今日もなお、アルゼンチン人を初めとする南米人に確固とした労働機会とコミュニティの基盤を提供する場であり、新しい移民を受け入れる能力を維持している。経済改革がこうした現象に重要な役割を果たしたものの、現在、アルゼンチンも日本も絶え間ない移動の最終目的地とはなっていないように思われる。いずれにしても、どこに滞留するかにかかわらず、日本人移民の子孫にとっての日本の意味は根本的に変化したのである。

領土に基づくアイデンティティの再構築

一般的な移住現象の観点から考えれば、グローバル化は近年の出来事ではないことはたしかである。日本人が南米諸国に定住して以来、永遠に閉ざされたと考えられていた移住の循環は、デカセギの開始とともに再び始まった。

南北アメリカへの過去の移住と現在の現象との最大の違いは、時間と距離の短縮である。そのために、移民の生活に影響を与える出来事は一段と身近なものとなっている。今日、移動が容易になったおかげで、お互いの距離が遠く離れたままでも多かれ少なかれ共時的な進展を続けることが可能になった。もはや移住によって当事者の生活が不意に途切れてしまうことはない。移住のための法的かつ経済的なルートが確保されるにつれて、それを支える社会のネットワークは強固になり、移住を意義あるものと考えて推進しようとする考え方は広く受け入れられるようになった。さらに、多くの移民の子孫にとっては、こちらかあちらのいずれかの移住地に定住するという考えそのものが、もはや確定的なものではなくなっている。

このような状況で、デカセギ現象を昔ながらの「帰還移住」という用語で表現することは可能なのだろうか。これまで見てきたようにほとんどの場合において、日本での体験は個人的にも、また労働の点に関しても、まったく新しいものであった。けれども、日本滞在が一時的と考えられていることや滞在の状況からすれば、「帰還」という捉え方には検討の余地が残る。同じことは、アルゼンチンに「帰還」した後の段階についても言えるだろう。一方で、再びデカセギに出かけることも可能な選択肢としてつねにあることを考えれば、この帰国もまた一時的な状況かもしれない。それに何よりも、移民が自分の国へ帰るときには、決して出国時と同じ人物のままではない。すなわち、「帰還」という肉体的な行動が可能でも、心情的には個人は決して同じ人間ではあり得ないからである。移動の度に人は新しい体験に出会い、それが故郷に持ち帰られる。この意味で、移民であるという状態（そしてそれに伴う適応の過程）はもはや例外的な経験ではなく、むしろ日常生活によくある現象なのである。

こうした状況はアイデンティティの主観的な構築にどのような影響を与えるのだろうか。国籍の問題を例にとって考えてみよう。国籍によるアイデンティティが、ある国への出入国の動向を法的に規制する際の決定的要因であり続けるとするなら、国籍によるアイデンティティの育成と表現のよりどころとなる領土説（アルゼンチンの場合）や血統説（日本の場合）はますます説得性を失う。人はさまざまな場所で生まれ、言語、趣向、生活様式、数限りない伝統に基づく道徳倫理基準を身につけながら、さまざまな場所で生きているからである。同じことは、少なくとも移民コミュニティという状況で考える限り、エスニシティという概念についても言える。同化論に見られるように、ある特定の場所に結びつくとされる価値体系の回復を試みる際にはエスニシティが優位だという議論は、取り除くことのできない本質、絶対的なよりどころとして明確に固定化されている。しかし皮肉なことに、エスニシティから生まれるこうした価値体系は、国家という具体的な境界によって領土的な枠にはめられることが多い。人間と情報の交換が高速化した世界においては、このような表現でのエスニシティの構築は、結局は解決不可能なものとして迷宮入りすることになる。

デカセギ現象は、従来のアイデンティティの議論の妥当性に疑問を投げかける格好の証拠となる。デカセギの開始とともに、移住がもはや例外的な状況ではなく、たとえあまり目につかない形であれ一般的な現象になってくると、アイデンティティの固定概念は、かつてその特性とされてきた説得力や確実性や説明能力を失う。人が移住のたびに多様な状況に直面すると、アイデンティティのよりどころを特定地域に固定する旧来のアイデンティティ議論は、かつてのように参考にならなくなる。少なくとも、一国での安定した長期滞在が一個人の生活の基盤だと理解される限りにおいてはそうである。このような状況下では、帰属意識はもはや「自然に」得られることはない。移住をする人にとって、アイデンティティの方向性は基本的に流動的な性質を持つものであり、その固定化しがちな傾向にもかかわらず、また個人の必要性と願望をも超えて、永遠に形成と変容を続けてやまない状態にある。

デカセギ経験の評価

何十年もの間、大半の日本人の子孫にとって日本は象徴的な存在であり、その実情については概してあいまいで通常は深く吟味されることはなかった。アルゼンチンにおいては、まわりの社会的環境が彼らにそうした興味を抱かせなかったのである。けれどもデカセギ移住の現象とともに、それまでは遠い昔のおとぎ話にすぎなかった祖国日本が突然、現実の存在となり、アルゼンチンに代わる職場、生活を営むことのできる現実の場所となったのである。この意味において、「デカセギに行く」ことは、幼少時から彼らを取り巻いてきた体験の一部の具現化であった。なぜなら、日本あるいは「日本的なもの」は彼ら自身の中にすでに息づいていたからだ。このようにして、さまざまな選択肢が日本人移民の子孫の前に広がり、自分の先祖の国との関係を理解する新しい関係を作ったのである。

日本に来てみると、日本人移民の子孫は沈黙を守れば人目につかないことに気がついた。このように、身体的な面でマジョリティ、すなわち不特定多数に属することができるということは新しい感覚であった。これを理解するためには、日本人移民の子供たちにもっとも強く叩き込まれた教訓の一つにいわば「国の名誉という考え方」があることを思い出さなければならない。移民の社会では常套句であった「日本人の名前を汚すな」とか「そんなことをしたら、日本人のことをどう思われることか」などの表現は、社会の主流を占めていた同化論の圧力の下で、「恥」といった概念がいかに個人の行動に影響し、また、いかに集団責任へと転換されたかを示している。日本人移民の子孫は一歩、日本に足を踏み入れるや、思いがけないことに、自分がこうした責任から解放されていることに気づいたのである。日本人以外の人びとの前で日本の「名誉」を守ったり主張したりする必要は、もはやなかった。

移住はまた、自分の知らない過去に目を向ける機会でもあった。沖縄出身の移民の子孫（アルゼンチンでは最大の集団）の場合には、自分の両親や祖父母の生地への訪問は感動的なひとときとなった。第一に、大都市と違って、沖縄では移民の子孫は簡単に身元が知られた。大半の沖縄住民には外国に親戚か知人がいるからである。したがって、南米からの訪問客のように、見かけは似ていても日本語で考えを述べることもできないし、常識的な礼儀作法もわからない人がいても、不審に思われることもない。南米の移民にとっては、こうした馴染みやすさから日本の他の場所ではまず味わうことのできない親近感が生まれるのである。村では、人間関係が親密なために、こうした認識はさらに強く感じられる。たとえ最初の移住から二、三世代を経ていても、移民の子孫はその家系独自の伝統によって、いつでも完璧な形でどこの誰であるかが特定された。名前が周囲の記憶にない場合でも、「どこそこの国に移住したどこそこの家の何番目の子供」といった連想によって、訪問者が村の社会のどの位置にあたるかがいつもはっきりと示された。こうした受け入れから生まれる「帰属」感と、幼い頃から聞かされていたぼんやりとした地理関係の確認とは、心の修復体験として、移民の子孫がつねに抱えていた感情の空白を埋める助けとなった。

過去との出会いがおもに修復的な効果をもたらしたとするなら、劇的な環境変化と日常生活への適応の過程もまた、移民の精神に違った形の影響を与えたことも否めない。移民の大半は日本語をうまく話せず、不慣れな仕事に就き、さらに就労中でも就労外でも食べ物や味覚はもちろんのこと、種々の習慣やしきたりが異なることに慣れていた。彼らは新しい文化環境を習得し、それに適応しなければならなかった。多くの人にとって、それまで噂に聞いていた日本と実際に生活しなければならない日本との相違、あるいは現実を知って生まれた幻滅感は孤独と孤立の中で実感を持ち、相違点だけが浮き彫りになった。このような場合には、自分の置かれた新しい状況を正当化し理解する際に、自分の中の「非日本性」を自覚することが当然のこととなった。「もう二度と日本には行かない」という言葉はこうした体験を語るものとしてもっともよく聞かれた。このような人びとにとっては、現在の日本は結局、絶対「他者」の存在となり、それによって出生国アルゼンチンへの愛着はさらに強固になったのである。

アルゼンチン人と他の南米人のデカセギ集団

日本社会との出会いのほかに、デカセギ体験のもう一つの副産物は、日本に住むアルゼンチン人の大半が、ブラジル人、ペルー人、ボリビア人、パラグアイ人など、他の南米諸国から来た日本人の子孫の集団との接触を持ったことである。こうした集団間の関係は非常に複雑なものであった。場合によっては、類似点は相違点と同じくらい際立っていた。まず、日系人という呼称から生まれるある種の均一性があった。日系とはもっとも偏りのない言い方をすれば、単に日本人という共通の起源があると考えられることを指すが、今日の文脈の中では、南北アメリカに移住した日本人を特定する意味を含む。多くの状況で、日系人あるいは「日本人」と関連を持つ「ラテンアメリカ人」同士が比較的近接していたことは明らかである。(10) 彼らは職場も社会的な行動範囲も同じだった。共通の言語があることで対人関係はスムーズになり、それはしばしば友情、婚約、結婚の形をとった。料理の好みは一様ではないにしても、日本人移民の家庭に伝わる調味料や味付けという点で、日常の食事にはやはりある種のなじみがあった。また、異なる国で生まれた親戚同士が日本滞在中にようやく出会ったという例もたくさんあった。

こうした要因のすべてが、日系人という言葉で表現されるアイデンティティに関してある共通の方向性を示した。日系人としてのアイデンティティを持つということは、日本人の範疇に含まれる人、すなわち世代、出生地、社会化、経験によって社会的地位の異なる日本国籍の人びとから距離をおく方法であった。さらに、日系人であるということは、南北アメリカへの移住体験をグローバル化する方法にもなろう。なぜなら、日本人とその子孫は南北アメリカにおいて、出身国とはまったく異なる社会への適応と同化に直面しなければならなかったからである。

しかしながら、経験は似ていても、根強い相違点があったことも無視できない。一般的に言って、こうした相違点はそれぞれの国の伝統的な議論と一致した。職場で経験する相違点は、国民性と考えられているものに起因するとされた。あるアルゼンチン人の意見によれば、ブラジル人は「親切」だから上司とうまくいく、ペルー人は「暮らし向きがよくて労働に慣れていない」ので「怠惰」である、ボリビア人は南米の習慣や言葉にあまり慣れていないので「日本人のようだ」という。実際、企業が特定の国籍の労働者を優遇することも珍しくなかった。

しかし、もし国籍が基本的なよりどころとして機能することに変わりはないとしても、いわゆる「非摘出子」の外見を持つ者、すなわち少なくとも日系人ではあっても出自が疑わしいものの存在によって内部分裂が生じ、そのために共通の国籍に基づいた連帯という概念の真価が問われたこともたしかである。ある人物の日系人のアイデンティティが正統なものかどうかを問う場合には、議論は国籍による絆にまさり、「エスニック」な性格を帯びた。それがもっとも顕著に表れるのはおそらくペルー人の例で、ペルー人の場合には「エスニシティ」によるアイデンティティが国籍によるアイデンティティよりも優先されることが珍しくない。「日系チチャ」（「ニセ日系人）と軽蔑的に呼ばれる人びとの存在は、彼らに「日本性」の証明を要求する当局や、「正統な」日本人子孫を自認するペルー人との間に深刻な衝突を引き起こした。こうした正統さを自認するペルー人は、自分たちの持つ「正真正銘の日系人」という名誉ある地位が、不法滞在の可能性を秘めた同胞によって損なわれるおそれがあり、また、疑惑がペルー人の双方の集団に降りかかった場合には、自分たちまでが就職の機会を逃すかもしれないと考えたのである。

「日系人」という概念も、「日本性」の持つ意味も、まだ完全に答えが得られたわけではない。沖縄出身者の場合には、この地方と日本の国との複雑な歴史的関係を考えると、日本性の問題はとりわけ微妙である。南米諸国の移民社会においては、沖縄出身者とそれ以外の人との間には、制度的にも個人的にもつねにはっきりとした区別がある。しかも、その区別は次第に希薄になりつつあるとはいえ、定住先のさまざまな国で世代から世代へと引き継がれている。したがって、沖縄出身者とナイチ（沖縄以外の日本出身者を示す言葉）の摩擦が南米出身の移民の経験を通して日本で再現され、それが日本という環境の中で起こるためにさらに複雑なものとなるのもうなずけよう。

要約すると、類似点と相違点に基づいた結合という名のゲームはずっと続いている。すなわち状況によって、あるときには国境線に沿って、またあるときにはエスニシティの正統性、言語、日本社会への順応度という基準に応じて、異なるグループが対立したり団結したりしているのだ。このことは、「日系人」という言葉を今日の日本のエスニシティの分類に当てはめることの難しさを物語る。というのも、「日系人」という言葉の許容範囲は永遠の議論の対象となっているからである。この言葉は、同質的存在とはほど遠いが、お互いの中に類似点と同じだけの相違点を示し、持ち続けている人びとから成り立つ想像上の核を表す。この意味において、日系人であるということは名伏しがたい本質以上のものであり、状況の変化にしたがって戦略的に言及される多面的な状態なのである。

一九九〇年代末期の状況

アルゼンチンでは、デカセギ移住によって、コミュニティの高齢化による現象と同様の空洞化が生じた。若者の不在によって、日系人コミュニティの社会生活の一部と見なされていた活動（祭事やスポーツ大会など）のほぼすべてが停止した。諸団体の活動という面から言えば、一九七〇年代の終わりから主要な移民組織（日本人会や県人会など）は危機に陥っていた。このような団体では、若者を遠ざけた世代交代の立ち遅れと同様に、内部抗争も目立っていた。こうした状況は海外移住熱の高まりとともにさらに悪化した。

ところが近年徐々に始まった帰国に伴って、活動再開の兆しが見られるようになった。とはいえ、諸団体に求められるものは変化し、団体が新しい状況と直面したときにどのような態度をとるべきかということもまだ明確に示されていない。いずれにせよ今日では、コミュニティの生活の基盤となっていた権威ある伝統的組織に、かつてのような本来の結束力がないことは明らかである。その代わりとして、新しい会合の場が生まれたが、組織力もゆるやかで活動の焦点も狭く、以前よりも同質性も伝統色も控え目ながら、人びとの多様な要望に応えるものである。週末に集まる老人会、専門職協会、非公式のサッカー大会、舞踊サークルや民謡愛好会などがある。こうした新しい形の組織の中でも、一九八〇年代以来政府の認可を得て経営されている、日本語とスペイン語の二言語教育による小中高等学校（Instituto Privado Argentino Japonês. 日亜学院）は注目に値する。この学校の主な機能は教育だが、父母会（構成員のほとんどが日本人移民の子孫）を通じて学校は重要な社交手段となった。こうした環境の中で、アルゼンチンでは「日系人であること」の新しい方向が生まれつつある。

日本語学習に対する関心もまた、ここ数年間に浮上した現象である。日本語に対する積極的な姿勢は今日、これまで以上の広がりを見せているようだ。デカセギ移住が直接的あるいは間接的な原因となって、自分は日本語を話せないけれども子供たちには学んで欲しいと考える親たちの間に、日本語に対する新しい考え方が生まれたことは疑いない。しかし家族構成の変化、すなわち家庭における祖父母の存在といった要因の影響はもちろんのこと、いわゆる三世現象としてよく知られるその他のことがらも考慮に入れなければならない。最後に、日本語人気の高まりは、国内および国際的な状況で日本と日本の風物が総体的に再評価されたこと、また、移民の過去に関する肯定的姿勢を社会がいっそう寛大に受け入れるようになったことと関連している点も言及に値する。

一方で日本側に目を向けると、移民が日本社会に与えた影響は、その広範な波及効果を考えれば単なる偶然の現象では片付けられない。初期の移住現象の高まりは、日本の産業の全般的な需要と移民の出身国の経済状況に呼応するもので、一般に「一時的」現象と考えられていた。しかし一〇年後の日本には、合法、非合法を問わず多数の外国人が定住していた。南米から来た日本人移民の子孫の具体例で見ると、移住は結果的に日本最大の工業地域を基盤として「南米出身者の集団」を形成した。移民の需要に応じて、多数の公的私的なサービスが提供されるようになった。外国人住民に関連した問題について地元の自治体に助言を与えるための協議会も開設されたが、結果はまだ得られていない。日本語の習得に関しては、今では多くの町が大人には無料の講座を提供し、子供には授業の支援を行っている。また、ラテンアメリカ人労働者を常連客とする娯楽施設、レストラン、旅行代理店なども多数あるし、週刊発売の新聞でさえ、大きな駅ならどこででも入手できる。

しかし何よりも、日本における外国人労働者の急増は、外見上は同質的であった日本社会にはそれまで存在しなかった議論を引き起こした。すなわち、外国人との共存である。少し前までは「外国人労働者問題」として知られていたことが、「隣の外国人」としてさらに広く知れ渡るようになった。日本の新聞やテレビはこうしたデカセギ現象の法的・経済的側面をますます日常的なこととして討論している。取材のテーマは法的地位、人権、労働条件、外国人労働力の導入に伴う費用便益分析のほか、町内のラテンアメリカ人の存在、教育問題、犯罪などの社会文化的な問題に及ぶ。換言すれば、今日の日本には、社会に認知されたゆるぎない南米人の存在があるということである。したがってデカセギ現象の端緒から、新しい顔、服装、言葉のアクセントが日本近代史の目新しい事象として日本の都会の風景の一部となり始め、現代の日本社会に決定的な影響を及ぼしたと言えるのだ。

結　語

結論にあたって、本章の最初の疑問に立ち返ってみよう。すなわち、デカセギ移住は日本人を祖先とするアルゼンチン人の新しいアイデンティティの方向性の構築にどのような影響を与えたか、という問題である。デカセギ期が経済的恩恵を超えて、集団的にも個人的にも広い影響を与えたことに疑いはない。たしかに、日本在住期間が誰にも同じような自己発見を促したわけではないことは明らかである。しかし個別の事例を見ると、「行ったことがある」という感覚によって日本人移民の子孫はある種のよりどころ、偏見の消失といった違った形の正統性、おそらくは自信の増大、そして何よりも自分の中の日本的遺産を考える自由を得たのである。日本社会との直接的な接触を通して、日本は移民の子孫の人生の半永久的な存在となることができたのだ。アルゼンチン社会のたいていの状況において、自分の中の日本的遺産が単なる「情報」だけであったことはないものの、今やそれは実際の生活体験へと一変した。この体験は日本との個人的な関係を改めて明確にする一助となった。すなわちこうした体験は、移民の過去と同じくらい現在の生活にも関係し、それに応じて将来の展望を描き、異なるアイデンティティの選択を検討するための新しい可能性を切り開いたのである。

このようなアイデンティティの選択に関するかぎり、ただ一つの流れだけが特定されることはあり得ない。私が関わった人のうち、原初的な形での「日本人の」アイデンティティの姿勢を示した人はいない。むしろ、選択には幅があった。自分の持つ日本的な文化遺産の一部だと考えられる要素を改めて評価し、再び身につけること（たとえば、日本に来るまでは表現されたり言葉にされたりすることはなかったが、後に日本という環境において意味を持った態度、感情、懐かしさの「発見」）から、こうした遺産を否定し、自分の持つ「アルゼンチン人」としてのアイデンティティを再確認すること（このような場合には、日本的であることは絶対的「他者」となる）までさまざまだった。「日系性（lo Nikkei）」という現象は、「日本の日本人」との同一視は断じて否定するが、かといって「ガイジンのアルゼンチン人」とも完全に同化するわけでもない相対的な点であり、その範疇の中間にあると考えるとわかりやすいようだ。この日系性の選択は、人種とか出自として理解される共通の過去によってただ直線的かつ客観的に生み出されるものではない。それは現在のアルゼンチン社会の枠組みに投影して初めて意味をなす一定の基準と折り合いをつけながら、ある位置を占め、選択的に後世へと伝えて行くものである。したがって私たちがここで議論しているのは、現在の動向だけでなく親の移住体験の要素も取り込みながら、未来に向けて絶えず形成を続ける、新しく特定の場所に限定されたアイデンティティなのである。かつては移民集団内に存在したであろう相違点が今や、統合や消失の方向にあり、日本人とは何かということの再解釈と再定式化は将来の方向付けに関わってくるのだ。

最後に、「日系人」の持つ潜在的「国際」性も無視できない。ますます多くのアルゼンチン人がアルゼンチンから遠く離れた場所で見られるようになり、さまざまな国から来た日本人の子孫同士の接触も増加している。したがって、「日系人」という言葉は、作り出される環境の数と同じだけ異なった意味を持つのである。この点において、日本は日本人を祖先とするアルゼンチン人のアイデンティティの方向性を探求する新しい場所となり、今や彼らの多くもまた他ならぬ移民となった。

本章で日本人をめぐって体系的に議論した近くて遠い関係は、決して変化や進展のない閉鎖的な状態ではなく、多様で、順応的で、互いに混ざり合い、各人が無限に選択できる他のアイデンティティの方向性とも関連していることもやはり明確にする必要がある。それゆえに、移住経験を理解する上でのこのような新しい状況と、解釈の見直しに多くの可能性が生まれたことから考えると、私たちが「日系人」というレッテルを貼っていた概念は、つねに変容を続け、つねに他との関わりの中で可能となる一側面あるいは一方向性にすぎないことは興味深い。こうしたあらゆる可能性が日本人移民の子孫に与えられており、現代社会を生きる上で彼らとの関わりを持つ人びとにとっては、その可能性はさらに広がるのである。

原注

（1）出身村との（人や物の）行き来は決して急に途切れはしなかった。比較的流動的な交流が続けられ、場合によってはますます盛んになった。沖縄の場合には、一九七二年の諸島返還によって、それまでは必要とされた琉球政府からのパスポート取得などの手続きが不要になった。それに加え、飛行機旅行が一般化したこともあり、移住に関わる二地点の相互の関係を維持することが可能になった。これはやがてデカセギ動向が現実のものとなったときに重要な要素であった。

（2）一九八六年、年間のインフレ率はすでに八一・九パーセントであった。一九八七年には一七四・八パーセント、一九八八年には三八七・九パーセント、一九八九年には四九二三パーセントに達した。この現象は、ブラジルやペルーなど、最初に多数のデカセギ労働者を輩出していた他の南米諸国にも同等の影響を与えた。

（3）同じ時期に、日本のほかにも、カナダやオーストラリアなどの国々も多数のアルゼンチン人の熟練労働者を受け入れていた。

（4）第二次世界大戦前には、中国と特に朝鮮半島の植民地から多数の移住（ときには強制移住）があった。

（5）この状況は日本人を祖先とする人びとに影響を与えた。彼らはたとえ日本で生まれ育っていても日本国籍を取得するのは容易ではなかった。すでに何代にもわたって日本に住んでいても「在日」と見なされる韓国・朝鮮人や中国人の状況と比較されたい。

（6）ここで「外人」または「外国人」という日本語の意味合いの違いに注目するのも興味深い。一九八〇年代の中頃までこの言葉は「北アメリカまたはヨーロッパ出身の人」を指して使われた。今日では、「外人」には他も含まれるようになった（たとえば、「外人はお断り」というとき、「中国人はお断り」という意味を持つ場合もある）けれども、「日本人」と

「外人」という二項対立は続いている。

（7）データは Haruo Shimada, "Visiting Workers from Latin America in Japan," *Foreign Policy Review* 79（1994）: 26-27; Table 2.8 による。

（8）日本人の親類に労働を許可したほかに、外国人のための「技術訓練」プログラムも創設された。これは事実上、一種の労働者の制限つき移住を伴った。

（9）移住統計がアルゼンチンへの帰国傾向をはっきりと示している。アルゼンチンから日本への年間入国者は一九九一年に六三二二人でピークに達したが、このときから数は下降し始めた。これは依然、増加傾向にあるペルー人やボリビア人のデカセギの場合とははっきり異なる。

（10）皮肉なことだが、出身国では通常「日本人」または「東洋人」と見なされている日本人移民の子孫は、日本に来て「ラテンアメリカ人」となった。「ラテン的」という日本語は、楽しい、気楽な、当てにならない、ロマンチックなという言葉を連想させる。

第17章　マイノリティとマジョリティのせめぎあい

——ペルーとアメリカ合衆国における日系人の例

スティーヴン・マサミ・ロップ

（増田直子訳）

一九八八年から一九九〇年にかけての時期は、アメリカとペルーの日系人コミュニティにとって重要な転機として注目される。アメリカでは、連邦議会が「一九八八年市民自由法」として知られる下院法案第四四二号を可決し、第二次世界大戦中に収容された日系アメリカ人のための正義を求める長年の闘争に終止符を打った。ペルーではアルベルト・フジモリが大統領選挙の二回目の決選投票で作家のマリオ・バルガス・リョサを完全に破って、一九九〇年に国際政治の表舞台に登場した。(1) フジモリは、一九八〇年代に始まった主流政治内部の日系人の活動の波をとらえた。国内政治に日系人が入り込んでゆくこれらの大胆な試みは、それ自体、注目に値する成果であった。私のここでの関心は、エスニシティ形成と国民形成との相互関係を検証するために両国の日系人の成果を比較することである。両国の日系人集団は共通の出自や移民の歴史を持っているが、マイノリティとマジョリティの関係では非常に異なった特徴がある。一方の集団は同化が進んでいると見られるのが一般的である。もう一方は孤立しており、閉鎖的で、明らかに同化していないと見られている。なぜ一方が補償運動を、もう一方が大統領を生み出したのか。アメリカとペルーにおける国民としての帰属感に関して、日系人のエスニシティの比較を通してこの問題を考察する。(2)

日系人とマイノリティ／マジョリティの力関係

一九九九年二月に私はペルーのリマで国際日系青年会議に参加して発言する機会に恵まれた(3)。日系人の価値観に関するワークショップで、単純だが重要な点が明らかになった。つまり、日系人コミュニティは自分たち自身をどのように見ているか、また社会全体からどのように見られているのかという問題は、国によって異なっており、それは主としてマイノリティとマジョリティの間に広く見られる力関係の産物だということである。

このワークショップには三つのグループがあった。一つはブラジル、もう一つはペルー、そして三つめはパラグアイ、チリ、アルゼンチン、アメリカからの参加者がいる混成グループであった。各グループは「日系人として自分たち自身をどのように見ているか、そして第三者からはどう見られているのか」という問題に取り組んだ。私が印象的だと思ったことは、各グループによるステレオタイプとしての日系人の特徴に関する、はっきりとした肯定的または否定的な解釈だった。そこに浮かび上がった重要な相違点は、ブラジルとペルーのグループとアルゼンチン、チリ、アメリカのグループとの間のものであった。ブラジルとペルーの場合は、日系人のステレオタイプに関して実質的にマイナスの印象も否定的な意味合いもなかった。彼らにとって、日系人の「特性」は表面上肯定的なものであろうと否定的なものであろうと、自尊心の源だった。

他方、アルゼンチン、チリ、アメリカの場合は、勤勉、理性的、結束しているといった肯定的な価値観でさえ否定的な意義を持ちうるという意識があった。たとえば、日系人は勤勉で精励だという考えは、創造力がなく、ロボットのようであり、よい労働者であり部下ではあるが、経営能力や指導能力が乏しいというステレオタイプと表裏一体である。これとは対照的に、日系ペルー人は自分たちの長所に創造力を入れている。そして、芸術、文学、科学、ビジネス、政治など何に関わろうと、日系人は最良ではないとしても、有能だという態度が一般的であった。この肯定的なマイノリティの位置づけは日系ブラジル人の場合に目につき、ペルーにも拡がっているようである。[4]この両者に見られる共通の特性は、たいていマジョリティが非ヨーロッパ系であることによると思われる。アメリカ、チリ、アルゼンチンの場合は、日系人はマイノリティ／マジョリティの異なる社会秩序、つまり経済的にも文化的にもヨーロッパ系マジョリティに支配されている社会秩序に直面している。とくにラテン・アメリカの文脈で考えると、ペルーのインディオ性やブラジルのアフリカ性と対照的に、チリやアルゼンチンは本来ヨーロッパ系の国と自認している。

本章の目的は、これらの型の相違を考慮に入れつつ、国民主義形成の文脈において内部者と外部者を概念化する交渉の場として日系エスニシティを取り扱うことである。ペルーでは、日系人は、大部分が非白人で選挙権を持たないマジョリティの中でマイノリティとして有望な地位を持っていることに気付いている。アメリカでは、日系人はモデル・マイノリティとして適応性が賞賛されるが、つねに忠誠心を疑われるという矛盾した地位にあることを認識している。その相違を考慮に入れながら、双方とも日系人で「あること」に言及し、日系人で「あること」を実践しているので、私はペルーとアメリカの日系人に注目するつもりである。これらの主張やこのような自己やコミュニティの形成が、国民形成計画の文脈の中で文化、歴史、人種、ジェンダー、家族といった核となる部分が作られる結果、いかに具体化されるかに私の関心がある。[5]計画とは、競合する集団が地位、帰属、そして正当な利益を得ようとするときに示す、あるいは示される条件や目標のことである。国民形成の要求や条件との関連で日系人の個人的・集団的アイデンティティが構築される動的な過程が、全国レベルで表れてくるものの比較を通して探求できる。これらの構造は、マイノリティとマジョリティの力関係やエスニック集団と主流集団の相違点のような国民主義的指針の産物との関わりで出現するとき、分析可能となる。[6]

一般的なレベルにおいて、ペルーとアメリカの日系人は二つの独特な構造を示しているというのが私の主張である。一方において、ペルーの日系人の間では、人種や階級に特権を与える社会的地位や象徴的権力というタテの関係を通して構築される流動的な階層制がある。アメリカでは、人種や文化に特権を与えるヨコの関係を通して構築される固定された変化のない構造がある。この結論にたどり着くために、私は集合的なグループ形成を考察し、ペルーとアメリカの二つの事例にみられる重要な差異を分析し、最後に市民権、帰属意識、そして国民形成の文脈の中で各集団を位置付ける。説明として、私は二つのコミュニティが構成された初期の差異、地方・全国レベルで主体が形成される（個人、市民、マイノリティ）過程の根本的な差異、そして出自国（日本）と居住国との地政学的関係の重要な相違を考察する。

以下の分析では、とくに一九九八年に行われた二つの催しに焦点を当てる。アメリカでは、初めての全米レベルのコミュニティに基づいた会議である「連合の絆」会議（四月三—五日）を考察する。ペルーでは、第三八回代表者年次大会（一一月二七、二八日）を考察する。この年次大会では、日系ペルー人協会の傘下で活動しているペルーのすべての日系人が一堂に会した。どちらの場合も、私がとくに関心を寄せているものは、提出された公式の声明書、組織および個人間の相互作用に見られる力関係と、アイデンティティ、コミュニティ構成そして日系社会内の政治に関連して浮かび上がった基本的な問題である。全体的な目的は、どのように日系社会内の多様性が統制され、組織されているか、どのように主流社会においてマイノリティとマジョリティの力関係に対応し、対話を持ちながら、前記の構造が現れるかを検証することである。

ペルーやアメリカで日系人であること

日系ペルー人

ここで私が焦点を当てる年次大会は、ペルーへの日本人移民一〇〇周年（一九九九年四月三日）の主な行事が行われているちょうどそのときに催された大会である。日系ペルー人協会、すなわちスペイン語では「ＡＰＪ」

（アーペーホタ）と言われているが、その運営本部――リマの中流階級の居住地区ヘスス・マリアにある日系ペルー人文化センター――が年次大会を組織し、主催している。ＡＰＪはコミュニティの中心的組織であり、支配勢力である。日本やペルーの日系コミュニティに関わることはどれもＡＰＪを抜きにしては語れない。日本とペルー、日系人とペルー主流社会との連絡係になる使命と、コミュニティの意思決定の中枢になり、権力や人的および物的資源の伝播の中心になる使命が、ＡＰＪの公式の目標にはっきり述べられている。一九九八年に二日間の年次大会に集まった日系人リーダーたちには、リマの三四の組織やリマ以外の地域にある一〇の組織の人たちがいた。

年次大会の実際の議事日程は非常に形式的で、儀礼的である。多くの人が認めているように、実際の決定は一般に事前に、それも正式な大会の外でなされている。長い演説、さらに長い儀礼的な数々の挨拶、そして各代表が行う堅苦しく冗長な報告は典型的なものである。大多数の代表者、とくにリマの代表者たちは、日系社会内の権力構造やネットワークの一員である。そのネットワークは、少数の人びと、一般的に「指導者たち」と呼ばれる幹部の間に張り巡らされ、保持されている。この年の催しの第一日目には、権威ある儀礼的な式典、一〇〇周年に際してのコミュニティの歴史に関する一連の講演、最後に主要な委員会や組織からの報告があった。二日目は、各自がテーマ別のワークショップに分かれて始まった。この年の議題は、協会、ビジネス、人材であった。午後遅くに全員が再び集まり、各ワークショップで指名された役員がそれぞれのグループの所見や結論を発表した。この後に、ワークショップの議題に関するかなり長い一連の発表があった。大会の最終結果は、二、三日後に主要な日系人コミュニティ紙である『ペルー新報』に掲載された。

催しが形式ばっているにもかかわらず、その進行中に騒ぎのもととなる二つの事件があった。その一つは「謝罪」であった。「ペルーへの日本人移民一〇〇周年の意義」に関する講演の中で、ホセ・ヨシダは一〇〇周年に際して沖縄出身者への差別と虐待の歴史を認めることの重要性を述べた。彼は、本質的に沖縄出身者に二級市民の地位を与える思想や習慣を移民たちが持ち込んだことを認め、「土下座して」自身の個人的な謝罪を表した。これは全員を驚かせ、彼の演説が終わるとすぐに『ペルー新報』の記者は意見を求めて各種のオキナワン組織の代表や出席していたオキナワンの著名人のもとへ走った。この出来事自体は多くの理由から興味深いものであった。

コミュニティ内の歴史的な緊張と分裂が内部の高い地位にいる人間の公式の発言によって表面化したことは、スキャンダルに近いものだった。謝罪に対する反応は、コミュニティ政治内の重要な力関係をいくらか浮かび上がらせた。その中でもっとも重要なものは、共通の目的のために、いわば統一戦線を維持することだった。世論はまさにこの特徴――つまり日系人は閉鎖的なコミュニティを維持していること――に焦点を当てる傾向がある。日系コミュニティ内の政治は記録から排除されるきらいがある。さらには、意見の相違は構造的な枠組みの中で固定化されやすく、ほとんど議論されることはなく、コミュニティの外にあまり知られないのが一般的である。謝罪は、それがなければ平穏だった午後にちょっとした騒動を引き起こした。謝罪はこれまでの慣例が破られた瞬間、すなわち、これまで礼儀正しく口に出せないことが口にされた瞬間だったからである。公の場で歴史的差別について話されただけでなく、リーダーがそれに関して謝罪したのである。非オキナワンの代表として語ったリーダーは、謝罪によって過ちを認めたが、同時に、もともと差別を可能にした支配の力学を呼び起こした。その後の動揺を抑えようとする対策は興味深いものだった。『ペルー新報』にインタビューされた人びとの多くは、あの謝罪は意義深い意思表示であったが、現在ではおそらく不必要であり、差別は過去のものであるという意見を表明した。謝罪を無条件で支持したのは、あるオキナワン組織の指導者で、彼は謝罪はコミュニティの初期の歴史を特徴づける差別を公正に適切に認めたものであったと述べた。

日系アメリカ人の場合、適応に成功した基本的な要因として彼らの均質性がしばしば引き合いに出されるのは興味深い(7)。この説明は、文化本質主義に近似することが多いが、日系人は共通の目的意識と個人よりも集団の生存を重視する価値体系を持ち込んだと主張している。ペルーにおいて日系人のステレオタイプは、未分化の均質性という上述の考えに焦点が当たることが多い。実際には、一八九九年から一九二三年の間にペルーに到着した一万八〇〇〇人は決して均質的な集団ではなかった。全体として、日本のさまざまな地域や県出身の移民たちは、移民や定住の過程を通して日系人となり、日系人意識や共通の目標が現れてきたことはたしかである。しかし、緊張関係、犠牲、日系社会内の権力闘争なしには、いま指摘したことは不可能だった(8)。ペルーにおいてそれこそ移民当初から慣行化されることとなる重要な区別の一形態、現在まで残っている形態が、このようなオキナワンと非オキナワンの区別なのである。

「内地人」(日本本土出身者を指す)は、国民国家の形成過程において日本人移民は優れた適応力があるという認識をもって「ウチナーンチュ」(沖縄県出身者)を見ることが多かった。本書の他の研究が指摘しているように、沖縄は、一八六〇年代に出現しつつあった日本国家に正式に合併される前、独立した地域であり、日本へ朝貢をした王国であった。明治維新と近代国家としての日本の社会構造の全体的な変化によって、文化的にも人種的にも均質であるという新しい神話が必要になった。オキナワンは、均質的な日本の政体において数あるマイノリティ、二級のエスニック集団の一つとなった。この激動の時代に、日本人移民の始まりだけでなく、いずれ南北アメリカにまで運ばれる日本の文化的市民権の創造も見られた。沖縄は日本国家の中の新しい植民地であり、そのようなものとして内地人はウチナーンチュを文化的、人種的、社会的に劣等であり、二級市民であり「真の」日本人(この場合の日本人という概念は文献的には古代の概念であると同時に、形式において近代的なものである)ではないとみなした。ペルーでは二つの集団間の結婚は稀であり、制度上、内地人と彼らの「日本人」協会がコミュニティの公的な権力と定義づけを完全に支配していた。

今日、オキナワンへの差別は、表向きは過去のものとして葬られている。実際問題としてはステレオタイプや偏見は残っているが、世代交代や両集団間の結婚によって以前よりは決定的なものではなくなっている。権力構造やその内部の区別の規定は、年次大会のような催しを通して表れる。ＡＰＪはピラミッド形組織の最上位、日系コミュニティに関するすべての問題を網羅する権力構造の頂点である。ＡＰＪは活動、物的および人的資源、定義づけを独占し、そうすることで、その他すべての組織を組み込んでいる。出自、ジェンダー、文化、階級、社会的地位の差異は系統立てられ、この序列的な構造の中で組織立てられ処理される。とくにオキナワンの協会の場合、日系人口の少なくとも五〇パーセントは沖縄系に関係していることを考えれば、協会は際立っている。しかしながら、オキナワンの協会は、下位組織として、すなわちすべてを包括する日系性の序列（の他すべての差異を無効にし、それらの差異が組織の内外でどんな役割を演じたり、象徴したりするかを決定する概念）の中でかなり地位の低い特殊な組織として、存在している。

年次大会で出席者を騒然とさせた「謝罪」に続く第二の原因は、ペルーの北部海岸にある小さな田舎町アウチョのＡＰＪ会長ファン・カナシロと一〇〇周年委員会の会長であるヘラルド・マルイとのやりとりだった。このやりとりはコミュニティ政治における別の重要な力関係をいくらか明確にしている。カナシロは、彼の書いた報告書でも議論の中でも興味深い問題を提起した。やや遠まわしな言葉で二つの問題の原因である世代の相違に基づく差別問題を提起したのである。第一は、若者たち、とくに四世が世代による差別に出くわしたとき、軽んじられたと感じ、結果として日系人の組織に参加しなくなるということである。第二に、彼の意見では、三世、四世、そしてそれに続く世代は「法的人格」（ややあいまいな言葉で「法律行為をする能力」や「法で定められた二次的能力」と翻訳される）が欠けているということである。マルイは、その意見を理解できず、「誰が誰を差別しているのか」とか、何が「法的人格」に関して危うくなっているのかとはっきりと尋ねた。多少のやりとりののち明らかになったのは、カナシロが、日本国籍を持つ親もしくは祖父母のいる者が日本の特別ビザを取得できるという一九九〇年に日本で作られた特別移民のカテゴリーについて言及していたことである。[9] 彼は、この法で定められた地位が実質的に誰が日系人で誰がそうでないのかを規定することを懸念していた。日系人であることはどういうことかについてのやりとりが続いたが、プライドを持っていることとそのプライドが両親から伝えられたものであるということだった。マルイの意見には、不当と思われる扱いに対して同情をかうことは日系人らしくないし、「かわいそうな私」という態度は日系人のあるべき姿に反するという含みがあった。

このやりとりは、ある種の日系コミュニティ内部の力関係、つまりリマ出身者と地方出身者との緊張関係に関するもっとも重要な特質を明らかにしている。リマはペルーにおいて、そして日系コミュニティにおいて権力の中心である。リマと地方との関係には、歴史、階級、人種、そして権力という次元がある。この歴史的特質は、日系人にとって二つの移民のタイプ――つまり最初の契約労働のパターンとその後の日本からの自由移民のパターン――が特徴である初期の移民の時代に由来している。とくに、一九二三年に契約制度が終わったので、呼び寄せのパターンが顕著になった。呼び寄せはリマへ直接行き、地方での農場労働や契約労働というつらい体験を回避することができた。

全体としてペルーでは、ジャングル、山岳、海岸の三つの地域のうち、海岸地域がつねに権力、地位、特権を独占しており、支配の中心としてのリマがある。リマの外に出自を持つことは、文化、人種(インディオ)、階級(貧困)、権力(隷属)において不利であるという意味合いがある。この状態は日系コミュニティ内で再生産されている。地方出身の日系人は、貧しく、人種的に混血であり、完全にペルー化している、つまり明らかに「非日系人」というステレオタイプで見られている。地方の日系人は、文化および言語を失い、日本人の姓を持たず、人種混合しているとみられるためにその地位が低下している。地方出身者のアイデンティティの主張は、しばしば単に経済的な動機でしかないとして非常に冷ややかに見られる。結局、若い地方出身の日系の地位に焦点を当てようというファン・カナシロの試みは、二つの障害に突き当たった。すなわち、一つはAPJが日本の入国管理法がどのように日系を規定するかに影響力が皆無であること、二つ目は、とくに地方出身者への同情が少ないことである。

「連合の絆」、すなわち「アイデンティティ、コミュニティ、多様性というテーマを探究する全米集会」は、日系アメリカ人にとってその種のものでは最初の行事だった。会議を開くこととなった動機とその目的は、新しい挑戦と新しい現実から生まれ、それらを反映していた。一九六〇年代以来一貫して高い割合を示すエスニック集団外結婚、戦後の日本人移民のさまざまなタイプ、一九八八年に成功裏に終わった補償運動の成果が主要な要因だった。多様性や補償後のコミュニティの結束に関する疑問は、今日のコミュニティでも依然として問題とされている。その中心には、表面には表れないが、ある種の緊張としばしば苦痛がある。ちなみに、その底流には、語られずにいることが多いが、日系アメリカ人がアメリカで直面してきた戦時中の収容、法的排除、人種差別、適応につきまとうあらゆる矛盾や難題がある。全米レベルでの話し合いにおいて圧倒的な関心事は、明確なエスニック・コミュニティとしての日系アメリカ人の将来に関する問題であった。この節では、組織的な特質やコミュニティ内部の力関係の枠組みを含めて、この会議を開くこととなったいくつかの動機やこの催し自体を論ずる。この会議の声明や指示は、広範囲にわたるうえ、格別効果をあげている。

一九九八年の会議で明確に提示された目標は、「日系アメリカ人コミュニティ内で起こっている流動的な変化を探究すること。会議の主題は、包括、多様性、そしてわれわれ自身とわれわれのコミュニティを定義する新しい理論的枠組みを展開することである[10]」。会議はロサンゼルスで催された。計画と組織と運営を担当したのは、ロサンゼルスを活動の中心としている「リトル・トーキョー・サービス・センター」と「日系文化コミュニティセンター」、そしてサンフランシスコを活動の中心としている「北カリフォルニア日系文化コミュニティセンター」の三つのグループだった。これら三つの組織は、全米日系人博物館とともに、おもにこれらの会議を通して、そしてそれだけでなく「カリフォルニア州日系人社会指導者会議」の設立を通して、全米レベルの対話を始めたばかりである。こうした努力にもかかわらず、全体を統括する組織は存在しない。日系アメリカ市民協会（JACL）は第二次世界大戦の収容中、政府から指導的役割を押し付けられた。そのJACLという形で中央集権化されたリーダーシップに接したコミュニティのかつての経験は、日系人にいまだに苦々しい思いをさせている。「連合の絆」は、JACLとも補償運動とも関係がない全米レベルの初めての組織活動であった。第二次世界大戦以来、JACLは全米レベルの日系アメリカ人のための第一の代弁機関である。補償運動や「補償・賠償を求める全米連合」のようなグループが一九七〇年代に出現し、多くの点においてJACLの保守的な融和政策に異議を唱えた。多くの人びとの意見では、補償運動は世代間の橋渡しをし、政界のいたるところから人びとをまとめ、真に一体化したコミュニティづくりの力となった。一九八八年の補償運動の終結以来、JACLの会員は減りつづけている。「連合の絆」の会議は、日系アメリカ人コミュニティに何が残っており、何が前途に待ち受けているかという重要な問題に焦点を当てた。

約五〇〇人が三日間の公式行事に参加した。参加のために必要なことは登録料の支払いだけだった。一日目には、見学、強制収容所体験プログラム、パフォーマンス・アート・プログラムがあった。翌日は、催しの主要な活動が見られた。午前中の開会の挨拶は、日系アメリカ人の経験を紹介し、それを社会史的文脈の中においた。このあとに「日系アメリカ人とは誰か」という公開討論会が続いた。つぎの活動には、すべての参加者が参加し、無作為に割り当てられた小グループの会議があった。その会議は、コミュニティの多様な展望を明確にし、コミュニティ内の異なる小集団にとって重要なこと、不参加や帰属意識の欠落の要因、そして最後にコミュニティ強化策が何であるかを明らかにする課題に取り組んだ。つぎに、「われわれのコミュニティをまとめ、結びつけるもの」を求めて、価値基準についての発表と公開討論が行われた。午後には、特定の論題ごとの小グループに分かれて会議が続いた。論題の幅は、若者から高齢者、教会からジャパンタウン、言語から外婚と幅広い範囲に及んだ。これらの会議の結果は、三日目の午前中に会議の締めくくりとして総括の場で発表された。

初日に行う公開討論会、「日系アメリカ人とは誰か」の計画段階で起こったある問題は、コミュニティの状況に対する興味深い観点を示している。[11] この討論会の意図は、司会者一人とコミュニティの特定の小集団をそれぞれ代表する四人の講演者を揃えることだった。新一世（戦後の新しい日本人移民）、二世、四世、ハパ（混血）が、企画委員会が明確にした最初の分類だった。さらに、ジェンダー、宗教、地域の釣り合いをとった代表であることが重要だった。これらの分類に従って、講演者候補のリストが作られた。各講演者は日系アメリカ人としての各自の経験のあと小集団としての経験を手短に発表することを求められた。この過程を通して、コミュニティは三つのおもな集団に分けられると考えられた。中核には社会科学研究や博物館に見られる公的な日系アメリカがある。これは世代や時代によって分類される単一人種のコミュニティである。一世、二世、三世、四世という無条件の用語は、一八八〇年から一九二四年までの初期移民の時代に起源を持つ単一人種の人びとを指すのが普通である。残り二つの主要な小集団は、追加された集団であり、コミュニティが「取り組まなければ」ならない「多様性」の源である。当の小集団とは、戦後移民である新一世と新二世、および混血の人びと、すなわち会議の印刷物で言及されているように、「多様な日系人種集団」である。[12]

このきわめて重要で象徴的な公開討論会を組織していく過程で、多様性の限界が明らかになった。主導的中核と多様な小集団との分断には、ある種の緊張関係があることが明白であった。戦後の移民問題も同じように重要であるが、本章では混血による多人種性の問題に焦点を当てる。[13] 多人種の小集団に関して、問題は「われわれはハパをどのように扱うか」として当初立案された。ある企画会議では、この問題を提示するか否かという疑問が出された。他にテーマがないという絶望的な状況からハパの参加が求められているとみられて、参加者の中に入れられてもハパはおそらく立腹するだろうといわれた。リーダーや企画委員たちがハパを入れなければならないほど人選に困っていると見られたくないことを思えば、この動きは「多人種性の問題」に対する興味深い反応である。

コミュニティに深刻な世代的、人種的な分裂が生まれてきていることは明らかである。それは、ときには、平等な参加や参与などの厄介な要求や公民権方式の異議申し立てに対する恐れを抱かせるような問題である。現在の世代が多民族、多人種であり、後世においてはますますそうなるだろうが、それにもかかわらず、日系人の理想も将来像も明らかに単一人種的なままである。

会議では五つの宣言とこれらの宣言から生じた広範囲な指示が作成された。最初の宣言は、「二一世紀に日系アメリカ人コミュニティは存在する」というものだった。コミュニティには多数の機関や組織があるので、配慮や指導があれば「連合の絆」によってコミュニティはきっと存続するだろう。この最初の宣言は、一九六〇年代以来コミュニティの消滅が差し迫っていることを示す無数の徴候に対する反応だった。[14] 消滅の前兆は、やがては主流社会に確実かつ完全に融合する原因や証拠となる高い外婚率や文化的同化に明らかに見られるからである。[15] 第二の宣言は、多様性の増大を示唆していた。世代的な区別（一世、二世、三世など）、つまり前述の主導的中核は、現在のコミュニティの実体をとらえるのにもはやまったく十分ではない。さらに宣言は、多様性は受け入れられなければならず、「日系人コミュニティに帰属意識を持ちたいと願う」者はすべてそうして当然であると述べている。とくに列挙されている多様性には、戦後移民の地位、ジェンダー、性的志向、混血の系統が入る。三番目の宣言は、日系アメリカ文化は間違いなく存在すると述べている。定義することは難しいが、その文化はコミュニティの諸制度に根ざし、絶えず変化するものである。そのなかには、日本からもたらされた文化の要素やアメリカのコミュニティ特有の要素がある。四番目の宣言は、実際に日系アメリカ人の価値体系があり、「アメリカ社会にわれわれの居場所を主張する際に、積極的な原動力としてその価値体系を議論の対象にしたり、選択的に統合する」必要があると述べている。最後の宣言は、「歴史的経験は、重要な教訓に満ちている」と述べている。実例には、コミュニティがこれまで直面してきた強制収容や多くの不当な扱いが含まれている。

これらの宣言はすべて、別の見方をすると、エスニックおよび人種的マイノリティとして日系アメリカ人が直面しているジレンマやそれを克服するために取った戦略を示している。実際、「日系アメリカ人の文化と価値体系はたしかに存在する」と主張することは、アメリカのマイノリティの地位に伴う数々の矛盾に対する反応である。一方では、日系アメリカ人は日系人の文化を捨てて、同化しなければならなかった。(16) 彼らが結局は社会参加から排除されて帰化が認められなかったことは、彼らが人種的に異なっており、非ヨーロッパ系の出自であるため同化する能力がないという考えが前提となっていた。したがって、たとえ彼らが同化しようとしても、拒絶や拒否に直面した。戦後経済の好景気や公民権運動によって、人種の壁が崩れたり、広く行き渡っているマイノリティ対マジョリティの力関係が問題にされたりするようになったので、戦後の時期にはいろいろな新しい可能性が出てきた。とはいえ、同化に異議が申し立てられ、エスニック集団としての自尊心を持つことが実現可能になったにもかかわらず、国民としてのアイデンティティはヨーロッパへの関連付けをしっかりと維持している。人種や国民の基本的な規範は変わらなかった。「アメリカ人」は、激増するX系アメリカ人、Y系アメリカ人、Z系アメリカ人といった下位集団を持つ白人の別称であることに変わりはない。日系アメリカ人の場合、伝統的価値体系や公民権運動後の文化は自尊心の源になりうるが、適応を促進する意味に限られる。モデル・マイノリティは、いまだに主流社会の外側に置かれ、他とは異なったマイノリティである。一九八〇年代にはエスニック集団としての再活性化の限界が表面化した。日本がアメリカの覇権に挑戦すると、日系アメリカ人は再び敵と混同された。オブライエンとフギタが日系アメリカ人の経験に関する記述で示唆しているように、彼らの「外見が異なっている」かぎり、彼らはよそ者であり、際立ったエスニック・マイノリティである。(17) 身体的融合、すなわち外婚によってのみ、彼らはこの際立った境遇から逃れることができるだろう。そしてここに矛盾の根源がある。外婚は差別から逃れる究極の手段であるが、同時にコミュニティの消滅にもなる。コミュニティ内で増加する混血による多人種的・多民族的特徴が、懸念、恐れ、憤りを生み出すのは不思議ではない。

コミュニティ構造に及ぼす国家的状況の影響

日系ペルー人コミュニティは階層制とタテの関係を前提にしたピラミッド形の構造をしている。たとえば、人口の三二パーセントしか何らかの正規の組織に正式会員として加入していなくても、[18] これらの組織の勢力範囲は拡大家族の結びつきや県人会制度のためかなり大きなものである。[19] すべての個々人は、基礎単位としての県人会とつながりのある家族や拡大家族を通して全体を覆う協会や会員の構造に結びつけられている。階層制自体は、序列の中につぎつぎと組み込まれる小規模な集団からできている。各個人は独自の集団とネットワークの両方、またはいずれか一つを持つ傾向にあるが、それは正式な集団と一致するかもしれないし、そうでないかもしれない。特殊な集団のタイプは、全体を覆う象徴的な階層制の中で特異な地位につきやすい。

日系ペルー人コミュニティに加わり、その一員となるのは、比較的自由で、融通がきくが、上層への移動傾向は限られている。このことはペルー社会一般を反映している。たとえば、誰がペルー人であるかという定義は比較的緩やかであるが、その枠組内での上層への移動はきわめて難しい。[20] つまり、多種多様な人びとが日系人コミュニティと関わりを持ち、帰属意識を持つことはできるが、階層制のなかで個人が実際に果たす役割は地位につきまとう伝統的な慣行に左右される。リマ出身、著名な家系、事業の成功、人種的純血、日本語および日本文化のスキルは日系人の基本原則を作るいくつかの構成要素である。四分の一しか日系人の血を持たず、外見が日系人らしくない者が日系人としてのアイデンティティを主張し、ある程度実現することは比較的容易である。ペルーの法律上の姓は父方と母方の両方の名前から成っているので日系人の姓を持っている者は正式な組織に参加できる。それと同時に、血統はまちまちだと主張することは、ペルー社会ではありふれた原理である。人種的、社会的アイデンティティは、アメリカにおけるような二者択一的命題ではない。

ペルーにおける日系人アイデンティティは、実用的なものであって、機会が少ない場所で機会を最大限に活用する社会的ネットワークを提供する。職探し、入学、預金する安全な場所探しは、困難な問題であり、どんなにわずかな利点であっても、利点があれば求める価値がある。ペルーの社会的アイデンティティには、アメリカとは対照的に、流動的な所属形態や帰属意識という要素がある。アメリカでは各個人は比較的固定されているが、同時に構造的な統一体の範囲内に厳重に縛られている各個人は、その集団と結びついた権利や力を持つ。「連合の絆」から明らかなように、帰属意識やコミュニティ形成は固定化されたヨコ関係の性質を持つため、多様性は大きな障害である。人は日系アメリカ人かそうでないかのどちらかであり、いったんその境界を超えたら、その人は完全に平等にコミュニティに参加する権利を持つ。対照的に、ペルーではアイデンティティやコミュニティ形成はアメリカより流動的で、日系人としての受け入れはコミュニティに貢献し、おそらくそこからいくらかの利益を得る機会以外にはほとんど何も保証しないので、多様性はそれほど難問ではない。つまり、第三者が日系人とは誰かと尋ねられれば、狭い定義をしてくれるだろう(21)。実際には、ペルー社会における社会的アイデンティティは流動的で激論の対象になる。そこに帰属するとみられるのは、一途な意志力と自信の結果である。

日系アメリカ人の場合、コミュニティはヨコ関係でペルーの日系人より比較的個別化している。ペルーでは日系人のアイデンティティは非常に貧しい環境で機会を求めることと大いに関係があるが、アメリカでは日系人のアイデンティティは自己の探究、個人の自己実現をより求めていることと関係していると述べるのが妥当であろう。日系人アイデンティティとは、突きつめて言えば、日系人をいつまでも外国人とみなす社会で受け入れてもらえないかと探る矛盾した気持ちを個人レベルで満足させる試みである。内部の力関係は、とくに対人関係では、相対的に平等主義の理想を強調する傾向にある。ジェンダー、人種、年齢、世代、地域的出自の序列はたしかに存在する。その一方で、構成体全体の中での差異(性的志向、世代、ジェンダー、多人種性)に平等な時と場を与えることも強調されている。

この比較分析で、私の論点は、各コミュニティは明治時代の日本に同じ起源があるが、それぞれのコミュニティ形成に重大な差異が存在するということである。そうした異なる結果は、歴史的要因と移民の経験や適応の特性の産物である。歴史的要因や特質は、日系人の適応性を本質主義や文化に求めることで行う説明よりも説得力があると思う。(22) そうなると、この歴史的・国家的文脈において、ナショナリズムの要求するものは何か、それらの要求に応えるため個人および集団のレベルでどのような戦略が行使されているのかということが問題となる。

マイノリティとマジョリティの力関係の本質には、人種とナショナリズムの同一視がある。ペルーではヨーロッパ系マイノリティが一五三四年に支配権を握り、原住民であるマジョリティを征服・抑圧することで支配を維持してきた。白人性は、人種的劣等者という暗い海の中にある小島のようなものであった。国家発展への行程がインディオの拒絶と究極的な排除に依然として立脚しているので、現代のペルーのナショナリズムは一つの矛盾と戦っている。(23) このことは、ペルーの問題はペルー人であるという気持ちで述べられる場合が多い。他方、アメリカはつねに自国を白人性と進歩の砦として構築してきた。人種的・民族的マイノリティは二級市民として許容されてきたが、定義上アメリカは白人国家である。アルゼンチンやアメリカのような国とは違って、ペルーは多くのヨーロッパ移民を引きつけることがどうしてもできなかったので、アジア系移民を受け入れなければならなかった。しかしながら、日系人によるラテンアメリカ侵略を恐れるという、アメリカ合衆国政府が大陸全体に広めた黄禍キャンペーンに影響されて、日系人の存在は有力な少数の独裁者の間に恐怖心を抱かせるものとなった。ペルーでは、人種的出自が共通しているので、マジョリティである原住民を率いて日系人が白人エリート集団を打倒できるのではないかと地元の白人エリートは恐れたのである。(24)

アメリカでの政治参加は、エスニック的・人種的マイノリティが（主流社会に）従って同化するか、周辺部に留まっているかという体系化された秩序に基づいている。実際には、人種的マイノリティは消滅する以外に真に同化することは決してできない。この強いナショナリズムとは対照的に、ペルーのナショナリズムは本質的に弱く否定的な概念である。その人種構成のため、そして人種が持つ固定化した重要な慣行のため、国家の文化、社会、経済の将来性は低い。こういうわけで、ヨーロッパからだけではないが、とくにヨーロッパからペルーに入ってくる移民集団は、機会に恵まれている。これらの移民は、イタリア系であろうと日系であろうと、白人性と国家発展の二重のプロジェクトへの貢献を証明できれば、ペルー人になれる。(25) ペルーのナショナリズムは弱いという一般的な見方にもかかわらず、ナショナリズムは明らかに存在していて、現におもに宗教や文化に表現されている。(26) これら二つの手段によって、とくに日系アメリカ人の宗教的、文化的慣行と比較すると、ペルーの日系人は同化が進んでいる。(27) 実際に、ほとんどの日系ペルー人はカトリック教徒で、大多数が支配的なクリオール文化、つまりスペインと原住民の文化の混合を受け入れている。

日系アメリカ人の場合、歴史的状況やアメリカ人になろうという意識を持つことがプラスになって、第二次世界大戦以降取られた有力な戦略としてアメリカ化を完遂したのである。補償は許容できる社会的大義であった。なぜなら、補償は第二次世界大戦中の連邦政府の行為に異議を唱えた一方で、彼らの忠誠心やアメリカ性が攻撃された収容時代の繰り返しを避け、受け入れられる手段として自分たちは一一〇パーセントアメリカ人であるという戦後の戦略に完全に一致したやり方でなされたからである。補償によって日系アメリカ人は法の下の平等や正義という核となる原理を擁護するだけでなく、確認する力になることもできた。戦時中の体験は日系ペルー人にとっても同じように精神的外傷となるものであったが、補償運動はまだ起こっていない。日系アメリカ人にとって補償はコミュニティを組織化し、構築すると同時に、アメリカのいわゆる民主主義の理想の正当性を証明するための戦いであったという歴史的記憶になった。アメリカで補償が終わりに近づき、再び始まった日本たたきの試練に日系アメリカ人が直面したとき、まったく異なった政治論理がペルーで知られるようになった。この論理は日本の戦後の興隆に依拠しており、謝罪ではなく国を導く機会を求めていた。もっとも顕著な例はフジモリであるが、日系政治家である彼は国家政治と経済運営に参加しようと努めた。

この二つの事例に見られる政治参加の相違が、日本が世界第二位の経済国となった結果であることは、かなりはっきりしている。一九八〇年代に日本が経済的頂点を極め、アメリカが後れをとったとき、日系アメリカ人は第二次世界大戦中のようにスケープゴートとなり、永遠の外国人となった。対照的にペルーでは、日本とアジアのトラたち——マレーシア、シンガポール、韓国、香港——は、第二次世界大戦以来資産が東アジアから大きく流れ出るのを見ているラテンアメリカの国にとって希望を与えるものになった。地元の日系人にとってこの成功は、日系アメリカ人なら決してできないようなやり方で、ペルーのナショナリズムの意味を再定義する機会をも開いた。大統領に立候補する日系アメリカ人が出現し得るか。ましてや公然と日本語を話し、偽のサムライの衣装を着た自分の選挙運動の写真をばら撒き、日本から巨額の援助を何百万も約束するだろうか。同様に、貧困を極め、外国からの借金返済で経済活動も必然的に止まり、雇用はほとんど生み出せず、国家は相変わらず弱体化したままであるため、ペルーの補償運動は想像できない。基本的な生存は、五〇年前の出来事——不幸な出来事ではあるが——より重要である。どちらの場合も、これら二つの日系人の形成からは、(文化的・人種的)本質について教わるよりも、歴史の状況や人種、国家、発展を結びつける世界の階層制度の存続について教わるところが多いのである。

原　注

(1) Luis Jochamowitz, *Ciudadano Fujimori: La constrccion de un politico* (Lima: PEISA, 1993); Joseph Contreras,

"Peru: Looking for a Miracle, Japanese Style: Fujimori for President?" *Newsweek* 115（Apr. 23, 1990）: 36を参照。

（2）私の目的では、エスニシティを明確にするものは、ナショナリストの論理や思考において特記されていない主流からの違いを特徴付ける際のその機能である。人種を押し付けられたものとして、エスニシティを主張されたものとして見る一般的な見方は、本論のような特殊な場合の比較分析の目的には不十分である。私が分析する日系アイデンティティは、単に押し付けられたものでもないし、完全に自発的なものでもない。

（3）私は博士論文のフィールドワークをするためペルーで一年間過ごした。この青年交換プログラムは期間が約一週間で、通常ラテンアメリカ中の一四歳から二五歳までの若いまとめ役や日系の若者を参加させている。

（4）たとえば、Takeyuki Tsuda, "Ethnic Preferences: Positive Minority Status of Japanese Brazilians and Their Ethnic Encounters with Other Minority Groups in Brazil," in Roshni Rustomji-Kerns et al., eds., *Encounters: People of Asian Descent in the Americas*（Lanham: Rowman & Littlefield Publishers, 1999）, 209–222を参照。

（5）「x」に対応してアイデンティティの形態やコミュニティが出現するという際に、多くの異なるレベルに注意をひきたい。「x」要因は、たとえば多様な集団が均一的な人種分類の型に入れられるアメリカ合衆国において、人種形成になりうる。日本政府が日系労働者を優先するように、ディアスポラ問題のようなものともなる。この考えは、社会形成の構成主義者的（constructivist）で意図された性質を指摘することである。

（6）人種、エスニシティ、ナショナリズムについての最良の論考は、Brackette Williams, "A Class Act: An Anthropology and Race to Nation Across Ethnic Terrain," *Annual Review of Anthropology* 18（1989）: 401–444を参照。

（7）たとえば、David J. O'Brien and Stephen S. Fujita, *The Japanese American Experience*（Indianapolis: Indiana University Press, 1991）, 3–10を参照。

（8）Amelia Morimoto, *Población de Origen Japonés en Perú: Perfil Actual*（Lima: Centro Cultural Peruana Japones, 1991）; Amelia Morimoto, *Los Inmigrantes Japoneses en el Perú*（Lima: Taller de Estudios Andios, Universidad Nacional Agraria, 1979）; C. Harvey Gardiner, *The Japanese and Peru, 1873–1973*（Albuquerque: University of New Mexico Press, 1975）を参照。

（9）これは多くのラテンアメリカの日系人が日本に戻るという大量のデカセギ現象の重要性とさらなる誘因である。デカセギ現象について本書の他の研究を参照。

（10）会議の情報は、http://www.janet.org/ties/ で見られる。

（11）混血のアジア系アメリカ人の非営利支持集団である「混血問題フォーラム（Hapa Issues Forum）」の委員会の委員として、私は企画委員会会議に関わった。私の当初の役割は、講演者の候補として、また参加者として混血の日系アメリカ人に固有の問題を明らかにするのを助けることだった。

（12）混血の人びとが明確な人種集団として簡単に判断されるという事実は、人種化された見解の固定化を明らかに示すものである。

（13）戦後の移民は日系アメリカ人の論考において一般に向けられるよりもさらなる注意を向けるのに値するが、紙幅の制約により彼らについて多くを述べられない。日系人集団の成員であるという刻印としての強制収容に焦点が当てられていること、戦後移民の大多数がアメリカの軍人と結婚した日本人女性であること、明治時代の日本人移民の子孫と、たいていが学生やビジネスマンとその家族である現代の日本人移民との間に文化的、言語的距離があることから、この集団はしばしば見過ごされている。日本からの戦後の移民は英語力が十分ではないので会議の資料や広報の日本語訳をつけることや日系アメリカ人コミュニティにおけるこの集団の実際の役割などについて企画委員会で興味深い話し合いがあった。

（14）Harry Kitano, *Japanese Americans: The Evolution of Subculture*（Englewood Cliffs, N. J.: Prentice-Hall, 1976）〔『アメリカの中の日本人――一世から三世までの生活と文化』内崎以佐味訳、東洋経済新報社、一九七四年〕を参照。

（15）混血による多人種、多民族という特徴はコミュニティが直面している主な問題であるという考えは、相変わらずコミュニティの指導者やまとめ役の日常的な議論の一部となっている。

（16）Eileen H. Tamura, *Americanization, Acculturation, and Ethnic Identity: The Nisei Generation in Hawaii*（Urbana: University of Illinois Press, 1994）を参照。

（17）O'Brien and Fujita, *The Japanese American Experience*.

（18）Amelia Morimoto, *Población de Origen Japonés en Perú*, p. 176 を参照。

（19）ペルーやアメリカ合衆国にあるような移民のコミュニティでは、日本の同じ県出身者が共通の出自を基に県人会を形成した。沖縄県からの移民の場合、さらに特定化した市、町、村の制度が使用された。これらは郡、管区、地区にあたり、ペルーでは移民たちはしばしば沖縄県人会と地区の協会である村人会の両方に所属していた。

（20）ペルーの支配層に関するある論考によれば、内部から上昇するより外部から入ってくるほうが簡単であると思われる。支配層は、初期のスペインによる征服時にさかのぼる姓の者が占めている。この伝統的な寡頭制に加わるものが、外部から来た者、つまりヨーロッパ出身の外国人であり、アジアからは少ない。ペルーの支配層については、つぎを参照。http://geography.about.com/education/scilife/geography/library/maps/blperu.htm,1992.

（21）たとえば、Ayumi Takenaka, "Japanese Peruvians and Their Ethnic Encounters," in Roshni Rustomji-Kerns et al., eds., *Encounters: People of Asian Descent in the Americas*（Lanham: Rowman & Littlefield Publishers, 1999）, 113-118 は、日系ペルー人のアイデンティティは明確で排他的であり、純粋な日系人だけが日系として見なされると判断した。直接に質問すれば、特にコミュニティの力の中枢部においては、人びとはこのことを本当だと言うだろうが、私の知見では、実際にはタケナカが示唆しているよりも「日系」とはよりあいまいで明らかに定義のゆるいものである。

（22）本質主義よりいっそう悪いのは、Stephen Thompson, "Assimilation and Nonassimilation of Asian Americans and Asian Peruvians," *Comparative Studies in Society and History* 21:4（1979）: 572-587 のように日系ペルー人と日系アメリカ人との差異を枠にはめることである。彼は、日系ペルー人が自分たちの居場所を知っている彼らの従順なアメリカの従兄弟と違って、同化を拒否し、孤立したままであると結論付けた。

（23）ラテンアメリカの先住民擁護運動（indigenismo）はこの矛盾を解消するために二〇世紀初頭に起こった。二つの傾向のうち、一方はロマンティックに描かれたスペイン人征服以前の過去の回復に基づいており、他方は先住民マジョリティの実際の公的権限に基づいていた。ロマンティックな方が不変の影響力を持っていた。運動の最重要人物の一人についての入門書は、Ciro A. Sandoval et al., eds., *José María Arguedas: Reconsiderations for Latin American Cultural Studies*（Athens: Ohio University Center for International Studies, 1998）を参照。

（24）June Kodani, "La 'amenaza' japonesa en los escritos sobre la inmigración," in *Primer Seminario Sobre Poblaciones Inmigrantes*（Lima: Consejo Nacional de Ciencia y Technologia, 1988）, 205-222 を参照。

（25）移民、人種、国家形成の間のこのつながりに関する重要な論考としては、Richard Graham, ed., *The Idea of Race in Latin America, 1970-1940*（Austin: University of Texas Press, 1990 を参照。

（26） Freya Schiwy, "Santa Rosa, the Contested Saint: An Early Attempt at Constructing National Hegemony in Peru," *Journal of Latin American Cultural Studies* 8: 1（1999）: 49–62 を参照。

（27） 教会の役割は明らかである。というのは、同化しないことを理由に日系人を批判する人たちはつねに日系人のカトリック教徒や彼らの礼拝は表面的で不誠実であると主張しているからである。Isabelle Lausent-Herrera, *Pasado y presente de la comunidad japonesa en el Perú*（Lima: Instituto Francés de Estudios Andinos, 1991）; Stephen Thompson, "Assimilation and Nonassimilation of Asian Americans and Asian Peruvians" を参照。

第18章　WUBと「オキナワ・ディアスポラ」
――「オキナワ」・「日系人」という視点から

新垣　誠

はじめに

沖縄ほど海外移民コミュニティとの歴史的繋がりが深く、その関係が現在も続く地域は日本全国、どこにもない。(1) しかし、沖縄が「祖国復帰」後のアイデンティティ・クライシスを迎えた一九八〇年代、「世界のウチナーンチュ」という言説の誕生と、そのネットワークの構築が体系化・政策化されることで、沖縄と海外ウチナーンチュの関係は、一つの転機を迎える。そして、行政主導型で作り出されたそのネットワークは今日、一部行政の手を離れ、ビジネスと人的交流を目的とした「世界ウチナーンチュ・ビジネス・アソシエーション（The Worldwide Uchinanchu Business Association/WUB）」として生まれ変わった。この組織の誕生は、既存のネットワークの限界を越え、沖縄と海外沖縄系移民コミュニティの関係性に、新たな展開をもたらす。本章の一つの目的は、WUBとそのネットワークが生み出す超国家的（transnational/diasporic）社会空間の可能性を模索することにある。そしてもう一つの目的は、海外日系コミュニティの内部において、「オキナワ」という体験が、文化的他者として形成されてきた中、「日系」という主体性と「オキナワ」という主体性の位置の関係性について考察することにある。

「世界のウチナーンチュ」言説の誕生と行政主導型ネットワークの確立

「本土並み」実現不可と沖縄のアイデンティティ・クライシス

第二次世界大戦後、二七年間の米軍支配から日本へと「祖国復帰」を果たした沖縄であるが、「平和憲法」のもとへと加わった後も、県民運動が掲げた「基地返還」や「本土並み」という理想が現実とならなかった感は否めなかった。一〇年後の一九八二年においても基地問題、土地開発、環境破壊、経済・産業の行き詰まりの問題は深刻化し、「復帰」の矛盾は拡大していった。復帰処理に追われる中、「本土化・本土並み」を目指していた沖縄が次第次第に膨らませていったものは、自信喪失、挫折、幻滅といった感覚であった。県政の行き詰まりの中、この沖縄のアイデンティティ・クライシスを当時の西銘順治沖縄県知事は、「沖縄の心とは、日本人になりたくてもなれない心」と表現した。(2)

「世界のウチナーンチュ」言説の誕生

「本土並み」という日本本土への同化の行き詰まりから、「大和／沖縄」という二項対立からの脱却と、沖縄アイデンティティの再形成を、「日本本土」の相対化によって試みようという一つの動きが、沖縄の地元紙である琉球新報社の社内会議から始まった。その相対化の試みとは、日本本土との関係に沖縄を見ることではなく、世界で活躍・成功している沖縄系移民との自己同一性を見いだそうという発想に基づく。(3)一九八四年一月一日、琉球新報社は「世界のウチナーンチュ」の企画を開始、これは一九八五年一二月二八日まで、四八四回にわたる長期連載となった。翌年、取材記事が本としてまとめられ出版されたが、これは学校教材や老人クラブ、婦人会など各種民間の団体の勉強会・会合などで頻繁に使われた。(4)この「世界のウチナーンチュ」というナラティブにみられるメッセージは、世界ではウチナーンチュはのびのびと誇りをもって活躍・成功しており、その特性は日本国内ではなくむしろ海外において開花するといったものだ。この「世界のウチナーンチュ」という語りは、「琉球王国」や「大交易時代」、「海洋民族」といった集団的記憶と絡まり合いながら、グローバル化が進む国際社会で、肯定的位置づけが可能な「国際人」としての自意識を生みだしていく（新垣 一九九八）。海外移民とは、「海洋民族」の精神を現代に受け継ぐ人びとであり、その存在は「ウチナーンチュ」が「国際人」であることの証となって、国際化時代の肯定的な沖縄のアイデンティティを再形成していくのである。(5)

「世界のウチナーンチュ」言説の政策化

日本の「国際的貢献」が問われ、地方自治体の地域振興開発、街づくり、村おこしを目的とした「国際交流・国際化」熱が全国的高まりを見せた一九七〇年代を皮切りに、沖縄も「沖縄振興開発計画」において、「わが国の南の国際交流拠点の形成」と位置づけられていく。沖縄がその「拠点」となりうる根拠とは、「県民の進取の気性と国際交流の歴史的経験」、「特有の伝統文化」、「大交易時代に代表される歴史的遺産」を有し、「移民県」であるとともに世界の橋渡しとなる「万国津梁の民」であること等だ。(6)沖縄自身も「琉球王国」や「大交易時代」、「海洋民族」等の歴史的記憶を次々と発掘し、沖縄県のカラーとして発信するようになる。首里城正殿の「万国津梁の鐘」に記された貿易国家琉球の気魄と国富を誇る銘文は、沖縄県知事応接室の屏風となって現在に蘇り、メディアを通して全国／世界へと発信されている。このような中、沖縄県は世界中に在住するウチナーンチュの繋がりを拡充・システム化する「世界のウチナーンチュ・ネットワーク構想」（一九九〇年）を打ち出し、行政の管理下、海外沖縄系コミュニティとの関係を体系化していく。そして一九九〇年、「沖縄・人――その広がりを求めて」のテーマのもと、「第一回世界のウチナーンチュ大会」を開催する。第二回大会は、「海を越え、言葉を超えて」というテーマで、一九九五年に開かれ、三五〇〇人を越える海外参加者が沖縄に集結した。(7)この大会は、「世界のウチナーンチュ」言説を政策化させる一大イベントであり、海外沖縄系コミュニティとの関係性の中に、新たな沖縄の可能性を見いだそうというプロジェクトでもあった。また、この大会は、沖縄が自らの主体性を構築していく目的で開催されたイベントであったが、参加した海外のウチナーンチュは「世界のウチナーンチュ」としての自意識を高め、そこで築いた関係をその後も継続させていった。この頃から、海外沖縄系コミュニティ間の交流も盛んになり、初めは行政主導型で形成されたネットワークが一人歩きを始めるようになる。「世界ウチナーンチュ・ビジネス・アソシエーション」も、そのような海外ウチナーンチュのインフォーマルな関係から出発した。しかし、この組織の結成は、「世界のウチナーンチュ・ネットワーク」を、新たなステージへと導いていく。

「世界ウチナーンチュ・ビジネス・アソシエーション（WUB）」の誕生

一九九〇年の「第一回世界のウチナーンチュ大会」以降、ハワイ沖縄系実業家、経営者、専門職人などの間に、沖縄との経済的交流を望む声が高まり、一九九三年一〇月、沖縄の企業を視察、そして交流を図るためのグループが結成された(8)。おもにHawaii Okinawa United Associationのメンバーにより組織されたこのグループは、一九九四年、正式に非営利団体としてHawaii Uchinanchu Business Group（HUB）と名乗り、WUBの前身となる。一九九五年の「第二回世界のウチナーンチュ大会」の「インターナショナル・バザール」においては「ハワイ物産展」を主催、成功を収めたHUBは、急速に沖縄の経済界と親密度を高める。沖縄側も、HUBの活躍に注目し、翌年には、県内四社の代表が集まり「HUB沖縄事務所」が設立される(9)。そして一九九七年九月一日、二日、HUB、ハワイ東西センター、りゅうぎん国際化振興財団、琉球新報社の共催で、「世界ウチナーンチュ・ビジネス・ネットワーク会議」がホノルルで開催され、the Worldwide Uchinanchu Business Association, International（ＷＵＢインターナショナル）の設立が確認される。[10] この会議には、ＨＵＢのメンバーからの代表六人に加え、アルゼンチン、ボリビア、ブラジル、カナダ、沖縄、東京、フィリピン、北米の各地域から六五人が代表者として参加した。この参加者のほとんどは「世界のウチナーンチュ・ネットワーク」を通してハワイ沖縄系と繋がりを持った人びとだ。

その後、一九九八年二月の代表者会議によって、ＨＵＢの会長であるロバート・仲宗根氏（沖縄系二世、前ホノルル市経済開発局長）がＷＵＢインターナショナルの初代会長を務めること、各地域のＷＵＢ支部長が自動的にＷＵＢインターナショナルの副会長に就任することなどが決定された。その後のＷＵＢの動きは実に目まぐるしく、各地域においてＷＵＢの支部が次々と設立された。[11]

「ＷＵＢインターナショナル」

ＷＵＢには、各支部を傘下に置き、組織運営の理念と方向性を決定するＷＵＢインターナショナルと、ＷＵＢ会員のベンチャービジネスへの資金援助を目的として一九九九年七月に設立されたＷＵＢ投資株式会社がある。この二つをロバート・仲宗根氏は「車の両輪」と表現するが、両組織はお互いに密接な関係を保ちながらも、法的には独立した組織である。[12] 一九九九年七月にハワイでＮＰＯ法人に認定されたＷＵＢインターナショナルは、「ビジネス」をその名に含みながらも非営利団体である。むしろグローバルレベルでのウチナーンチュ・アイデンティティ／ネットワークをキー概念に、ビジネスをも超えたさまざまな領域における新たな相互扶助関係の構築を目指す。人材の発掘とネットワークの拡充、ビジネス以外にも人材育成を含めた教育、世界のウチナーンチュ企業家の業種ごとの組織化、人的・技術的交流の強化などに力を入れている。ロサンジェルスで開催された第三回世界大会では五つの委員会を新たに組織し、その理念の具体化を図っている。[13] なかでもとくに注目すべきは「インターネット関連委員会」と「沖縄サミット（Ｇ８）関連委員会」であろう。インターネット関連委員会においては、ホームページの開設から会員情報に関するデータベースの構築まで、各支部・会員間のコミュニケーションを活性化するための計画が練られている。通信技術の発達による情報のグローバル化で、かつて存在した移民コミュニティ間の距離は急速に縮まっている。情報が戦力となるビジネスの世界で、この分野への取り組みはとくに重要視されているようだ。沖縄サミット関連委員会が取り組むのは、二〇〇〇年九州・沖縄サミット開催時における「沖縄」を海外に発信するにあたってのイメージ戦略である。サミット開催の一カ月前に第四回WUB世界大会を沖縄で開き、世界に発信すべき沖縄のイメージを、海外ウチナーンチュの視点から議論、提言書をまとめて沖縄県へ提出するのがこの委員会の目的である。そこには、母県沖縄の政治にも関わっていこうという、かつての海外県人会組織にはあまり見られなかった意欲的な姿勢が確認できる。

関連委員会設置の他にも、「プロフェッショナル・グループ」設立の計画がある。(14) このグループの目的は、ビジネスの直接的取引ではなく、医者、学術研究者、弁護士、エンジニアなどの交流にある。具体例として、アメリカにおける先端歯科技術の他地域への導入や、沖縄の穀物害虫駆除などの技術の輸出や交換を検討している。また、学生の交流や子弟留学生の交換・受け入れ、スポンサーなどの慈善活動にも積極的に取り組む姿勢を見せている。これらの活動は、WUBインターナショナル会長であるロバート・仲宗根氏が、米国立の教育機関であるハワイ東西センターにおいて、沖縄県との交流・人材育成支援を強化するために設置された沖縄担当局の局長に就任したことで、現実味を増してきた。(15) また、これら知識人・専門家の知的交流とコネクションを基盤に、沖縄の要望を米政府にPRするロビー活動の展開なども構想している。

「WUB投資株式会社」

非営利団体であるWUBインターナショナルの法的限界を乗り越え発展させ、ビジネスの新しい可能性の追求と会員に具体的メリットを与える目的で、一九九九年七月に設立されたのが、WUB投資株式会社である。NP

Oであるだけではない。WUBインターナショナルとの法的兼ね合いから、各支部の各会員が組織としてではなく、個人の資格として投資を行う。中井健代表（WUB沖縄）は、このベンチャーキャピタル・プロジェクトを、グローバルレベルで展開する「モアイ（沖縄における頼母子講）」のようなものと表現する。[16] モアイの習慣は古くから沖縄に存在し、現在、若い世代においてもまだ盛んである。しかし、何よりもモアイが人々の生活を大きく左右したのは、沖縄系がマージナルな地位を占めた移民社会においてであった。モアイのようなシステムは必ずしも沖縄系に限らず、移民先のホスト主流社会で銀行からの融資を受けられなかったマイノリティ集団が活用した相互扶助のシステムであった。WUB投資株式会社とは、この経済的相互扶助のシステムを、現代において沖縄を含めた全海外沖縄系移民コミュニティ間で実行しようという試みなのである。各会員から集められた資金は、WUBの会員が新規事業のため設立する会社へと投資されるが、同時に事業興しや貿易に関するアドバイスなど、コンサルタント業務も本格的に行う計画である。また、投資株式会社の利益の一部は、WUBインターナショナルへと寄付される。非営利団体であるWUBインターナショナルの運営の安定化と活動資金の調達の役割を担うのも投資株式会社であり、WUBインターナショナルとWUB投資株式会社が「車の両輪」たる所以はここにある。

WUBと既存の県人会組織

組織の理念と運営の方向性を決定するWUBインターナショナルと、それらを実際のビジネスとして現実化させていくWUB投資株式会社から成る「WUB」という、外部からの寄付金や援助金に頼ることなく自立的運営体制を確立した海外沖縄系移民組織は、かつて存在しなかった。行政主導型で形成された「世界のウチナーンチュ・ネットワーク」をその基盤としながらも、WUBは行政の管理下にあらず、きわめて自律的な運動を続けている。沖縄からの資金援助の側面だけを考えれば、これは県政が国際交流事業を特色の一つとしてきた大田県政から稲嶺県政へと移行することによって、県の国際交流事業費が大幅に削減されたこととも無関係ではないと思われるが、WUBという組織自体に、かつての海外沖縄県人会組織にありがちだった資金面における沖縄県行政依存型の体質が見られないのもたしかである。切り離された故郷への記憶やノスタルジア、家族・親戚再会の色が強かった今までのネットワークにWUBが経済的要素をもたらしたことで、海外ウチナーンチュのネットワークも新たな展開を見せることが予想される。

その理念と活動内容から、WUBインターナショナルを「グローバルレベルでの海外沖縄県人会的組織」と捉える見方も可能であろう。しかし、いくつかの点においてWUBは、既存の県人会組織とは異なる。まず、海外WUBの構成メンバーの最大の特徴は、若い世代が中心であるということだ。支部の会長並び会員の多くが二、三世で構成されている。この理由は、自然な世代交代だけによるものではない。また、一部のラテンアメリカ支部を除いて目に付くのは、その地域の県人会とWUBのメンバーが著しく異なる点である。ハワイなど、移民の歴史が古く県人会組織の世代交代がスムーズに行われた地域に比べ、ロサンジェルスの県人会など「新一世」と呼ばれる移住者が多い地域や比較的移住の歴史が浅い地域は、組織の中心的構成員が年輩の沖縄出身者である場合が多い。そのような組織は会員の親睦を主な目的とし、会のミーティングも日本語で行われるのがしばしばだ。このような状況で、移住先の言語を常用語としている新しい世代が疎外感を感じるのは否めない。言語の問題もさることながら、ホスト社会で活躍する若い世代のプロフェッショナル層が、既存の県人会に参加するだけの魅力を見いだせないのも事実だろう。主流社会へある程度の同化を果たした若い世代が、親の世代へ向ける眼差しは、「暗い」、「閉鎖的」、「不可解」など、時として主流社会がエスニック・マイノリティ集団へと向ける文化的他者への視線と限りなく重なり合うのである。(17)

今までの県人会組織に比べ、若い世代がWUBに持つイメージは、より肯定的だ。英語、スペイン語、ポルトガル語、日本語に翻訳されながら進行するミーティング、自地域を越えてさまざまな地域のメンバーとつながる開放的で越境的な雰囲気は、かつての県人会にはなかったものである。WUB会員の多くはプロフェッショナル間の交流が生み出す国際的人脈に魅力を感じているのだ。故郷沖縄の記憶を共有することで結びついていた一世の世代に比べ、若い世代は各地域で活躍する同世代のウチナーンチュに親近感を感じる。WUB北米（ロサンジェルス）のノーラン・比嘉会長は、一九九五年に「第二回世界のウチナーンチュ大会」で沖縄を訪ねた際、祖先の地である沖縄に来たことよりも、自分のようなウチナーンチュが世界中に存在することに感動し、そのアイデンティティを激しく揺さぶられたと語る。[18] 自らのエスニック・アイデンティティに何らかの問いを持ち続けながらも、親の世代とのつながりにおいてはその答えを見出せず、「オキナワ」という言葉に精神的距離感を感じ続けた若い世代も、その越境的空間のなかに新しい「オキナワ」の意味を発見する。それぞれの主流社会において、いくら同化しようとも拭い去れなかった違和感が、欠如から財産へと変換される契機を、WUBのネットワークは若い世代のウチナーンチュに与えるのである。それは彼／彼女たちが、「世界のウチナーンチュ」、「海洋民族」、「万国津梁の民」言説によって主体化される瞬間でもあるのだ。

WUBとオキナワ・ディアスポラ

海外県人会組織・姉妹都市提携など既存の国際交流の枠を超え、日本の一地域が全世界的ネットワークを構築するのは、日本全国でも沖縄だけである。これは、沖縄が人口比で全国一の移民排出県であることから、より多くの県民が海外に親戚を持つことで感じる親近感、歴史を通して沖縄と海外移民コミュニティとの相互扶助関係もその要因として考えられよう。しかし、何よりもこのネットワーク形成への意志が奏でる基調低音は、長年にわたる沖縄のアイデンティティ・ポリティクスの問題と共鳴するのだ。「大和／沖縄」という二項対立からの脱却と、沖縄の歴史や人的広がりの中に自らの個性や肯定的・自立的アイデンティティを見いだそうとする作業は、現在も進行中なのだ。その歴史的解釈の信憑性はどうあれ、過去における「琉球王国」という独立国家の「海洋民族」であったという集団的記憶に関する語りは、それを想起させる厳しい政治的・経済的現実を目の前に、「国際化」が望ましいとされる現在の日本国内において、また共生を志す平和的民族として国際社会において、より肯定的な自己像を形成するためのきわめて有効な言説となりうるのである。そして海外で活躍する沖縄系移民とその子孫の姿は、現代においてウチナーンチュが「国際的」素質を有し、「世界のウチナーンチュ」である証として語られる。

また、ホスト社会におけるマイノリティとしての自己像や、移民の歴史的記憶、同化のプロセスに何らかの違和感を持ち、出自へのこだわりを意識している海外ウチナーンチュのアイデンティティ形成の過程において、「海洋民族」というエスニック背景、「世界のウチナーンチュ」という沖縄から彼／彼女たちに向けられた賞賛にも似た言説は、その主体を獲得していくのである。ハワイにおける「ジャパン・パケ」、ミクロネシアにおける「ジャパン・カナカ」等、沖縄移民への蔑称は、もはやそのような日本移民からの差別を個人の日常において感じなくなった若い世代の間にも、集団の記憶として残っているのである。「大和／沖縄」という図式は沖縄だけでなく、移民先でも存在し、さまざまな形で語りつがれることにより、コミュニティの集団的記憶として維持されているのだ（新垣　一九九八：二四―三四）。いわば沖縄は歴史的・政治的体験において日本という国家の周縁に位置し、沖縄系移民社会は、移住先のホスト国家において、また日系移民社会においても多くの場合その周縁に位置してきた。[19] 沖縄と沖縄系コミュニティの深まる交流は、互いの周縁化／他者化の集団的記憶の共有をも促し、受難の経路と相互扶助による成功は、時空間を超えた「ウチナーンチュの精神」として言説化される。この言説が「世界のウチナーンチュ・ネットワーク／アイデンティティ」の基盤を成し、ギルロイ（一九九三：xi、一八七―二二三）がブラック・アトランティックにおいて表現した「変わりながらも同じもの（a changing same）」のような、「つねに記憶や幻想、語りや神話を通じて構築され」（Hall 1990：訳　九四）る、本質化への運動を回避しながら見いだされる主体性の位置を形成していくのである。また逆に、このネットワークはその集団的記憶の維持装置的機能を果たし、「ウチナーンチュの精神」の実践は、その記憶の想起を伴いながら、「ウチナーンチュ」という主体性の位置を生成・再生成していく。

ＷＵＢとは「ウチナーンチュ」のネットワークではあるが、各支部におけるＷＵＢ入会の会則に、「ウチナーンチュ」の条件を何らかの身体的／文化的属性に限定したものはない。それは、ＷＵＢがその組織を外へ開かれた包括的なものとすることで、当然のことながらネットワークの拡充とビジネス・チャンスの増大が望まれるからであろう。しかし、その外へと開かれたシステムを維持するためには、「ウチナーンチュ」という記号の意味を、きわめて不安定で代補的なものとして設定せざるを得ない。あまりにも複雑多様なナショナル・アイデンティティ、言語、文化、エスニシティのバックグランドを持つ「世界のウチナーンチュ」を接合する主体性の交差点には、如何なる本質化された（よって排除的）ナラティブも、「ウチナーンチュ」という主体性のメンバーシップを満たす必要十分条件としては成立し得ないだろう。また、ＷＵＢの集会において、「心はウチナーンチュ（Uchinanchu-at-heart）」という微妙な表現をよく耳にするが、これはその人のその他の属性が「オキナワ」に直接関係なくても、「ウチナーンチュの精神」を持ち合わせていれば、それが共同体の一員となる唯一の条件であることを示している。したがって、アプリオリに設定された自明のアイデンティティではなく、ネットワークのメンバー間における相互扶助の精神という生きた「伝統」の実践によって、この「ウチナーンチュ」というアイデンティティは初めて保証・確認されていく。「沖縄の世界的ネットワークは中国人やユダヤ人に比べて人数が少ないが、バックグランドとして「ウチナーンチュの精神」という家族的なきずなでつながっていることが実感できた」、「大切なのは、われわれがウチナーンチュであることだ……ウチナーンチュの心で障害を乗り越え、組織を発展させよう」というロバート・仲宗根ＷＵＢインターナショナル会長の発言や、「ブラジルのウチナーンチュにはユイマールの心が生きている……ユイマールの心を世界のウチナーンチュと共有したい」という与那嶺真次ＷＵＢブラジル会長の言葉は、「相互扶助の精神」を「ウチナーンチュの精神」とし、それを関係性の基盤とすることを表現している。[20] これはまた、関係性と実践のなかで、「ウチナーンチュ」という記号表記が様々な記号内容を伴って、その意味作用を限りなく広げながら再生成を続けていく可能性をも示唆している。

このような脱本質化された「世界のウチナーンチュ」のアイデンティティのあり方は、そのネットワークにおいて、沖縄在住人の「ウチナーンチュ」としてのアイデンティティの自明性や特権、文化的真正、中心性を揺るがし始める。起源／中心としての移民排出地域から、海外移民コミュニティへと向かう一方的な影響力のベクトルはもはや保証されない。この現象は、たとえばWUBの組織構造にすでに現れている。WUBのネットワークにおいて「WUB沖縄」は各WUB支部のメンバーが構成するWUBインターナショナル（ホノルル）の傘下にあって一支部であり、その権限において他の支部と何ら変わりはない。経済的影響力を見ても、海外とのネットワークによって沖縄へもたらされる経済活性化や新たな分野における産業発生の可能性は大きい。すでにWUBが計画している最先端技術の輸入や情報・通信関連産業の集積促進などは、沖縄県も力を入れている分野である。また、「長寿県」沖縄からのヘルスケア・ビジネスや健康物産の輸出は、WUBのネットワークを通してすでに始まっており、一般的に県内志向の強かった地元産業界に新たな刺激と市場拡大の可能性を与えている。「九州・沖縄サミット」開催にあたって、海外のウチナーンチュの立場から、沖縄関連情報発信の戦略を議論し、沖縄県へ積極的に提言していこうという姿勢や、沖縄が抱える基地問題に対して人脈を生かした米政府へのロビー活動の意志など、政治的影響力をもたらす可能性も見え隠れし始めている。

このような脱本質化・脱中心化へと向かうウチナーンチュ・ネットワークの織りなす関係性が孕むものは、国民国家の周縁において均質化と他者化の暴力を感じてきた「沖縄／オキナワ」が創り出す新たな超国家的社会空間、排除よりも包括へと運動を続ける共同体形態の可能性である。呉屋守將WUB沖縄会長は、「WUBがもう一つのディアスポラとして成立し、そして成功し得るかどうか、最大のテーマである」とし、「その条件には……開放性の保持、相互信頼等と厳しいが、県民性を思うに実現可能と、確信している」と語る。[21] 今や「オキナワ・ディアスポラ」という概念は、海外沖縄系コミュニティでもさかんに議論され、またWUBの活動が活発になるにつれ、そのリアリティを増してきた。(22)

沖縄における地上戦の記憶や基地問題、各海外沖縄系コミュニティにおける移民にまつわる悲話・哀話の記憶は、それぞれの地域でさまざまなナラティブを形成している。しかし、その歴史的体験・記憶の語りは違えども、そこに「沖縄／オキナワ」という共通の経路を見いだし、その受難の歴史を相互扶助の「精神」を持って克服してきたという言説のなかに主体性の位置を共有する作業は、たしかに「厳しい」プロセスを伴うだろう。「もろもろのアイデンティティ位置の総体（アンサンブル）」（Hall 1996：訳 二九）に、新たにこの「ウチナーンチュ」の位置を見いだせるのか。WUBの設立は、「世界のウチナーンチュ・ネットワーク」を新たなレベルへと展開することで、その可能性を想像させてきた。しかし、その答えは、まだ見えてはこない。

オキナワ・ディアスポラとアイデンティティ・ポリティクス

近代国家の周縁に位置して、その矛盾と他者化の暴力に曝されてきた沖縄が、「大和／沖縄」という二分法の呪縛から自らの主体性を解き放とうと構想したはずの「世界のウチナーンチュ・ネットワーク」も、深刻な矛盾を内包している。「万国津梁の鐘」の音とともに開催された「第一回世界のウチナーンチュ大会」と、その基盤となる「世界のウチナーンチュ・ネットワーク構想」は、超国家的なディアスポラ共同体形成の可能性をも暗示した。しかし他方、その大会の企画書において表明された意義とは、「我が国の国際化、国際交流の在り方が、巷間論じられている中、かつて舟楫をもって万国の津梁となしたウチナーンチュが、いま我が国の国際交流の歴史に大きな役割を果たすべき時がきた」こととあり、「（世界各地に在住するウチナーンチュ約二七万人には、）在住先国との交流を促進しひいては我が国の国際交流の拠点づくりの一翼となって頂く」こととある。(23) 三億円という大会開催予算を、沖縄県が国際交流事業費として獲得するためには、政府・外務省の方針との兼ね合いを考慮しなければならなかっただろうことは想像できる。しかし、国家という枠を超えて自らを外へと開き繋いでいく沖縄の運動は、いとも簡単に国家（国益）の一部として絡み取られ包括される致命的なアポリアをそこに残したまま始まったのであった。

第三次沖縄振興開発計画が目標とする「わが国の南の国際交流拠点の形成」が示すのは、「わが国」という国家という枠組みにおける「南」の拠点という中央政府的発想である。もし、「世界のウチナーンチュ・ネットワーク構想」ならびに「世界のウチナーンチュ大会」が、県土開発という政府のアジェンダの延長線上にあり、その枠を脱し得ないとすれば、沖縄が主体性再構築のために目論んだ超国家的（trans-national）なプロジェクトは、超国家的（ultra-national）なものへとすり替えられていくことだろう。これはまた、日本帝国への所属を渇望したかつての沖縄が、「南進」という帝国のプロジェクトに、自らの「海洋民族」という歴史を摺り合わせていった過去をも想起させる。[24] 急速な経済発展を遂げた東南アジア諸国との国際交流を射程に入れた資本主義経済大国日本が、沖縄を「わが国の南の国際交流拠点」と定めるとき、沖縄がそこに「大交易時代」を描き出すことは、きわめて危険なことである。

新たな主体性形成のための、沖縄のアイデンティティ・ポリティクスは、このようにさまざまな可能性と危険性を孕んでいる。「万国津梁の民」、「海洋民族」という伝統の再構築は、一方で「沖縄の自立」というきわめて政治性の高い問題と絡み合いながら現在まで進行してきた。一九八一年の『新沖縄文学／特集・琉球共和国へのかけ橋』で平（二一―一二）は、海外移民社会を「琉球精神共同体」と呼び、それを核に「大琉球」の国際関係を構想する。一九九七年に沖縄経済界を揺るがせた「自由貿易構想」において宮城（一九九八：一〇）は、「日本という枠組みの見方からは、沖縄の自立化への方程式は生まれない」、「沖縄の自立化は、「国境を越えたところにしか存在しない」とし、グローバリゼーションの潮流の中に「大航海時代」、「自由な通商都市国家沖縄」を描く。近年、沖縄の主体性を立ち上げる作業は、このような伝統の再構築の議論なしには、もはや語れない。また、二〇〇〇年九州・沖縄サミットの主会場は「万国津梁館」と呼ばれ、沖縄のメディアは「大交易時代のホスピタリティー」を持って、各国首脳／プレスを迎え入れようといった語りで賑わう。サミットのスローガンでもある「世界に向けて発信する沖縄の心」とは、「万国津梁の精神」なのだ。しかし、五〇〇年以上も前の「民族的特性」を、現在の自己批判もなしに自明のものとして受け入れることは、かなり無謀な行為であると言えよう。これらの歴史的主体の再構築は、「世界のウチナーンチュ」言説、部分的にはWUBネットワークの「ウチナーンチュの精神」の根幹をも成している。その「精神」が実践されるまさにその過程において、この「伝統的精神」自身も厳しく試されていくことだろう。

それでは、WUBが「ウチナーンチュの精神」や「海洋民族」、「大交易時代」をオキナワ・ディアスポラに思い描くこととは、どういう意味を持つのか。行政管理下を離れたWUBのネットワークが、かつての「世界のウチナーンチュ・ネットワーク構想」のように、日本国家の国策に絡み取られていくことはないだろう。しかし、ここで「グローバル資本主義」という新たな課題が浮上する。平の「琉球精神共和国」や宮城の「全県FTZ構想」、WUBの「投資会社」といった試みは、すべてグローバル資本主義経済の内部において思い描かれている。WUBの脱中心性は、グローバルな資本の流れにその身を委ねているだけなのかもしれない。また、WUB立ち上げの会議が、ハワイ東西センターの共催を得たこと、「WUB投資株式会社」の決算通貨が日本円であること等に、グローバル・キャピタリズムというコロニアルな暴力の側面を内包した巨大ヘゲモニーの影を見ることは、妄想ではないだろう。果たしてWUBは、「国民国家やグローバルな技術、そして市場の内部にあると同時に、それらに抗するトランスナショナリティを示し」えるのか（Clifford 1994：訳　一五一）。オキナワ・ディアスポラは、「国民国家やグローバル・キャピタリズムの構造に規定され、制限されながらも、ディアスポラ的実践はそれらを乗り越え、批判する」（Clifford 1994：訳　一二〇）ことができるのか。この挑戦は、今始まったばかりである。

「オキナワ」と「日系」

日系アメリカ人研究と沖縄人

現在の「日系アメリカ人」という主体生成過程に、「日系アメリカ人研究」という知の生産領域が深く関わっていることは言うまでもない。「オキナワと日系」というテーマを扱うにあたっても、この日系アメリカ人研究の生産する言説を抜きには考えられない。一九六〇年から一九七〇年にかけてアメリカで起こったマイノリティ集団の政治運動は、学問の分野にも改革をもたらし、エスニック研究という新たな知の体系の生産へむけた抗ヘゲモニー的ディスコースを生み出した。以来、差異を祝福するポスト・モダニズムの流行にも共鳴して、声を奪われていた各エスニック・マイノリティ集団は、社会・人文科学のマスター・ナラティブにメスを入れ、他者化の呪縛から自らの主体を解き放つべく、自らの歴史の再記述を始めた。アジア系アメリカ人研究や日系アメリカ人研究もその例に洩れない。

しかし一方、多くの日系アメリカ人研究は長年の間、沖縄系集団を「ジャパニーズ」という記号へ無批判に包括、または広島県系移民や熊本県系移民など「日本本土」に起源を持つ日系集団の構成集団と並立的に捉えることで単なる「日本の文化的副集団」の一つと見なしてきた。これは、移民以前、そして一世の世代間に強く存在した「ウチナーンチュ対ヤマトンチュ（大和人）」という位階序列の関係を不可視化するものであり、日系コミュニティの内部において他者化のプロセスのなか形成されていった「オキナワン」の主体性を、闇の中へと葬ってしまう危険性を孕んでいる。そこで黙殺されるものは、近代日本国家の植民地主義と沖縄という、ホームランドからの歴史の連続性の問題であり、移民後も日系コミュニティ内部で存続した文化的他者としての「オキナワン」の主体性の問題でもある。自らの物語を自らで語ることを目的とした日系アメリカ人研究とその社会運動が、その理論的整合性と政治的正当性のもとに沖縄系の物語を排除していったとすれば、今一度、その歴史化されなかった物語は、新たな語りの可能性を持ってそのページを開かれていくべきであろう。

日系アメリカ人研究はもともと北アメリカ本土、とくに西海岸に在住していた日系人（主として二世）の政治運動との関係の産物であり、その研究対象も当事者の経験に該当する内容が多く扱われた。かくして日系アメリカ人研究による「日系アメリカ人」のディスコースは、おもに西海岸の日系人の歴史的記憶（主として一世の世代における社会的・法律的排日運動、二世の世代においては、太平洋戦争時の強制収容）を中心に形成されてきた。西海岸において内地人に比べ人口の絶対数が少なかった沖縄系人は、社会構造的にも日系社会の一部に位置していた。物理的に隔離されたコミュニティを形成するわけでもなく、職業的にも、沖縄人は日系人と生活空間を共有していたのだ。(25)「排日」、「敵国人」など、アメリカ主流社会からの強力な差別的言説のもと、法的にも社会的にも「ジャップ」として日系人同様に扱われた沖縄人の主体性は、日系人と同じ他者化の過程を通して構築されていく。日系人としての集団的記憶を共有することと、「アメリカ白人中心主義的国家アイデンティティ」との絶対的パワー・ディファレンスのもとに他者化、そして形成されたマイノリティの主体を共有する、という二点において、北アメリカ本土における沖縄系人と日系人は主体性の位置を共有するのである。しかし、ここで大切な点は、北米における沖縄人の主体性の位置が、「沖縄／大和」や、「アメリカ主流社会／日系」という単純な二項対立的言説の中でのポジショニングのみで語られるものではなく、以前に言及した「沖縄」という内在化された「他者」を払拭しようとした試みに見られる主体性のアンビバレンス、またアメリカ社会という他者によって暴力的に「日本人化」された主体性と、日系コミュニティの内部において「沖縄人」であり続けることの自己矛盾など、複雑な言説的力学から成り得たということである。「日系アメリカ人」という政治的主体が立ち上げられた際、そのアジェンダは沖縄系にも共有されたのであり、その社会運動のなかで共有した主体性の位置は、アメリカ社会における自らの地位向上と権利主張のためにきわめて有効な言説を生み出したであろう。しかし、その政治的・歴史的主体に回収されていく過程において、沈黙していった「オキナワ」の声があったことも、また否定できないのだ。

このような「日系アメリカ人」という主体性を考えるうえで、ハワイという場は、また別のナラティブを提示する。アメリカ本土とは異なり、ハワイにおける多くの沖縄人は職業的にも日系人とは空間を異にし、人口も多かったため、可視性も高かった。しかし、このハワイという場において沖縄人に限らず日系人は、西海岸の日系人と歴史的・社会的経験を異にすることから、日系アメリカ人研究がその政治性的アジェンダとの相互構築作用のなかで立ち上げていった主体とは異なる主体を形成していった。そして時として二集団は互いを対立関係のなかに位置づけ、「日系人」という記号を共有しながらも互いを差異化し、複雑な意味作用を生み出すことで「日系人」の主体性の位置を多様化させた。しかし、戦後、その運動が政治的解決を迎える一九八〇年代まで、西海岸を中心とした日系コミュニティの政治的最優先アジェンダは「補償」の問題にあり、よって「日系アメリカ人」の主体にまつわる言説は強制収容の記憶に中心化された。たしかに、西海岸で見られたような大規模な強制収容が実行されなかったハワイにおいても、日系部隊のヨーロッパ戦線での活躍は、武勇伝として日系コミュニティの神話と化し、「アメリカ人」として活躍した日系人の戦争の記憶は、彼らの「国民的アイデンティティ」を構築する要素となった。絶対的単一支配集団が存在しなかったハワイとは異なり、アメリカ本土の日系人は、長年、沈黙のなかに自らの記憶を葬り続けたが、他のマイノリティ集団の運動を誘発した一九六〇、七〇年代において立ち上げられた抵抗の主体としての「日系アメリカ人」は、強制収容に象徴される西海岸の日系人の歴史的記憶を中心に構築されていったのだ。日系アメリカ人研究者やコミュニティ・リーダーたち（JACLなど）の発話によって形成される「日系アメリカ人」のディスコースは、その知の生産の場が西海岸に多いことも手伝って、西海岸を中心とした構造を形成してゆく。そのような中で、政治的切迫感が少ないと考えられたためか、ハワイ日系人のディスコースは、日系運動体のなかで副次的な位置を占めていった。副次的なハワイ日系人言説のなかで、さらに副次的位置にある沖縄人の声は、やはり聞かれることはなかったのである。

ハワイ日系人の主体性とアメリカ本土の日系人の主体性とを差異化する代表的な主体性の例が「ローカル」であろう。ハワイの沖縄系がローカル言説の中に自らを位置づけることで、その主体性も日系人ならびに他の人々と共有される。(26) ハワイという社会空間において、今もなお主体性の言説を維持する歴史的記憶の一つに、「プランテーション時代」の集団的記憶がある。プランテーション所有者である白人対労働移民である非白人という階級的構造は、移民キャンプのさまざまなエスニック集団のあいだに共通の抵抗の主体を生み出した。(27) 以降、オカムラ（一九九四：一六一―一七八）によるとこの主体性を歴史的起源とする「ローカル」の言説は、ハワイに「有害な部外者」を他者として排除するパワフルな言説として頻繁に発話され、現在もハワイ社会を理解する上で欠くことのできないディスコースとなった。この「有害な部外者」の代表が日本人である。たとえば、一九八〇年代に急激に増加した不動産や企業などの日本資本ならびに日本人観光客は、一九九〇年に行われた州調査の約半数の住民に「日本の経済的植民地と化した」と意識させるほどであり、三分の二の人に「日本国民は、遊んで金儲けをする以外、ハワイのことなど、どうでもいいと思っている」と反感を抱かせるほど影響力を持った。この他にも、アメリカ本土からのおびただしい数の白人移住者やアジアからの最近の移民に対しても「ローカル」言説は排他的である。オカムラは、この「ローカル」言説を、「ハワイの政治的・経済的将来を、外的力から守り、住民自らの手でコントロールしてゆこうとする集団的努力」と表現している。無論、沖縄系も日系もローカルであり、アメリカ本土における「白人優位主義」やゲゼルシャフト的価値観念、また日本資本に代表されるような「有害な部外者」に対するアンチテーゼ的主観を共有し、同じローカルとしての共同体意識を持つのである。またオカムラは、この「ローカル・アイデンティティ」の存在が、ハワイに「アジア系アメリカ人アイデンティティ」を根付かせなかった理由だと考える。日系アメリカ人研究の根幹を成しているのは、この「アジア系アメリカ人」という主体性の認識であり、そういう意味でも、「日系アメリカ人」のディスコースがハワイ日系人のディスコースと交差点を見いだせない理由が見えてくる。

沖縄系の研究が、日系アメリカ人研究に取り上げられなかったもう一つの理由に、その主体性が日系人の他者として構築されたという歴史は考えられないだろうか。かつて、ハワイ日系社会において沖縄人差別が存在したことは、一般的な歴史的認識になっているにもかかわらず、研究課題として日系アメリカ人研究にとりあげられなかったのは、日系アメリカ人研究が、政治的闘争のなかで立ち上げてきた主体が、「白人中心主義的アメリカ国民アイデンティティ」へ対する抗ヘゲモニー的主体であり、「沖縄人差別者」というもう一つの歴史的主体性がその「抵抗の主体」と共鳴しなかったためではなかろうか。実際には社会集団においては複数の主体性が複雑に重なり合いながら関係的社会空間に存在しているにもかかわらず、時として不協和音を奏でる主体性は、その全体的主体性のディスコースから排除される。分かりやすい一元的な主体性の言説を求める傾向は、戦略として効果的であるがゆえに、日系に限らずアイデンティティ・ポリティクスの中で抵抗の主体を立ち上げようとするいかなる集団も直面する危険な誘惑なのだ。アイデンティティの語りにおける明晰なディスコースは、排他的かつ抑圧的であり、表象をめぐる闘争において、暴力的に作動し排除のメカニズムを作り上げる。

しかし、ここでやはり問題を複雑化させるのは、ハワイ沖縄系の主体性がつねに日系の「他者」としてだけ構築されてきたのではなく、アメリカ本土の沖縄系の例にみられるように、第二次世界大戦中「白人中心的アメリカ愛国主義」という共通の他者性によって単一的に主体化されたという事実である。結果的に、ハワイの沖縄系も「日系人」としての主体性を共有してきた。このように「日系」、「ローカル」、「アメリカ人」、「沖縄人」とさまざまな主体性の位置関係のマトリクスの中、沖縄系と日系の関係性も形成されてきたのである。それはまた、沖縄系がハワイにおいてもアメリカ本土においても、「日系」というアイデンティティのもとに回収されるときの暴力の痕跡と、拭い去れない違和感を浮き彫りにもする。移民以前の日本植民地主義と沖縄、移民後の日系コミュニティにおける沖縄人の位置等を考慮することなしには、現在の「沖縄系」と「日系」の関係も語り得ないのである。

オキナワ・ディアスポラ／日系ディアスポラ再考——終わりにかえて

近代、とくに二〇世紀は、膨大な人口移動を生み出した。奴隷制度による強制的移動、戦争や植民地支配の結果としての難民や亡命者、労働移民そして離散民とさまざまな状況のもとで人々は移動してきた。交通機関の発達や資本のグローバル化も加わり、現在もなお人の移動は続く。しかし、「グローバリゼーション」の一つの傾向が、資本と情報、商品化された文化の流通による地球規模の均質化・普遍化へ向かう運動とすれば、「ディアスポラ」は、集団のアイデンティティや歴史的記憶と結びつき、その運動と密接に絡み合いながらも異なった時間性・空間性を描き出す。文化的スタイル、習慣、流行、商品などを資本、生産、消費の原理で流通させるのが、グローバリゼーションだとすれば、ディアスポラとの差異は、双方ともに国家や地域、民族やエスニシティの境界を越えていきながらも、ディアスポラが歴史的体験や記憶、精神的紐帯や関係性により深く関わっている点にある。そしてポストコロニアリズムが、歴史的に文脈化された多様性をディアスポラという概念で語る場合、そこに対峙されているのはグローバル化の文脈で語られる「コスモポリタニズム」などという非歴史化・脱政治化された多様性であり、グローバル・キャピタリズムというコロニアルな暴力を内包した巨大なヘゲモニーの力なのである。

長年、ディアスポラという言葉は、おもにユダヤ人、アルメニア人離散コミュニティを意味してきた。そのディアスポラ（diaspora）という言葉の語源は、ギリシャ語の「一面に、方々に」を意味するディア（*dia*）という前置詞と、「種をまき散らす」という意味の動詞、スペイロ（*speiro*）にある。ギリシャ人にとって、ディアスポラが意味するところは移住と植民地化であったが、ユダヤ人やアルメニア人にとっては、不幸で残虐な体験からくる集団的トラウマ、故郷からの追放、長期の亡命生活など、歴史的体験に基づく離散状況を意味する。(28) しかし、近年において、アフリカ黒人やパレスチナ人など紛争や植民地支配から移住・離散を強いられた集団、また中国人や他のアジア人集団など、近代が産み出した労働移民の結果、離散した集団も自らをディアスポラと呼ぶようになってきた。

このような新たに市民権を得たディアスポラの現状は、やはりグローバリゼーションと密接に関わっている。ディアスポラ的状況を体験する現実は、つねにグローバリゼーションのプロセスと絡み合っているのだ。しかし、受難の歴史的体験またはその記憶が、ポストコロニアルにおけるディアスポラ的形態の生成過程にとって不可欠であるという点において、グローバリゼーションとディアスポラという概念は区別される。「グローバリゼーションが資本と情報の「今」のブラックホールに全てを飲み込む運動であるとすれば、ディアスポラはそのような「今」によって抑圧され、否認されたりしている「記憶」(過去) の方に向かう」という上野(一九九七:五七)の見方は、グローバリゼーションと結びつきながらも、その資本主義や生産至上主義、また植民地主義的暴力への対抗言説としてのディアスポラ概念の理論的立場を示唆する。ディアスポラは、近代的政治単位としての国民国家や地球規模で拡大していく資本主義の付帯現象に還元できるものではなく、「国民国家やグローバル・キャピタリズムの構造に規定され、制限されながらも、ディアスポラ的実践はそれらを乗り越え、批判する」力を持つ(Clifford 1994:訳 一七〇)。また、「国民国家やグローバルな技術、そして市場の内部にあると同時に、それらに抗するトランスナショナリティを示している」とクリフォード(一九九四:訳 一五一)は主張する。そしてディアスポラを「共存のための資源」とし、「コミュニティ、ポリティクス、そして文化的差異の非‐排除的実践の探求」としたうえで、「〝ポストコロニアリズム〟のための資源を提供する」ものと考えるのだ(Clifford 1994:訳 一二〇、一五一)。

以前述べたように、明治時代に始まった近代日本植民地主義の産物としての沖縄系移民とその「関係的ネットワーク」は、空間よりも時間や「記憶」に強く関わっている。それは近代性の周縁にあって、沖縄・海外沖縄系コミュニティが共におかれてきた法的・文化的に変則的で差別的、そして副次的な存在の共通性に対する記憶であり、その「ディアスポラ共同体」からの視点は、国家や主流社会のヘゲモニーへの批判の言説を生みだすのだ。しかしその一方、オキナワ・ディアスポラを目指すWUBのような組織が、その体内にコロニアルなヘゲモニーへ絡み取られていく危険性を宿し、そのネゴシエーションのプロセスを通してしか進行しない現実も忘れてはならない。そしてその危険性から、日系ディアスポラも逃げることはできないのだ。WUBの背後にアメリカ・日本という二大国家の影がちらつくように、「日本財団」によって助成され「全米日系人博物館」によって主催される「国際日系研究プロジェクト」と、その「日系ディアスポラ」の概念にも、アメリカ・日本の影はつきまとう。「移民」という労働力と資本主義の問題、近代国家とマイノリティ集団という問題を、オキナワ・ディアスポラ／日系ディアスポラの概念は、どれだけ問題化できるのか。そしてまた、「オキナワ」と「日系」は、どのようにつながっていくのか。この問いかけに対する答えは、まだどこからも聞こえてこない。

注

（1）一八九九年に最初のハワイ移民が旅立って以来、沖縄にとって海外移民は大きな意味を持ってきた。出移民率全国一の「移民県」沖縄は、海外移民への経済的依存度も高く、一九二九年には県財政の歳入総額の六六・四パーセントを占める送金があった。一九三七年の海外からの送金額は、他府県を抜いて沖縄が一番多い。第二次世界大戦で地上戦を体験し廃墟と化した沖縄を救うべく、多量の物資や食料を送ったのも沖縄系海外移民であった。その後、沖縄は海外沖縄系コミュニティのための子弟留学制度や県人会館建設費援助等で、その感謝の意を表してきたが、個人や草の根レベルにおいては、さまざまな形態をもって沖縄と海外沖縄系コミュニティの相互扶助の関係が続いてきた。

（2） しかし、「日本人」への同化と払拭すべき他者性としての「沖縄」という問題は、何も復帰後に始まったわけではない（冨山 一九九〇、一九九四）。これは、「琉球処分」という日本への併合以来、近代沖縄が抱えてきたアイデンティティ・ポリティクスの課題なのである。そして「大和／沖縄」という二項対立的アイデンティティの構造が生み出す違和感と痛みは現在も完全に消えることはない。

（3） 琉球新報社山根安昇専務取締役インタビュー、一九九九年八月二八日、沖縄にて。

（4） このプロジェクトに触発されて、沖縄テレビ企画「沖縄発われら地球人」（一九八六―九六年）、「世界ウチナー紀行」（一九九七年―）等、関連企画も相次いだ。現在、琉球新報社では、毎週月曜日の夕刊に「海外ウチナー事情」と題して海外沖縄系コミュニティのニュースを連載、また、もう一つの地元紙である沖縄タイムス社は、毎週土曜日の夕刊に「海外おきなわ」というタイトルで紙面を割いている。

（5） また、これは「国際化」を目指す日本国家に対して、沖縄自らの歴史的・特質的優位性を主張するものだとの解釈も可能であろう。

（6） 第二次（一九八二年）、第三次（一九九二年）沖縄振興開発計画。政府決定。

（7） 第三回大会は「九州・沖縄サミット」の翌年、二〇〇一年に開催が予定されている。

（8） WUB沖縄支部概要、一九九八年。中井健WUB沖縄事務局長インタビュー、一九九九年八月二七日、沖縄にて。

（9） 株式会社ジミー、財団法人りゅうぎん国際化振興財団、株式会社高倉コーポレーション、Pilot Service U.S.A.-International, Inc.

（10） この会議において、「沖縄系ビジネス間のジョイント・ベンチャー」や「沖縄の経済的自立への援助」、「華僑やユダヤ人商業ネットワークの研究」や「インターネットを駆使した情報交換」等、現在のWUBのアジェンダの中心となるテーマがすでに議論のテーブルに乗っている。

（11） 一九九八年には沖縄、アルゼンチン、ブラジル支部が設立され、第二回世界大会もブラジルにおいて開催された。翌年の一九九九年には、東京、香港、ボリビア、ペルーの支部設立に続き、ロサンジェルスにおいて第三回世界大会も開催された。*The WUB News*、WUB沖縄、一九九九―二〇〇〇年、一―一〇号。

(12) ロバート・仲宗根WUBインターナショナル会長インタビュー、一九九九年六月二六日、ロサンジェルスにて。

(13) インターネット関連委員会、流通関連委員会、建設関連委員会、不動産関連委員会、サミット関連委員会。中井健WUB沖縄事務局長インタビュー、一九九九年八月二七日、沖縄にて。

(14) ノーラン・比嘉WUB北米会長インタビュー、一九九九年六月二六日、ロサンジェルスにて。

(15) 同センターのチャールズ・E・モリソン総長は、一九九九年四月二八日、県庁に稲嶺恵一知事を表敬訪問し、沖縄から若い経済人を研修生として積極的に受け入れる考えを伝えた。また、モリソン総長は「沖縄との関係を再び強化したい」として、(1)若い経済人の研修、(2)大学間の教授陣の交流、(3)沖縄の南北センター構想への支援・助言、(4)世界のウチナーンチュ・ビジネス・ネットワークづくりの支援を提示した。『琉球新報』一九九九年四月二九日。

(16) インタビュー、二〇〇〇年一月七日、沖縄にて。

(17) 海外とは多少、文脈が異なるが、既存の県人会組織の活動内容の限界や閉鎖性に対する不満を共有しているのは、WUB東京の若い会員たちも一緒であるようだ。

(18) インタビュー、一九九九年六月二六日、ロサンジェルスにて。

(19) 日系社会内の場合に限って見ると、ペルーのように沖縄系が日系社会の大半を占める例外もある。

(20) 『琉球新報』一九九九年八月二一日。「ユイマール」とは、沖縄の農村落で実践されていた労働における相互扶助のシステム（結い）。

(21) 『琉球新報』一九九九年九月二二日。

(22) 二〇〇〇年六月には、ハワイ移住一〇〇周年記念行事の一環として“Okinawan Diaspora”の国際研究者会議が開催される。

(23) 企画書、第一回世界のウチナーンチュ大会実行委員会、一九八九年一二月。

(24) 冨山（一九九九）は、一九四一年、沖縄県師範学校教諭だった安里延の『沖縄海洋発展史』における「沖縄人」の「南海発展」の歴史的必然性と、日本の南進を重ね合わせたテキストについて有意義な議論をしている。

(25) 「北米沖縄人史」などを分析してみると、園芸家や農家など、一般的に日本人と同じ職業に沖縄人も従事しており、社会構造的には同じ位置を占めている。

(26) ここで「ローカル」の主体性を共有する人びととは、オカムラによると「……ネイティブ・ハワイアンや中国人、フィリピン人、日本人、韓国・朝鮮人、沖縄人、ポルトガル人、プエルトリコ人を含むプランテーションへの移民労働者集団」とされている。Okamura, Jonathan Y. 1994. "Whey There Are No Asian Americans in Hawaii: The Continuing Significance of Local Identity." *Social Process in Hawaii*, Vol. 35. pp. 161-178.

(27) R・タカキの「パウ・ハナ」には、白人プランテーション所有者の抑圧に対する労働者のインターエスニックな団結と抵抗が語られている。また第四章の「プランテーション・キャンプス——コミュニティとカルチャー」においては、各移民労働者集団がマルチ・カルチュラルな環境で平和的に生活を共有している姿が描かれているが、エスニック集団間の関係が、描写されている程に平和的であったかは疑問である。Takaki, Ronald T. 1983. *Pau Hana: Plantation Life and Labor in Hawaii, 1835-1920*. Honolulu: University of Hawaii Press.

(28) たとえば、Robin Cohen, *Global Diasporas: An Introduction*, University of Washington Press, 1997, p. ix 参照。

文　献

新垣誠　一九九八　「沖縄の心（Uchinanchu Spirit）——ハワイにおける「ウチナーンチュ」という主体性についての一考察」『移民研究年報』第四号：二〇—四〇頁。

Clifford, James　1994　*Diasporas*.　有本健（訳）『現代思想』二六巻七号、一九九八年、一二〇—一五六頁。

Cohen, Robin　1997　*Global Diasporas: An Introduction*, University of Washington Press, p. ix.

Gilroy, Paul　1993　*The Black Atlantic: Modernity and Double Consciousness*. Harvard University Press. p. xi, pp. 187-223.

Hall, Stuart　1990　*Cultural Identity and Diaspora*.　小笠原博毅（訳）『現代思想』二六巻四号、一九九八年、九四頁。

Hall, Stuart　1996　*The Formation of a Diasporic Intellectual: An Interview with Stuart Hall*.　小笠原博毅（訳）『思想』八五九号、一九九八年、二九頁。

Matsumoto, Y. Scott.　1982　"Okinawan Migrants to Hawaii." *The Hawaiian Journal of History*, Vol. 21. pp. 125-133.

宮城弘岩　一九九八　『沖縄自由貿易論』琉球出版社、一〇頁。

Okamura, Jonathan Y.　1994　"Whey There Are No Asian Americans in Hawaii: The Continuing Significance of Local Identity." *Social Process in Hawaii*, Vol. 35. pp. 161-178.

平恒次　一九八一　「新しい世界観における琉球共和国」『新沖縄文学』第四八号、二—一二頁。

Takaki, Ronald T.　1983　*Pau Hana: Plantation Life and Labor in Hawaii, 1835-1920*. Honolulu: University of Hawaii Press.

冨山一郎　一九九〇　『近代日本社会と「沖縄人」』日本経済評論社。

冨山一郎　一九九四　「国民の誕生と『日本人種』」『思想』八四五号、三七—五六頁。

冨山一郎　一九九九　「ユートピアの海」、春日直樹（編）『オセアニア・オリエンタリズム』世界思想社、二〇四—二二五頁。

上野俊野　一九九七　「ディアスポラのアジア」『インパクション』一〇一号、五七頁。

第19章　「外国人」としての日系人
――「多文化共生」をめざす震災後の神戸のなかで(1)

竹沢泰子

六四〇一人もの犠牲者を出した阪神淡路大震災から二〇〇五年一月一七日で一〇年を迎えた。元被災地では数々の行事が催されたが、その一つに、同年三月末、震災時に支援の手を差し伸べた諸外国の団体関係者が兵庫県に招待され、今後に向けた討議を日本人関係者とともに行った「震災復興・国際感謝の集い」がある。フォーラムの一つでは「日系人・兵庫県人会」の代表者と兵庫県内の団体関係者が集い、災害時における相互支援活動のあり方について活発な討論が交わされた。震災の混乱であまり知られていないが、震災後まもなく、海外の日系人・関係団体から多額の義捐金が被災地に送られている。たとえばブラジルの日系人コミュニティや兵庫県人会からは、自国の経済状況にもかかわらず、総額九〇〇〇万円に上る見舞金が寄付されている。フォーラムに参加したある一世の代表者は、「日本に何か恩返しがしたかった」という。また別の一世は、「被災したのが神戸だったということもあった」と、神戸に対する郷愁を述べている(2)。

この一世が語るように、多くの移民一世にとって、神戸は思い出深い土地である。それというのも、過去約一〇〇万人の海外移住者のうち約四〇万人が、日本で最後の日々をこの地で過ごし、神戸港からそれぞれの新天地へと旅立ったからである。一九〇八年四月二八日にブラジルへと向かう「笠戸丸」が乗客七八一人を乗せて神戸港を後にした。ブラジル移住の始まりである。その後も長く「笠戸丸」は、多くの移民を神戸港から南米へと運んだ。一九二八年には、海外移住を目前に控えた人々に対して情報や訓練プログラムを提供するため、「国立移民収容所」(後に国際協力事業団による「移住センター」となる)が設立された。

最初の「笠戸丸」が神戸を発ってから間もなく一〇〇年を迎えようとしている今、四月二八日は、地元の日系ブラジル人にとって新たな年中行事となっている。神戸からブラジルへの最初の移住を記念して、二〇〇一年四月二八日、式典が催され、神戸港メリケンパーク南端に移民乗船記念碑が建立された。二〇〇二年六月には、恒例となっているフェスタ・ジュニーナ祭に合わせて、この旧国立移民収容所の一室に移民資料室がオープンした。そして二〇〇四年四月二八日、日本で初めての「移民祭」が開かれ、翌二〇〇五年同日も、一〇〇人以上が訪れ大成功を収めた。イベントでは、現在神戸に住む元ブラジル移住者が経験談を話し、ブラジルの格闘技カポエラの披露もあり、大いに賑わった。今この地域で働き生活をしている二世三世四世たちが、一世の歩んだ移住の記憶を辿るとともに、新たな活動の場で自らの情報交換や親睦を交わす日となっている。四月二八日は、これらの日系ブラジル人にとって、祖先をめぐる古い記憶に自らが創りだす共同の記憶を接ぎ木する日となっている。

「日系人」は、慣用的には海外に渡った日本人移民とその子孫を指す用語として知られてきた。したがって、日本人としての文化的特質や血統を継承する人びと。このようにアプリオリに解釈されてきたといっても過言ではない。実際、全米日系人博物館において開かれたわれわれのセミナーでも、海外の当事者である研究者からそのような発言が目立った。では現在日本に住む日系南米人はどうなるのか。しかもこれらの人びとは日本社会では一般に「日系人」としてではなく、「外国人」あるいは「南米人」として認識されている。日本社会に新たに仲間入りした日系南米人をめぐって新たに台頭してきた現象を、本書のようなグローバルな日系人研究の観点からどのように解釈すればよいのだろうか。

神戸は群馬や東海地方と異なり、決して日系ブラジル人などの南米人の人口が多いわけではない。しかし人口比の割合に注目度の高いコミュニティを形成している。また地域では、ブラジル人やペルー人など南米人の存在も震災後強く意識されるようになった。

本章では、震災直後の被災外国人支援活動の中で生まれてきた「多文化共生」に向けての試みを素描し、その中で日系南米人、とくに日系ブラジル人がこの地域でいかにコミュニティを築き、どのような位置を占めているのかについて検証する。そこから「日系人」とは何なのか、新たな定義に向けて再考を試みたい。

阪神淡路大震災と「多文化共生」

阪神淡路大震災は、神戸における「外国人」(より正確に言うならば、日系人らの新移住者および中国人、韓国・朝鮮人などのマイノリティを指す)との関係を一転させたといっても過言ではない。今や国中に普及した「多文化共生」という言葉は、震災直後の被災外国人支援活動における積み重なる討論と、後述する「多文化共生センター」の存在を通して広まった言葉である。「共生」という用語自体はそれ以前からの歴史を持ち、一九七〇年代前半から在日韓国・朝鮮人による差別撤廃運動の中で使用されていたものである。(3) 阪神大震災と外国人支援については、すでに多くの文献が存在するので、(4) ここでは筆者自身が行ったインタビューに基づいて、日系南米人にかかわる事項を中心に概観しておきたい。

兵庫県警の統計では、震災によって一九九人の外国人が犠牲となっている。(5) この中には日系ブラジル人八人とペルー人一人も含まれており、全員が神戸に居住していた。外国人住民の実際の負傷者数にかんする公的統計はないが、地震後病院に担ぎ込まれた重体外国人は一二人で、この中には四人のブラジル人と三人のペルー人が含まれていたとする報告がある。(6) 一九九人という数字は県内の震災による死亡者の三・一パーセントを占め、県内外国人登録者が当時占めていた比率一・八パーセントをはるかに上回る。生き延びた人々も、日本語以外の情報がほとんど存在せず、避難場所から救援物資、医療、弔慰金などをめぐっては混乱をきわめた。各国の大使館や領事館、また自治体の主要施設は壊滅的被害を受け、外国人に対する情報提供で主導的役割を担っていた「外国人県民インフォメーションセンター」も含めて、その機能を停止せざるを得なかった。結果的に外国人、中でも非英語圏の出身者対象の情報提供が大幅に遅れることとなった。外国人被災者は、ある意味で多くの日本人以上に精神的極限状態に追いやられたといえる。

震災を機に多くの外国人県民支援のNPO／NGOなどが設立され、活動を開始するわけであるが、忘れてはならないのは、それらの団体が急に台頭したのではなく、それが可能となるだけの素地がすでに神戸や周辺地域では存在していたことである。民間では、在日本大韓民国民団兵庫県本部（通称「民団」）や在日本朝鮮人総聯合会兵庫県本部（通称「総聯」）、神戸華僑総会といった民族団体が古くから同胞の権益擁護活動を行っていた。また、神戸外国倶楽部など欧米系を主たる会員とする組織も存在していた。

日系南米人など新移住者を支援する団体は、自治体によるサービス機関以外は当時ほとんど存在しなかった。しかし注目すべきことは、さまざまな形で外国人の支援活動に従事していたきわめて有能で活動的な人たちが、震災前にこの地域にすでに集まっていたという事実である。

地震発生から二日後、被災外国人を救援しようと即座に活動を始めた人々がいた。関東大震災時の大虐殺が頭をよぎったという人々は少なくない。支援活動の中心になった活動家たちの大半は、それ以前から海外協力や外国人・マイノリティなどの支援に携わっていた人びとであった。第三世界の人びとを支援する活動についていた人、長く在日韓国・朝鮮人などの人権活動などに関わっていた人、新渡日の南米系の人たちに情報提供を行ったり相談にのったりしていた人、ベトナムからの難民との関わりの深かった人、病気の治療費が払えなくなった留学生の生活支援を行っていた人、大使館や領事館勤務をはじめ外国人を対象とした職業に従事していた人などなど。また、PHD協会や神戸YMCA、神戸YWCAなどキリスト教系のNPO／NGOなどが、一九八〇年代から「神戸NGO協議会」を組織し、定期的に学習会などを行っていた。この「神戸NGO協議会」は、震災直後に各地で展開されたNPO／NGOなどの活動の連絡調整を担った「阪神大震災地元NGO救援連絡会議」設立の基盤となった。神戸をはじめその近隣地域にはこのように、外国人と日常的に縁の深かった活動的な人びとが数多く住んでいた。またそれに加えて、震災直後ボランティアとして関東など離れた地域からかけつけ、そのままこの地域に定着した活動家も稀ではない。以下震災直後に外国人支援にかんしてきわめて重要な役割を果たし、日系南米人に何らかの形で関係のある団体や組織について言及しておきたい。

カトリック教会は、震災時外国人支援において特筆すべき役割を果たしている。ラテンアメリカ出身の被災者にとって、神戸の中山手カトリック教会が震災直後の避難所として機能した。カトリック大阪大司教区からは、一月二〇日シスター・マリア（本名はマリア・コラレスさん）が、「国際協力委員会」の委員として「一週間の支援活動」という要請に従い神戸に赴いた。その後三カ月間、中山手教会に寝泊まりしながら、集まったボランティアとともに支援活動を続ける。海外から大使館・領事館を通して問い合わせのあった安否確認と情報提供のため、すべての避難所を自転車でまわり、スペイン語でビラを配布した。また後日義援金の給付の煩雑な手続きを手伝い、粘り強い交渉を続けた。被災者への義捐金は、在留資格に関係なく所定の書類を提出すれば、家屋が全壊または半壊した世帯と家族が死亡した世帯に対し支給されることになっていたが、非正規滞在者に対しては、些細なことで煩雑な手続きが繰り返し要求されたという[7]。ともに支援活動を行ったボランティア青年らが、「外国人がいかに社会の中で落ちこぼれて除外されているか、目のあたりにみた。それが一番ショックだった」と口々に語ったという。カトリック教会の活動であったことなどから、とくにラテンアメリカの中でもスペイン語圏の住民が支援を求めてきた。

神戸の長田区にあるカトリック鷹取教会は、震災後またたく間に全国から集まったボランティアの救援基地と化した。震災前から多数のベトナム人が信徒として出入りしていたが、一月二八日司祭神田裕さんを中心に、「被災ベトナム人救援連絡会議」が発足した。鷹取教会はその後も外国人支援活動を積極的に支え、教会敷地内に数々の外国人支援団体が事務所を構えることとなった。一時期には一〇団体が存在し、現在でも「NGOベトナムin神戸」「アジア女性自立プロジェクト」など、七団体が活動の拠点を置いている。後述する「関西ブラジル人コミュニティ」もこの敷地内で誕生したものである。たかとりは、外向けの国際交流の中心地であり続けた三宮や元町とは対照的に、神戸の「多文化共生」の実験場となっている。

「外国人地震情報センター」(現「多文化共生センター」)は、一月二二日に大阪で発足した。代表の田村太郎さんは、震災前は大阪で滞日フィリピン人向けのビデオレンタルショップを知人と共同経営し、またタイ人向けの情報誌も手がけていた。地震発生の翌日、外国人滞在者に対する情報不足を憂い、知人らと七言語での通訳体制を整え、二日後には、英字新聞や電話相談の広報を始め、さらに後にはスペイン語、ポルトガル語を含む一三カ国語でのニュースレターも配布し始めた。同年一〇月名称を変えた「多文化共生センター」は、神戸にも事務所を開くようになったが、後述するようにそこから独立した「ワールドキッズコミュニティ」からさらに「関西ブラジル人コミュニティ」が組織されるようになったのである。

震災から三カ月たった四月、鷹取教会の中に被災ベトナム人向けのラジオ局「FMユーメン」が開局し、スペイン語を含む五カ国語での放送を開始した。震災から半年後の七月には、FMユーメンと、韓国・朝鮮語と日本語で放送を行っていた「FMヨボセヨ」が合併して、コミュニティFM局「FMわいわい」がスタートした。その後ポルトガル語を含む三カ国語が放送言語に追加された。民族音楽は在日韓国・朝鮮人などのマイノリティや新移住者を激励する意図もあったという。この他、NGOと地方自治体との協力関係の成果の一つに、災害時の情報提供を目的とした多言語ウェブサイトの構築が挙げられる。FMわいわいを含む四つの組織が、神戸の震災で得た教訓を活かして、災害時においても多言語による情報提供を可能としたプロジェクトである。東京から震災時に駆けつけそのまま神戸に定着することになった日比野純一さんと吉富志津代さんを中心とする「FMわいわい」は、外国人を特別視するのではなく、身体障害者や高齢者も含めた多様な人々が共生できるコミュニティづくりを目指しているという。

このほか、直接日系南米人に関係しているわけではないが、神戸大学の近くに位置する「神戸学生・青年センター」は、館長の飛田雄一さんが中心となり、住居が全壊または半壊した学生に一律三万円を現金で当面の生活支援として支給した。二月一日から三月末までにその合計額は二三〇一万円に上った(8)。飛田さん自身学生運動時代から在日朝鮮人問題にかんする活動に関わっており、センターでは震災前から朝鮮語講座や講演会を開いたりしていた。また前述のたかとりでは、震災直後に横浜から駆けつけ以後神戸で活動を続けている金宣吉さんが中心となり、「兵庫県定住外国人生活復興センター」を立ち上げた。一九九七年同センターは前述の「被災ベトナム人救援連絡会」と統合し、「神戸定住外国人支援センター」が開設された。PHD協会の代表であった故草地賢一さんは、震災と同時に関東大震災の折の大虐殺事件が脳裏をよぎり、それを防ぎたいとの思いから動き始めたという。協会では、草の根運動によるアジア・南太平洋地域の村の自立を支援するための研修生受け入れプロジェクトなどを行っていた。地震後二日目の一九日、草地さんらが中心となり、「阪神大震災地元NGO救援連絡会議」を発足させ、全国から駆けつけたNGOやボランティア、自治体の間の連絡調整を主たる目的として、さまざまな団体やボランティアが有機的に救援活動を行えるよう組織的体制を整えた。

二月一四日この傘下に形成された六つの分科会のうちの一つが、協会や民間団体など約一〇団体から構成された「外国人救援ネット」(現「NGO神戸外国人救援ネット」)である。この「外国人救援ネット」は、その後さまざまな支援活動を展開し、今日では同地域の外国人にとって重要な相談機関となっている。外国人支援団体が集まった「外国人救援ネット」が震災当時直面した最大の問題は、在留資格を理由に支払いがなされなかった一部外国人滞在者の医療費と弔慰金をめぐるものであった。

この問題は、神戸を舞台に震災後変化するエスニック間関係に連動するので、ここで詳しく取りあげたい。日本政府は外国人登録を行っている居住者に対しては、日本人と同様に、生計を立てる人を失った遺族には五〇〇万円を、扶養家族を失った遺族には二五〇万円を弔慰金として支給した。[9] しかしながら、「超過滞在者」や外国人登録をしていない非正規外国人、旅行者の犠牲者にかんしては支給を拒んだのである。前述の八人の日系ブラジル人とペルー人一人の犠牲者のうち、ペルー人の短期滞在査証は震災前日に失効しており、支給対象から除外された。

同様の問題は一九九五年二月医療費をめぐっても生じている。地震直後の一月中は、誰もが無料の治療を受けることができたが、緊急期間が過ぎると二月からは「健康保険の枠内」での無償化が決定され、国民健康保険への加入が法的に不可能な滞日一年未満の外国人や、「超過滞在者」らは、自費で治療費を支払わねばならなくなったのである。

交渉の中で議論の一つの焦点となったのは、「住民」の定義であった。「市町村が条例に基づいて災害で死亡した住民の遺族」への災害弔慰金の支払いを保障する「災害弔慰金の支給等に関する法」に記載されているこの用語の解釈をめぐって、あくまでも正規の在留資格を前提とし、譲歩しようとしない政府側の主張に対し、「外国人救援ネット」は、日本人、登録外国人、非登録外国人、旅行者を問わず、「全ての被災者は平等の権利をもつ」という、シスター・マリアの提言をスローガンとした声明を発表した。自治体向けに厚生省が作成した一九九一年版の「災害弔慰金等関係法令通知集」によれば、「住民とは、その市区町村の区域内に住所を有する者」、また「住所」とは各人の「生活の根拠」を示すものであると記載されており、生活の根拠があれば在留資格は無関係のはずであるというのが、「外国人救援ネット」側の主張であった。[10]

「外国人救援ネット」はこの問題の当面の対処として、外国人の医療費を一時的に肩代わりし、それを国に請求するしくみとして、六月「医療費肩代わり基金」を発足させた。[11] 兵庫県との交渉の結果、七月、兵庫県が外国人治療による未払いの医療費を医療機関にほぼ全額補填するよう、事業計画が整えられることになった。また神戸市および兵庫県は、家を損傷した人々への見舞金の分配に関して、日本人、登録外国人、非登録外国人、超過滞在者などの間に区別を設けなかった。弔慰金の受給を拒まれた外国人遺族に対して、「外国人救援ネット」は集まった寄付の中から一〇〇万円ずつ手紙を添えて手渡している。

医療費・弔慰金と外国人の在留資格の問題は、国民国家による境界と、ローカルレベルでのそのような境界への抵抗という観点から見れば、象徴的に大きな意味をもつものである。これらの事例が示すのは、日本政府が在留資格を理由に一部の外国人に対して同じ被災者でありながら、排他的な定義を固持し続けた一方で、地方自治体はNGOからの提案を受け入れる柔軟性を示したことである。その後も今日に至るまで、上述のNGO諸団体が地方自治体と交渉や議論を積み重ねることによって、外国人住民の抱える問題に対する自治体の対応は、震災前よりはるかに向上している。神戸においてNGOと自治体との関係は、他の外国人住民の多い都市と比較すれば、むしろ融和的で相互扶助的関係ともいえるものであり、この地域の一つの特徴でもある。

それを象徴するのが、震災後、NGOと市と県が討議を重ねていくうちに誕生した、「ゴンゴ」(GONGO: Governmental Organizations and Non-Governmental Organizations)と呼ばれるインフォーマルな研究会であった。「ゴンゴ」は、前述の未払いの医療費の自治体による補塡や、多言語の街路標識、移住者子弟のための多言語教育プログラムなどを推進した。

震災によって、この地域に生きる多様な外国人の存在に人びとの目が向けられるようになったのもまた一つの大きな変化である。校舎が全壊した東神戸朝鮮学校(現神戸朝鮮学校)が民族学校であるために直面した新校舎建築費の問題、同学校へ避難してきた近隣住民との心暖まる交流、南京町での炊き出し、ベトナム人のテント生活、大量の日系人の市外への移動など、これらの外国人を取り巻く動きはマスコミで大きく報道され、それによりベトナム人やブラジル人といったそれまであまり一般市民に知られていなかった新移住者の存在も、一躍注目を浴びることとなった。

あれから一〇年の間に、「外国人」をとりまく環境は大きく変わった。[12] 自治体による多言語サービスは充実し、上述のような外国人支援のためのさまざまなNGO、知事と外国人団体代表者の懇談の場である「外国人共生会議」、日本で唯一の「外国人学校協議会」が誕生し、街には多言語標識も増えた。そして神戸の多くのローカルの場で、外国人住民と日本人住民の関係のあり方が震災を機に大きく変化した。神戸朝鮮学校と隣接する自治体住民の間では、震災時の数ヵ月に及ぶテントでの共同生活によって、それまで根強かった偏見の壁が崩れ、それ以後今日にいたるまで恒常的で密接な相互扶助関係を結ぶようになっている。マイノリティ団体や外国出身の活動家は口を揃えて、震災時全ての世代の日本人が、被災者であれボランティアであれ、貴重な食物や日用品を互いに分け与え、援助の手を差し伸べたという。

しかし同時に、震災によって外国人に対するさまざまな制度的差別や新移住者やマイノリティが抱える生活上の問題も浮き彫りとなった。震災により現在に至るまで不況が深刻な神戸で多くのマイノリティの受けた経済的打撃はさらに深刻である。国内での民族学校の位置づけによる復興費・授業料負担、上述の弔意金・医療費、多言語による情報とサービスの不足、災害時の対応、母語教育、不就学等々、課題は山積している。「多文化共生」という今や日本国中で流行語と化した言葉は、元来決して美化された言葉ではなく、神戸や兵庫県という地域社会を変えていくための実践道具として使用されるようになった言葉なのである。

日系人が直面する問題

一九九〇年の入管法改正は、神戸においても他地域同様日系人口の増加をもたらした。一九九一年頃からそれによる流入が始まり、一九九四年頃から目立つ存在となり始めた。初期に阪神地域に到来した日系人は、ラテンアメリカから直接移住したのではなく、群馬県や東海地方などの日系人の集住地域で不景気のため解雇されて移動してきたり、あるいはよりよい条件を求めて神戸にきたケースが多い。しかしその後は、仲介業者やすでに定住している日系人の親戚や知人をとおして、直接移住するケースが増えている。

二〇〇四年一二月末現在、神戸市内には外国人登録者として、五九四人のブラジル人、二一四人のペルー人が居住している。二年前の二〇〇二年一〇月一日の時点では、八六〇人のブラジル人、二二九人のペルー人がいたので、大幅に減少している傾向がうかがえる。ブラジル人は四万四三〇〇人の登録外国人が住む市内では七番目に多い外国人カテゴリーである。兵庫県内では、二〇〇四年一二月末の外国人登録の記録では三五九八人のブラジル人、九四二人のペルー人が居住している。県内には、一〇万二〇〇〇人の登録外国人が住んでいるが、ブラジル人は定住者が多くを占める韓国・朝鮮人、中国人に次いで三番目に人口が多い集団であり、外国人の中で三・五パーセントを占めている。(13) また神戸での人口が減少しているものの、西宮、尼崎、姫路、明石、加西、篠山といった兵庫県の他地域での増加が目立っている。

神戸市内のブラジル人は食品加工業の工場がある東灘区と、重工業会社や中規模の製造業会社のある兵庫区に集中している。ピーク時には日系人とその家族を一〇〇人以上雇用している会社も数社東灘区の食品加工会社にはあった。かつてこうした会社は移住労働者に社員寮や寮と工場を結ぶバスを提供していたが、それは結果的に日系人の外社会との事実上の遮断を招いていた。その後不況によりこうした社員寮は閉鎖され、震災前から居住している多くの人々は国籍を問わない被災者向けの市営や県営住宅などに転居している。しかし近隣との接触がいまだにきわめて限定されているのが実情である。日系人女性は、清掃業や弁当産業、また市外の特定地域では看護士・介護士の補助といった職業に従事している。

神戸はその市内居住者だけでなく、県の他地域や近隣府県に居住するラテンアメリカ人にとっても、情報の発信地であり、サービス機関が充実しており、さまざまなイベントの中心地でもある。神戸のブラジル・レストランや他の南米系の飲食店は、週末これらの人で賑わう。このような意味で、その人口以上のコミュニティとして機能している。

しかしこの地域の日系人は、群馬や東海などに比べると居住が分散しており、自助組織が最近まで皆無であった。かつて日本人移民が北米や南米の移住先で、日本人町やコロニアで相互扶助や子女育成のためにコミュニティ組織を次々と発足させた足跡に匹敵する現象は、移住の歴史がまだ浅いとはいえ、この地域の日系人社会には見受けられない。何が異なるのか。まず外的要因として、今日のグローバリゼーションの進行に伴う現代移民の特徴は日系人にも該当する。日系人もグリックシラーらが呼ぶところの「トランスマイグラント」であり(14)、かつての日本人移民が移住先で示した、移住、定着、現地社会への統合という一方向の移動ではなく、中小企業を転々としながら本国と移住先の往来を繰り返すトランスナショナルな移動パターンが一般的である。無論日本人移民一世の間でも日本との往来は戦前では盛んであったし、今日実質的に定住している日系人も増加しているので、あくまでも全体的な傾向である。またかつてのプランテーションやコロニア、北米の西部開拓で日本人移民が大量に従事したコンテクストとは、産業構造面においてもまったく異なる。

さらに、日系ラテンアメリカ人と言っても、共通のアイデンティティ構築を困難にするほど、多様性がきわめて高い。たとえばブラジル国内の日系人とアメリカ合衆国内の日系人を比較しても、後者の多様化を過小評価するわけではないが、前者は、婚姻形態、教育レベル、国内での地域差、地域コミュニティにおける日本文化や言語に対する関心など、いずれの側面においてもその差があまりに大きいのである。サンパウロで大学を卒業し専門職に従事しながら、ビジネスを興す資金を蓄える目的で来日している三世、パラナ州のウライで幼少時から日本語学校に通い、日本的な行動様式を身につけ、日本では雇用者からも重宝される二世、アマゾンの奥地から農業の経営難により、日本にかんする情報も知識も乏しいまま渡日し、ポルトガル語も文盲である三世などなど。ましてやその配偶者を含めればなおさらのことである。筆者がサンパウロのある日系人組織でインタビューした折、当地の名士として知られるある二世が、日本に「出稼ぎ」に行く日系人らは、「日系人といっても、本当の日系人ではない」と語ったその表現は、日系人の真正性をめぐる言説が現地の日系社会の一部で流通していることを示すものである。日系社会の保守層にとっては、増加している非日系人との婚姻により生まれる子どもや、子どもの教育に無関心な日系人は、真正な日系人像から逸脱した「本当の日系人でない」人びとであり、受け入れがたい日系社会の変化である。ブラジル国内のさまざまな地域、階級から日本に来ている日系ブラジル人の間で、なぜ組織化が容易でないかを想像するのは難しくない。

日系南米人は、日本社会においてさまざまな偏見や差別に直面している。南米での温暖な気候や人によっては農業など屋外での作業に従事しているため、日系南米人の皮膚色は平均的にいえばやや濃い。しかし色白の日系人やヨーロッパ系の親を一方にもちヨーロッパ的外見をしている場合と、濃い皮膚色であったり、親や祖父母にインディオなどの現地ブラジル人が含まれている場合とでは、人びとの接し方が異なるというのは、日本人関係者も証言するところである。また身体的特徴とは無関係に、日本語能力の不自由さゆえに一般的能力も低く幼稚であると見なされ、「馬鹿」呼ばわりされることも単純労働者の間では稀ではない。

他方、日系人側が人種差別だと誤解する場合も少なくない。日系ブラジル人の活動家でさえ、彼らはすぐに人種差別（「ラシズム」）のせいにしてしまいがちだと述べる。たとえば、ゴミの収集日に自分のゴミだけがごみ置き場に放置されているのを見つけ、人種差別だと非難していたが、よく話を聞けばゴミの分別規則に従わなかったことが判明したケース、自分を家の中に招き入れない日本人の態度が、人種差別の証として映るケースなどである。

逆に、日本人側が不信感を募らせたり日系人との「差異」を認知したりする場合もある。たとえば、県内の他地域で支援活動をする日本人の話である。ある日系ブラジル人の夫婦が一人子を失った時、葬式を執り行うだけの金がまったくないと訴えた。そこで彼女は葬式に必要な金銭・物品・手伝いを地域や組織関係者に求め、葬式を執り行った。その後、その日系人夫婦のアパートに泥棒が入り一〇〇万円の現金が盗まれ、再びその夫婦は彼女に援助を求めてきたというのである。彼女は自分たちの考え方から言えば、「裏切られたような」気がしたと述べている。「初めは、私たちと同じ血が流れていると思ってましたが」とは、相互作用を通して認知する差異である（強調は筆者）。わずかな格差でも賃金の高い職場へと移ることに対しても、「あれだけ何でもしてあげたのに」と零細企業の雇用者が嘆く場合もある。さまざまな面倒や庇護の見返りとして期待していた忠誠が裏切られたと感じるのである。

一般的に日系人が直面する問題は、初期は、査証、労働条件、住居、医療関連の問題が多くを占めた。零細企業では一般に労働条件が明文化されておらず、雇用者側にも従業員側にも誤解と猜疑が生じることも多かった。危険な仕事に従事する労働者が仕事中に重傷を負っても、補償がなされないケースも稀ではなかった。日系人の滞在長期化に伴い、問題の性格も変容してきたが、現在もっとも深刻な問題の一つは、学齢期児童の不就学の問題である。

このような現象は、神戸特有ではなく、全国的に日系人などのラテンアメリカ人児童の不就学の問題は深刻化している。これには、いくつかの要因が考えられる。第一に、言葉の壁やカリキュラムの違い、そして日本人のクラス仲間からの疎外感やいじめなどから、日本の学校に対する関心を失う子どもも多いにもかかわらず、これまでこのような問題への対応が、遅れてきたことが挙げられる。日本から帰国しブラジルに戻った児童たちの話によれば、「日本人の顔をしているのに、なぜ日本語は話せないの」のような友人の言葉に傷つけられる。ブラジルでは一般的なピアスが日本の学校で問題になる場合もある。言葉が自由でないだけに、手が出て、問題児扱いされることもある。第二に、両親の就労状態と教育に対する価値観をめぐるものである。両親が共働きであるため、幼少の弟や妹の面倒を見るために、年上の子どもが家にとどまるケースも少なくない。アパート内で、一日中ビデオやゲームに浸りきりで過ごす子どもは稀ではないのである。学校への出席自体をめぐる両社会の価値観の相違もある。ブラジル本国における不就学・中退率は、きわめて高く、義務教育年齢のブラジル人小・中学生のうち、約二分の一から三分の二の生徒が、学校に通っていないとさえいわれる。第三に、将来自分の子どもたちをブラジルなどの母国の学校に通わせようと考えている親たちの「一時滞在者」意識である。しかも、筆者が二〇〇一年一一月パナマ州で行った教育委員会や小学校でのインタビューによれば、パナマ州の場合帰国した児童は学力試験を受け、学力年が判定されるが、その場合の試験科目は通常国語（ポルトガル語）と歴史だけなのである。将来性を考え子どもをバイリンガルに育てることに積極的でない限り、短期間の日本語学習の動機づけは容易ではない。第四に、就学年齢の児童は誰でも無償で義務教育を受ける権利が保障されているが、日本人児童と異なり、外国籍の児童にとって教育は義務化されているわけではないため、積極的な対応が遅れる一因となっている。これらの要因により、在日日系人社会の中で、子どもの不就学の問題は、その将来への影響を考えれば、もっとも深刻な問題と言える。この他にも、子どもの両親とのコミュニケーション、アイデンティティ、学校関係者や地域と両親の間のコミュニケーションなどの問題もある。

長期滞在に伴い、離婚や夫婦問題も深刻化している。兵庫・大阪周辺に居住する南米出身者には、婚姻や子どもの出生を届け出ないケースも少なくないと言われる。ブラジル人の場合、最寄りのブラジル総領事館のある名古屋までの距離が遠く旅費もかさむことや、書類手続きが煩雑な上に、結婚式の費用もかさむことも、影響している。兵庫県を含め関西地区を廻るブラジル人神父の話によれば、彼が直接相談を受けたブラジル人の中で、自分たちの婚姻も五人の子ども出生もすべて届け出ていない夫婦もいたという。これらの子どもたちは、学校教育やその後の就労の上で深刻な問題に直面することになる。内縁に基づく家族関係は、実態上の離婚や家族崩壊を促す要素の一つともなっている。

「多文化共生」の中の日系南米人

日系南米人が前節で指摘したような諸問題に直面している状況は、震災後生み出された「多文化共生」へのとりくみの中で、徐々に認識され、その需要に応えるためのサービスが増加している。

兵庫県内における日系ブラジル人コミュニティの中心的存在は、「関西ブラジル人コミュニティ」である。これは二〇〇一年、前述の「ワールドキッズコミュニティ」の傘下に組織された。「ワールドキッズコミュニティ」の代表の吉富志津代さんは、一九九八年から二年間「多文化共生センター」の神戸支局として三宮にオープンした「多文化共生センター・神戸」で活動を始めた[15]。二〇〇〇年の独立後拠点を長田区のたかとりに移して、ブラジル人児童のためのポルトガル語教室、母語による日本語教室、ブラジルでの学力検定試験準備の補助など、とくに南米人児童に対するさまざまな教育・文化プログラムに重点をおく活動を行った。集住地域でない神戸で、新移住者のリーダーとなる人を見出すのは容易ではないが、吉富さんらの活動で注目すべきことは、日系ブラジル人当事者による自立を促したことである。一九九九年から毎年開催するブラジルの冬の祭「フェスタ・ジュニーナ」は、日常顔の見えない神戸周辺の日系ブラジル人たちを、互いのネットワークでつなぎリーダーを育てる意図もあった[16]。二〇〇〇年三月に結成されたフットサルの青年チームも、同様の目的から始められた。二〇〇二年ワールドカップでブラジルが優勝すると、それを祝してメリケン波止場の移民乗船記念碑前から北上し、異人館で知られる北野から西にはずれた山本通りの旧国立移民収容所まで、サンバを踊りながらパレードした。

このような活動の中から、日系ブラジル人二世で「ワールドキッズコミュニティ」のスタッフであった松原マリナさんが二〇〇二年から代表を務めるようになった。松原さんが「ワールドキッズコミュニティ」に関わったのは、作文コンクールで入賞した松原さんの長女を吉富さんが子ども向けラジオ番組の制作に誘ったことがきっかけとなっている。その後すでに尼崎でポルトガル語による地域情報放送に関わっていた母親の松原さんも一緒に仕事をするようになった。二〇〇三年一〇月「関西ブラジル人コミュニティ」が旧国立移民収容所に事務所を移すと、同組織は飛躍的に活動を広げることとなった。松原さんたちがもっとも力を注いでいるのは、ビザ、仕事、教育というこれら三領域における権利と義務をブラジル人にわかりやすく伝えることである。情報不足による誤解が多くの問題を生み出していることから、正確でわかりやすい情報を提供することが一番求められている。また同組織で提供している母語（ポルトガル語）教室は、日系人の子どもたちの自尊心の育成やアイデンティティ形成に大きな効果をもたらしている。イベントが多いが、近隣住民から嫌がらせや苦情を受けたことは一度もなく、次第に事務所で開く祭りにも参加する近隣の日本人が現れたという。支援を日本人に依存して、外国人として受動的にサービスを受けるばかりではなく、当事者が自立して地域社会により深く根を下ろすという意味で、注目される新たな展開である。

入管法改正以前から神戸周辺にはラテンアメリカ出身者の人口がある程度の数に達していたにもかかわらず、長年スペイン語かポルトガル語による公共相談サービスは存在しなかった。そうした中で兵庫県国際交流協会の「外国人県民インフォメーションセンター」は、スペイン語・ポルトガル語による相談サービスを始めた最初の機関の一つである。既存の英語と中国語に加え、一九九三年からポルトガル語とスペイン語による相談サービスが始まった。しかし震災時、建物が倒壊したことから、センターのサービスが機能不全に陥らざるを得なかった。このことは、前述のさまざまなNGOが震災直後に誕生し活躍したことと無関係ではない。二〇〇四年度の間、四一七九件の総件数の相談数のうちスペイン語は三〇・二パーセント、ポルトガル語は一〇・七パーセントを占め、二言語合わせれば全体のうち四〇・九パーセントを占めることになる（日本語相談は二一・四パーセント）。県内のブラジルやペルーなどの南米系の外国人登録者の数からすれば、需要が高いことが窺える。しかし二〇〇一年度は両言語の相談件数は四九・七パーセントであったから、減少傾向にある。その理由のひとつは、二〇〇四年度から自治体とNGOの連携が強まったことから、平日五時以降や週末の相談は、自治体の助成によりNGOが全面的に担当することになったことである。ポルトガル語相談件数のうち、引越の際の手続きや、ゴミの出し方などの「くらし」にかんするものが多いが、出入国や医療、住居にかんする相談も上位を占めている。しかし、統計には表れないものの、滞在の長期化に伴い、相談内容は多様化また複雑化している。

震災後に組織されたNGO「外国人救援ネット」(現「NGO神戸外国人救援ネット」)では電話によるホットライン相談サービスを、現在スペイン語とポルトガル語を含む九カ国語で行っている。二〇〇一年年度の相談件数二〇九件のうち、三分の二(一三六件)がこうした南米出身者によるものであり、事務局長の相野静雄さんがスペイン語が堪能なことから、なかでもペルー人が利用者の半数を占めている。結婚や離婚、それに伴う在留資格の相談がきわめて多く、他に最近では賃金未払いのケースも増えている(17)。

「外国人救援ネット」が行った調査によると、ブラジル人とペルー人の多くは、公共の職業斡旋事務所である「ハローワーク」を介さず個人的な繋がりによって職探しをしている。これは中国人やベトナム人などの他の新移住者たちと比較すると特に顕著である。中国人では回答者の四〇パーセントが、ベトナム人ではその半数が、職探しにハローワークを利用しているのに比べ、ブラジル人とペルー人は、それぞれ七・五パーセントと二二パーセントといずれもきわめて低い数値であることがこの調査で明らかになった。さらにブラジル人とペルー人では、それぞれ五八パーセントと六八パーセントが「ハローワーク」の存在すらまったく知らなかった。彼らのこの数字は、中国人(二六・七パーセント)やベトナム人(二六・一パーセント)たちに比べ、著しく高い数字である。ちなみに日本語能力関連の回答を参照すると、これらの比率と日本語能力との相関関係が見られない。つまり言語以外の要因によるものであることが、この調査により明らかとなった(18)。

この他、鷹取教会敷地内にある多言語ラジオ局「FMわいわい」では、スペイン語とポルトガル語の番組を週二回提供している。一九九九年にたかとり内に開設されたNGO「アジア女性自立プロジェクト」は、ポルトガル語で女性対象にDVや家族問題の相談に応じている。また国立機関である神戸雇用職業安定所では、「外国人雇用サービスコーナー」を設けて、ポルトガル語・スペイン語も含めた外国語による雇用相談を行っている。

日系人や他のラテンアメリカ人のある層の間では、カトリック教会が個人的ネットワークの中核を築いている。神戸では東灘の住吉教会が一〇年ほど前からスペイン語によるミサを提供し、四〇―五〇人が集まる。震災前には七〇人ほど集まっていたという。同教会では日本語との二言語併用による合同ミサが行われる場合もある。従来、大阪府、兵庫県、和歌山県を管轄する大阪大司教区ではポルトガル語を話す司祭は一人しかおらず、大阪―兵庫の一〇の地域を月に六日訪れていた。ミサの出席者にとり月に一度しかミサを受けられないことになり、南米人と教会との恒常的な関係の維持を困難にしてきた。しかしポルトガル語によるミサが二〇〇二年から兵庫教会で不定期ながらも始まり、神戸市内で三〇―四〇人集っている。鷹取教会でもスペイン語でもミサが二〇〇二年から始まっており、今後の行方が注目される。

近年、自治体も南米系の移住者の需要に積極的な取り組みを見せている。とくに兵庫県国際交流課や兵庫県国際交流教会は、実績のあるNGOの財政的支援や協力事業を推進し、自治体職員と民族団体、支援団体関係者や教育関係者なども交えた各種検討委員会も発足させている。兵庫県教育委員会は、外国人児童生徒の教育に関して「フォローアップ方策」を一九九九年発行したが、これは「阪神・淡路大震災における国籍や民族を超えた助け合いの体験などを通して得た教訓を踏まえ」て策定されたものである。二〇〇〇年に発行した「外国人児童生徒にかかわる教育指針」では、「共生の心の育成」を四つの基本的な考え方のうちの一つとして打ち出し、その重点目標には、「児童生徒の身近な生活に根ざしたアジアや中南米の国々の文化に学ぶ機会を通して、児童生徒の異なる文化に対する興味・関心を喚起する」（強調は筆者）が含まれている。(19) 明らかにアジアや中南米系の外国人児童を意識したうえでの指針策定であることが窺える。

兵庫県と神戸市、またその他のいくつかの市町村ではそれぞれ独自に、日本語の指導が必要な外国人児童生徒の学習を補助するため補助員を小、中学校に派遣する事業を実施している。補助員派遣事業は、教師と児童と父兄の間のコミュニケーションを促進するだけでなく、学校で同国出身者がほとんどいない児童にとって母語で話し相手が存在することで、精神面でも意義は大きい。ただし報酬が少ないこともあって、補助員としての資質が問われるケースも少なくない。補助員の選考方法が今後の課題である。

県のこのような派遣事業での補助員を対象として行われた調査で、興味深い統計がある。日本語指導を補助する言語別による補助員が観察する外国人児童生徒の悩みや問題を問う質問に対する回答結果である。なかでも「習慣や考え方がちがうこと」と「教育の制度、勉強の内容や進み方がちがうこと」において、ポルトガル語とスペイン語での補助員が、中国語やベトナム語での補助員よりはるかに高い比率を示している。[20] ポルトガル語での補助員によるコメントによれば、日系人児童の悩みの中には、体育の後の体臭で嫌われる、宗教的理由で普通の給食では困る、緑茶を苦手とする、修学旅行などで同級生と入浴することに抵抗を感じる、漢字勉強が難しい、などが含まれている。

文部科学省の年次報告によれば、ポルトガル語を母語とする児童は日本語指導を必要とする外国人児童のうち、一九九一年以降一貫して最大数である。二〇〇四年度の統計によると、公立の小・中学校、高等学校および養護学校において日本語学習を必要とする児童の三五・七パーセントをポルトガル語を母語とする児童が、また一四・九パーセントをスペイン語を母語とする児童が構成しており、この二つをあわせると全体の五〇・六パーセントと半数を占めることになる。この報告の中で、「「出入国管理及び難民認定法」の改正が施行されたことなどにより日系人を含む外国人の滞日が増加し、これらの外国人に同伴される子どもが増加したこと」を契機にこのような調査が始められたことが明記されている（強調は筆者）[21]。

以上、日系南米人をめぐる支援活動を中心に記してきた。そこで明らかとなったように、神戸というアリーナで、多文化共生に向けて多言語・多文化に配慮したさまざまなプログラムを実際に促進させている最大の牽引力は、ある意味において日系南米人の存在だといえる。つまり地域社会が文化的多元性を受容し、自ら変化していく上での圧力として作用しているのである。

同時にもう一つ重要な点は、神戸においてはそれが決して南米人のみを強く意識した支援活動ではなく、あくまでも多文化共生に向けた歩みの中で、相対化されながら進められてきたことである。さまざまなＮＰＯは当事者による組織を除けば、すべて多数の外国人集団を対象としている。「関西ブラジル人コミュニティ」などの組織も含めて、当事者の代表者がさまざまなNPOや自治体による委員会、シンポジウム、イベントなどで、他の外国人団体やNPO代表者と顔をあわせる機会も日常的に多い。さらに同一人物が複数の外国人支援のNPOに関与し、互いに支えあってもいる。この点は、日系人の集住地域とは異なる神戸の特徴の一つといえるだろう。

しかし日系人人口の散在するこの地域での問題の一つは、日系ブラジル人のリーダーが充分に育っていないことである。前述の日系三世の松原さんなどごく少数の限られたリーダーがイニシアティブをとる状態が続いている。またフットサルを除けば男性リーダーが乏しいのも実状である。

さらに定住の歴史が浅いこともあるが、日系人が他の外国人と連帯して、自治体などに権利を主張するといった動きも現在のところ見受けられない。他の外国人やマイノリティとの連帯が今後の課題であるといえよう。

外国人としての「日系人」

最後に、これまで考察してきた外国人支援の対象としての日系人の位置と日本人との差異化されたアイデンティティから、「日系人」の定義について問い直してみたい。

周知の通り、日系南米人一世二性三世とその家族にのみ特別な滞在査証を発行することを可能にした一九九〇年の「出入国管理法及び難民認定法」の改正には、一九九〇年代初期に日本が経験した深刻な単純労働力不足の解消と、増加しつつあった非正規滞日外国人の締め出し目的が背景にあった。日系人は文化的にも人種的にも日本人と類似し、日本社会へ難なく溶け込めるという本質主義的な予測により、例外的な資格を日本政府から賦与されたわけである。しかし、このような政府側の予測に反し、今日神戸も含めて日本の多くの地域で提供されている「外国人のための」文化的・社会的支援サービスの最たる享受者は、他でもない日系人なのである。

日系ブラジル人は、ブラジルでは「ジャポネ（日本人）」と呼ばれ、自らもそのような意識を一般に強く維持している。しかし日本では、彼らに対する名づけは、「外国人」であり、「南米人」あるいは「ブラジル人」である。このような本国と日本社会における対照的な呼称は、日系ブラジル人のアイデンティティをしばしば混乱させるものである。前述のように、神戸で支援活動をしている日系ブラジル人らによると、日本にいる日系ブラジル人は、「ブラジル人」としてブラジルの伝統的な文化を披露したり、積極的に催しものに参加するほど、そもそもブラジルの現地文化を身につけていないという。無論これにも個人差や地域差が大きく、またブラジル自体が多様な国であるから、これらの日系人がいうブラジル文化というものも、日本人の期待に応える「見せる」文化としての意味に限られている。しかしながらこれは重要な指摘である。かつて海外に渡った日本人移民が、地方色が豊かであったとはいえ、移住先で日本と同じように年中行事や通過儀礼を祝い、同胞と集うことにより、現地社会で「ニホンジン」としてのアイデンティティを育み、相互扶助組織を発展させたような文化的基盤は、日本で「ブラジル人」性を強調するほど、日系ブラジル人の間で広く共有されているとは言い難い。「関西ブラジル人コミュニティ」でも、実際これまでのイベントでは、サンバは神戸で古くから踊っている日本人グループに、カポエラは日本人の配偶者である非日系ブラジル人に、フェスタ・ジュニーナで流されるフォホと呼ばれる音楽の演奏も、京都の日本人グループに依頼している。サンバもサッカーも大半の日系人にとって得意とするものでは決してない。日系ブラジル人が集まると、「日系人の文化とは一体何なのか」「私たちには文化がないのではないか」と何度も議論するという。

ブラジルでは、とくにサンパウロやパラナ州など日系人人口が多いところでは、それぞれの地区にある日系人会館で、「ウンドウカイ（運動会）」「ボンオドリ（盆踊り）」「モチツキ（餅つき）」が、毎年日系人の楽しみにする行事であったし、カラオケも日本以上の人気である。無論「ウンドウカイ」も「ボンオドリ」も「モチツキ」もブラジル的文化要素が多分に組み入れられたものなのだが、それらを日本で披露するほど、新しい肯定的な意味づけはまだ与えられていないように思われる。

「日系人」は、これまで海外に渡った日本人移民とその子孫を指す用語として知られてきた。「overseas」という言葉は、日系人の定義につきものであった。しかし日本に正規登録だけでも二八万七〇〇〇人ものブラジル人（その大半は定住・永住ビザをもつ日系人とその家族）と五万六〇〇〇人のペルー人などが居住している現在、もはや地理的境界によって定義づけることは不可能である。またかってのように「日本人の血」を動員する時代でもない。実際北米においても南米においても、非日系人との婚姻は急速に進んでおり、神戸の日系ブラジル人の三世四世の大半は「ダブル」（両親の一方が日系人）か「クォータ」（祖父母のひとりが日系人）と呼ばれる人々である。全米日系人博物館において開かれた本書の執筆者たちによるセミナーでも、日系人の定義をめぐっては熱い議論が重ねられた。「日本文化の遺産を継承するすべての人々」、中には「日本に住む日本人も含めて日本人の子孫すべてを日系人のカテゴリーに含むべき」という意見さえ出された。これらの意見は、上記のような現状に配慮してすべての日系人を可能な限り包括的に定義しようとした見解である。

しかし日本にいる日本人も含めてしまえば、民族主義的な解釈とも受け取られかねない。また「日本文化」や「日本人の血」といった本質主義的な定義では、それぞれの社会で変容し続ける日系人を表現することは不可能である。では日系ブラジル人にとって、自分たちと日本人を差異化させるものは何であろうか。筆者にはその鍵は、彼らが、日本人移民の子孫であるという意識、多文化社会の一部を構成しているという意識、この二つに集約されるように思われる。この二つのポジションによって織り成されてきた「経験の解釈・再解釈」こそが、時代に応じて環境やコミュニティが変容しながらも、日系人としてのアイデンティティの基盤を構築し続けているように思われる。

アメリカ合衆国に住む日系アメリカ人の場合、この側面はより明確である、というより公共圏の言説で明確にされてきたのである。第二次世界大戦中の強制立ち退き・強制収容という過酷な体験。憲法に違反したそのアメリカの汚点を、アメリカ政府に謝罪と補償金を求めることによって正すことができた（リドレス）という誇り。差別に立ち向かうために築いてきた他のマイノリティとの連帯。いずれも一九八八年市民的自由法の通過による、強制収容補償運動の成功によってもたらされたものである。これらは、マイノリティの視点や多文化的状況に対する経験に欠ける大半の日本人と自らを差異化させるに充分の要素である。実際毎年全米日系人博物館が企画して日本に招聘される日系アメリカ人リーダーたちは、反差別闘争の活動と差別にもかかわらず遂げた自らの成功について体験談を話すことにより、日本社会に貢献できると考えている。(22)

このような経験はむろん日系人に限ることではない。しかし流通している日系人関係の書物やドキュメンタリーの豊富さ、また日系人関係の公開シンポジウムなどから言えることは、理屈レベルではなくリアリティとして、日本社会の人びとが日本人移民の子孫の話により親近感を覚え耳を傾け、結果的にきわめて高い効果をあげているということである。

日系ブラジル人も、プランテーションでの過酷な労働、人種差別、日系コミュニティの形成、「勝ち組」「負け組」の争い、戦後の社会上昇と成功など、日系ブラジル人として経験し、継承してきた歴史、織り成してきた文化は、実は豊富に存在している。ただアメリカの場合のように、補償運動とその成功という日系アメリカ人の伝説を創り上げるだけの装置に出会っていない。また日本における日系ブラジル人の間では、自らの経験や文化に積極的な意味づけや解釈がまだなされていないようである。

多文化共生の実現を目指す震災後の神戸において、日系人を、前述のような資産をもった人々という観点から照らし直せば、彼らの存在はまた異なった意味をもちうるのではないだろうか。「外国人」対象の支援やサービスの受益者・提供者として多文化共生社会の牽引力であり続けることも重要である。しかしそれだけではなく、多文化社会で生きてきた「日系人」としての経験と知見を日本社会に分かつポテンシャルな存在であるように思われる。その可能性が活かされるためには、何が必要なのか、それがこれからの重要な課題であろう。

注

（1）本章は、英語版での論文を基盤としつつも、その後かなりの時間が経過したことから、英語版の原型をとどめないほど大幅に加筆・修正を行った。

（2）二〇〇五年三月二九日兵庫県国際交流協会において行われた。筆者はその際、「日系人・兵庫県人会」の部会のコーディネーター役を務めた。

（3）徐龍達・遠山淳・橋内武編『多文化共生社会への展望』日本評論社、二〇〇〇年、一二頁。

（4）NGO神戸外国人救援ネット『阪神淡路大震災から一〇年――外国人と共にくらすまちをめざして』NGO神戸外国人救援ネット一〇周年記念誌、二〇〇五年：外国人自身情報センター編『阪神大震災と外国人』明石書店、一九九六年：芹田健太郎『二一世紀の国際化論～兵庫からの挑戦』二〇〇一年：酒井道雄『神戸発阪神大震災以後』岩波新書、一九九五年：江川育志研究グループ「阪神・淡路大震災における外国人住民と地域コミュニティ――多文化共生社会への課題」震災特別研究報告書、一九九七年：叶堂隆三「神戸のアジア系外国人――宗教組織と震災の対応に関する調査」一九九六年：竹沢泰子「検証テーマ――外国人県民支援のしくみづくりと地域の国際化の推進」『復興一〇年総括検証・提言事業最終報告』兵庫県復興企画課、二〇〇五年：竹沢泰子「『GONGO』――震災が生んだ多文化共生に向けての自治体・NGOの連帯」『21世紀文明研究委員会第4部会調査報告書』阪神淡路大震災記念協会、印刷中など。

（5）ただし、これは確認されている公式の数字である。現在震災による行方不明者は三人ときわめて少ないことから、この数字はほぼ信頼できるものと思われる。

（6）German T. Velasquez, "Situation of Foreigners Affected by the Disaster," United Nations Center for Regional Development, Nagoya, Japan, *Comprehensive Study of the Great Hanshin Earthquake*, UNCRD Research Report Series No. 12, 1995, p. 219.

（7）給付にあたって、役所が発行する罹災証明書、パスポートなどの身分証か登録証、公共料金の領収証など震災前の居住を証明するものの提出が要求された。しかし超過滞在者や密入国者の中には、自分の名前で住居を借りていない場合も多く、罹災証明証を発行してもらいに、住所や氏名を届け出るのに懐疑的な対応を受けたという。

（8）メディアによる報道の後押しもあり、結果的にカンパにより二三〇〇万円以上集まったという。

（9）負傷により障害が生じた場合、世帯主には二五〇万円、その他の家族には一二五万円が支払われた。

（10）この法制上の問題に関して詳細は、外国人自身情報センター編『阪神大震災と外国人』一六二―一六五頁参照。

（11）この問題を国内外に訴える運動を始めるや、反響は大きく、一〇〇〇万円を超える募金が集まった。

（12）マイノリティの多くは、非日本国籍住民（外国籍住民および日本の植民地支配の歴史が生み出した無国籍住民）であるが、日本に帰化した人びとやその二世であっても、ここでいう「外国人」の対象から除外されているわけではない。「外国人」という表現は、その内実から乖離しているし、日本特有の表現であると思われる。兵庫県では、無国籍者に配慮して、「外国人県民」という表現が使われている。ただし、これは自治体的発想であって、通常の社会的コンテクストでは県民か否かはまったく関係がない。本章では、「外国人」という表現が社会的に当事者も含めて広く使われていることから、その表現を排除しない。

（13）二〇〇〇年一月一日現在、定住者の査証を持つブラジル人は一一万七五〇〇人で、これは同カテゴリーの登録外国人の五四・五パーセントに該当する。また、ブラジル人とペルー人で六四・〇パーセントを占める。

（14）Glick Schiller, Nina, Linda Basch, and Cristina Blanc-Szanton, "Transnationalism: A New Analytic Framework for Understanding Migration," in *Towards a Trasnational Perspective on Migration: Race, Class, Ethnicity, and Nationalism Reconsidered*, ed. Nina Glick Schiller, Linda Basch, and Cristina Blanc-Szanton, New York: New York Academy of Sciences. 1992. pp. 1-24.

（15）「多文化共生センター・神戸」は二〇〇〇年閉鎖し、東灘での日本語講座は別のＮＧＯである「東灘日本語教室」に、医療や保育園に関するプログラムは「多文化共生センター・ひょうご」へと引き継がれている。

（16）当初参加者は一七〇人であったが、先述の旧移民収容所の「移民資料室」のオープンに合わせて催された二〇〇二年には約二五〇人集まった。

（17）ＮＧＯ神戸外国人救援ネット「二〇〇一年度ホットライン報告」未発表報告。

(18) NGO神戸外国人救援ネット「兵庫県内における外国籍住民の求職に関するアンケート調査」NGO神戸外国人救援ネット、二〇〇〇年、一六―一九頁。

(19) 兵庫県教育委員会「外国人児童生徒にかかわる教育指針」兵庫県教育委員会、二〇〇〇年、三頁。兵庫県教育委員会による。このほかの報告書として、子ども多文化共生推進委員会「子ども多文化共生をめざして――報告」兵庫県教育委員会、二〇〇三年(http://www.hyogo-c.ed.jp/~jinken-bo/tabunka/mokuji.html)、子ども多文化共生推進協議会「子ども多文化共生教育の充実をめざして――子ども多文化共生推進協議会報告」兵庫県教育委員会、二〇〇四年(http://www.hyogo-c.ed.jp/~jinken-bo/cme/mokuji.html)など。筆者も委員や副会長として、具体的提案に直接関与した。

(20) ポルトガル語による補助員の四七・四パーセント、スペイン語の五〇・〇パーセントが、習慣と価値観における差異を挙げているのに対し、中国語とベトナム語による補助員では、それぞれ八・三パーセントと二八・六パーセントで、大きな差が見受けられる。

(21) 文部省「日本語指導が必要な外国人児童生徒の受入れ状況などに関する調査(平成一六年度)の結果」『文部省ニュース』(http://www.mext.go.jp/b_menu/houdou/17/04/05042001.htm)。

(22) 二〇〇五年三月、日系アメリカ人リーダーシップのシンポジウムは震災一〇年を迎えた神戸で開催された。日系アメリカ人と神戸在住の日系ブラジル人、日系南米人を支援する日本人が、一堂に会し、ともにパネリストとして多文化共生について語った。詳細は、竹沢泰子編『多文化共生実現への道――マイノリティの視点から』国際交流基金CGP日米センター、二〇〇六年。

第Ⅳ部　回顧と展望

第20章　回顧と展望

レイン・リョウ・ヒラバヤシ
アケミ・キクムラ＝ヤノ
ジェイムズ・A・ヒラバヤシ
（島田法子訳）

回顧

論点を二、三繰り返すことから始めよう。第II部、第III部の事例研究を分析するために、戦略としてわれわれはグローバル化理論を用いることに決定した。一方でわれわれは、INRP（国際日系研究プロジェクト）の研究者が、南北アメリカにおいて日系人アイデンティティが再生産されている証拠をみいだすであろうと確信していた。そして実際、半数の研究者がそうであった。だが他方で、残りのINRP研究者が、南北アメリカの日本人を祖先とする人びとや日本で働く南米日系人のあいだで新しいアイデンティティが生まれていると主張するとは予期していなかった――そのアイデンティティは「日系人」の定義には合わないように思われた。この双方の見解に対して公正であるために、しかも双方を評価できる文脈に置くために、分析の枠組みとしてグローバル化理論が非常に適切であるように思われたのである。では、一八編という相当量の事例研究を考察したうえで、第2章で提示したグローバル化がもたらし得る結果に関する五つの命題について、何をいうことができるだろうか。(1)

五つの命題

第一にわれわれは、グローバル化が日系人のアイデンティティやコミュニティに実質的な影響を何も与えなかった、と論じることは不可能であろうと主張する。二宮正人の章はこの主張を論証してくれている。(2) 彼は日本にデカセギにきた両親がかかえる、ブラジル生まれの日系の子どもたちの教育に関する問題を扱っている。さらに新垣誠は、ディアスポラのオキナワンが相互に、また祖国日本の沖縄の同胞やコミュニティと、濃密な関係をもっていることを示している。このようなケース・スタディは、新しいアイデンティティ形成が起きていることを、かつそれが通常日系人アイデンティティと考えられている概念をはるかに越えていることを、明瞭に示している。われわれは後ほど、他のケース・スタディが明らかにしたアイデンティティの形成阻害というテーマを扱う際に、「影響なし」という命題を否定するデータをさらに例証するつもりである。しかしここでは、そのような主張の妥当性に疑問を投げかけるのに、上記二編を取り上げるだけで十分であろう。

次に、第二の命題を支持する証拠があるといえるかもしれない――グローバル化が日系人のアイデンティティとコミュニティ形成を強めているという命題である。しかしこの主張の真実性を査定することは困難である。なぜなら、実際のところ、証拠は半々であるからだ。一方では、スティーヴン・マサミ・ロップ、ドリス・モロミサト・ミアサト、オードリー・コバヤシの章は第二の命題を立証しているようにみえる。これら三つの章は、状況を国内的にみても国際的にみても、異文化間接触のレベルが高まって、同一エスニック・グループ内の結婚のパターンに破綻が生じてきていることを示している。異人種間結婚率の上昇や、二人種ないし多人種の血を引く子どもの数の増加は、南北アメリカにおいて、日本人を祖先とする人びとのあいだで論争の的になっている。ロップによると、ペルーや合衆国のような国では、日系人コミュニティの民族境界線がまぎれもなく不明瞭になってきており、コミュニティのリーダーたちを心配させている。合衆国では、さしせまった日系アメリカ人コミュニティの「死」について、ときには終末論的なレトリックさえ生じている。(3) ここでの論点は、少なくともあるコミュニティの情況では、異人種間結婚やその子どもたちはときとして脅威と受けとめられているということである。この仮想脅威への反応として、「純粋な」日本人の血を守る門番たちは、異人種間結婚の夫婦やその子どもたちに対してときとして敵対的になり、エスニック・コミュニティに参加する彼らの権利を否定し、メンバーになりたいという彼らの希望さえ拒む。これは、エスニック・コミュニティの構成員が新たな予想外の方向に変化しているとき、その変化が脅威であるようなら、彼らが伝統的なアイデンティティをどのように強化できるのかを示す例であろう。

他方では最近多くの異なるレベルにおいて、南北アメリカの日本人を祖先とする人びとが身近な地域という狭い境界線を越えたところにいる同胞と共有できる繋がりを模索しようと、確かに一層熱心になってきているように見受けられる。スティーヴン・マサミ・ロップの章は、この点も論証している。歴史的にみると、仏教会もキリスト教会も、また日系人スポーツ・リーグも、長いあいだ会議やトーナメントを開催し、さまざまな都市、地方、州、国々の日系人を一堂に集めてきた。しかしながら、一九八〇年代、一九九〇年代には、一連の真剣な活動によって、より広範な関心が存在することが示された。「ハパ（混血）問題フォーラム」の設立人の一人であるロップは、全米にわたって参加者と注目とを集めた「連合の絆」会議について論じている。(4) このような組織とその活動は、普遍的な方向性といったものを反映しているわけではないとしても、日系人が以前よりも進んで、地域コミュニティ、州、国家を超えて、他の日系人と類似した問題を抱えているかどうかを検討するようになっていることを示唆している。

同時に、エジソン・モリの章は、開放性の新たなレベルを示している。デカセギに出た人びとがブラジルに戻って日系ブラジル人コミュニティに再び入ろうとするとき、特別の憤慨や抵抗に直面することを示す明瞭な兆候はまったくない。たぶんそれは、彼らがお金と新しい技術の両方を持って帰国するためである。言いかえると、グローバル化に大きく影響を受けたデカセギ労働者と直接的に接触しても、ブラジルに残ることを選択した日系ブラジル人のあいだに、反動や抵抗が生じるような気配はない。

要約すると、第二の命題に関する証拠はよくても賛否混合しているので、われわれはケース・スタディのひとつひとつを、それぞれの長所短所によって評価しなければならないと考える。

グローバル化が一律に日系人のアイデンティティとコミュニティを侵食している——第三の命題——と論じることは、アイデンティティの継続性と再生産の明らかな証拠があるので、少なくとも現在までのところ困難なように思われる。この点に関連して、しばらくジェンダーに関する章に目を向けることは価値がある。確かにフェミニズムは、女性問題に関する世界会議という形で、また公的な政治、経済、健康、その他の公共生活領域における女性のエンパワーメントをめざすさまざまな闘いという形で、世界中に非常に多様な方法で影響を及ぼしてきた、と主張することができる。(5) そしてドリス・モロミサト・ミアサトの章が示すように、ペルーにおける日系人家庭内のジェンダーの階層性や権力をめぐる未解決の問題と、コミュニティ組織内のリーダーシップと意思決定機構にみられる問題点を指摘することによって、フェミニズム批評は女性が目標達成するために確実に貢献してきた。

にもかかわらず、日系人家庭とコミュニティにおける性差別というフェミニズム批評は、日系人アイデンティティの衰退そのものを例証しているのではないかもしれない。むしろ、フェミニストは、日系人アイデンティティの特定の側面に疑問を投げかけているように思われる。フェミニストの観点からは、ジェンダーの役割と階層性は封建時代の日本に根源を持つもので、新しい情況で再生産されている先祖返りと見なされており、それは適切でもなければ健全なことでもない。結局、モロミサト・ミアサトが振り返って再検討すべきだと主張するのは、日系人アイデンティティのこの特定の側面である。

この時点で、ある関連問題に目を向けることができる。オードリー・コバヤシとドリス・モロミサト・ミアサトは、日本と南北アメリカにおける家父長制の影響を全面的に調査することを促しつつ、興味深い問題を提起している。すなわち、日本人の血を引く女性が、性差別（特に既成概念となっているジェンダー役割や束縛という形の性差別）を逃れるために日本を去ったり、日系人のアイデンティティやコミュニティを避けたりするか、ということである。この問題については、今日にいたるまで決定的な回答が出ていない。レイン・リョウ・ヒラバヤシは、南北アメリカと比べると、ハワイは政治上の役職や職業を志す日系人女性にとって特に有利な環境であると述べている。彼は次のように問いかける。ハワイのケースから何か重要なことを学ぶことができるなら、他の日系人も、それぞれのコミュニティで女性がもつ潜在的リーダーシップを育てることができるようになるだろうか、と。(6)

日系人女性の社会的隔離の理由を考えると、ある関連する論点に思い至る。南北アメリカには、民族同胞から絶縁したようにみえる相当数の日本人を祖先とする人びとがいる。そしてその数字に女性は含まれていないのである。日系人同胞と絶縁した人びとの中には、たとえば、(1)その資格があるのに、自分を日本人の血を引く者とは名乗らない人びと、(2)何らかの理由で、エスニック・コミュニティに関わりをもたないと決めている人びと、そして(3)先祖や世襲財産をめぐるもの以外の絆によって、ホスト社会の他の人びとや、世界規模の民族超越主義者との多彩なつながりを優先させるようにみえる人びとがいる。この絶縁したようにみえる日系人について調査した研究はほとんどない（しかし第1章のハルミ・ベフのコメントを参照）。それゆえ、かれらが自らを日系人だと認識しているのかどうか、本当のところは分からない。また、そのような絶縁が主観的な問題なのかどうか、それが三世代かそれ以上の過程を経た同化の問題なのかどうか、あるいはホールや他の研究者がグローバル化の産物であるという仮説を立てた、文化的アイデンティティの崩壊を真に反映するものなのかどうか、確信をもって述べることもできない。この問題に焦点をあてた詳しい研究をするなら、興味深くまた有用な研究となるであろう。

第四の命題――グローバル化が、日系人の中にエスニック・アイデンティティ離れの傾向と、全世界へのより大きな関心と全世界的アイデンティティに向かう明らかな傾向をもたらしている――に対して、強力な証拠があるようには思えない。しかしながら、その仕事、旅行、名声のゆえに国際的に知られたエリートの一家や個人の場合には、例外もあり得ることを指摘しておく。学者、ビジネスマン、活動家、そして芸術家（たとえばチズカ・ヤマザキ。ヤマザキの映画についてはナオミ・ホキ・モニースの章が取り上げている）のような。国際的に知られた人物になることが日系人エリートの意識にどのように影響するかを調査した研究はほとんどなされていない。[7]

グローバル化の影響に関する第五の命題については、第III部の諸章が、一九八〇年代、一九九〇年代にはっきりと現れ始めた一連の新しいハイブリッド・アイデンティティがあること、そしてそれが部分的にはグローバル化の過程によって勢いづけられていることを示している。日系人女性を別として、この点をもっとも明瞭に例証している三つのグループは、異人種間結婚の夫婦とその子どもたち、世界規模のディアスポラのオキナワン、デカセギ労働者となったラテンアメリカの日系人である。以下に順次これらのグループについて短いコメントを加える。

一九九八年、一九九九年のINRP会議が明らかにしたように、南北アメリカのほぼ全ての国で、非常に多くの異人種間結婚が、特に三世以降の世代で進行中である。残念なことに、これはラテンアメリカでは基本的に研究されていないトピックである。そうであっても、スティーヴン・マサミ・ロップが合衆国に関して述べたように、そしてドリス・モロミサト・ミアサトがペルーに関して述べたように、日系人コミュニティのより伝統的な構成員たちは、異人種間結婚の夫婦とその子どもたちの増加、そして彼らの地位について、相反する感情を持っているようにみえる。異人種間結婚の両親と子どもたちが他の日本人を祖先とする人びとと、あるいはもしあればの話だが、その地域のより大きなエスニック・コミュニティと関係を保っているのかどうか、あるいは逆に彼らに対する差別的な待遇を考えて、あるいは興味の欠如から、あるいはその両方のゆえに、そのような関係を拒否しているかどうかは、現時点においては明瞭でない。しかしいずれにせよ、オードリー・コバヤシが示すように、日本人を祖先とする人びとのあいだで異人種間結婚が一般的に行われているので、関係する人びととすべてによってこれがどのように扱われて解決されるかが、日系人コミュニティ存続上まさに絶対的に避けることのできない問題である。

第二に、新垣誠、ジェフリー・レッサー、そしてスティーヴン・マサミ・ロップが述べるように、オキナワンたちは、日本本土によって植民地的支配を受けた歴史ゆえに、やや異なった経験と軌跡をもっている。今は戦前ほどには否定的な固定観念や周縁化による被害を受けなくなっているかもしれない。しかしながら、なかでもハワイ、合衆国、ブラジルにおいて、目だったオキナワン・エスニック・リバイバルが起きていることは、独立した下位文化アイデンティティの発達を証し、また沖縄ならびに沖縄のものに対して、「日系人」という概念が一般的に意味する以上の深い繋がりがあることを示している。

第三に、南米からのデカセギに関する少なくとも一つの章が示唆することは、日本への一時的帰国という特殊な状況のもとで、デカセギ労働者は、日本と日本人そのものへのアイデンティティとはまったく異なった、合衆国やペルーにおける日系人アイデンティティによく似た、独特の意識を持つようになり得るということである。ナオミ・ホキ・モニースによると、これが日本に一時滞在して働いている日系ブラジル人デカセギ労働者のなかで起きている。しかしわれわれはまた、これが必ずしもいつも起きるとは限らないらしいことを認識しなければならない。たとえばマルセーロ・G・ヒガは、日本在住のラテンアメリカからのデカセギ労働者のあいだには大きな多様性があると論じている。彼の章は、日系人の特性とされるものにまったく反する、人間と経験のはなはだしい多様性を描き出している。しかもヒガは、デカセギ労働者が個々のラテンアメリカ諸国の市民として、自分たちのあいだの相違に気づいていることを指摘している。日本におけるデカセギを研究した著者たち（エジソン・モリ、二宮正人、マルセーロ・G・ヒガ、竹沢泰子）がひとりとして、デカセギ労働者が日本で直面する偏見と差別にもかかわらず、彼ら全てが自分たちに共通する大義の権利のために一丸となって闘う——彼らの異なるラテンアメリカ国籍にかかわらず——といった情況を論じていないという事実はヒガの論旨を支持している。

この時点で、多くの章（特にマルセーロ・G・ヒガ、新垣誠、竹沢泰子の章）が、二一世紀において「日系人」という用語が——南北アメリカ在住の日本人を祖先とする人びとと、日本在住のラテンアメリカ出身の人びとに、適切に適用され得る概念としては——限界点に達している、と示していることを十全に認めなければならない。南北アメリカおよびそれ以外の地にいる日本人を祖先とする人びとは、この本の中できわめて多面的に述べられているように、今やあまりにも多様化したので、ＩＮＲＰ研究者が集団としても個人としても、「日系人」という概念の有効性を再評価するためにときおり立ち止まらざるを得なかったということも、ほとんど驚くにはあたらない。

「三元的枠組み」

われわれは次のセクションで、日系人アイデンティティの形成を促す条件——その再生産をそれなりに可能にする条件——をさらに詳しく検証するつもりである。それに続くセクションでは、逆にアイデンティティの形成阻害をもたらした条件を明らかにする予定である。

それをする前に、ここで次のことを述べておきたい。すなわち、方法論のレベルで、かたやグローバル化によって強化されたマクロ・レベルのプロセスと、かたや本書のケース・スタディが強調する地方／ミクロ・レベルのプロセスとのあいだにある、中間領域を測定することは、ときとして困難であるということを。この理由から、われわれが以下に説明する、分析の「三元的枠組み」とよぶものを導入することが有用なのである。(8)

グローバル化が日系人アイデンティティに及ぼす影響を測定するに際して、文脈上の意義ある関係がしばしば三者関係であることが注目を引いた。すなわちそこには、在住国、日本、日系人コミュニティ組織（もしそれが存在すればの話だが）、その三者間の相互関係が絡まっている、ということである。第III部の諸章が明らかにしているように、今日の変質のプロセスは、個人／家族から、コミュニティ、国家レベル、国際レベルにまで及ぶ一連の関係を通じて起きている。もちろん、第II部の粂井輝子の章が論じるように、三者関係が日本人移民とその海外における子孫のうえに影響を及ぼした長い歴史がある。しかしわれわれは、このプロセスがグローバルな資本主義の文脈の中で強化されてきた、と提言する。ということで、文化的アイデンティティに及ぼしたグローバル化の影響を理解しようとするとき、三元的文脈を想定することが、方法論的にいえば、絶対に必要である。[9]われわれはこの三元的枠組みを、「マクロ／世界」と「ミクロ／地方」の相互関係の理解を助ける中間（あるいは仲介）のレベルの一種であると考えている。[10]

事実の観点からも、本書のほとんどの章が、二〇世紀末から二一世紀初頭においてグローバル化がどのように「現場に」現れているかを理解するうえで、三元的視点が鍵であるということを示している。明らかにどのような情況においても、日系人アイデンティティは、それを持つ人の行動を規定する静的な存在ではなく、さまざまなマクロおよびミクロな状況の変動によって形成される文化的、歴史的、政治的構築物なのである。日系人アイデンティティのこの側面は、ロップの章にうまく描かれている。すなわち、合衆国では人種化のプロセスが支配的であるのに対して、ペルーでは支配構造が人種よりも階級によってより大きく影響されているので、合衆国とペルーとでは日系人アイデンティティの構築がどのように違ってくるかが描かれている。またペルー日系人の場合には、彼らの住む国との比較において、日本が世界経済において優越した地位を占めるために、彼らの人種意識の構築は独特である（ペルーにおける日本人を祖先とする人びとが、土着のペルー人、メスティーソ、あるいはヨーロッパ系ペルー人とさえ比べて、自分をどのくらい優越していると見ているかを知ることは興味深いであろう）。いずれにせよロップが、国家的、国際的文脈が日系人らしさの形成にどのくらい大きく影響することがあり得るかを思い出させてくれたのは正しい。これは明らかに、今後継続的に調査する価値がある比較の問題である。

このように、三元的アプローチは、ケース・スタディの本質的、個別的側面を注意深く分析するうえで欠くことができない。言いかえると、三元的アプローチは、ホールの理論の枠組みが十分に説明していない「新」アイデンティティの矛盾した側面を明らかにし説明することを可能にする。ケース・スタディのいくつかの要約は、どのように、そしてなぜこれがそうなるのか、を示すであろうし、また日系人アイデンティティの再生産が続いているときでさえ、形成阻害と多様化が速やかに進行していることを説明するであろう。

日系人アイデンティティの形成を促す条件

「日系人」という用語が多くのアメリカ大陸諸国に住む日本人を祖先とする人びとに適用され得るということを示す証拠が、本書の中に実際たくさん提示されていることは注目に値する——ボリビア（雨宮和子）、ブラジル（ジェフリー・レッサー）、カナダ（オードリー・コバヤシ）、ペルー（ラウル・アラキとアメリア・モリモト）、パラグアイ（エミ・カサマツ）、合衆国（スティーヴン・マサミ・ロップとレイン・リョウ・ヒラバヤシ）——そして地球規模でさえ（ハルミ・ベフ）。これが事実だとすれば、「日系人」という用語は、概念的に有効というだけでなく、経験的にも有効だと論じることができる。なぜなら、上記の諸国では、人びとは明らかにこの用語に違和感がなく、自分たちもそれを使っているからである。

エスニシティを再生産する形成要因を明らかにし、それを論じる章では、日系人アイデンティティは、象徴的な社会的構築物としていちばんよく捉えられている（ドリス・モロミサト・ミアサト）。その構築は、個人とコミュニティによってもたらされるもので、生活様式を共有する状況のもと、人びとが相互に影響しあう中から生じる親近感から生まれてくるものである（ジェフリー・レッサー、粂井輝子、エミ・カサマツ）。コミュニティは、家族、経済、教育、社会、政治を含めた多様な生活領域における社会的ネットワークを基盤として発達する。これらのネットワークは国内のものであるが、ときには国家の枠を超えた形態をとることもあり得る（前者の例としてはラウル・アラキを、後者の場合については雨宮和子と飯野正子を参照）。これらのネットワークは時間とともに制度化されていくかもしれないが、どのような場合であれ、将来の世代が日系人コミュニティと国家の両方の社会生活に順応していく状況を作り出してくれる（レイン・リョウ・ヒラバヤシ）。このように、共通のエスニック・アイデンティティと親近感とは、地域コミュニティと国家という両領域におけるこの相互の参与から生じるのである（アメリア・モリモト）。この意味で、日系人アイデンティティは、今の現実に対応して、社会的文化的な資源を取り込みつつ適応していくという、継続的な折衝の結果である（ハルミ・ベフ）。これらの論点をふまえると、グローバル化という緊急事態にもかかわらず、日系人アイデンティティの再生産が二一世紀にも続くことは明白である。そこで、この再生産が起きる二つの基本的な条件を押えておくことは有用である。

ＩＮＲＰ研究者の論文を考察すると、エスニック・アイデンティティの再生産を促すひとつの主要な条件は、世代の問題である。それゆえ世代という集団を歴史的視点から捉えることが必要である。まず言えることは、日本人移民は今も昔も典型的に、厳密な意味での日本人であるという強いエスニシティ感覚を持っているということである。この意味で、ブラジルの日本人移民に関してジェフリー・レッサーが発見した実態は、マルセーロ・Ｇ・ヒガと雨宮和子のものと合致する。すなわち多くの南米諸国では、日本人移民は日本人としてのアイデンティティを、また多くの場合には日本国籍さえ保持する傾向がある。日本人移民は時間をかけて本当の定住者（そして日系人）になるかもしれないが、この変化がいつどのように起きるか、あるいはそれをどのように測ることができるかさえ正確にはわからない[11]。それを明らかにするために、さらに研究を進めなければならない課題である。

第II部の各章で見てきたように、一般的に移民一世は、ひとつの所に十分の人数がいる場合、やがてエスニック・コミュニティのための制度的な基礎を築いていく。通常多大な努力と費用が伴う。コミュニティ形成のための力を得るためには、類似性の絆と連帯意識は不可欠の重要性をもつ（たとえばレッサー、アラキ、ヒラバヤシを参照）。

二世は日系人アイデンティティを一番強く体現しそうな人びとだ、ということには意義がある。しかしこれを三元的枠組みの視点で分析することが必要である。ある意味でこれは、先祖の国の歴史と文化に関する集合的記憶の問題であるかもしれないが、第二世代は、日本人の両親を通じて、日本的伝統ときわめて重要な結びつきをもつ（カサマツ）。より一般的には、日本語や日本人の世界観、個々の人間関係の持ち方は、家庭という環境で第一世代の両親と接触することによって、一日一日の積み重ねを通じて確実に第二世代に継承されていくのである。これらは、一定の条件のもとでは、日本についても他の国の日系人についても、国境線を越えて広がる共感の絆を生み出すことができるくらいに強くなり得るのである（飯野）。しかしINRP研究者は、第三世代と第四世代になるころには、われわれが第一世代と第二世代について知っていることとは対照的に、物事は変化していくだろうと示唆している（ロップ）。教育に関する章において明らかなように、これら若い世代は日本語や日本的価値、日本的生活様式に触れることがはるかに少ないかもしれない。彼らが居住国に十分といえるほど同化していないとしても、文化的に適応しているかもしれない。第II部では多くの章が、ジェフリー・レッサーやアメリア・モリモトの章をふくめて、この論旨にそった証拠を提供している。その結果、驚くべきことではなく、第三世代までには日本人を祖先とする人びとの方向性と焦点は、より多くあるいは完全に居住国の方に向くかもしれない——特に日系人が平等に扱われ、それゆえ主流社会の人びとと同等であることを勝ち取った場合には。こういうわけでわれわれは、世代が日系人アイデンティティの再生産と強さとに大きく関わっていると考えるのである。ただし以下の注意が必要であろう。

グローバル化は、南北アメリカに住む数世代の日本人の血を引く人びとにさまざまに影響を及ぼしてきた。ひとつは戦後南北アメリカへの安定した日本人移民がなかったことと関連している。雨宮とコバヤシの章は、これに関する二つの異なる例を提示している。もうひとつは、世界経済の変動に起因するラテンアメリカから日本へのデカセギによってもたらされた。モリと二宮が示唆するように、デカセギ労働者が帰国したとき、彼らは居住国に長期的な影響をもたらした。しかしもうひとつは、比較的研究されていない現象と関係がある。INRP研究者はひとりもこれをテーマとして取り上げなかった。すなわち、何十年にもわたり南北アメリカに住んできたにもかかわらず、日本的生活様式と日本国籍を保持することに決めている多くの国外在住の一世のことである。しばしば観察されてきたことだが、この姿勢は、日本ほど豊かでもなく威信もない居住国と比較して、世界の強国となった日本の地位という光をあてて見なければならない[12]。

INRP研究者の調査が明らかにしているように、明瞭な日系人アイデンティティの表出と再生産を支持する第二の鍵となる条件は、コミュニティの形成である。

集団指向は日本社会の組織的特徴と長らく認識されてきた[13]。第II部のすべての章が述べているように、南北アメリカのいたるところで、人口が増えたときにこの集団指向が日系人コミュニティを形成する強い傾向をもたらすことになる。たとえそうでも、コミュニティ形成には、十分な人数が身近にいて境界を定めた地域内に集中していることなど、一定の基本的な前提条件がある。コミュニティ形成はまた、一定の三元的条件によっても影響される。エスニック・コミュニティの形成は、たとえばホスト社会から強い同化の圧力があれば妨げられ得る。第二次世界大戦中に起きたような明白な抑圧の時代を別としても、特定の歴史的時点におけるメキシコや合衆国のような国々において、これが起きた。

付け加えると、類似性を帯びてはいても（アラキ、雨宮、レッサー、その他の章が示すように）、各章で述べられている個々の組織やグループの種類は時代によって異なるし、移民到着の時期、移民の構成員、ホスト社会の状況、農村あるいは都市という環境によって異なる。次のことは指摘しておく価値がある。すなわち、世代やコミュニティ形成を日系人アイデンティティの再生産をもたらす条件とみなすことができる一方で、日系人であることの本質は、内容それ自体によって十分に定義され得るなどということはありえないように思われる、ということだ。なぜなら、どんな文化的事項が再生産され、それがどのように再生産されているかに関しては、あまりにも大きな違いがあるからである。日本語学校のような類似した制度が南北アメリカにおいて日本人を祖先とする人びとによって作られたとしても、その焦点には大いに違いがある。これは粂井輝子とエミ・カサマツの章を並べてみれば明らかである。二〇世紀初頭には、攻撃を受けやすいという感覚をもっていたので、合衆国本土の日本人移民は日本人アイデンティティそのものの再生産を控えることに決めた。しかしカサマツが示すように、一九八〇年代のパラグアイでは、日本人のアイデンティティとまではいかなくても、日本人としての方向付けを教え込むことが日系人が組織した日本語学校の主要目的であった(14)。

最後に、われわれがエスニック・コミュニティに関してここで提示していることは、かなり簡単なことである。コミュニティ形成が不可能な場所、時代、状況では、エスニック・グループ全体に対する親近感や、エスニック・グループ全体のために行う努力を高める大規模プロジェクト、取引関係、協同の面で足りないものがあるということである。その意味でコミュニティは、核家族あるいは拡大家族だけでは複製することができないやり方で、エスニシティ再生産のための手段となっているのである。

事実、コミュニティ形成が実現している場合と場所では、そしてある日系人コミュニティ内に一連の異なる制度が存在する場合には、他との区別を示す（しかし分離していない）アイデンティティとして、日系人らしさを強化する可能性は、三世、四世、五世にとってさえ、大いに高くなる。次の点は強調するに値する。すなわち、強いダイナミックなコミュニティ形成は、世代を通じてのエスニック・アイデンティティの形成阻害を相殺する力をもっているのである。

日系人アイデンティティの形成阻害をもたらす条件

日系人というアイデンティティの形成阻害に関して三元的分析をすると、アイデンティティの継続性を生みだす変数・力関係とはほぼ正反対のイメージの変数・力関係が現れてくる。ある場合には、三元的なつながりが再び日本とのアイデンティティを強化するという状況をもたらしている。この力関係を非常に明瞭に捉えているのが、ボリビアにおける日系人農民への日本からの援助を扱った雨宮和子や、これも日本政府によって手厚く援助されているパラグアイにおける日本語教育を論じたエミ・カサマツの章である。これはやがてなくなる歴史的局面であるかもしれない——とくに国際協力事業団（JICA）のような日本政府のプログラムは、ラテンアメリカの日本人を祖先とする人びとへの援助を削減しているのだから。しかしながら、これらの線にそった日本とのつながりは、日系人としてのアイデンティティの形成を妨げているように思われる。これらの例は、日本自体が南北アメリカの日系人アイデンティティ形成においてある役割を演じてきたし、これからも演じていくだろう、ということを疑いようもなく示している。日本人を祖先とする人びとへのグローバル化の影響を分析するときには、グローバルな国際関係の構造における日本の立場や、日本と居住国と日系人コミュニティとの絆をつねに考慮に入れなければならない。(15)

同様に、新垣誠によるディアスポラのオキナワン・アイデンティティに関する研究は、三元的枠組みによってもっともうまく概念化されるように思われる。一方でオキナワンは、ハワイのような場所では、より大きな日系アメリカ人コミュニティの内部で内地人（本土の日本人）の背景をもつ移民との関係において、明確な下位文化として自らを規定するかもしれない。他方、海外のオキナワン・コミュニティが、沖縄の方言、芸術、文化を教えるために沖縄から教師を輸入することは、祖国の沖縄県との新たな関連を生み、沖縄とのアイデンティティの再生をも強化する。新垣の論文から明らかなように、沖縄県政府自体は海外の沖縄県出身者のネットワークを促進することに非常に積極的であるだけでなく、海外の沖縄県出身者と故郷沖縄県との直接的なアイデンティティの育成にも大変熱心である。これらのプロセスの結果は、それが他の日系人アイデンティティから分離した文化的アイデンティティを生み出すのか、あるいは関連した文化的アイデンティティを生み出すのか、という点を含めて、まだ正確には分からない。どちらの選択肢もあり得るようにみえる。

三元的研究方法は日本へのデカセギの事例研究でも必要とされている。エジソン・モリが明らかにしているように、日本のいわゆるバブル経済が盛んで、多くのラテンアメリカ諸国の経済と政治が永続的な危機にあったとき、日本へのデカセギの動きをもたらす物理的条件が整ったのであった。多くのラテンアメリカからの日系人デカセギ労働者は、日本に適応する基礎知識や言語能力さえもっていたが、〔日本の〕厳しい法律と社会的慣行は外国人の新生活を非常に困難にした。[16] 二宮正人の章は、デカセギ労働者の教育上のジレンマを、日本の状況とそして最終的にブラジルに帰国したときの状況との関わりで論じている。デカセギ労働者は、自分たちの必要に対して最善の対応策を決めようとする際に、いわば三幅対のすべての三側面――過去、現在、未来――を明らかに考慮に入れている。

関連するがしかしユニークなケースで、竹沢泰子は神戸の大震災が新たなグループ間連携を生み出し、アイデンティティに関する新しい意識を生み出したと報告している。竹沢は、もはや日本的伝統を軸とせず、またラテンアメリカ出身の日系人デカセギというユニークな経験さえも軸としない、新しい多文化的な覚醒が生じていることを論証する。この覚醒は日本、ラテンアメリカの祖国、そしてデカセギ労働者という三者関係の産物で、竹沢によれば、その出身国や実際の国籍が何であろうと、神戸の人びとに甚大な影響をもたらしたという。

最後にフェミニズムのトピックに戻ると、研究と分析のための適切な視点を作るうえで、グローバル化と三元的視点は相互に手をとりあう関係にあると思われる。日系人家族と日系人コミュニティにおけるジェンダーの力関係やジェンダー問題を研究するに際して、これがスペイン／地中海の、またはアングロサクソンの伝統に根づいた家父長制によっても影響されている、ということも認めなければならない。ということは、ラテンアメリカと北アメリカにいる日本人を祖先とする人びとのあいだの家父長制の研究は、(1)日本のルーツ、(2)日系人によるそのルーツの修正、だけでなく、(3)ホスト社会に今なお残っているジェンダーに関する固定観念と性差別の現れも大いに取り込まなければならない。ドリス・モロミサト・ミアサトの章はこの線に沿った分析を多少示しているが、これは組織的に発展させられるだろうし、革新的な研究プログラムの基礎となる可能性も秘めている。

展望

あるレベルにおいて、本書はエスニシティが本質的・必然的に新たに生じる社会的構築物であることを示している。日系人というエスニシティは、エスニシティのカテゴリーが創生され、体系化され、そして絶えず変容していく社会的、歴史的なプロセスの産物である。過去は確かにエスニシティの構築に役割を演じる。しかしエスニシティは、時間・空間を通じて、エスニシティ意識の内容と表現を形成するさまざまな条件を反映して、変容するのである。さらに、日系人というアイデンティティは孤立して存在するのではない。すべての日系人は重層的なアイデンティティを持っている。またこれらのアイデンティティは流動的であり、時として、より大きな全国的あるいは国際的状況において再調整の状態におかれる。それが主観的に展開されようとあるいは分析的に展開されようと、「日系人」の概念は必然的に柔軟性とゆるやかな境界線で特徴づけられる。

日系人アイデンティティは現時点において流動している。なぜならグローバル化が、海外の日本人を祖先とする人びとのあいだの多様性と関わりつつ、進行中の力関係を増強しているからである。だがわれわれは、グローバル化を三元的枠組みと関連して評価しなければならないと提言する——国民国家（少なくとも出身国と居住国を含む）というマクロ・レベルの力と、日系人コミュニティと各個人とのあいだのダイナミックな相互作用を評価することがますます求められる。われわれはこの同じ研究方法が、日本人らしさを研究する方法についても新しい洞察を与えてくれると信じている。なぜなら竹沢が示すように、これはまた二一世紀において進行中の、枠組みの見直しでもあるからだ。第III部の諸章が示すように、海外の日本人移民とその子孫のエスニック・アイデンティティという構築物を形成するグローバル化の力関係と三元的関係とは、日本においてこそますますもって強く鳴り響いている。(17)

最後に、「はじめに」の中で提示した問題に戻ろう。南北アメリカにおける日本人を祖先とする人びとの研究は、北米の日系アメリカ人にどのような光を当てるであろうか。第一に、両者が同じでないことは非常に明瞭である。第二に、合衆国本土の日系アメリカ人とカナダの日系人とのあいだには多くの類似点があるように見えるが、そこでの経験はハワイ州や全ラテンアメリカの日本人を祖先とする人びとに投影されるべきでないし、できるものでもない。合衆国本土の日系人と日系カナダ人は、結局のところ、公民権を剝奪された小さなマイノリティ・グループであった——少なくとも第二次世界大戦前と直後には。

いくつかの留保が必要であろうが、合衆国本土の日系人と日系カナダ人は主流社会によって大変に陰湿なやり方で、より組織的かつ集中的に人種化されたということも、またわれわれには衝撃的であった。第二次世界大戦中には、ラテンアメリカの日本人を祖先とする人びとの人種化も相当に厳しく否定的なものであったが、これはある国（たとえばペルー）では特徴的であっても他の国（たとえばアルゼンチン）ではそうではなかった。(18)さらに、ブラジル、ペルー、ボリビア、メキシコのような主要なラテンアメリカ諸国は大きな土着インディオ人口とメスティーソ人口をかかえているので、日本人を祖先とする人びとの人種化は、合衆国本土にみられるものとは異なっていた。その一因は、戦後の日本の地位がほとんどのラテンアメリカ諸国の地位より高かったことにある。(19)強度に陰湿な人種化と集団拘禁から受けた精神的外傷の結果——個人の、そして集団の——のひとつは、特に日系アメリカ人と日系カナダ人の二世、三世たちにとっては、日本的なものからの絶縁であった。確かに同化が進んだ日系ブラジル人や日系ペルー人はたくさんいるが、しかしこれらのコミュニティの中心部、そしてエミ・カサマツと雨宮和子によって述べられているような新しいコミュニティの中心部は、北アメリカにおけるコミュニティが持っているよりももっと大きな度合いで日本的な方向づけを——文化面でも言語面でも——保持している。同様に、ハワイ諸島では拘禁はほんの少数の日系アメリカ人にしか及ばなかったので、ハワイの日系アメリカ人の文化とコミュニティの崩壊はずっと少なかった(20)。

そこで、海外の日本人を祖先とする人びとにとって、コミュニティ形成がエスニック・アイデンティティの再生産を許しそれを促進する主要な条件のひとつであることを、今一度強調したい。グローバル化が急速に進んでいるので、たしかに日系人アイデンティティの存続は、「コミュニティ」が二一世紀にどのように定義されるかという問題をめぐって展開するであろう。グローバル化に関するわれわれの発見は、新しい密接な関係や繋がりが探求できるように、コミュニティの境界線をますます開放的で包括的なやり方で引かなければならない、ということを示している。もしそうであれば、日系人アイデンティティそれ自体が存続し発展するチャンスは、たんに一時のチャンス以上のものといえるかもしれない。

原注

(1) 再び、ここでの目的のためにはこれが合理的なサンプルであると考える。なぜなら、われわれはアイデンティティとコミュニティに関心を表明したが、個々の研究者には各自の専門とする研究対象に関する詳しい知識を生かして、各自が関連すると思うトピックを選択し、「それをあるがままに述べる」ように求めたからである。半数以上の研究者が日系人アイデンティティの形成阻害に焦点を当てることを選択したという事実は、それが現在進行しているという兆候であるように思われ、分析をするうえで真正面から取り組む必要があるという挑戦を突きつけられた。実はわれわれはこれを予期していなかったので、理論をめぐって、再びデッサン台に戻った。そしてグローバル化に関する論文、いかにグローバル化が文化的アイデンティティに影響したかを扱う論文が、アイデンティティ形成と形成阻害の両方を評価するための、そして最終的には両方のパターンを説明するための道でもあるだろうと考えるに至った。

（2）特に日本における外国人労働者と歴史的に形成された人種アイデンティティのパターンとのあいだの関係を描く補足的研究としては、次を参照。John Lie, "The 'Problem' of Foreign Workers in Contemporary Japan," in Joe Moore, ed., *The Other Japan: Conflict, Compromise, and Resistance Since 1945* (New York: M. E. Sharpe, 1997), 288-300.

（3）ハリー・H・L・キタノ自身はこの用語そのものを使っていないかもしれないが、この日系アメリカ人研究者が述べたことについて書かれた記事の大見出しは「日系アメリカ人コミュニティは死んだか」であった。次を参照。*Asian Week*, Feb. 14, 1987, 1. キタノが話の中で提示した実質的データは、日系アメリカ人の高い異人種間結婚率に関係している。

（4）別のレベルでは、汎アメリカ日系人協会（The Pan-American Nikkei Association）や全国・国際日系人青年交流（National/International Nikkei Youth Exchange）が主催する全南北アメリカ規模の諸会議は、共通の問題を討議するための土壌を作ろうとする努力である。後者については、次を参照。J. K. Yamamoto, "Linking North and South: Toward a Pan-American Nikkei Youth Movement," *Hokubei Mainichi*, Jan. 1, 2001. 当時ペルーのリマで開催が迫っていた会議は、二〇〇一年一月一八日から二七日までMOVI（Movimiento de Menores）の主催で、日系アメリカ人のグループが出席を予定していた。

（5）次を参照。Amrita Basu, *The Challenge of Local Feminism: Women's Movements in Global Perspective* (Boulder, Colo.: Westview Press, 1995). グローバル化がどのように女性に影響したかを述べた総合的全体像については、次を参照。"Challenging a Gendered World," in Robin Cohen and Paul Kennedy, *Global Sociology* (New York: New York University Press, 2000), 305-320.

（6）ハワイ諸島の日系アメリカ人家族が他の地域の家族よりも家父長的でないとは思われないので、なぜハワイにおける日本人の血を引く女性が選挙による政治に実質的進出を遂げたのかは、今後の研究が解明してくれるのを待つほかはない。人類学者のブラケット・ウィリアムズは、これに関して考慮すべき項目がハワイ人の家庭やコミュニティにおけるハワイ人女性の地位であるかもしれないと示唆している（個人的談話、二〇〇一年六月）。

（7）この意味で興味深い人物は世界的名声をもつ芸術家イサム・ノグチであろう。ノグチは一九〇四年ロサンジェルス生まれの混血であった。日本で育てられたが、一九一八年に母によって勉強のためにインディアナに送り出された。四〇歳までには、研究のために世界中に足跡を残していた。次を参照。"Noguchi, Isamu," in Brian Niiya, ed., *Japanese American History: An A-to-Z Reference from 1868 to the Present* (New York: Facts on File, 1993), 269-270.

（8）三元的枠組みの重要性については、部分的には杉山茂の論文に示唆を受けた。近い将来出版されるはずの杉山の論文を参照。Shigeru Sugiyama, "Trilateral Relations between the United States, Mexico, and Japan and Shrimp Fisheries off the Mexican Northwest Coast in the late 1930s." また次によって提示されている枠組みも有益である。Barbara Stalling and Gabriel Szekely, eds., *Japan, the United States, and Latin America: Toward a Trilateral Relationship in the Western Hemisphere* (Baltimore, Md.: Johns Hopkins University Press, 1993). われわれのアプローチとの相違は、エスニック・コミュニティ自体が、日本とどの居住国との関係の調停にも重要な役割を演じ得るというわれわれの意見である（それゆえわれわれは「三国間の」といわずに「三元的」と呼んでいる）。その後、類似した主張を展開する山本恵里子の論文に出会った。Eriko Yamamoto, "Cheers for Japanese Athletes: The 1932 Los Angeles Olympics and the Japanese American Community," *Pacific Historical Review* 69 (2000): 399-420.

（9）ここでは、三元的視点がどんな場合にも必要だと提案してはいないということに注意して欲しい。むしろわれわれが言おうとしていることは、この本の多くの章が、三元的視点が包括的な分析に深く関係し得ることを示しているので、どのような場合でもそれを考慮することが必要だということである。

（10）別々のしかし関連した三つのレベル——マクロ、メゾ、ミクロ——の分析を論じたものとしては、次を参照。Thomas F. Pettigrew, *How to Think Like a Social Scientist* (New York: Harper Collins, 1996), 113-115; passim.

（11）歴史家である阪田安雄とユージ・イチオカの二人はこの研究のパイオニアで、初期の日本人移民の生活と視点に焦点を合わせた。二人が収集し研究した莫大な数の日本語文献の一例は、二人の共著である以下の本に見ることができる。Yasuo Sakata and Yuji Ichioka, *The Buried Past: An Annotated Bibliography of the Japanese American Research Project* (Berkeley: University of California Press, 1974).

（12） ラテンアメリカにおける日本人を祖先とする人びとに関する論文は、しばしば彼らが自らを「優越した民族」であると考え、それゆえ「地元民」とはあまり親密に交際したがらないという事実に言及している。さらに、本書の章（たとえば雨宮和子の章）を考えるうえで、興味のある読者は以下の二つの例を参照。Stephen I. Thompson, "Separate but Superior: Japanese in Bolivia," in George L. Hicks and Philip E. Leis, eds., *Ethnic Encounters: Identities and Contexts* (North Scituate, Mass.: Duxbury Press, 1977), 89-101; and Christopher A. Reichl, "Stages in the Historical Process of Ethnicity," op. cit., 36.

（13） 次を参照。Chie Nakane, *Japanese Society* (Berkeley: University of California Press, 1972).

（14） これらの学校が子どもたちのアイデンティティを日系パラグアイ人として（二、三世代を経たあとでさえ、偶然パラグアイに在住している日本人を祖先とする人びととしてではなく）表現していることを示すのに、カサマツがデータを全く示していないのは興味深い。ただし、公平を期すために述べると、彼女は別の文脈ではこの点を論じている。

（15） ユキコ・コシロの最近の研究は、ラテンアメリカにおける「開発援助」に対する日本の態度に関して有益な議論を提示している。Yukiko Koshiro, *Trans-Pacific Racisms and the U. S. Occupation of Japan* (New York: Columbia University Press, 1999).

（16） 外国人だというだけで浜松の宝石店から追い出されたブラジル人記者アナ・ボルツの事件を考えて欲しい。彼女は裁判に訴え賠償金四万七〇〇〇ドルを勝ち取った。Howard W. French, "'Japanese Only' Policy Takes Body Blow in Court," *New York Times*, International edition, Nov. 13, 1999, A1, A14. フレンチによる記事は、社会的風潮の変化を示唆している。「部外者を拒否する、かの有名な日本の冷淡さについては打つ手がないとしても、少なくとも法の前の平等な扱いを主張することができる」（A―四）。この記事のことを教えてくれたエヴェリン・フ＝デハート教授に感謝する。

（17） 有益な全体像については以下を参照。Michael Weiner, ed., *Japan's Minorities: The Illusion of Homogeneity* (New York: Routledge, 1997). すでに二〇年以上にわたって報告されているように、海外生活を経験し教育を受けた日本人、とくに子どもたちは、日本に帰国した際に困難を感じるかもしれない。これが今も変わっていないことを示す報告としては以下を参照。Howard W. French, "Japanese Unsettles Returnees, Who Yearn to Leave Again," *New York Times*, International edition, May 3, 1000, A1, A12, A13.

（18） この点に関する詳細については、本書とともに出版された百科事典を参照。Ameki Kikumura-Yano, ed., *Encyclopedia of Japanese Descendants in the Americas: An Illustrated History of the Nikkei*（Walnut Creek, Calif.: AltaMira Press, 2002）〔アケミ・キクムラ＝ヤノ編『アメリカ大陸日系人百科事典――写真と絵で見る日系人の歴史』小原雅代他訳、明石書店〕。

（19） Koshiro, *Trans-Pacific Racisms and the U. S. Occupation of Japan*.

（20） 一九四一年末にハワイに住んでいた日系人約一五万八〇〇〇人に関しては、真珠湾直後に拘禁された人びとは、個々に忠誠に関する審問の機会を与えられた。最終的には二〇〇〇人以下（それはハワイ諸島に住む日本人を祖先とする人びとの約一パーセントにあたる）が、拘禁に相当する嫌疑があると見なされ、合衆国本土の収容所に船で送られた。The Commission on Wartime Relocation and Internment of Civilians, *Personal Justice Denied*（Washington, D.C.: U.S. Government Printing Office, 1982）, 261.

日本語版あとがき

一九七〇年代半ば、移民についてさらに勉強したいという共通の希望を抱いた数人の若い研究者が集まり、これからの移民研究はどうあるべきか、どこから進めていくべきか、熱心に話し合ったところ、「大きすぎる夢」として頻繁に話題に上ったのは、世界の移民を比較する研究だった。その若い研究者の大半が、アメリカの移民、とくに日本からアメリカへ渡った移民のことを研究していたから、世界の移民の比較を考えるときは必然的にアメリカを始めとする世界各地に渡った日本人とその子孫を念頭に置いていた。その「大きすぎる夢」を実現するには、どうしても一人の研究では不可能だというのが、若い研究者たちの一致した意見だった。そして「移民研究会」が発足した。この研究会でまず始めたのは、アメリカへの日本人移民を中心とした研究に必須でありながら不十分であった日本史における移民の研究である。日本史、経済史などの分野で移民に関心を持つ研究者が研究会に加わった。……という次第で「移民研究会」は育っていった。それでも、「大きすぎる夢」はやはり大きすぎて実現には遠いまま、時が過ぎた。

その三〇年前の夢が、本書において大きく進展し、現実のものになりつつある。本書は、そのような画期的な意味を持つ重要な研究書なのである。この三〇年の間に日本においてもアメリカにおいても移民研究の裾野は広がり、進展もした。とくに私たちが身近に感じている日本人移民とその子孫——本書では彼らを総称して「日系」という語で表現している。原文の英語でも Nikkei という用語が使われている——の研究は、歴史の分野にとどまらず、社会学、人類学、経済学など多くの分野で扱われるようになり、そして最近では医学や女性学の分野でもなされている。また、研究者だけでなく、一般にも「日系人」はなじみのある存在になっている。とくに、日系人が北米・南米に住む外国人としてではなく、日本に住む人びととしても認識されるようになって、いっそう関心が払われ、研究にも広がりが見られるというのが最近の状況である。同時に、研究者の間では、世代の交代とともに日系人コミュニティも日系というアイデンティティも消えていく、すでに消えつつある、と論じられることも多い。そのような関心と研究の広がりを、新たに、またきわめて明確に示し、いろいろな地域における日系人コミュニティの今後の変遷を予測させてくれる、そして、日系というアイデンティティのゆくえを考えさせてくれるのが、本書なのである。まさに、国家という枠組みを超えた、グローバルな視点で日系人の歴史を過去、現在、未来にわたって考えようとする地球規模の研究であり、共同研究ならではの成果といえよう。

本書が生まれた背景は「はじめに」にもいくらか述べられているが、ロサンジェルスにある全米日系人博物館が助成金を得て立ち上げた「国際日系研究プロジェクト」（INRP）の活動から生まれたものである。このプロジェクトが始まったのは一九九八年四月のこと。アメリカ合衆国、カナダ、チリ、メキシコ、ブラジル、アルゼンチン、ペルー、そして日本から、一八人の研究者——その中には自身が日系人で日系人コミュニティの活動家やリーダーとしての役割を果たしている者も含まれていた——が全米日系人博物館の会議室に集合し、三日にわたって共同研究の枠組みや期待する成果について話し合った。移民研究、とくに日本から世界に向けて移住した人々に焦点を当て、比較する研究の重要性を強く認識していることが全員に共通する熱意の源であった。Nikkei という語の意味するところについて、朝から夕方まで議論しても結論が出なかった、四月の会議の初日がなつかしく思い出される。このプロジェクトのメンバーは、日を経て増減したが、最終的には二三人となり、それぞれが担当するテーマで研究を進めつつ、インターネットを通じ、また定期的にロサンジェルスで全員が集まって会合を持ち、意見交換をしながら、あたかも同じ山の頂上をめざして多様な道を登るような経験を共有したのである。

そして三年をかけたこのプロジェクトは二つの成果を挙げた。ひとつは、二〇〇二年にスタンフォード大学出版から出版された本書であり、もうひとつは本書より前に出版された *Encyclopedia of Japanese Descendants in the*

Americas—An Illustrated History of the Nikkei, AltaMira, 2001（日本語版『アメリカ大陸日系人百科事典——写真と絵で見る日系人の歴史』明石書店、二〇〇二年）である。

世界に向かって日本を離れた人びとが、それぞれに定着した先で、どのようなコミュニティを作り、どのような経験をしたのか、それぞれの国にどのような貢献をしたのか、日本との絆はどのように現れるのか——本書に含まれる二〇の論文は、さまざまなテーマを、さまざまな立場で眺め、分析したものである。そこに示されるのは、世界中の日系人の豊かで変化に富んだ文化を国境を超えて探究しようとする姿勢である。グローバルな視点から日系人の経験の過去、現在、未来が描かれる本書は、きわめてユニークで新しい。そして、これからの移民研究が発展していくであろう道を指し示していると思われる。

翻訳に携わったのは移民研究会のメンバーである。INRPのプロジェクトとして完成した論文の中には、英語だけでなく、スペイン語やポルトガル語で書かれたものもあった。アメリカでの出版にあたっては、すべて英語に翻訳された。日本人執筆者のもとの原稿は英語であったが、日本語版に向けては、執筆者本人が日本語で書きなおす作業を行った。したがって翻訳作業は日本人以外の執筆者の論文を英語から日本語に翻訳することであった。移民研究会はアメリカで本書の英語版が出版される以前から、原稿をもとに翻訳に取り組み始めた。私の手元にある記録では、二〇〇一年一二月には移民研究会の翻訳プロジェクト開始ということで、まず翻訳を前提として本書の理解を深めるため、一泊二日の合宿勉強会をしている。その後、一四人が実際の翻訳を担当し、約一年をかけて作業を終え、全米日系人博物館に送った。しかし、アメリカでの日本語版の出版は実現せず、結局、日本の出版社である人文書院からの出版が決まったのは二〇〇五年になってからであった。そして二〇〇六年二月まで、翻訳を入念に見直す作業が続いたのである。長い時間をかけて出版にこぎつけただけに、翻訳者の思い入れも強く、喜びもひとしおである。とくに、「翻訳原稿編集委員会」と自称し、担当章の翻訳に加えて、すべての翻訳原稿のとりまとめや字句の統一など、神経をすり減らすような作業に長時間、そして多大なエネルギーを割いてくれた、飯野朋美さん、小澤智子さん、北脇実千代さん、長谷川寿美さんの努力には頭が下がる。翻訳初期の段階で原稿に目を通してくださった森田幸夫氏の貢献も忘れられない。

このようにして完成した本書が、世界各地の日系人の祖先となる移民を送り出した国、日本で紹介されることには、きわめて重要な意味がある。そして国際交流基金の寛大な支援がなければ、このように意義深い成果の紹介は実現しなかった。国際交流基金の理解と協力に心からの感謝を捧げたい。また出版を引き受けていただいた人文書院に、深く感謝する。

二〇〇六年一月

訳者を代表して　飯野正子

索 引

（ハイフンで繋いだ頁数字は，当該項目を内容的に拾った箇所である）

ア 行

アイデンティティ　11, 14, 16-21, 27, 39, 40, 42, 57-66, 68, 71-72, 75, 78, 81-82, 85, 87, 88, 90, 92, 94, 98-102, 136-137, 141, 144-145, 149, 152, 156-157, 174, 176, 178, 198, 217-218, 222, 224, 226, 237, 242, 277-279, 282-286, 288-293, 296, 299-304, 307-308, 310, 327, 337-339, 341, 343-345, 352, 354-356, 394-396, 400, 404-406, 409, 413-414, 419-420, 426, 430-432, 436, 438, 441, 444, 448-449, 452-453, 456-460, 478, 481, 483, 487-489, 497-513, 515-516, 518

アジア救済公認団体（LARA）（ララ）　73, 83, 103, 112-135

アメリカ・フレンド派奉仕団　118-119, 124, 127

アメリカニズム（米化運動）　75, 179-180, 182-183, 185, 187, 191, 194

アリヨシ，ジョージ・R.　254, 270

アンダーソン，ベネディクト　289

『アンデス時報』　140-141

「慰安婦」　32

イグアス（パラグアイ）（Paraguay）　204-205, 208, 212

異人種間結婚　異文化間結婚，国際結婚を参照

一世　38-39, 43, 73, 75, 76, 79-80, 112, 131, 136, 140, 143-144, 146, 154, 157-173, 176, 181, 188-189, 197-198, 220, 236-237, 252-253, 259, 277-278, 281, 286, 292, 294-295, 299, 301, 303-304, 315, 364, 373-375, 389, 428, 448, 455, 467-468, 478, 487, 507-509

イノウエ，ダニエル　253

異文化間結婚／外婚／内婚　77, 85, 99, 105, 141, 277, 285, 288-311, 317, 321-324, 334, 335, 336, 340, 347-348, 381, 426, 429-430, 479, 498-499, 502-503, 516

移民法　89, 362, 374, 394, 402, 417, 424, 476, 483, 486-487

ヴァルガス，ジェトゥリオ　92, 94-96, 340, 342, 349-350

ウチナーンチュ　14, 83, 102, 103, 143, 149, 156, 174-175, 256, 277, 282-284, 286, 407, 410, 421-423, 437-438, 440-466, 511-512

ウチナーンチュ・アイデンティティ　72, 103-104, 284, 257, 448-50, 453

エスニシティ　12, 18, 58, 62-65, 71, 81-83, 85, 90-93, 99, 101, 102, 105, 113, 147, 148-149, 151, 225-226, 235, 242, 244, 256, 259, 261, 266, 268, 277, 279, 283-284, 288, 291, 305, 337-338, 344, 353-356, 395-396, 399, 405, 409-410, 417, 419, 436, 450, 460, 506-507, 510, 513

エルド，デイヴィッド　59

『桜府日報』　179-180, 194

沖縄県人女性協会　296, 301

沖縄人　ウチナーンチュを参照

オキナワン　14, 19, 72, 83, 101-102, 284, 422-424, 455-56, 498, 502-503, 511

オキナワ移住地　75, 156-161, 164-165, 167-169, 171, 173-176

沖縄救済会　122

小沢孝雄帰化訴訟事件　187
オンタリオ日本救済委員会　121, 129

カ　行

勝ち組　96, 97, 130, 255, 270, 490
家父長制　277-279, 292, 296, 310, 314-315, 319-323, 332, 342, 346, 349, 351, 354, 501
元年者　30
ギアーツ，クリフォード　289
帰国移住　280, 282
ギデンズ，アンソニー　59, 66, 67, 293, 299
キブリア，ナズリ　279
キューバ革命　298, 341
教育勅語　179-181, 193-194, 389
強制収容　144, 192, 251-253, 456-457, 489-490
（強制）収容所　144, 427, 519
ギルロイ，ポール　449
グシケン，ルイス　110, 111, 256, 264
クリーブランド故国難民救済会　121
クレヴクール，ジョン・ド　178
グローバル化／グローバリゼーション　11, 13, 14, 18-19, 27-30, 33, 36, 43, 48, 56-68, 286, 355-357, 360, 376, 404, 409, 442, 453, 460-61, 478, 497-498, 500-502, 504-505, 507-509, 511-513, 515-516
契約移民　137, 149, 259
ゲヴァラ，チェ　298
県人会　139, 261, 291, 301, 411, 431, 437, 141, 445-448, 462, 467
国際結婚　39-41, 52
国際交流基金　208-209, 212, 215
国際日系研究プロジェクト（INRP）　11-18, 20-21, 57-58, 64, 71, 244, 270, 273, 277, 278, 286, 309, 335, 462, 497, 602, 502, 504, 507-509
国粋団体　83, 94
国籍　36-37, 62, 74, 76, 90, 100, 184, 188, 344, 356, 373-374, 381, 383-385, 390-391, 398-401, 405, 409, 415, 481, 492, 504

サ　行

三世　35, 37, 100, 113, 172, 213, 222, 236-237, 241, 265, 277-278, 280, 284, 292, 298-300, 303-304, 343, 365, 374, 375, 381, 412, 424, 428-429, 447, 468, 487, 502, 50, 510, 515
サンタ・ローサ　203-204
サンファン（日本人移住地）　75, 158-162, 164-165, 168, 173-176
シカゴ日系団体連合主催日本難民救済委員会　121, 126
ジェンダー　58, 69, 77, 235, 243, 254, 267, 277, 289-292, 296, 298, 301-304, 312, 314, 331-335, 337-338, 341, 350, 354, 356, 419, 424, 428-429, 432, 500, 501, 512-513
市民権　183-184, 188-189, 281, 283, 307, 344, 356, 420
写真結婚／写真花嫁　138, 294, 315, 358

ジャパンタウン／日本人町　29, 271, 427, 478
宗教　15, 43, 84, 87, 95, 297, 381, 428, 439, 470-472, 484-486, 499
出移民　158-159, 356
——台湾　31
——ハワイ　30-31
——フィリピン　29-35, 43
——ブラジル　31, 37, 83-84, 345, 467-468
——ボリビア　31
——満州　31
——ミクロネシア　33, 35
——インドネシア　29, 33-35
——韓国・朝鮮　30-31, 33, 35, 39
——ベトナム　34, 39
——ペルー　31, 140
新移住者　312-336, 469
新一世，新移住者も参照　38, 39, 44, 46, 47, 428, 437, 447
人口
——出稼ぎ　401
——日系人　15, 25, 31, 151-152, 156-157, 174, 178-179, 190, 235-236, 259-260, 262-264, 266, 270, 272, 292-293, 295
臣道連盟　83, 95-99, 109, 353
ステレオタイプ　74, 153, 219, 256, 284, 286, 288, 304, 306, 307, 354, 376, 418, 423
スポーツ，レジャー　136, 145, 160, 200, 202, 209, 219, 251
世界ウチナーンチュ・ネットワーク　440-444, 449-454
世界ウチナーンチュ・ビジネス・アソシエーション　440, 443-452, 454, 462
世界のウチナーンチュ大会　284, 442-443, 448, 452-453
全加日系人協会　333-334
戦災孤児救済クラブ　122, 128
戦争花嫁　36, 39-40, 46
全米日系人博物館　12-13, 15, 56, 273, 426, 462, 468, 489, 490
村人会　291, 297, 301

タ　行
第二次世界大戦　16, 32, 38-39, 49, 53, 72, 76, 79, 88, 139, 143, 200, 253, 255, 281, 284, 314-315, 417, 427, 434, 459, 509, 514
——日系人の扱い　95-96, 112-114, 143-144, 200, 251-253, 259-260, 434, 489
——日系人退役軍人　251-253, 262-264
タノモシ（頼母子）　151, 295, 395, 446
多文化共生　285, 467-493
駐在員　41-44
ディアスポラ　14, 59, 83, 436, 448, 451-452, 454, 460-462, 498, 502, 511
デカセギ（出稼ぎ）　11, 13-14, 19, 32, 35, 47, 57, 99, 101, 160, 181, 219, 224, 277, 279, 280, 281, 282, 286, 293, 337, 353-356, 359-372, 373-416, 436, 478, 498-500, 503, 509, 512

同化　36, 76, 84, 89, 91, 136, 139, 149, 171, 178–179, 197–198, 200, 213, 217, 291, 305, 340, 356, 392, 405, 407, 430, 434, 447, 449, 463, 501, 508, 515

ナ　行

二世　32, 34–36, 38, 73–75, 131–132, 136, 138, 140, 144–146, 148, 154, 157–160, 162–166, 169, 172, 177–198, 200, 206, 220, 224, 236–239, 251–255, 265–266, 277–278, 280, 292, 296–299, 301, 303–304, 306, 364, 365, 374, 428–429, 444, 447, 468, 478, 482, 487, 508
『日米』新聞　188, 194, 196
『日米タイムズ』　127
日系アメリカ市民協会（JACL）　258, 427, 457
日系アメリカ人　12, 14, 66, 76, 78–79, 112–114, 120–128, 251–254, 261, 272, 283–284, 286, 417–419, 422, 426–430, 432, 434–435, 437, 438, 455–460, 478, 489–90, 493, 498–499, 506, 514–516
日系アルゼンチン人　281–282, 394–416, 418, 514
日系カナダ人　14, 112–114, 312–336, 506, 514–515
日系カナダ市民協会（日系市民協会）　121, 129
日系人協会／日本人会　140, 143, 149, 179–180, 182–184, 187–188, 192–196　各組織も参照
日系人社会
――アスンシオン（パラグアイ）　197, 204–212
――アマンバイ（パラグアイ）　203–205, 207–208, 212
――アメリカ　80
――アルト・パラナ（パラグアイ）　203, 205
――イタプア（パラグアイ）　203
――カリフォルニア州　258–259, 263, 265–266
――ガーデナ　77–78, 245, 251–252, 257, 259, 261–262, 267
――グアヤラメリン（ボリビア）　155, 175
――コビハ（ボリビア）　155, 175
――サンタクルス（ボリビア）　74–75, 154–176
――サンパウロ　255–256, 360, 478, 488
――サンフランシスコ　41, 127–128, 257, 263, 271
――シーブルック農場，ニュージャージ州　127
――シカゴ　126–127
――トリニダ（ボリビア）　155–156, 162, 165, 175–176
――トロント　128–129
――ニューヨーク　42, 122–124
――ハワイ　77–78, 134, 245, 252–254, 261–267, 270, 284, 443–444, 457–459, 501, 503, 515–516, 519
――兵庫県　476–490
――ペルー　74, 79, 136, 140–141, 146, 224–226, 235, 240, 242
――ホノルル　127–128
――ボリビア　75, 154–176
――マウイ島　128
――ラパス（ボリビア）　156–157, 162, 165, 173–174
――リベラルタ（ボリビア）　155, 172, 175

——リマ　136, 138, 417-425
——ロサンジェルス／ロサンゼルス　41, 125, 258, 426
日系人女性　78, 267, 402, 501-502
——アメリカ　254, 514-515
——カナダ　129, 312-336, 514
——ブラジル　337, 467, 479, 514
——ペルー　77, 131, 141, 225-226, 229-234, 278, 288-311, 514
——ボリビア　164
日系人の教育　71, 75-76, 141, 144-145, 156, 168, 170-171, 177-216, 280-281, 301, 356, 373-393, 476, 478-483, 485-486, 498, 507-508
日系人の政治参加　72, 101, 102, 145-149, 103-104, 166-167, 169-170, 175, 219, 223-235, 241, 244-273, 288, 434-435, 501
日系チリ人　122
日系パラグアイ人　76, 197-216, 244, 266-267, 408, 506, 511, 518
日系ブラジル人　72, 81-111, 112, 129-130, 245-246, 256, 264, 279-281, 353-356, 359-365, 368, 370, 373-393, 467-470, 474-490, 492, 499-500, 503, 506, 515
日系ペルー人　74, 76-77, 79, 122, 136-153, 217-243, 278, 280-281, 283, 288-311, 417-419, 420-425, 431-432, 433, 434-435, 438, 464, 474, 477, 484, 489, 498, 505-506, 514-515
日系ペルー人協会（APJ）／ペルー日系人協会　142, 151, 301, 420, 424, 425
日系ボリビア人　74-75, 156-178, 408-409, 506, 511
日系メキシコ人　122, 259-261, 264, 266, 272
日系メキシコ人協会／日墨協会　260
『日伯新聞』 88, 97
『日伯毎日』 100
日伯学生連盟　90-91, 93
日本（連合軍占領下の日本）　133-134
日本救済ニューヨーク委員会　121, 124
日本語学校　32, 75, 79, 95, 143, 179-198, 201-217, 281, 326, 411, 478, 510
日本語教科書　日系人の教育を参照
日本国際協力事業団（JICA，2003年に国際協力機構に改称）　75, 159, 174-175, 204, 207-209, 211, 215, 375, 511
日本難民救済会（サンフランシスコ）　121, 125
日本難民救済会（ワシントンD.C.）　121
日本ボリビア協会　163, 168, 174-175
ニューヨーク日系人会　122
『紐育便覧』 122

ハ　行
ハイブリッド　62, 64, 338-339
八紘会　122
ハナシロ，ジェトゥリオ　101-102, 111
ハパ（混血）　35, 428, 499
ハワイ同志会　122

阪神淡路大震災　467-493
反日（運動）／排日　38, 84, 94-95, 142-143, 147, 179-180, 183, 189, 238-239, 259-261, 456
ヒグチ，スザンナ　306-307
日墨学院　260
ピノチェト，アウグスト　233
ピラポコロニー／ピラポ・コロニア　204-205, 208, 212
フーコー，ミシェル　308, 354
フギタ，スティーヴン・S　430, 436-437
フジモリ，アルベルト　35, 74, 76, 77, 139, 146-148, 152, 175, 217-219, 224-234, 238-243, 306, 417, 435
婦人会　165, 291, 297
ブラジル赤十字公認日本戦災同胞救済会　122
プランテーション／大農園　25, 73, 137-139, 141, 149, 161, 261, 294, 344-348, 478, 490
米化　アメリカニズム（米化運動）を参照
米国西北部日本難民救済会　121
『ペルー新報』　145, 421-422
『ペルー日々』　140
ペルー日本人会　142, 145
ホール，スチュアート　27, 61-64, 68, 69, 501, 506
補償（要求）運動　417, 426-427, 434-435, 457, 489-490
ボリビア日本人移住百周年記念祭典　75, 154, 161-166, 170, 173, 175

マ　行

マウイ島日本難民救済委員会　121, 128
負け組　96-97, 255, 490
南加日本難民救済組織（会）　125-127
ミネタ，ノーマン　258, 263
ミンク，パッツィ・タケモト　78, 254
メスチッソ（ス）／メスティーソ　99, 141, 147, 283, 303, 505, 514
モデルマイノリティ　84, 419, 430

ヤ　行

ヤマザキ，チズカ　279, 337, 343-345, 347-358, 502
ヤマシタ，カレン・テイ　256, 268, 270
ヤマシロ，ジョゼー　88, 90, 96
大和魂　199, 200
友愛十字会ハワイ支部　122, 128
呼び寄せ／呼寄せ　138, 151

ラ　行

ライシャワー，エドウィン　199, 202
『羅府新報』（Los Angeles）　183, 195, 195
ララ（LARA）　アジア救済公認団体（ララ）を参照

ララ日本難民救済委員会　121, 128
ララ救援物資　アジア救済公認団体（ララ）を参照
リドレス　補償（要求）運動を参照
『リマ日報』　140, 143
リョサ，マリオ・バルガス　146-148, 417
レヴィ＝ストロース　293
「連合の絆」　283, 420, 426-430, 432, 499

飯野朋美（いいの　ともみ）
津田塾大学大学院後期博士課程在籍中（第III部序論、第11章）。

新倉須賀子（にいくら　すがこ）
早稲田大学大学院修士課程修了（第12章）。

篠田左多江（しのだ　さたえ）
東京家政大学教授（第13章）。

森本豊富（もりもと　とよとみ）
早稲田大学教授（第14章）。

増田直子（ますだ　なおこ）
日本女子大学非常勤講師（第17章）。

島田法子（しまだ　のりこ）
日本女子大学教授（第20章）。

エジソン・モリ（Edson Mori）
世界銀行（ワシントン D. C.）勤務。

二宮正人（にのみや まさと）
ブラジル、サンパウロ大学教授（法律学）。

マルセーロ・G・ヒガ（Marcelo G. Higa）
フェリス女学院大学助教授（国際異文化研究）。

スティーヴン・マサミ・ロップ（Steven Masami Ropp）
カリフォルニア州立大学ノースリッジ校助教授（アジア系アメリカ人研究）。

新垣　誠（あらかき まこと）
沖縄キリスト教学院大学助教授。

竹沢泰子（たけざわ やすこ）
京都大学人文科学研究所教授（人類学）。

訳者

長谷川寿美（はせがわ ひさみ）
東海大学非常勤講師（はじめに、第16章）。

小澤智子（おざわ ともこ）
白百合女子大学・日本女子大学非常勤講師（第２、３章）。

北脇実千代（きたわき みちよ）
カリタス女子短期大学専任講師（第II部序論、第９章）。

村川庸子（むらかわ ようこ）
敬愛大学教授（第５章）。

中畑義明（なかはた よしあき）
国立久留米工業高等専門学校教授（第８章）。

西川裕子（にしかわ ゆうこ）
東京福祉大学非常勤講師（第10章）。

リチャード・コサキ（Richard Kosaki）
ハワイでの公立コミュニティ・カレッジの創設に寄与。ハワイ大学マノア校名誉学長、ハワイ東海インターナショナルカレッジ名誉総長。ハワイ州知事特別補佐（国際問題・教育問題担当）。

執筆者（執筆順）

ハルミ・ベフ（Harumi Befu）
スタンフォード大学名誉教授（文化人類学）。

ジェフリー・レッサー（Jeffrey Lesser）
エモリー大学教授（歴史・ラテンアメリカ研究）。

飯野正子（いいの まさこ）
津田塾大学学長・教授（アメリカ史・アメリカ研究）。

ラウル・アラキ（Raúl Araki）
ペルー日本人移民記念博物館研究員。

雨宮和子（Kozy Amemiya）
カリフォルニア大学サンディエゴ校日本政策研究所研究員。

粂井輝子（くめい てるこ）
白百合女子大学教授（アメリカ文化・アメリカ史）。

エミ・カサマツ（Emi Kasamatsu）
パラグアイ、アスンシオン国立大学教授（哲学）。

アメリア・モリモト（Amelia Morimoto）
ペルー日本人移民記念博物館・研究責任者。

ドリス・モロミサト・ミアサト（Doris Moromisato Miasato）
作家、『ペルー新報』編集者。

オードリー・コバヤシ（Audrey Kobayashi）
カナダ、クイーンズ大学教授（地理学）。

ナオミ・ホキ・モニース（Naomi Hoki Moniz）
ジョージタウン大学助教授（ポルトガル語）。

執筆者略歴

編者

レイン・リョウ・ヒラバヤシ（Lane Ryo Hirabayashi）

編集責任者。コロラド大学ボルダー校教授（アジア系アメリカ人・エスニシティ研究）、人類学部大学院教授。著書に、*Cultural Capital: Mountain Zapotec Migrant Associations in Mexico City* (1993), *Inside an American Concentration Camp* (1995), Migrants, Regional Identities, and Latin American Cities (1997), *Teaching Asian America* (1998), *The Politics of Fieldwork: Research in an American Concentration Camp* (1999)など。

アケミ・キクムラ＝ヤノ（Akemi Kikumura-Yano）

共編者。人類学者。国際日系研究プロジェクト責任者。全米日系人博物館での "Issei Pioneers: Hawai'i and the Mainland, 1885-1924," "In This Great Land of Freedom: Japanese Pioneers of Oregon," "The Kona Coffee Story: Along the Hawai'i Belt Road" などの展示を担当。著書に、*Through Harsh Winters: The Life of a Japanese Immigrant Woman, Promises Kept: The Life of a Japanese Immigrant Man* など。

ジェイムズ・A・ヒラバヤシ（James A. Hirabayashi）

共編者。ハーバード大学社会関係学部博士号取得。サンフランシスコ州立大学人類学部教授、エスニック研究学科長、学部長を歴任。長年、サンフランシスコの Center Players および Asian American Theater Company で上演される芝居に出演。最近取り組んだ、ヒラバヤシ家の4人の従兄弟が、第2次世界大戦中の日系アメリカ人強制収容に対してどのように応じたかについての研究が、近く出版される。

学術アドバイザー

東栄一郎（あずま　えいいちろう）

ペンシルベニア大学助教授（歴史・アジア系アメリカ人研究）。専門は日系アメリカ人の歴史、移民、日米関係。

ロイド・イヌイ（Lloyd Inui）

カリフォルニア州立大学ロングビーチ校名誉教授。同校でアジア系アメリカ人研究プログラムの創設に関わり、政治学部およびアジア系言語プログラムで要職を歴任。

日系人とグローバリゼーション　北米、南米、日本

2006年5月31日　初版第1刷印刷
2006年6月10日　初版第1刷発行

編　者　レイン・リョウ・ヒラバヤシ
アケミ・キクムラ＝ヤノ
ジェイムズ・A・ヒラバヤシ

訳　者　移民研究会

発行者　渡辺博史

発行所　人文書院
〒612-8447　京都市伏見区竹田西内畑町9
電話　075-603-1344　振替　01000-8-1103

装幀者　間村俊一
印刷所　創栄図書印刷株式会社
製本所　坂井製本所

落丁・乱丁本は小社送料負担にてお取替えいたします

ISBN4-409-23039-5　C3036

日系アメリカ人の歩みと現在

ハルミ・ベフ編著

一八九〇円

明治元年ハワイへの「元年者」から始まった日系アメリカ人一三〇年の歴史。それは一世、二世のひとたちの苦難に支えられていた。出稼ぎ、開拓、職の苦労、排日、そして戦時下の強制収容、戦後の企業進出。その足取りを追う。

表示価格（税抜）は2006年５月

竹沢泰子編

人種概念の普遍性を問う

——西洋的パラダイムを超えて

三八〇〇円

新たな共通語としての人種概念をめぐり、その歴史的検証と包括的理解に向けて人文科学と自然科学の研究者が協働した成果。圧倒的な欧米ヘゲモニーがもたらす狭隘な人種理解に対しアジア・アフリカから強烈なオルタナティヴを提示する。

表示価格（税抜）は2006年５月

ジェイムズ・クリフォード著　太田好信ほか訳

文化の窮状

——二十世紀の民族誌、文学、芸術

四五〇〇円

叢書＊文化研究3　グローバル化の進む現代、有機的な一体性を持った特定の土地に根ざした固有の文化という考え方では実体を捉えることはできない。根（ルーツ）を絶たれた人びとにありうべき未来への経路（ルーツ）を開く名著。

表示価格（税抜）は2006年5月

ジェイムズ・クリフォード著　星埜守之訳

人類学の周縁から

――対談集

二四〇〇円

叢書＊文化研究5　「もし私に根がないのなら、なぜ根はこんなにも私を傷つけてきたのだろう」――根と経路との戦術的組合せを生きる人びとに、移動する根づきという新イメージを提示。クリフォード思想の来歴を明かす五つの対話。

表示価格（税抜）は2006年5月

川橋範子・黒木雅子著

混在するめぐみ

――ポストコロニアル時代の宗教とフェミニズム　二三〇〇円

叢書＊文化研究4　日系アメリカ人女性の宗教をめぐるフェミニスト・エスノグラフィー。宗教は「家父長制の道具」なのか、あるいは抑圧された女性を救う力となりうるのか。複雑な語りの交差するところに潜む自己再生への可能性。

表示価格（税抜）は2006年5月